Vittorio Mathieu · Kants Opus postumum

D1985203

Der Patin dieses Buches: Patricia Arnold gewidmet

VITTORIO MATHIEU

Kants Opus postumum

Herausgegeben von Gerd Held

Vittorio Klostermann · Frankfurt am Main

Vor dreißig Jahren erschien Vittorio Mathieus grundlegende Arbeit zu Kants Nachlaßwerk *La Filosofia transcendentale e l'Opus postumum di Kant* (Torino 1958). Mit diesem Band wird keine Übersetzung dieses Textes vorgelegt, sondern – nach dem großen zeitlichen Abstand – eine völlig neue Fassung, vom Autor direkt in deutscher Sprache (»in der Sprache Kants«) niedergeschrieben und dann gemeinsam mit dem Herausgeber in die vorliegende Form gebracht.

Aus Gründen der Werktreue wurden die umfangreichen Zitate aus dem »Opus postumum« und anderen Werken Kants nicht moderner Schreibweise angepaßt, sondern so belassen, wie sie in der Akademie-Ausgabe veröffentlicht worden sind. Eine Ausnahme bildet die *Kritik der reinen Vernunft*, die nach der Reclam-Studienausgabe (hg. von Ingeborg Heidemann, Stuttgart 1966) zitiert wird. G.H.

CIP-Titelaufnahme der Deutschen Bibliothek

Mathieu, Vittorio: Kants Opus postumum / Vittorio Mathieu.
Hrsg. von Gerd Held. – Frankfurt am Main : Klostermann, 1989
ISBN 3-465-01850-8 kart. ISBN 3-465-01851-6 Gewebe

© Vittorio Klostermann GmbH, Frankfurt am Main 1989
Alle Rechte vorbehalten, insbesondere die des Nachdrucks und der Übersetzung. Ohne Genehmigung des Verlages ist es nicht gestattet, dieses Werk oder Teile in einem photomechanischen oder sonstigen Reproduktionsverfahren oder unter Verwendung elektronischer, hydraulischer oder mechanischer Systeme zu verarbeiten, zu vervielfältigen und zu verbreiten.
Satz: Fotosatz L. Huhn, Maintal
Druck: Weihert Druck, Darmstadt
Printed in Germany

INHALT

VORREDE

»Doch mehren sich die Zeichen dafür, daß das Opus postumum für künftige Kantdarstellungen immer größere Bedeutung erhalten wird.« Diese Worte schrieb Gerhard Lehmann (1958, S. 175), wie ich glaube, zu Recht. Aber war ich mir dieses Sachverhalts bewußt, als ich vor 35 Jahren das Studium des »Opus postumum« (OP) aufnahm? Damals bin ich durch Zufall auf das Werk gestoßen, als ich während der Mitarbeit an einer italienischen Ausgabe der politischen Schriften Kants nach einem Paralleltext zum »Streit der Fakultäten« suchte, der in die Konvolute des OP geraten war. So schlug ich in Adickes' Standardwerk nach und stieß zu meiner Überraschung auf recht merkwürdige, fast märchenhafte Äußerungen. Fragwürdig schien mir das Buch, in jedem Fall aber auch wert, daß man sich über die Bedeutung dieses Kantischen Manuskriptes klar werden sollte. Ich begann in den beiden Bänden der Akademie-Ausgabe (1936-38) zu blättern und alles nach und nach mittels mühsamer Zettelarbeit zu vergleichen.

Die Ergebnisse waren ermutigend. Was sich im Kantischen Text zuerst wie ein glücklicher Einfall darstellte, verwandelte sich allmählich zum Teil eines organischen Denkens und erhielt so seine ihm gehörige Stelle in einer Art *puzzle*, das jeder Einzelheit ihren Sinn zuwies. Denn das OP ist leider gar kein »Opus«, jedenfalls nicht in dem Sinne eines abgeschlossenen Werks. Es ist auch kein Torso und noch nicht einmal der Entwurf eines unvollendeten Werks. Aber noch weniger handelt es sich um einen Haufen loser Blätter oder eine Sentenzensammlung, in der man mal hier und mal dort lesen und sich rhapsodisch inspirieren lassen kann. Das OP ist ein Bündel zusammenhängender, wenn auch nicht zusammenhängend organisierter Materialien, die überdies (was ihr Verständnis zusätzlich erschwert) einen mit der Zeit sich ändernden Standpunkt des Autors wiedergeben. Der merkwürdigen Struktur des Manuskriptes ist ein ganzer Exkurs gewidmet, dessen Ergebnis ich hier schon vorausschicken möchte: Jene Papiere belegen Kants Neigung, *schriftlich zu denken*. Es handelt sich gewissermaßen um *die allmähliche Verfertigung der Gedanken beim Schreiben*.

Diese komplizierte Ausgangslage hat zur Folge, daß der Kantforscher eine Arbeit von Jahren braucht, um das schwierige Material auch nur rudimentär zu nutzen. Als ich 1958 mein Buch *La filosofia transcendentale e l'Opus postumum di Kant* veröffentlichte, war ich davon überrascht, wie viele Kantforscher überall auf der Welt die Mühe auf sich nahmen, ein so umfangreiches Buch in italienischer Sprache durchzulesen. Das Interesse am Spätwerk Kants ist seitdem noch gewachsen. Darum habe ich mich entschlossen, nun, bevor es zu spät wird, eine kürzere und deutlichere Fassung direkt in deutscher Sprache niederzuschreiben, in der Sprache Kants also, die der Mehrzahl der Kantforscher vertraut sein dürfte. So soll dieses Buch den Zugang zum Denken des späten Kant leichter machen, als das bisher möglich war. Es handelt sich demnach weniger um ein »Werk«, das ich vorlege, als um ein Werkzeug oder, wenn man so will, den Ariadnefaden, der im Labyrinth des Kantischen Nachlasses den Weg weist. Das scheint mir umso wichtiger, als die Bedeutung des Kritizismus zwar ohne weiteres auch anhand der zu Lebzeiten Kants veröffentlichten Werke ausgemacht werden kann, die ganze *Tragweite* des Kantischen Denkens aber nur mittels des OP ersichtlich wird.

Aus diesem Grund nehmen die ausführlichen Zitate einen so breiten Raum ein. Das ist notwendig, nicht nur weil die beiden Bände der Akademie nicht immer zur Hand sind, sondern auch weil es mühsam ist, diese manuskriptgetreue Ausgabe nachzuschlagen. Was z.B. im Manuskript beisammen steht, findet sich im Buch oft Seiten später, weil es zu einem »Nebentext« gehört. Manches dagegen, was unmittelbar auf eine bestimmte Aussage folgt, kann von Kant sechs Monate später hinzugefügt worden sein. Zwar bietet der philosophische Apparat der Akademie-Ausgabe eine unentbehrliche Hilfestellung und muß deswegen ständig mit dem Text im Auge behalten werden, aber das erschwert den Gesamtüberblick doch erheblich. Und erst die Idee des Ganzen macht die Deutung jedes einzelnen Satzes möglich.

Ich habe versucht, Kants Denken weitgehend mit Kants Worten darzustellen ohne eine Modernisierung der Zitate vorzunehmen, um jede verdeckte Interpretation zu vermeiden. Aber natürlich ist die Zusammenstellung der Zitate immer auch eine Interpretation und ohne solche Interpretation wäre Kants unvollendete Arbeit überhaupt nicht zu verstehen. Darum will ich die *Kriterien meiner Interpretation* offenlegen und zwar anhand eines Satzes von Kant selbst, aus dem OP: »Erfahrung ist (...) nur beständige Annäherung in so fern das Mannigfaltige derselben asymptotisch in Einem System verbunden ist« (II, 103, 13). Auch meine Interpretation des OP versteht sich als ein »asymptotischer Versuch« in der Absicht, »das Mannigfaltige desselben in einem System zu verbinden«. Wenn mir das gelingt, dann hat meine Interpretation ihr Ziel erreicht.

Das System des OP ist nicht vorgegeben und Kant verschiebt mit den Jahren immerzu gewissermaßen den Fluchtpunkt des Werkes. Wie die Linie, der sich die Hyperbel *in infinitum* annähert, nicht vorgezeichnet ist, muß man als bloß *regulatives Prinzip* annehmen, daß alles, jede Aussage, jeder Zusatz, jede Paradoxie und jeder Auffassungswechsel, einen zureichenden Grund hat. Und mit jedem (scheinbar) schrulligen Satz, der eine befriedigende Erklärung findet, nähert sich die Wahrscheinlichkeit der Gefahr einer willkürlichen Überlagerung des Textes mit persönlichen Phantasien gegen Null.

Dem liegt die zusätzliche Verpflichtung zugrunde, »Kant so wenig wie möglich zu schulmeistern«, wie Lehmann (1970, S. X) es ausdrückt. Freilich scheint es verwunderlich, eine solche Absicht gegenüber einem der größten Denker des Abendlandes überhaupt zu äußern, und doch muß diese Maxime gegen eine verbreitete Neigung geltend gemacht werden. Zur Rechtfertigung meiner Methode will ich in polemischer Überspitzung einige »philologische« Entgleisungen anführen, die sich neuerdings in die Kantforschung eingeschlichen haben.

1) Alles, was Kant gedacht hat, sei schon von anderen Denkern (Crusius, Tiedemann, Baumgarten, Meier usw.) vorgedacht worden. Aber warum dann statt Kant nicht gleich Crusius, Meier usw. studieren?

2) Alles, was Kant geschrieben habe, sei durch äußere Umstände veranlaßt und nur in Hinsicht auf bestimmte Zwecke und Personen gemeint. (K. Hildebrandt mußte sich gegen die Beschuldigung vertei-

digen, er habe unterstellt, daß Kant »aus eitler Ruhm- und Herrschsucht seine Philosophie ableitete«! – Kantstudien 1957, S. 187).

3) Folglich seien sämtliche Äußerungen Kants – da immer von gewissen Hintergedanken begleitet, nur »unter Vorbehalt des Inventarrechts« anzunehmen.

4) Gegenüber den Gedanken, die in den veröffentlichten Werken eine (scheinbar) zusammenhängende Systematisierung erfahren haben, seien Gelegenheitsschriften und vor allem die unveröffentlichten Bruchstücke der losen Blätter vorzuziehen. (Einmal hörte ich im Laufe der Diskussion jemand eine Passage aus den »Reflexionen« als Beleg zitieren, die sich mit identischem Wortlaut auch in der KV befindet: vermutlich wurde diese letzte Quelle für unzuverlässig gehalten).

5) Unter solchen Umständen braucht kaum noch erwähnt zu werden, daß Kant auch unterstellt wird, er habe sorgfältig und schamhaft jedes Eingeständnis einer Meinungsänderung vertuscht, wenn er eine Auffassung vorgetragen habe, die zu vorherigen Äußerungen in keiner Beziehung oder sogar in eklatantem Widerspruch stand.

Kein Interpret wird sich natürlich in diesen Karikaturen wiedererkennen. Und doch ist manche dieser Attitüden selbst berühmten und verdienstvollen Kantforschern unterlaufen. Auch Lehmann, dem ich sonst tiefe Ehrfurcht entgegenbringe, kann ich in Bezug auf die Kantische »Widerlegung des Idealismus« davon nicht ausnehmen. »Es ist unglaublich«, schreibt Lehmann (1958/59), »wie selten sich Kant auf seine Schriften bezieht, welche Fehler er bei Neuauflagen stehen läßt bzw. hinzufügt – und wie sehr er auf der anderen Seite eine formulierte Systematik vortäuscht, die nur in den Augen seiner Anhänger und Gegner vorhanden ist, während sein wirkliches (produktives) Denken – das ist seine Leistung – neu einsetzt« (S. 175). Dabei bemerkt Lehmann nicht, daß genau *dieselbe* Argumentation zur Widerlegung des Idealismus sich schon in der 1. Auflage der KV als Kritik des »4. Paralogism« befindet (A 367) und daß Kant in der 2. Auflage ausdrücklich eine »eigentliche Vermehrung, aber doch nur in der Beweisart« der Widerlegung vornimmt (B XXXVII, Anm.). Diese neue Widerlegung wurde ohne Zweifel gegen die Garve-Feder Rezension geschrieben und unter die Erläuterungen zum 4. Postulat *versetzt*,

(»...dessen Widerlegung hier an der rechten Stelle ist«, B 274; früher war sie also an einer *anderen*, nicht richtigen Stelle). In der Tat ist Kants Ablehnung des empirischen Idealismus immer dieselbe geblieben (vgl. unten Kap. VIII, 5).

Auch ich halte die Unterschiede im Entwicklungsgang des Kantischen Denkens für entscheidend. Aber jede Entwicklung betrifft immer nur Organisches. So muß man eine Lehre zuerst einmal *systematisch* erfassen, um überhaupt sehen zu können, wie sie sich im Laufe der Zeit *verändert*. »Bei allem Wechsel der Erscheinungen beharret die Substanz« (A 182, B 224), so hat Kant auch in Bezug auf seine Philosophie gedacht, und meine eigene Methode beabsichtigt, auch in dieser Hinsicht »Kant so wenig wie möglich zu schulmeistern«.

Was nun das OP betrifft, so ist es zwar richtig, daß Kant in gewisser Weise »neu einsetzt«, nichtsdestoweniger bezieht er sich im Nachlaßwerk häufig auf die gedruckten Schriften, und da vor allem auf die 1. Auflage der Kritik. Die Entwicklung der Gedanken vollzieht sich im OP besonders schnell, und dennoch ist der rote Faden, der die aufeinanderfolgenden Phasen verknüpft, klar angegeben und immer auffindbar. Die entscheidende Wende im Jahre 1799 bewirkt ja keinen Bruch, sondern setzt die Transzendentalphilosophie mit erweitertem Horizont und auf höherem Niveau fort. Ohne eine solche Wende hätten für uns die Überlegungen (der ersten Phase) über die bewegenden Kräfte eine nur marginale Bedeutung. Der Verdienst der Wende besteht darin, daß der Äther (bzw. »Wärmestoff«), der zuvor von Kant im Einklang mit der Physik seiner Zeit als »hypothetischer Stoff, um gewisse Phänomene zu erklären« verstanden worden war, sich in eine »a priori gegebene« Materie verwandelt. Von diesem Punkt an wird der Terminus »Äther« selbst beliebig (»er mag nun Wärmestoff oder sonst wie heissen«; II, 331, 2), es zählt allein seine Aufgabe in der Transzendentalphilosophie. Ab 1799 spricht Kant nicht mehr von einem *physischen* Äther, darum könnten wir »Wärmestoff« durch Kennzeichnung »Einheit der Erfahrung materialiter spectata« ersetzen, ohne die Bedeutung der Kantischen Sätze im mindesten zu verändern.

Andererseits hat sich Kant nie in seinen kritischen Schriften den Positionen der heutigen Physik so sehr genähert wie in seinen späten

Texten. Die neue Perspektive gibt der Naturforschung eine unerhörte Flexibilität und Erfindungskraft zurück, die angesichts der veröffentlichten Werke nicht einmal hätte geahnt werden können.

All das scheint mir ausreichend Grund zu sein, das Spätwerk Kants in der vorliegenden Form dem deutschsprachigen Publikum vorzustellen. Das wäre mir allerdings nicht gelungen ohne die Hilfe von Gerd Held, der das mühsame Geschäft auf sich nahm, die Sprache eines Ausländers in lesbares Deutsch zu übertragen. Nur ein »Held« – in diesem Falle ist *nomen* wirklich *omen* –, der sachverständig und außerordentlich geduldig zugleich war, konnte diese Aufgabe bewältigen.

Vittorio Mathieu

I

DIE GRUNDZÜGE DER TRANSZENDENTALPHILOSOPHIE

1. Formale Darstellung

Die »Wissenschaft vom Übergang von den *Metaphysischen Anfangsgründen der Naturwissenschaft* (MAN) zur Physik« sollte für Kant »das kritische Geschäft beschließen« (an Kiesewetter, 19.X.1798) und »den Schlußstein der Transzendentalphilosophie« setzen (Borowski 1804, S. 183; Hasse 1804, S. 22). Um jedoch einschätzen zu können, was Kant in diesem letzten Unternehmen seines Lebens geleistet oder verfehlt hat, bedarf es vorab einer klaren Vorstellung der Transzendentalphilosophie, wie sie aus der *Kritik der reinen Vernunft* hervorgeht.

Es scheint aber unmöglich, dieses Thema in wenigen Zügen zu erschöpfen, nachdem ganze Bibliotheken darüber geschrieben worden sind. Die Aufgabe wird allerdings leichter, wenn wir uns in unserem Vorhaben beschränken. Denn es kann in diesem Zusammenhang nicht darum gehen zu klären, was die Transzendentalphilosophie in *allen* ihren Aspekten bedeutet, sondern nur darum, wie sie *funktioniert*. Und das läßt sich ziemlich einfach angeben.

Zwar hat Kant selbst unterschiedliche und recht schwankende Auffassungen über den Begriff und Bedeutung der Transzendentalphilosophie mitgeteilt und auch im OP finden wir Dutzende von Definitionen unkoordiniert nebeneinander. Was aber die *Mechanik* des Transzendentalismus angeht, so hat sie Kant ab 1769 klar formuliert und auch bis 1801 kaum verändert. Diese Mechanik ist außerordentlich einfach. Es genügt nämlich, bestimmte Voraussetzungen anzunehmen, deren weitere Bedeutung hier nicht kümmern soll (vgl. I, 76,9), um die gesamte Konstruktion wie ein »hypothetisch-deduktives« System zusammenzusetzen. Die Begriffe erhalten so durch »implizite Definition« ihre Bedeutung, d.h. sie werden durch den Gebrauch bestimmt.

Versucht man beispielsweise zu erläutern, was die Termini »Rezeptivität« und »Spontaneität« bei Kant bedeuten, dann gerät man sogleich in die nahezu unentwirrbaren Schwierigkeiten der »einfachen« oder »doppelten« Affektion (Vaihinger 1884) usw. Trotzdem ist die *Funktion* der beiden Termini in der kantischen Konstruktion ziemlich leicht zu erfassen. Dasselbe gilt auch für viele andere kantische Grundbegriffe wie z.B. »Form«, »Materie«, »Anschauung«, »Vernunft« usw., deren konkrete Bedeutung für unsere Erfahrungswelt erst nach einer sorgfältigen Prüfung ihrer Beziehungen *innerhalb* der kritischen Konstruktion erfaßt werden kann.

Dementsprechend ist die kurze Darstellung der Transzendentalphilosophie, die wir im folgenden vornehmen, absichtlich »formalistisch«. Es liegt uns daran, den transzendentalen Mechanismus so klar und neutral wie möglich zu veranschaulichen, ohne Rücksicht auf semantisch-interpretatorische Überlegungen. Darüberhinaus steht es jedem frei, sich über die Bedeutung der Transzendentalphilosophie seine eigenen Gedanken zu machen.

2. *Zwei Grundannahmen*

Der Transzendentalismus beruht auf zwei Grundannahmen, die Kant nicht rechtfertigt. Seine Beweisstrategie läuft vielmehr darauf hinaus zu zeigen, daß ein Problem, das bisher für unlösbar gehalten wurde, dann lösbar wird, wenn beide Annahmen für richtig gehalten werden. Das Problem lautet: »Wie sind synthetische Urteile a priori möglich?« Anders gefragt: Wie können wir etwas von der Welt wissen, ohne eine solche Erkenntnis selbst aus der Erfahrung zu schöpfen?

Das scheint ein recht anspruchsvolles Unterfangen zu sein, ein Eindruck, der durch die von Kant vorgeschlagene Lösung nur verstärkt wird. Die besteht nämlich darin, daß der (nicht von uns erzeugte) Gegenstand den Regeln, die ihm der Verstand auferlegt, notwendigerweise gehorchen muß. Mehr noch: Er kann als Erfahrungsgegenstand *entstehen* nur gemäß unserer Art, ihn zu denken, so daß unser Denken, obwohl es den Gegenstand *nicht* erschafft, seine Möglichkeit dennoch bedingt. Unsere Möglichkeit, das Objekt zu denken, wird so zur Möglichkeit des Objektes selbst: »Die Bedingungen der Möglichkeit der Erfahrung überhaupt sind zugleich Bedingungen der

Möglichkeit der Gegenstände der Erfahrung und haben darum objektive Gültigkeit in einem synthetischen Urteile a priori« (A 158, B 197).

Mit anderen Worten: Unser Verstand drückt nicht einem von ihm unabhängigen Gegenstand seine Regel auf, sondern der Gegenstand bildet sich *schon* als Erfahrungsgegenstand gemäß der Verstandesregel aus. Dieser Umstand macht hinreichend deutlich, daß jeder Versuch, den Transzendentalismus in einen »absoluten Idealismus« münden zu lassen, von Anfang an keinen Sinn haben kann. Die ganze Problemstellung erhält ihren Sinn vielmehr gerade daher, daß das Objekt kein Produkt unseres Erkenntnisvermögens ist. Die Konsequenz wäre sonst ganz trivial. Die Transzendentalphilosophie ist eine subtile und sogar paradoxe Lehre, eben weil die Spontaneität unseres Denkens die Erfahrungswelt nicht erschafft, so daß jede Umdeutung des Transzendentalismus in einen Idealismus der »schöpferischen Kraft des Denkens« zu dem Ergebnis führen würde, die Bemühungen Kants überflüssig und sinnlos zu machen.

Diese Position Kants ändert sich auch bei der Weiterentwicklung der Transzendentalphilosophie nicht. Wenn also das OP, wie Kant festhält, zur Transzendentalphilosophie gehört, dann ist vorauszusehen, daß sich zwei Grundsätze jedenfalls nicht ändern. Sie lauten:

1) Als Erfahrungsgegenstand entsteht der Gegenstand *ursprünglich* gemäß der Form, die ihm unser Verstand vorschreibt.
2) Die »Spontaneität« unseres Verstandes erschafft jedoch den Gegenstand nicht, sondern sie »denkt« einen Gegenstand, der uns durch die Sinnlichkeit *gegeben* wird.

Die zweite Behauptung fällt mit der Verweigerung eines »Intellectus archetypus« bzw. einer »intellektuellen Anschauung« zusammen, und ist eng mit der ersten Voraussetzung des transzendentalen Denkens verbunden, der wir uns nun zuwenden.

3. *Die erste Voraussetzung*

Sie läßt sich folgendermaßen formulieren: *Es gibt eine unveränderlich, allgemeingültige Form der Rezeptivität unseres Erkenntnisvermögens, wel-*

che die Annahme jeder Materie des Erkennens ins Gemüt bedingt: Raum und Zeit.

Wenn Kant das Verhältnis der beiden Formen (Raum und Zeit) auch ziemlich unbefriedigend angibt, so ist doch ihre Funktion vollkommen klar: Sie dienen sowohl als *Rezeptor* als auch als *Detektor* des sinnlichen Materials und geben darum der empfangenen Materie ihre Gestalt. Sie sind ein Schirm, wie der Bildschirm eines Fernsehapparates, der gewisse Impulse empfängt und sie gemäß seiner eigenen Beschaffenheit sichtbar macht. Es wäre äußerst schwer zu sagen, worin die »Affektion« des Rezeptors besteht, was ihn reizt, welche Vorgänge in ihm das »Material« erzeugen. Wir können nicht einen Vorgang erforschen, welcher der Entstehung der Erfahrung *vorausgeht*. Wir müssen daher die »Affektion« als eine absolute Voraussetzung annehmen, ohne ihre Herkunft und Wirkungsart reflektieren zu können:

»Allein von einem Stücke konnte ich im obigen Beweise doch nicht abstrahieren, nämlich davon, daß das Mannigfaltige für die Anschauung noch vor der Synthesis des Verstandes, und unabhängig von ihr, gegeben sein müsse; *wie* aber, bleibt hier unbestimmt« (B 145).

Später, im Laufe des Eberhardstreites, fügt Kant hinzu:

»Wir konnten doch keinen Grund angeben, warum wir gerade eine solche Art der Sinnlichkeit und eine solche Natur des Verstandes haben, durch deren Verbindung Erfahrung möglich wird; noch mehr, warum sie, als sonst völlig heterogene Erkenntnisquellen, (...) zu der Möglichkeit einer Erfahrung von der Natur unter ihren mannigfaltigen besonderen (...) Gesetzen, von denen uns der Verstand *a priori* nichts lehrt, doch so gut immer zusammenstimmen, als wenn die Natur für unsere Fassungskraft absichtlich eingerichtet wäre; dieses konnten wir nicht (und das kann auch niemand) weiter erklären« (VIII, 249–50: 1790).

Darum habe ich die Rezeptivität als eine absolute »Voraussetzung« bezeichnet, bei der nach ihrem »Wie« nicht gefragt werden kann.

Andererseits müssen wir nach ihrem »Warum« fragen: *Warum* setzt Kant eine allgemeingültige und unumgängliche Form der Rezeptivität voraus? Um die Frage der synthetischen Urteile a priori lösbar zu machen: »Synthetische Sätze a priori sind nur indirect in der Philosophie möglich nämlich an Gegenständen der reinen Anschauung in Raum und Zeit« (II, 83,10; II, 67,18, u. passim).

4. *Was heißt »transzendental«?*

Wir müssen nun das Besondere der transzendentalen Lösung mit aller Sorgfalt nachzeichnen, soll sie nicht als bloß trivialer Satz erscheinen. Daß die Form des empfangenen Materials von der Beschaffenheit des Empfängers beeinflußt wird, ist eine Auffassung, die in der Empirie viele Bestätigungen findet. Schon in der Scholastik hieß es: »Quidquid recipitur, recipitur per modum recipientis«. Die »Art des Empfangs« eines Rezeptors wird unmittelbar und automatisch zur Form des empfangenen Materials – ein Befund, der es uns erlaubt, Rückschlüsse auf den Sinnengegenstand selbst zu ziehen, *bevor* uns der Gegenstand tatsächlich gegeben wird. Das von Kuno Fischer übernommene Beispiel Kleists von der grünen Brille, die uns die Welt grün erscheinen läßt, will genau auf diesen Sachverhalt aufmerksam machen. Ein anderes Beispiel, das Kant noch nicht kannte, enthält J. Müllers Lehre von der »spezifischen Sinnesenergie«. Übt man z.B. auf das Auge einen Druck aus, dann reagiert das Auge mit Lichtreflexen, jenen berühmten »Sternen«. Die Wirkung wird also »per modum recipientis« erfahren.

Hier stellt sich die Frage, ob damit die Lösung des kantischen Problems gefunden ist. Sicherlich nicht. Die Brille und auch das Sinnesorgan sind bloß *empirische* Bedingungen des Erscheinens, sie erlauben uns deshalb noch keinen Schluß auf die *objektive* Beschaffenheit des Dinges. Sie drücken vielmehr eine lediglich subjektive Bedingung der Wahrnehmung aus. Die Aufgabe eines synthetischen Satzes a priori ist demgegenüber, eine objektive und notwendige Beschaffenheit des Gegenstandes festzustellen. Dafür – so scheint es – sollte man eher die grüne Brille *ablegen*.

Das Neue der kantischen Lehre ist aber nicht die Annahme eines Rezeptors, der die Form des empfangenen Materials überhaupt bedingt, sondern die Annahme eines *solchen* Rezeptors, der absolut zwingend und *unumgänglich* ist: eine grüne Brille also, die niemals abgelegt werden kann, so daß wir uns eine Welt, die außerhalb dieser für uns unumgänglichen Bedingung läge, nicht einmal vorstellen können. Das ist eine »transzendentale« Bedingung, die gleichzeitig die »Bedingung der Gegenstände der Erfahrung« ist.

Wenn es eine solche allgemeine Form, eine solche unumgängliche »Anschauungsart« gibt, dann bedingt sie nicht länger eine nur subjektive, sondern eine unmittelbar objektive Beschaffenheit der Erfahrungswelt. Die »Bedingung der Möglichkeit der Erfahrung« wird zur »Bedingung der Möglichkeit des Gegenstandes der Erfahrung« – wie verlangt worden war. Der Bezug der Vorstellungsweise zum Erkenntnisvermögen verliert so jeden relativistischen Zug, sondern ermöglicht vielmehr allgemeingültige, den Gegenstand der Erfahrung betreffende Aussagen, unter der selbstverständlichen Bedingung, daß man unter »Gegenstand« immer nur den Gegenstand unserer möglichen Erfahrung versteht, d.i. ein Gegenstand, der uns nur dadurch zu einem Etwas wird, daß er sich unserer »Anschauungsweise« anpaßt. Ein solcher Gegenstand ist freilich das, was Kant eine »Erscheinung« nennt: also kein »Ding an sich«, d.h. keine absolute, unabhängig von unserem Vorstellungsvermögen bestehende Sache. Aber ein »Ding an sich«, unabhängig von den Bedingungen betrachtet, welche allein seine *Verdinglichung* ermöglichen, wäre (als ein Ding ohne alle Be-dingung) in Bezug auf die Erfahrung ein Nichts und kann, sofern wir uns nur mit der Erfahrung beschäftigen, außer Acht gelassen werden.

Die Annahme einer allgemeinen, nicht hintergehbaren Form der Rezeptivität führt gleichzeitig zu drei zusammenhängenden Ergebnissen:

1) Die Unterscheidung zwischen dem »Objekt unserer möglichen Erfahrung« und dem »Ding an sich selbst betrachtet«.
2) Die Einschränkung des Problems der Objektivität der Außenwelt auf das Objekt im obigen Sinne.
3) Die Ermöglichung von synthetischen Sätzen a priori in Ansehung dieses Objektes.

Am unlösbaren Zusammenhang dieser drei Punkte wird von Kant bis zuletzt festgehalten:

»Der Raum u. die Zeit sind Anschauungen eines Ganzen was im̄er nur als Theil eines noch großeren Ganzen gedacht werden muß d.i. sind unendliche Größen. Man sieht hieraus daß das Mannigfaltige in denselben nicht Dinge an sich sondern nur Erscheinungen enthalte die a priori synthetisch gegeben werden und deren oberste Aufgabe der Transsc: Philos. ist: wie sind synthetische Sätze a priori möglich? Antwort: Sie sind nur möglich insofern ihr Gegenstand blos auf Erscheinung eingeschränkt wird.« (II, 29,8: 1800).

Ist aber eine solche Annahme überhaupt erlaubt? Darf ich mir eine Bedingung bzw. eine »Form« denken, außerhalb derer ich mich selbst niemals stellen kann? Direkt, als eigenständiges Objekt, kann ich mir diese Bedingung als eine Form oder als eine »reine Anschauung« nicht vorstellen. Daß Raum und Zeit keine Eigenschaft der Dinge sind, wird von Kant recht überzeugend mit der Bemerkung erhärtet, daß in der Erfahrung keine Ursache zu finden sei, welche die Vorstellung des Raumes und der Zeit in uns wecken könnte. Raum und Zeit sind »nicht apprehensible Gegenstände« (II, 40, 22), »nicht Gegenstände der Warnehmung (...) wodurch Existierendes gegeben und apprehendirt wird sondern blos Formen der reinen Anschauung a priori welche die Synthesis des Mannigfaltigen als Erscheinung (...) unter einem Prinzip enthält das zur obersten Aufgabe hat: wie sind synthetische Sätze a priori möglich?« (II, 19,3; usw.). Es war jenes »große Licht« des Jahres 1769 gewesen, das Kant Klarheit gebracht hatte: Raum und Zeit sind die unumgehbare Art und Weise, *Eindrücke zu erhalten* bzw. »affiziert« zu werden. Darum erscheinen beide als unfehlbare Züge jedes Erfahrungsgegenstandes und eben darauf beruht die Möglichkeit, über die Erfahrung etwas *a priori* sagen zu können.

Mit diesem Konzept erfährt der Ausdruck »transzendental« durch Kant einen Bedeutungswandel. Während in der Scholastik »transzendental« einen Grundzug bezeichnet, der die ganze Erfahrung durchgängig charakterisiert, weil er dem *Sein* als solchem zugehört, wandelt sich bei Kant das Transzendentale in einen Grundzug, der die ganze Erfahrung durchgängig charakterisiert, da er von einer unumgänglichen *Anschauungsart* abhängt, die erst jene Möglichkeit bedingt, daß ein Gegenstand überhaupt vorgestellt werden kann.

5. *Ein Problem*

Hatte Kant im Jahre 1769 für einen Augenblick angenommen, erhabe in seinem Denken einen sicheren Hafen erreicht, dann sollte er schon bald, wie auch Leibniz nach seiner Entdeckung der individuellen Substanz, sich erneut auf das stürmische Meer hinausgetrieben sehen. Zwar war die Möglichkeit, etwas a priori über die Erfahrung zu sagen, auf die allgemeine Form unserer Rezeptivität begründet und man konnte dadurch die raumzeitlichen Verhältnisse der Erfahrung antizipieren. Aber die raumzeitlichen Verhältnisse selbst, eben weil sie die bloße Empfänglichkeit des Gemütes betreffen, können noch keine echte *Verknüpfung* der Erfahrung begründen. Kant stimmt in diesem Punkt mit Hume völlig überein: Wir können die Verbindungen der Erfahrung in der Erfahrung selbst nicht wahrnehmen, wir können sie nur *denken*. Der spätere Empirismus (eines William James z.B.) wird manchmal behaupten, daß die Erfahrung uns nicht lose Data, sondern immer auch den Zusammenhang, die Verhältnisse der Daten untereinander mitliefert. Für Kant blieb jedoch der *Grundsatz Humes* stets unbestritten, so daß er sagen kann: »Allein die Verbindung (conjunctio) eines Mannigfaltigen überhaupt kann niemals durch Sinne in uns kommen und kann also auch nicht in der reinen Form der sinnlichen Anschauung zugleich mit enthalten sein« (B 129–130).

Also sind die geometrischen und arithmetischen Beziehungen, die von der raumzeitlichen Form der Anschauung abhängen, zwar der Erfahrung unmittelbar einverleibt, aber die *physischen* Verbindungen werden durch die Erfahrung nicht (unmittelbar) gegeben: wir müssen sie *denken, nicht anschauen*.

Wenn sie aber nicht von der reinen Form der Anschauung abhängen, wovon dann? In der Dissertation heißt es: »Si itaque per sustentationem omnium substantiarum ab uno necessaria esset coniunctio omnium (...) commercium substantiarum universale erit per *influxum physicum*, et mundus totum reale (...). Nempe mens humana non afficitur ab externis (...) nisi quatenus ipsa cum omnibus aliis sustentatur ob eadem vi infinita unius« (*Vorkr.*, II, 409,20). Man spürt aus diesen Worten noch die traditionelle, neuplatonische Deutung des Weltzusammenhanges, die bei Kant zum letzten Mal in der Dissertation zum Vorschein kommt: Die »relationale« durchgängige Verbindung der Welt sei die *Übertragung* der einfachen, nicht relationalen *göttlichen Einheit* in ein mannigfaltiges Medium.

Diese Annahme schließt keineswegs ein, soviel sei hier wenigstens erwähnt, daß wir der Dissertation zufolge noch fähig sind, »Dinge an sich« zu erkennen. Der »usus realis«, wodurch die »Begriffe der Gegenstände sowie ihrer Beziehungen, durch die Natur des Verstandes selber gegeben werden« (*Vorkr.* II, 394,15), liefert uns bloße Begriffe, die »weder von irgendeinem Gebrauch der Sinne abstrahirt« sind, noch irgendeine Form der sinnlichen Erkenntnis als solche enthalten. »Intellectualium non datur (homini) intuitus, sed nonnisi cognitio symbolica« (*Vorkr.* II, 396,19). Der »usus realis« von 1770 ist also jener Gebrauch des Verstandes, der nur fruchtbar ist, wenn er auf die *sinnliche Realwelt* gerichtet wird. Dort aber finden die Begriffe eine bloß »symbolische« und keine »schematische« Darstellung. Diese reinen Begriffe tragen schon die Namen der Kategorien: »Möglichkeit, Dasein, Notwendigkeit, Substanz, Ursache u.s.w. mit ihren Grundsätzen und Verhältnisgliedern« (*Vorkr.* II, 395,23). Sie gelten für jeden denkbaren Gegenstand, sind aber nur für *sinnliche* Gegenstände überhaupt brauchbar.

6. *Die Erweiterung des Programms*

Die Dissertation stellt eine erste Etappe dar. »Seit etwa einem Jahr«, schreibt Kant an Lambert, »bin ich, wie ich mir schmeichle, zu demienigen Begriffe gekommen welchen ich nicht besorge iemals zu ändern, wohl aber erweitern zu dürfen« (X, 93,3). Er war nämlich 1772 überzeugt, die neue »erweiternde« Schrift »binnen etwa drei Monaten« veröffentlichen zu können (X,127,3). Eine trügerische Illusion: Fast zehn Jahre mußte er mit der Veröffentlichung noch warten.

Einen wesentlichen Fortschritt stellt der sog. »Duisburgsche Nachlaß« dar, in dem Kant die Einheit des Objekts auf das *Ich* bezieht. Die neuplatonische Auffassung ist damit endgültig überwunden. Das *Werkzeug* jedoch, durch das das Objekt auf das Ich bezogen werden muß, steht noch aus. Und es fehlt auch (was für uns noch wichtiger ist) die *Rechtfertigung* eines solchen Verfahrens. Beide, Werkzeug und Rechtfertigung, werden erst mit der KV geschaffen: das eine in der sog. »metaphysischen Deduktion«, das andere in der »transzendentalen Deduktion« der Kategorien. Auf manche Fragen, die in der Kantliteratur bezüglich der Deduktion entstanden sind, wird in einem späteren Exkurs ausführlich eingegangen, in diesem Zusammenhang soll nur auf die Funktion der beiden Teile und insbesondere des aus der transzendentalen Deduktion entsprungenen »Schematismus« hingewiesen werden.

Die »metaphysische« Deduktion hat die Aufgabe, die Form der Spontaneität ebenso präzise und endgültig wie diejenige der Rezeptivität zu fixieren. Es handelt sich um eine bestimmte »Art zu denken«, eine Form des Verstandes, die der bestimmten »Anschauungsart« der Sinnlichkeit entspricht: Der Verstand ist *so beschaffen* und seine Verfassung muß als eine ursprüngliche Voraussetzung angenommen werden. Die Analogie mit der Situation der Anschauung wird von Kant ausdrücklich betont: »Von der Eigentümlichkeit unsers Verstandes aber nur vermittelst der Kategorien und nur gerade durch diese Art und Zahl derselben Einheit der Apperzeption a priori zu Stande zu bringen, läßt sich eben so wenig ferner ein Grund angeben, als warum (...) Zeit und Raum die einzigen Formen unserer möglichen Anschauung sind« (B 145–46). Folglich könnte man die Kategorien als ein »Faktum des Verstandes« und die raum-zeitliche Form der Rezeptivität als ein »Faktum der Anschauung« bezeichnen, so wie Kant das sittliche Gesetz ein »Faktum der Vernunft« nennt. Alle drei sind in der Tat keine empirischen Tatsachen, sondern absolute »Data«, d.h. *Voraussetzungen*, die man auf keinen ursprünglicheren Grund mehr zurückführen kann. In der Tabelle der Kategorien lautet die zweite Voraussetzung des transzendentalen Denkens überhaupt: *Es gibt eine unveränderliche, allgemeingültige Struktur des Verstandesvermögens, nach welcher der Verstand »denkt«, d.h. sämtliche Verbindungen des Objekts bestimmt.*

Die Notwendigkeit dieser zweiten Voraussetzung wird nicht gleich auf den ersten Blick deutlich und, in der Tat, außer Klaus Reich haben nur wenige Kantforscher an *Die Vollständigkeit der Kantischen Urteilstafel* (Berlin 1932; 1948²) geglaubt. Warum überhaupt eine Tafel der Kategorien? Sie stellt zwar gewissermaßen den Inhalt jener »Metaphysik der Natur« dar, die Kant durch die KV auf festen Boden stellen will, aber dieser Aspekt ist für uns verhältnismäßig nebensächlich. Von größerer Bedeutung ist die Rolle der Kategorientafel als Bezugssystem der *Spontaneität* des Verstandes. Wie die Rezeptivität eine bestimmte Form hat, so muß auch die Spontaneität eine bestimmte Form besitzen, damit diese Struktur auf den Erfahrungsgegenstand übertragen werden kann. Genau hier taucht jedoch eine Hauptschwierigkeit des ganzen Transzendentalismus auf, das Hindernis, auf das Kant bei seinem Versuch stößt, die transzendentale Lösung zu »erweitern«. Es läßt sich folgendermaßen beschreiben.

Das »transzendentale Argument«, nach welchem der Erfahrungsgegenstand die allgemeingültige Form des Rezeptors annehmen muß, ist ausschließlich für ein *rezeptives* Erkenntnisvermögen beweiskräftig. Es kann also im Falle des Verstandes, der ein *selbsttätiges* Vermögen ist und doch den Gegenstand nicht erzeugt, gar nicht gelten. Was empfunden wird, wird »per modum recipientis« empfunden: Warum sollte es aber »per modum cogitandi«, d.h. gemäß unserer »Art zu denken«, empfangen werden? Man sieht sofort: Das »zweite Postulat des transzendentalen Denkens überhaupt« kann nicht auf dieselbe Weise wie das erste »funktionieren«. Die »Erweiterung« der transzendentalen Lösung erfolgt also keineswegs automatisch. Die reine Form der Spontaneität kann einen Gegenstand, den sie nicht erschafft, (direkt) nicht bestimmen. Eine solche Hypothese wird erst dann verständlich erscheinen, wenn die Struktur der Spontaneität (die Kategorien) mit der Form der Rezeptivität (Raum und Zeit) so eng verbunden ist, daß der Erfahrungsgegenstand, indem er durch diese bestimmt wird, auch das Aussehen der ersten notwendigerweise bekommen muß. Genau das wird Kant mit dem »transzendentalen Schematismus« verfolgen, der deswegen auch als Grundstein des gesamten Transzendentalismus betrachtet werden muß. Doch die Lösung liegt eben nicht auf der Hand und wir werden uns ihr nur ganz allmählich nähern.

7. Quellen oder Stufen der Erkenntnis

Man kann Anschauung und Verstand entweder als zwei unterschiedliche, wenn auch gleichermaßen unverzichtbare *Quellen der Erkenntnis* oder aber lediglich als zwei Stufen derselben annehmen. Wenn ihre Beziehung durch den Gegensatz von »Rezeptivität« und »Spontaneität« beschrieben wird, wird der erste Weg eingeschlagen. Wenn die Aufmerksamkeit dagegen auf den Unterschied gelenkt wird, daß die Anschauung den Gegenstand *direkt* erfaßt, während der (nicht archetypische) Verstand sich nur *indirekt* auf die Gegenstände bezieht, wird der zweite Weg eingeschlagen. (Der Verstand »ist das Vermögen, den Gegenstand sinnlicher Anschauung zu denken«; A 51, B 75).

Prinzipiell sind beide Wege gleichwertig (vgl. Transz. Ästhetik, § 1), aber *methodisch* ist der zweite Weg vorzuziehen, denn man kann dem Begriff einer ursprünglichen Rezeptivität bzw. Spontaneität keinen bestimmten Inhalt unterlegen. Die Grundbedingungen der Erfahrung liegen *außerhalb* der Erfahrung selbst, wollen wir also von »Quellen« sprechen, so müssen wir bloß von zwei entgegengesetzten und unreduzierbaren Quellen reden, die sich der weiteren Erforschung entziehen. Ziehen wir dagegen den Unterschied zwischen »mittelbarer« und »unmittelbarer« Erkenntnis in Erwägung, dann können wir ihren Unterschied auch inhaltlich untersuchen, denn das Erkenntnisvermögen arbeitet bei Kant ganz analog einem Handwerker, der seine Arbeit an einem konkret gegebenen Material ausführt. An einem Modell können wir uns die Tätigkeit des Erkenntnisvermögens veranschaulichen. Wie der Zimmermann das Holz bearbeitet, so verhält sich auch der erkennende Mensch. Allerdings geschieht das auf zweierlei Art: als anschauendes Subjekt *bekommt* er gleichzeitig das Material, das er bearbeitet; als denkendes Subjekt dagegen erhält er kein Material, denn »das Denken (...) ist bloß die logische Funktion, mithin lauter Spontaneität der Verbindung des Mannigfaltigen einer bloß möglichen Anschauung« (B 428). So bearbeitet der Verstand immer nur ein *durch die Anschauung geliefertes Material*. Die Anwendung des Denkens auf irgendeinen Gegenstand ist immer indirekt, nämlich durch die Anschauung bedingt.

Das anschauliche Material kann entweder »schematisch« oder »symbolisch« erfaßt werden (oder auf beide Weisen zugleich), aber nie ausbleiben: »Das Intuitive der Erkenntniß muß dem Discursiven (nicht dem Symbolischen) entgegen gesetzt werden. Das erstere ist nun entweder *schematisch* durch Demonstration; oder *symbolisch* als Vorstellung nach einer bloßen Analogie« (KU § 59; V,352, Anm.). Der Verstand bezieht sich also durch anschauliche Schemata und Symbole auf sein Objekt.

Diese *vermittelte* Art der Verstandesfähigkeit ist für den Transzendentalismus, und zwar sowohl für den der KV als auch für den des OP von ausschlaggebender Bedeutung. Sie ergibt sich notwendig aus zwei Gründen: einmal aufgrund des Fehlens einer »intellektuellen Anschauung« in uns bzw. eines »Intellectus archetypus«, der die Gegenstände erschafft, indem er sie denkt; und zum anderen aufgrund des spontanen Charakters des Denkens, als das »Vermögen, Vorstellungen selbst hervorzubringen« (A 51, B 75). Der Verstand als ein solches »Vermögen zu denken« (A 69, B 94) hat keine andere Möglichkeit, tätig zu werden, als »den Gegenstand sinnlicher Anschauung« zu denken (wenngleich prinzipiell seine Formen eine allgemeingültige Gültigkeit für jedes eventuell gegebene Objekt besitzen). Soweit die Situation eines Erkenntnisvermögens, das wesentlich *endlich* ist.

Sie gibt den Rahmen für die transzendentale Lösung jenes Problems vor, das sonst überhaupt keinen Sinn machen würde, denn erst von hier aus können wir das Grundproblem des Transzendentalismus entsprechend formulieren.

8. *Das Grundproblem des Transzendentalismus*

Die Frage lautet: Wie kann die transzendentale Rechtfertigung des »a priori« auf ein Vermögen angewandt werden, das seine Objekte überhaupt nicht »empfängt«, sondern nur »denkt«? Oder anders: Wie kann ein Vermögen, das spontan wirkt, das Objekt bedingen, als ob es eine Form der Rezeptivität wäre? Wenn einerseits keine Form der Rezeptivität, sondern nur die »Art zu denken« als Bestimmungsgrund benutzt wird, dann kann die in der Dissertation vorgeschlagene Lösung nichts erklären. Wenn andererseits die bloße Form der Rezeptivität herangezogen wird, dann kann die Bestimmung des Objekts (infolge des Humeschen Prinzips) die physischen Verknüpfungen nicht betreffen, da diese von der Selbsttätigkeit unseres Verstandes abhängen.

»Hier ist die Auflösung dieses Rätsels«, sagt Kant am Ende der transzendentalen Deduktion der 2. Auflage der KV und führt die Lehre vom *Schematismus* ein (B 163). Das Rätsel hatte Kant zehn Jahre lang beschäftigt und nun lag die Lösung vor. Die KV, doch ein ziemlich umfangreiches Buch, wurde dann in wenigen Monaten niedergeschrieben. Nur *dieser eine Punkt* hatte Kant so lange aufgehalten. Aber dieser Punkt war entscheidend.

Warum also ist der Schematismus für die KV wie auch später für das OP so grundlegend? Der Schematismus ist eine Funktion, die der Verstand ausübt als »Vermögen zu urteilen« (A 69, B 94), d.h. als Vermögen, die Gegenstände unter einem Begriff zu »subsumieren« (A 137, B 176). Um dieser Funktion gerecht zu werden, muß der Verstand vor allem über eine *Materie* für seine Tätigkeit verfügen (vgl. hier § 7). Diese Materie kann sowohl empirisch gegeben, z.B. ein Hund, als auch *die reine Form der Anschauung* (d.h. die »reinen Anschauungen« der Zeit und des Raumes) sein. Das Schema muß nun als eine Regel verstanden werden, nach der das gegebene Material zusammengesetzt wird. »Der Begriff vom Hunde«, erläutert Kant, »bedeutet eine Regel, nach welcher meine Einbildungskraft die Gestalt eines vierfüßigen Tieres allgemein verzeichnen kann« (A 141, B 180). Wo aber der Verstand mit keinem empirisch gegebenen Material zu tun hat, kann er das Schema nur auf die reine Form der Sinnlichkeit als auf eine »a priori gegebene« Materie anwenden. Der Begriff gibt dann die Regel, um diese Materie a priori zu gestalten, z.B. »das Schema des Triangels kann niemals anderswo als in Gedanken existieren, und bedeutet eine Regel der Synthesis der Einbildungskraft, in Ansehung reiner Gestalten im Raume« (A 141, B 180).

Auch die »reinen Verstandesbegriffe« (Kategorien) haben ihre Schemata. In diesem Fall besteht das Material aus der reinen Form der sinnlichen Anschauung, insbesondere der Zeit, und die »Regel« sagt uns, wie wir die Verknüpfungen des Materials der Kategorie entsprechend bestimmen müssen. *Da aber die Zeit den Empfang sämtlicher Gegenstände der inneren sowie der äußeren Erfahrung bedingt,* werden die Verstandesbegriffe durch diesen Umweg *indirekt* auf alle gegebenen Gegenstände bezogen.

Darum ist es für Kant auch so wichtig, daß Raum und Zeit nicht nur »reine Formen der Anschauung«, sondern auch »reine Anschauungen« sind (was ihm manche idealistische Deuter vorgeworfen haben). Nur eine »reine Anschauung« nämlich taugt als »Materie« für die Bestimmungstätigkeit des Verstandes: »Raum und Zeit sind nicht bloß als Formen der sinnlichen Anschauung, sondern als Anschauungen selbst (...) a priori vorgestellt« (B 160). Der Verstand gibt nur die Regel, um diese »reine« Materie zu gestalten.

Die Lage stellt sich demnach so dar: Durch den Schematismus bestimmt der reine Verstandesbegriff *direkt* die Form der sinnlichen Anschauung, d.i. der Rezeptivität. Infolge des Prinzips des Transzendentalismus bestimmt aber diese Form der Rezeptivität den empfundenen Gegenstand. *Indirekt* bestimmt also der reine Verstandesbegriff den empfundenen Gegenstand, obwohl der Verstand diesen Gegenstand weder empfängt noch erschafft, sondern nur *denkt*. Die ganze Transzendentalphilosophie wird so zu einer Lehre der indirekten Bestimmung des gegebenen Objekts durch den selbsttätigen Verstand.

Dabei werden alle Forderungen des Transzendentalismus erfüllt:

a) der Gegenstand wird uns gegeben – er ist keine vom Verstande geschaffene Wirklichkeit;
b) unsere Anschauung ist sinnlich, nicht intellektuell – ihre Form ist eine »leidende« Form der Rezeptivität;
c) der Verstand denkt ganz spontan und empfängt nichts; er hat jedoch eine »Materie a priori« zur Verfügung für seine Bestimmungstätigkeit;
d) der konkrete Gegenstand kann von einer Verstandestätigkeit bestimmt werden, die ihn dennoch nicht erschafft. Die Bestimmung erfolgt nur indirekt, durch die Vermittlung der Anschauungsform.

So kann die ganze Lehre der Erkenntnis a priori sich auf Gegenstände einer sinnlichen Anschauung (»Erscheinungen«) beziehen – dank der »transzendentalen Synthesis der Einbildungskraft«. Es handelt sich dabei um jenes Vermögen, »die Sinnlichkeit a priori zu bestimmen«, ein Vermögen, das »eine Wirkung des Verstandes auf die Sinnlichkeit und die erste Anwendung desselben (zugleich der Grund aller übrigen) auf Gegenstände der uns möglichen Anschauung ist« (B 152).

Die Transzendentalphilosophie des OP wird uns später als eine Erweiterung dieses Begriffes entgegentreten, indem die reine Form der sinnlichen Anschauung, und zwar die der *äußeren* Erfahrung diesmal, also der Raum, dieselbe Rolle spielt.

Exkurs

Der Schematismus und die Einheit der transzendentalen Deduktion

Wegen der zentralen Bedeutung des Schematismus für die kritische Philosophie möchte ich mit vier Punkten näher darauf eingehen.

1. Die Lehre vom Schematismus ist grundsätzlich schon in der transzendentalen Deduktion enthalten, nämlich dort, wo die transzendentale Einbildungskraft berührt wird. Da aber die Deduktion auf die Frage *»quid juris«* konzentriert ist, kann sie sich mit der »ersten Anwendung des Verstandes auf Gegenstände der uns möglichen Anschauung« (B 152) nicht ausführlich beschäftigen. Der Gedanke der »Anwendung« erfährt erst in der »Analytik der Grundsätze« seine adäquate Behandlung und zwar im Kapitel »Von dem Schematismus der reinen Verstandesbegriffe«. Kants Bemühen, zwischen »Rechtfertigung« *(quaestio juris)* und »Anwendung« formal zu unterscheiden, kommt besonders in der 2. Auflage der KV zum Vorschein, in der die Deduktion entsprechend redigiert und »vereinfacht« wird. *Wesentliches verändert sich jedoch dadurch nicht*, so daß Spekulationen über eine vermeintliche »Wende« in Kants Grundeinstellung zur Deduktion jeder Grundlage entbehren.

Besonders drastisch exponiert sich in jener Hinsicht der Hauptvertreter der sog. »evolutionären« Kant-Interpretation, H.J. de Vleeschauwer. Seiner Meinung nach hätten die Einwände, die die Deduktion von 1781 hervorgerufen hatte, eine Umdeutung des »kritischen

Demonstrandum« vor allem in der Deduktion herbeigeführt. »Die kritische Aufgabe fällt mit der Objektivitätsfrage nicht mehr zusammen, sondern mit der Frage der Einschränkung der Vernunft auf die Phaenomena« (*L'évolution de la pensée kantienne*, Paris 1939, S. 110). Die »Rückkehr zum Phänomenalismus«, meint de Vleeschauwer, sei durch eine Anmerkung der MAN belegt, zufolge der aus der Aufgabe der Einschränkung zwei Unteraufgaben entspringen, nämlich das Problem des *Daß* und das Problem des *Wie*:

«C'est en 1785 dans une note des *Anfangsgründe* que, tout à coup, Kant redresse complètement la situation et que, par un rétour brutal vers le point de vue occupé dans les *Träume*, il substitue au problème de l'objectivité celui de la limitation de la raison pure aux phénomènes en tant que véritable *demonstrandum* critique. Elément de solution en 1781, la limitation devient le problème à resoudre...« (ibid. S. 104–105).

Es sei mir gestattet, diese ganze Grübelei getrost als Erzeugnis einer »nicht produktiven Einbildungskraft« zu betrachten. In der ersten wie *auch* in der zweiten Auflage der KV rührt die Einschränkung der Erkenntnis selbstverständlich von den »Voraussetzungen des transzendentalen Denkens überhaupt« her und macht die andere, nicht abtrennbare Seite der transzendentalen Lehre der Objektivität aus. Auch die doppelte Aufgabe des »Daß« und des »Wie« kann nicht als Beleg für eine Wende herangezogen werden, da von ihr buchstäblich *schon in der Vorrede der 1. Auflage* die Rede ist. In Bezug auf die »objektive« und »subjektive« Seite der Deduktion sagt Kant nämlich:

»Die eine bezieht sich auf die Gegenstände des reinen Verstandes (...). Die andere geht darauf aus, den reinen Verstand selbst nach seiner Möglichkeit und den Erkenntniskräften (...) in subjectiver Beziehung zu betrachten; und obgleich diese Erörterung in Ansehung meines Hauptzwecks von großer Wichtigkeit ist, so gehört sie doch nicht wesentlich zu demselben, weil die Hauptfrage immer bleibt: *was und wie viel* kann Verstand und Vernunft, frei von aller Erfahrung erkennen? und nicht: *wie* ist das Vermögen zu denken selbst möglich?« (A XVI-XVII; Hervorhebung V.M.)

Das Demonstrandum ist also *schon* 1781 die zweifache Frage nachdem »was und wieviel«. Damit haben wir die ganze Lehre der »Einschränkung«, die in der schon erwähnten Anmerkung der MAN dann folgenderweise erläutert wird:

»Denn wenn bewiesen werden kann, *daß* die Kategorien (...) gar keinen anderen Gebrauch, als blos in Beziehung auf Gegenstände der Erfahrung haben können (...), so ist die Beantwortung der Frage, *wie* sie solche möglich machen, zwar wichtig genug (...) aber in Beziehung auf den Hauptzweck des Systems (...) keineswegs *nothwendig*, sondern blos *verdienstlich*« (IV, 474, 25–32).

In seinem Hauptwerk *La déduction transcendentale dans l'oeuvre de Kant* (Paris/Antwerpen 1937) erkennt de Vleeschauwer den »Parallelismus« der beiden Stellen zwar an (Bd. II, S. 540), meint jedoch, daß die Frage von 1781 zumindest eine »doppelte« sei, da der Terminus *was* auch die Frage nach der objektiven Gültigkeit der reinen Begriffe einführe. Aber bei der Konjunktion »was und wieviel« handelt es sich augenscheinlich um ein Hendiadyoin, das sich nur auf die *eine* »Hauptfrage« bezieht.

2. Die beiden vorgestellten »Postulate des transzendentalen Denkens überhaupt« werden in den weiter unten zitierten Stellen der MAN klar dargestellt (Nr. 1 und 3). Dabei wird ein Punkt eingeschoben (Nr. 2), der die notwendige Verbindung beider, also *die Notwendigkeit des Schematismus* expliziert:

»1. Zugestanden: daß die Tafel der Kategorien alle reine Verstandesbegriffe enthalte (...);
2. zugestanden: daß (...) es auch Anschauungen a priori geben müsse, welche die zur Anwendung jener reinen Verstandesbegriffe erforderliche Bedingungen enthalten (...);
3. zugestanden: daß diese reine Anschauung niemals etwas anderes, als bloße Formen der Erscheinungen (...) (Raum und Zeit), folglich nur allein der Gegenstände möglicher Erfahrung sein können...« usw. (IV, 475, 3–29)

Werden diese drei Punkte akzeptiert, so Kant, dann ist die Hauptfrage des Transzendentalismus ohne weitere Schwierigkeiten entschieden. Das ist einsichtig, weil die drei Punkte unseren beiden Postulaten *plus* dem Schematismus entsprechen. Die »Anschauungen a priori, welche die zur Anwendung reiner Verstandesbegriffe erforderlichen Bedingungen enthalten« sind Raum und Zeit als Bedingungen des Schematismus.

Nach de Vleeschauwers Meinung allerdings wäre Kant damit einem »Blendwerk« aufgesessen, indem er glaubte, daß die Hauptfrage des »Daß« lediglich »durch die transzendentale Ästhetik und die metaphysische Deduktion lösbar sei«, ohne gewahr zu werden, daß die drei geforderten Punkte schon »die ganze Deduktion« (also nicht nur die metaphysische sondern auch die transzendentale Deduktion) implizieren (Op. cit, Bd. II, S. 540 und 547). Auch nach meiner Meinung ist die *ganze* Deduktion in den drei Punkten implizit enthalten. Aber warum sollte Kant sich dessen *nicht bewußt* gewesen sein? Gegenüber A.H. Ulrich, der die transzendentale Deduktion mißverstanden hatte und glaubte, in ihr einen unerlaubten *Zirkelschluß* feststellen zu müssen, verteidigt Kant in der erwähnten Stelle der MAN seine Transzendentalphilosophie auf folgende Weise: Sicher, ein Teil der Deduktion sei schwer zu verstehen (er werde sie deshalb bald umschreiben), allerdings lasse sich der *Kern* der Transzendentalphilosophie auch ohne diesen verbesserungsbedürftigen Teil aufrechterhalten. Der Kern aber ist in den drei angeführten Punkten enthalten. Sie sind selbstverständlich mit der gesamten Deduktion gleichzusetzen, denn Kant hatte nicht die Absicht, die Deduktion selbst für überflüssig zu erklären!

Außerdem findet man die drei »Zugeständnisse« aus den MAN fast wortwörtlich schon in der 1. Auflage der KV, nämlich dort, wo die Ergebnisse der transzendentalen Deduktion ausdrücklich auf den Schematismus bezogen werden:

»Nach demjenigen, was in der Deduktion der Kategorien gezeigt worden, wird hoffentlich niemand im Zweifel stehen, sich über die Frage zu entschließen: ob diese reine Verstandesbegriffe (...) lediglich, als Bedingungen einer möglichen Erfahrung, sich a priori auf Erscheinungen beziehen, oder ob sie, als Bedingungen der Möglichkeit der Dinge überhaupt, auf Gegenstände an sich selbst (ohne einige Restriktion auf unsre Sinnlichkeit) erstreckt werden können. Denn da haben wir gesehen, daß Begriffe ganz unmöglich sind (...), wo nicht (...) ein Gegenstand gegeben ist ‹a› (...), ferner die einzige Art, wie uns Gegenstände gegeben werden, die Modifikation unserer Sinnlichkeit sei ‹b›; endlich, daß reine Begriffe a priori, außer der Funktion des Verstandes in der Kategorie, noch formale Bedingungen der Sinnlichkeit (...) a priori enthalten müssen, welche die allgemeine Bedingung enthalten, unter der die Kategorie allein auf irgend einen Gegenstand angewandt werden kann ›c‹« (A 139, B 178).

Man sieht sofort: Punkt (b) entspricht der transzendentalen Ästhetik (Punkt 3 der MAN), Punkt (c) entspricht dem *Schematismus* (Punkt 2), Punkt 1 der MAN wird dagegen verschwiegen. In der Tat ist Punkt (a) das Ergebnis der ganzen Deduktion, welche die »Restriktion« enthält, also die *Einschränkung* der Erkenntnis a priori durch den Schematismus.

Denselben Sachverhalt hebt auch die 1787 weggelassene »Summarische Vorstellung« hervor: »Reine Verstandesbegriffe sind also nur darum a priori möglich, ja gar in Beziehung auf Erfahrung nothwendig, weil unser Erkenntniß mit nichts als Erscheinungen zu thun hat, deren Möglichkeit in uns selbst liegt...« (A 130). Das »Demonstrandum« bleibt also *dasselbe*.

3. Der *Standpunkt* der Deduktion bleibt auch 1787 unverändert, obwohl Kant den Formalismus des Verfahrens stärker betont und zu diesem Zweck, wie selbst de Vleeschauwer zugesteht, »weniger die Tätigkeit des Erkenntnisvermögens als vielmehr ihre Produkte« in Betracht zieht.

Wie plant Kant nun 1786 die Lösung jener Aufgabe des »Wie« (»wie die Erfahrung vermittelst der Kategorien möglich sei«), die so »große Wichtigkeit hat«, »obgleich auch ohne sie das Gebäude fest steht« (IV, 475, 37)? Diese Aufgabe (Kant: »wie ich es jetzt ansehe«) stellt nunmehr eine »eben so große Leichtigkeit« dar, »da sie beinahe durch einen einzigen Schluß aus der genau bestimmten Definition eines Urtheils überhaupt (...) verrichtet werden kann« (IV, 475, 39). Dieser Schluß wird im § 19 der 2. Auflage der KV gezogen aus der Betrachtung, »daß ein Urteil nichts andres, sei als die Art, gegebene Erkenntnisse zur objektiven Einheit der Apperzeption zu bringen« (B 141). Zufolge dieses logischen Aspekts verliert die »dreifache Synthesis« (der Apprehension, der Reproduction, der Recognition) jenen psychologischen Anstrich, der Anstoß erregt hat. Die Lehre der Synthesis wird im § 24 formal genug zusammengefaßt, um nicht mit der Beschreibung eines psychologischen Vorgangs verwechselt zu werden. Die Einbildungskraft ist kein unabhängiges Vermögen mehr, eine der »drei ursprünglichen Quellen, die die Bedingungen der Möglichkeit der Erfahrung enthalten« (A 94), sondern: »Es ist eine und dieselbe Spontaneität, welche dort, unter dem Namen der Einbildungskraft, hier des Verstandes, Verbindung in das Mannigfaltige der Anschauung hineinbringt« (B 162, Anm.).

Die neue Antwort auf die Frage »Wie«, die Kant 1786 angekündigt hatte, ist also im § 19 enthalten, wo sie »durch einen einzigen Schluss aus der Definition eines Urtheils verrichtet wird«. Die §§ 26–27 dagegen haben damit nichts zu tun, sie enthalten diesen Schluß *nicht* und dürfen auch nicht für einen »Zusatz« gehalten werden (wie Adikkes behauptete, Seite 139 seiner Ausgabe der KV). Sie machen vielmehr die *echte transzendentale Deduktion* aus, nämlich die Lösung des Problems, die jene Anmerkung der MAN nicht nur als »verdienstlich«, sondern auch als »nothwendig« bezeichnet. Mit anderen Worten: *Die Deduktion ist erst mit dem § 26 zu Ende.*

4. Das führt zur umstrittenen Frage nach der *Einheitlichkeit* der Struktur der transzendentalen Deduktion in der 2. Auflage der KV. Nach Adickes sind die §§ 26–27 ein bloßer »Anhang« der eigentlichen, in den §§ 15–19 enthaltenen Deduktion (die §§ 20–25 seien noch später entstanden). Dieser Auffassung widersprechen aber nicht nur die Überschriften der Paragraphen (es sei denn Kant hätte sie später hinzugefügt und sich des richtigen Inhalts nicht mehr erinnert), sondern auch der ganze Gedankengang der Deduktion. Jedoch Adickes steht mit seiner Auffassung nicht allein. Eine Mehrheit der Kantforscher (eine Ausnahme ist B. Levy, *Kants Lehre vom Schematismus*, Diss., Halle 1907) meint, daß es in der 1. und 2. Ausgabe der KV *mehrere* unterscheidbare »transzendentale Deduktionen« gäbe, auch wenn sie in der Angabe der genauen Anzahl nicht übereinstimmen. Abgesehen von Magdalena Aebi, die mit offensichtlicher Schadenfreude nicht weniger als *zehn* verschiedene Deduktionen zählt, sehen fast alle Forscher wenigstens eine *Wiederholung* desselben Gedankengangs. Unter dieser Rücksicht wäre die eigentliche Deduktion allerdings schon mit dem § 20 zu Ende und was Kant (nach der »Parenthese« der §§ 21–25 und vor den abschließenden Betrachtungen des § 27) in der Überschrift zum § 26 als »Transzendentale Deduktion

des allgemein möglichen Erfahrungsgebrauchs der reinen Verstandesbegriffe« bezeichnet, wäre dann nur die Wiederaufnahme eines längst behandelten Themas.

Das Problem bietet auch Herrn de Vleeschauwer erneut Gelegenheit, eine Kostprobe seiner Akrobatenstückchen zu liefern. Seiner Meinung nach ist die Deduktion zwar mit dem § 20 abgeschlossen, Kant habe sich jedoch aus Furcht vor einer idealistischen Interpretation seiner Lehre mit der Deduktion des § 20 nicht mehr zufriedengegeben, so daß die im § 20 »virtuell vollkommene Deduktion« nach der »Parenthese« der §§ 21–25 (die mit ganz besonderem Nachdruck die Notwendigkeit des sinnlich-empirischen Faktors hervorheben) »nicht mehr vollkommen wäre« (*La déd.* III, 25). Wenn also Kant im § 21 sagt: »Im obigen Satze ist also der Anfang einer Deduktion der reinen Verstandesbegriffe gemacht« (B 144), sollen wir das nicht so verstehen, daß obiger Satz noch nicht die ganze Deduktion ist, sondern daß jener Paragraph das Problem überhaupt noch nicht »in seinem ganzen Umfang betrachtet« (III, 27). Wie aber die Lösung eines Problems »virtuell vollkommen« sein kann, wenn sie das ganze Problem überhaupt noch nicht in den Blick bekommen hat, bleibt ein tiefes Geheimnis des Interpreten.

Tatsächlich verhält sich die Sache so: Der § 20 ist, wie Kant sagt, »der *Anfang* einer Deduktion«, denn er beweist nur, daß sämtliche Anschauungen den Verstandesbegriffen *unterworfen* sind. Der Anspruch der Deduktion geht aber weiter. Das eigentliche Beweisziel ist, daß der Gegenstand als Erfahrungsgegenstand von Anfang an gemäß der Struktur des Verstandes *entsteht*, also daß der Verstand der »Gesetzgeber« der gegebenen sinnlichen Natur ist. Dieses Ziel wird jedoch erst mit dem § 26 erreicht, nachdem die §§ 24–25 (die keine Parenthese, sondern ein unentbehrliches *Lemma* sind) bewiesen haben, daß die Erscheinungen sich gemäß den intellektuellen Bedingungen nur in der reinen Form der Sinnlichkeit bilden können. Dies ist die Lehre, die anschließend im Schematismus und im »System der Grundsätze« entwickelt werden wird. Darum sagt der § 24:

»Weil in uns aber eine gewisse Form der sinnlichen Anschauung a priori zum Grunde liegt (...), so kann der Verstand, als Spontaneität, den inneren Sinn durch das Mannigfaltige gegebener Vorstellungen der synthetischen Einheit der Apperzeption gemäß bestimmen (...) als die Bedingung, unter welcher alle Gegenstände unserer (...) Anschauung notwendiger Weise stehen müssen, dadurch denn die Kategorien, als bloße Gedankenformen, objektive Realität, d.i. Anwendung auf Gegenstände, die uns in der Anschauung gegeben werden können, aber nur als Erscheinungen bekommen« (B 150).

Im § 26 folgt die »Auflösung dieses Rätsels« (B 163). Das Rätsel war also früher *nicht* gelöst worden:

»Also ist selbst schon Einheit der Synthesis des Mannigfaltigen, außer oder in uns, mithin auch eine Verbindung, der alles, was im Raume oder der Zeit bestimmt vorgestellt werden soll, gemäß sein muß, a priori als Bedingung der Synthesis aller Apprehension schon mit (nicht in) diesen Anschauungen zugleich gegeben« (B 161).

Kant fährt fort:

»Kategorien sind Begriffe, welche den Erscheinungen, mithin der Natur, als dem Inbegriffe aller Erscheinungen *(natura materialiter spectata)*, Gesetze *a priori* vorschreiben (...) so müssen alle mögliche Wahrnehmungen, mithin auch alles, was zum empirischen Bewußtsein immer gelangen kann, d.i. alle Erscheinungen der Natur, ihrer Verbindung nach, unter den Kategorien stehen, von welchen die Natur (bloß als Natur überhaupt betrachtet), als dem ursprünglichen Grunde ihrer notwendigen Gesetzmäßigkeit (als *natura formaliter spectata)*, abhängt« (B 163; B 164–65).

Mit anderen Worten: der Erfahrungsgegenstand wird nicht *zuerst* unabhängig vom Verstande gegeben, und *dann* den Verstandesgesetzen unterworfen, sondern er kommt schon unter der Gesetzgebung des Verstandes zur Welt.

In diesem Sinne kann man die Behauptung Patons übernehmen, daß in der Deduktion auf zweifache Weise argumentiert werde: »The argument falls into two separates parts, the first of which deals with the pure categories (...) and the second with the categories schematised« (*Kant's Metaphysics of Experience*, London 1936, I, 501–2). Man darf aber den zweiten Teil der Argumentation nicht mit der bloßen »subjective machinery, which makes understanding possible« verwechseln. Der »subjektive Mechanismus« bleibt in der Tat im Hintergrund, denn »dieser Schematismus unseres Verstandes, in Ansehung der Erscheinungen und ihrer bloßen Form, ist eine verborgene Kunst in den Tiefen der menschlichen Seele, deren wahre Handgriffe wir der Natur schwerlich jemals abraten, und sie unverdeckt vor Augen legen werden« (A 141, B 180–81). Was in den Vordergrund tritt ist die für die Analytik der Grundsätze grundlegende Lehre, nach der die Gegenstände uns unter der unverzichtbaren Bedingung erscheinen, daß sie sich gemäß den Kategorien bilden; das wiederum kann nur durch die Vermittlung des Schematismus geschehen.

II

DER ANSATZPUNKT DER NEUEN KONSTRUKTION

1. *Ein Graben zwischen Metaphysik und Physik*

Nachdem wir Einblick in die Mechanik der Transzendentalphilosophie genommen haben, müssen wir uns den *Intentionen* zuwenden, die das OP in diesem Zusammenhang verfolgt. Kant selbst gibt uns eine klare Rechtfertigung seines neuen Werkes, wenn er sich auf die Notwendigkeit beruft, zwischen der Lehre der MAN und der physikalischen Forschung eine »Brücke« zu schlagen. Aber jeder Brückenschlag, der Sinn haben soll, setzt das Vorhandensein eines Grabens oder einer »Kluft« voraus. Und eben das Bestehen einer solchen Kluft wird von einigen Kantforschern bestritten. Die Frage nach der Bedeutung, die man dem OP beimißt, hängt also entscheidend davon ab, ob eine solche »Lücke« zwischen der »Metaphysik« im kantischen Sinne (den MAN) und der Physik als Erfahrungswissenschaft festgestellt wird oder nicht.

Wenn z.B. Kuno Fischer gegen Albrecht Krause Recht behielte (»Nach kantischer Lehre ist kein Graben zwischen Metaphysik und Physik, es bedarf daher keiner Brücke«), dann wäre die unvorstellbare Mühe, die Kant in den Jahren 1796 bis 1801 für sein Alterswerk aufwandte, ganz vergeblich gewesen. Vergeblich und überflüssig wären dann auch unsere eigenen Mühen, die mit der Interpretation des OP verbunden sind. Doch Kant selbst hatte in gewisser Weise den Einwand Fischers »vorhergesehen« und entsprechend abgewehrt:

»Man sollte denken der Übergang von dem metaphysischen Anfangsgrunde der Naturwissenschaft zur Physik bedürfe keiner Brücke deñ die erstere als System der Begriffe a priori welche jene ausmacht grenzt genau an den Boden der Erfahrung auf welche jene nur angewandt werden dürfte. Aber gerade diese Anwendung macht Bedenken und enthält Schwierigkeiten welche die Physik als besonderes von dem ersteren unterschiedenes System in Verlegenheit bringen dürften; deñ das Beymischen oder Einschieben des einen in das andere wie es sonst wohl gewöhnlich geschieht ist ich will nicht sagen der

Eleganz sondern selbst der Gründlichkeit gefährlich weil Principien a priori und empirische mit einander com̄uniciren oder gegen einander Ansprüche machen kon̄ten.« (I, 526,3)

Behält nun Kuno Fischer gegen Kant Recht? Oder anders, welche Gründe lassen sich für seine Behauptung angeben, in der Kantischen Philosophie verlaufe zwischen Metaphysik und Physik *kein* Graben, »denn jene verhält sich zu dieser wie das Fundament zum Gebäude, wie die Erfahrungsgrundsätze zur Erfahrungserkenntnis«? Tatsächlich ist Kants neue Anstrengung um die Begründung der empirischen Physik keineswegs eine überflüssige Sorge. Die Grundsätze der Metaphysik (MAN) begründen nur die Wissenschaft einer »Natur überhaupt«, nicht aber die Physik als »System der empirischen Naturkunde« (vgl. II, 361,11). Die ist nämlich keine Wissenschaft einer »Natur überhaupt«, sondern die besondere und konkrete Physik *unserer* tatsächlichen Welt.

Nach Kants eigenen Worten bestand die eigentliche Leistung der MAN bloß darin, die schon in der KV enthaltenen Grundsätze auf den Begriff der »Materie überhaupt« anzuwenden: »Mehr ist hier nicht zu thun, zu entdecken oder hinzuzusetzen...« (IV, 476). Daraus konnte man keine Physik »als Gantzes der Warnehmungen« (II, 149,24), bzw. als »die Wissenschaft (Systema doctrinale) von dem Inbegrif (Complexus) der empirischen Erkentnis der Warnehmungen« (II, 359, 15) entnehmen. Die Richtigkeit oder Ungereimtheit der These Kuno Fischers hängt somit von der genauen Bedeutung der Termini »Metaphysik« und »Physik« ab.

Was Kant unter »Metaphysik der Natur« (»der körperlichen oder denkenden Natur«; IV, 470,8) meinte, hat er genügend klar gesagt: »(...) habe ich für nöthig gehalten, von dem reinen Theile der Naturwissenschaft *(physica generalis)*, wo metaphysische und mathematische Constructionen durch einander zu laufen pflegen, die erstere und mit ihnen zugleich die Principien der Construction dieser Begriffe, also der Möglichkeit einer mathematischen Naturlehre selbst, in einem System darzustellen« (IV, 473,6). Was er jedoch unter »Physik« genau verstand, hat er nicht mit gleicher Klarheit angegeben. Mal meint er eine Lehre der Gesetze, die der Verstand der Natur vorschreibt, mal meint er aber das Ganze der vom Naturforscher gesammelten Kenntnisse – im ersten Fall ist dieses Ganze auf die Metaphysik unmittelbar begründet, im zweiten Fall jedoch nicht. So konstatiert Kant 1786 in Bezug auf die Chemie: »So lange also noch für chemischen Wirkungen der Materien auf einander kein Begriff ausgefunden wird, der sich construiren läßt, d.i. kein Gesetz der Annäherung oder Entfernung der Theile angeben läßt, (...) kann Chemie nichts mehr als systematische Kunst oder Experimentallehre, niemals aber eigentliche Wissenschaft werden, weil die Principien derselben bloß empirisch sind und keine Darstellung a priori in der Anschauung erlauben, folglich die Grundsätze chemischer Erscheinungen ihrer Möglichkeit nach nicht im mindesten begreiflich machen, weil sie der Anwendung der Mathematik unfähig sind« (IV, 470–71).

Später nimmt das Wort »Physik« durchgängig die Bedeutung von »Naturkunde« an und die mathematische Konstruktion gilt nicht länger als das exklusive Mittel, die Natur a priori zu erfassen. Dieser umfassendere Begriff der Physik ist im OP absolut vorherrschend und bedarf darum einer neuen Begründung:

»Naturwissenschaft (scientia naturalis subiective sic dicta) Ist entweder Metaphysik der Naturlehre oder Physik. Die letztere aber macht mit der ersteren kein System aus weil Physik ein bloßes Aggregat von Erfahrungen wäre weñ nicht ein Übergang von einem zum andern wäre.« (Loses Blatt 7, spätes 1798: I, 488,7; vgl. I, 168,2).

Dieser Sachverhalt, der eine Wissenschaft des »Übergangs« unentbehrlich macht, wird ab 1796 von Kant immer wieder mit besonderem Nachdruck herausgestellt. Aber die Kenntnis der Lage, die ihn verursacht, ist älter, mindestens so alt wie die 2. Auflage der KV:

»Auf mehrere Gesetze aber, als die, auf denen eine Natur überhaupt, als Gesetzmässigkeit der Erscheinungen in Raum und Zeit, beruht, reicht auch das reine Verstandesvermögen nicht zu, durch bloße Kategorien den Erscheinungen a priori Gesetze vorzuschreiben. Besondere Gesetze, weil sie empirisch bestimmte Erscheinungen betreffen, können davon nicht vollständig abgeleitet werden, ob sie gleich alle insgesamt unter jenen stehen. Es muß Erfahrung dazu kommen, um die letztere überhaupt kennen zu lernen; von Erfahrung aber überhaupt, und dem, was als ein Gegenstand derselben erkannt werden kann, geben allein jene Gesetze a priori die Belehrung« (B 164–65).

2. *Von der Kritik der Urteilskraft zum OP*

Die angesprochene Lage erklärt Kants Gewohnheit, von »empirischen Gesetzen« zu sprechen, obwohl nach seiner eigenen Lehre ein »empirisches Gesetz« ebenso wie »hölzernes Eisen« als Unding angesehen werden muß. Dieser Schwierigkeit ist sich Kant durchaus stets bewußt gewesen. Unablässig und ausdauernd hat er sich um ihre Überwindung bemüht und versucht, das »Aggregat« der vom Naturforscher gesammelten Ergebnisse in ein »System« einzubinden. Dieses Bestreben ist schon in der KU ersichtlich, doch später hat Kant das dort vorgeschlagene Prinzip des »als ob« nicht mehr als befriedigend angesehen. Im neu geplanten Werk der Transzendentalphilosophie, dem OP, ist er auf die Spur eines ganz anderen Prinzips gestoßen. Der Abschnitt der Einleitung der KU, der diese Schwierigkeit referiert, bezieht sich ausdrücklich auf die angeführte Stelle des § 26 der KV, zufolge der Kant die Gesetzgebung des Verstandes auf die Gesetze einer »Natur überhaupt« beschränkt:

> »Allein es sind so mannigfaltige Formen der Natur (...), die durch jene Gesetze, welche der reine Verstand *a priori* giebt, weil dieselben nur auf die Möglichkeit einer Natur (als Gegenstandes der Sinne) überhaupt gehen, unbestimmt gelassen werden, daß dafür doch auch Gesetze sein müssen, die zwar als empirische nach unserer Verstandeseinsicht zufällig sein mögen, die aber doch, wenn sie Gesetze heißen sollen (wie es auch der Begriff einer Natur erfordert), aus einem, wenn gleich uns unbekannten, Princip der Einheit des Mannigfaltigen als nothwendig angesehen werden müssen«. (V, 179–80)

Das Prinzip der »Einheit des Mannigfaltigen« wurde im Jahre 1790 noch in der »reflectirenden Urtheilskraft« gesucht, welche angelegt ist, »von dem Besondern in der Natur zum Allgemeinen aufzusteigen« (V, 180,5). Da aber die reflektierende Urteilskraft ihr Prinzip »nicht von der Erfahrung entlehnen kann, weil es eben die Einheit aller empirischen Principien unter gleichfalls empirischen, aber höheren Principien (...) begründen soll« (V, 180,7), so muß die Urteilskraft sich dieses Prinzip selbst geben:

»Nun kann dieses Princip kein anderes sein als: daß, da allgemeine Naturgesetze ihren Grund in unserem Verstande haben, der sie der Natur (obzwar nur nach dem allgemeinen Begriffe von ihr als Natur) vorschreibt, die besondern empirischen Gesetze in Ansehung dessen, was in ihnen durch jene unbestimmt gelassen ist, nach einer solchen Einheit betrachtet werden müssen, als ob gleichfalls ein Verstand (wenn gleich nicht der unsrige) sie zum Behuf unserer Erkenntnisvermögen, um ein System der Erfahrung nach besonderen Naturgesetzen möglich zu machen, gegeben hätte. Nicht als wenn auf diese Art wirklich ein solcher Verstand angenommen werden müßte (...); sondern dieses Vermögen giebt sich dadurch nur selbst und nicht der Natur ein Gesetz« (V, 180,18).

Dieser Gedankengang erscheint Kant nunmehr unbefriedigend, weil die Urteilskraft, wenn ein solches Prinzip angenommen wird, »nur sich selbst und nicht der Natur« das Gesetz gibt. Gemäß der Transzendentalphilosophie kann die reflektierende Urteilskraft der Natur als solcher kein Gesetz vorschreiben, »weil die Reflexion über die Gesetze der Natur sich nach der Natur und diese sich nicht nach den Bedingungen richtet, nach welchen wir einen in Ansehung dieser ganz zufälligen Begriff von ihr zu erwerben trachten« (V, 180,14). Das Prinzip der inneren Zweckmäßigkeit der Natur hat also zwar eine allgemeine und notwendige Gültigkeit, aber bloß *in subjektiver Hinsicht*. Mit einer Lösung dieser Art könnte man sich vielleicht in Bezug auf die organische Physik begnügen, wenn das Prinzip des Lebens ausschließlich als subjektives Einheitsprinzip in Anwendung gebracht werden soll. Wenn wir dagegen die Natur als solche und insgesamt in Erwägung ziehen, kann die Einheit ihrer Gesetze und Erscheinungen durch den Ausweg einer »allgemeinsubjektiven« Notwendigkeit keineswegs begründet werden. Denn dann würden die »empirischen Gesetze«, die die besondere Natur ausmachen, immer nur bloßes »Aggregat« bleiben, d.h. für Kant »ohne System«. Die Einheit der natürlichen Welt kann nicht von einem bloßen »Als ob« abhängen (»als ob der Verstand den Grund der Einheit enthalte«).

Auch im OP fällt die Einheit der Natur mit der Einheit der Erfahrung zusammen. Diese Einheit ist zwar stets durch die Errichtung eines Systems von Gesetzen garantiert, aber das »System der Erfahrung nach besonderen Naturgesetzen« wird nicht gedacht »als ob gleichfalls ein Verstand (...) sie zum Behuf unserer Erkenntnißvermögen (...) gegeben hätte« (V, 180,23). Es wird vielmehr *kategorisch* als ein die Wirklichkeit selbst betreffendes System behauptet und die Urteilskraft, die das System errichtet, gibt nicht nur »sich selbst« sondern auch »der Natur« das Gesetz.

3. *Die bestehende Natur*

Die schon 1790, wenn auch ziemlich formal aufgeworfene Frage nach dem »System der Naturgesetze« enthält die tiefere Frage nach der »gesetzlichen Verknüpfung des Mannigfaltigen der Erscheinungen im Raume«, d.h. die Frage nach den *tatsächlich* bewegenden Kräften, die der Naturforscher hinter den physischen Vorgängen entdeckt. Hier besteht eben jene Kluft zwischen dem Formalen des Systems und dem Materialen der Kräfte, die von der neuen Wissenschaft des Übergangs überbrückt werden soll. Genau das ist der Hintergrund jener maßgeblichen Rolle, die der Lehre von den bewegenden Kräften im OP zukommt. Im Entwurf »No 1« vom September 1798 finden wir eine von Kant später durchgestrichene Bemerkung:

»Alle bewegende Kräfte sind Ursachen der Veränderung des Verhältnisses der Materie gegen einander im Raume und der Zeit mithin der Bewegung nach gewissen Gesetzen. – In den metaph: Anf: Gr. ward nur von den Gesetzen der Bewegung nicht von den bewegenden Kräften gehandelt, und alle Principien jener Wissenschaft beruheten gänzlich auf Begriffen a priori« (I, 164,7 Anm.).

Diese Bemerkung scheint in der Tat nicht ganz richtig, denn auch in den MAN war von den bewegenden Kräften die Rede. Vielleicht hat Kant den Satz aus diesem Grund durchgestrichen und durch den anderen ersetzt: »In den metaph. Anf. Gr. ward die Materie blos als das bewegbare im Raum vorgestellt und diesem Begriffe gemäß wurden Gesetze der Bewegung die vor aller Erfahrung vorher gehen in einem System aufgestellt« (I, 164,7). Die Art aber, wie die bewegenden Kräfte in den MAN behandelt wurden, war für eine Grundlegung der Physik unbefriedigend. Der Materie als dem »Bewegbaren im Raume« waren die bewegenden Kräfte als eine *äußere* Struktur hinzugefügt, die folglich nur mathematisch dargestellt werden konnte. Um die *Verknüpfungen* der wirklichen Welt zu erfassen, mußten die bewegenden Kräfte als eine *innere* Eigenschaft der Materie selber ausgewiesen werden. Das ist die Aufgabe, die das OP durch einen neuen Ansatz der Problemstellung zu lösen versucht, indem der Begriff der *Kraft* unter einem anderen Aspekt gesehen wird.

Die vorhergehende Fragestellung der KU war zweifellos von entscheidender Bedeutung, um Kants Aufmerksamkeit auf die Verknüpfungen der wirklichen Welt zu lenken, im Unterschied zu denen der »Natur überhaupt«. Und mit Recht widerspricht Gerhard Lehmann der Ansicht, daß »kaum eines der zentralen, mit der reflektierenden Urteilskraft zusammenhängenden Probleme der KU im OP behandelt wird«. Entscheidend aber ist, daß sich das OP zwar des in der dritten Kritik aufgestellten *Problems* annimmt, nicht jedoch das in der KU bereitgestellte *Werkzeug* verwendet. Was im OP als »zum Behuf der Erfahrung zusammengesetzt« konzipiert wird, soll die unbefriedigende »Als-ob-Lösung« der dritten Kritik *ersetzen*.

Kant hat mit seinem neuen Werk ein Mittel gefunden, um das Formale, Subjektive und Regulative in eine begriffliche Konstruktion (die »indirekte Erscheinung«) zu verwandeln, die *konstitutive* Geltung beansprucht. Das macht das Neue des OP gegenüber der KU aus. Da sein Zweck auf die Bestimmung der konkreten, von der Physik erforschten Natur abzielt, kann dieser Anspruch von der reflektierenden Urteilskraft nicht erfüllt werden.

Lehmann (1939) beschränkt übrigens in aller Aufrichtigkeit die Reichweite seiner Analogie selbst, wenn er sagt: »Freilich setzt damit die Problematik der ›neuen Deduktion‹ erst ein – wir behaupten nicht, durch den Hinweis auf das Geltungsproblem der KU den ganzen Sinn der neuen Deduktion erschließen zu können. Nur das war zu zeigen, wie sehr der Ansatz dieser Deduktion von der Fragestellung der KU beherrscht wird« (S. 338). Dem kann nun uneingeschränkt zugestimmt werden.

4. *»Forma dat esse rei«*

Auf der ersten Seite des III Konv. (Signatur »c«), am Ende eines Versuchs, die bewegenden Kräfte analog den Titeln der Kategorien zu klassifizieren (I, 267), fügt Kant ins Manuskript einen verhältnismässig langen, fortlaufenden Satz ein, den er selbst als »zur Vorrede gehörig« einordnet (September 1798).

> »Es ist also in einem System der Naturwissenschaft nicht zu vermeiden daß darin̄ nicht ein Sprung (saltus) vorgehe wen̄ nicht auf einen Mittelbegriff (nicht den logischen im Syllogism der blos die Form des Schließens angeht sondern den realen welcher der Vernunft ein Objekt darbietet) bedacht genom̄en wird welcher einerseits an einen Begriff des Objects a priori andererseits an die Bedingung der Möglichkeit der Erfahrung in der dieser Begriff realisirt werden kan̄ geknüpft ist; den̄ alsdan̄ allein dient ein solcher Begriff zum Übergange von den metaphysischen Anfangsgründen der Naturwissenschaft zur Physik der alsdan̄ kein Sprung ist« (I, 285,22).

Die Notwendigkeit eines »Mittelbegriffs«, der mit jenem der Syllogistik nicht verwechselt werden darf, entstammt offensichtlich dem *Schematismus*, wie er in der Analytik der Grundsätze vorgestellt wird:

> »Nun ist klar, daß es ein Drittes geben müsse, was einerseits mit der Kategorie, andererseits mit der Erscheinung in Gleichartigkeit stehen muß, und die Anwendung der ersteren auf die letzte möglich macht. Diese vermittelnde Vorstellung muß rein (ohne alles Empirische) und doch einerseits intellektuell, andererseits sinnlich sein. Eine solche ist das transzendentale Schema« (A 138, B 177).

Diese Auffassung erfährt jedoch im OP eine ganz eigene Wendung, denn die im neuen Schematismus begründeten Grundsätze bilden kein System der Naturwissenschaft »überhaupt«, sondern das »neue Werk«, das die ganze empirische Naturerkenntnis umfassen soll. Kant bezeichnet dieses System folglich als »Physiologia generalis«. Vermutlich ein Jahr später (Anfang 1800) nennt Kant den alten Schematismus der KV einen bloßen »Vorhof (*atrium*) des Überganges« (II, 487,22), hebt dabei aber zugleich die übereinstimmende Funktion des alten wie des neuen Schematismus hervor. Diese Betrachtungen nehmen den letzten verfügbaren Raum der 2. Seite des V. Bogens des XI.

Konv. ein, eines Konvolutes, das ansonsten dem Problem der Physik gewidmet ist. Die Überschrift der Seite, die mit der Erwähnung des Schematismus abschließt, lautet: »Was ist Naturwissenschaft überhaupt?« (II, 484,21). Die Antwort darauf lautet:

»Sie ist das Lehrsystem (systema doctrinale) der Erkentnis der Siñengegenstände in so fern es auf Principien gegründet ist (Physiologia generalis) vel metaphysica vel physica.
Naturwissenschaft ist das Lehrsystem (systema doctrinale) der Siñengegenstände in so fern ihr Inbegriff (complexus) nach einem Prinzip ein Ganzes derselben vorstellt.« (II, 484,22).

Nun können wir den Grund besser verstehen, warum Kant gleich in der Einleitung des neuen Werkes auf den Schematismus rekurriert. Der Schematismus ist, wie wir gesehen haben, die Lehre von der *indirekten Bestimmung* des Gegenstandes durch den Verstand. Jetzt wird aber diese Bestimmung im OP zur »omnimoda determinatio« der konkreten Naturerkenntnis modifiziert und erhält dadurch eine Tragweite, die der alte Schematismus als Bestimmungsgrund einer »Wissenschaft der Natur« nicht besaß. Auf diese Weise wird eine neue Konstruktion zwischen Metaphysik einerseits und Physik andererseits eingeführt (vgl. I, 286, 15–18).

Es lassen sich drei Arten von »Anfangsgründen« und abgeleiteten Grundsätzen unterscheiden, unter denen die Grundsätze der »Physiologie« eine Mittlerrolle zwischen der apriorischen und der empirischen Seite der Naturwissenschaft spielen. Der Einfachheit, aber auch der Anschaulichkeit halber werde ich die ganze Seite des IV Konv. (»No. 3«, 4. Seite des II. Bogens) vorstellen, weil es sich dabei um die klarste Darstellung der Begründung des in Angriff genommenen neuen Werkes handelt.

»Einleitung

Das System der Metaphysischen Anfangsgründe der N.W. hat sein besonderes nach Principien a priori begrentztes Territorium; Ein Anderes ist für die Physik abgesteckt welche das Ganze zur Naturwissenschaft (scientia naturalis) so fern sie empirisch ist gehörende in einem System Physik genañt zu enthalten bestiḿt ist.

Zwischen beyden Territorien aber ist eine Kluft welche verhindert daß beyde Gebiete nicht in Eines (Philosophia naturalis) zusam̄en vereinigt werden kö-n̄en wie es doch seyn sollte weil die Absicht der Naturmetaphysik doch keine andere seyn kan̄ als durch sie in das Gebiet der Physik hinüber kom̄en und davon Besitz nehmen zu kön̄en. – – Diese aber ist mit Schwierigkeiten verbunden; den̄ die Physik soll eine Wissenschaft als System seyn; aus zu-sam̄engetragenen empirischen zur Naturkunde gehörenden Stücken läßt sich zwar fragmentarisch ein Aggregat nie aber ein System herausbringen (Infelix operis sum̄a quia totum ponere nescit. Horat.) wozu nothwendig ein Umris der Form erfordert wird in welchem für die mancherley physische Warneh-mungen die uns zu Handen komen dürften (als dem Materiale der Wissen-schaft) ihre Stellen schon vorher (nach einem Princip a priori) angewiesen werden kön̄en. – Man kan̄ also nicht durch einen Sprung unmittelbar von dem ersteren Territorium zum anderen hinüber zu kom̄en hoffen sondern es muß ein gleichsam neutrales Territorium (eine Brücke) dazwischen abge-steckt und zum Überkom̄en bereitet werden welches als ein besonderes Stück der Naturlehre angesehen werden muß das weder ganz zum ersteren noch ganz zum zweyten gehört und nur zum Übergange von jenem zu diesem diene.« (I, 360, 1–27)

Der neue Schematismus soll, ebenso wie der alte, einer »Inhomogenität« von a priori gebildeten Begriffen und a posteriori zusammengefaßten Vorstellungen vorbeugen: »So muß es also Mittelbegriffe geben die blos den Übergang von der einen Naturlehre zur anderen« (I, 311,11) erlauben. Diesen neuen Mittelbegriff sucht Kant bei den »bewegenden Kräften«, weil diese einerseits eine formale Verbindung und andererseits eine materiale Verknüpfung der Erfahrung erlauben, je nachdem ob die Verbindung als intellektuelles Verhältnis oder als sachliche Wirkung angesehen wird. Mit diesem Mittelbegriff hofft Kant der empirischen *Konstatierung* der materialen Verbindungen eine a priori erstellte *Konstruktion* vorausschicken zu können, die eine »vollständige Bestimmung« jener empirischen Verknüpfungen erlaubt. Dieser Hoffnung verleiht er dadurch Ausdruck, daß er wiederholt die Formel der Scholastik »forma dat esse rei« anführt. Sie findet sich auch in der gegen Schlosser gerichteten Schrift (1796) wieder: »In der Form besteht das Wesen der Sache (*forma dat esse rei*, hieß es bei den Scholastikern)« (VIII, 404,12). Für Kant enthält diese Formel das »Princip des Übergangs, das System der bewegenden Kräfte«. Jene Kräfte, die der Naturforscher in der wirklichen Welt findet (›stoppelt‹, wie Kant sagt), und jene, die der Naturphilosoph a priori aufstellt, sind ein und dieselben, obwohl sie einen ganz verschiedenen Ursprung und eine ebenso verschiedene Bedeutung haben; die ersten kommen nämlich *a posteriori* und die zweiten *a priori* zustande. Aufgabe der neuen »Physiologie« ist es nun zu zeigen, daß die Form des a priori gedachten Systems zugleich der Ursprung der wirklichen Verbindungen ist: »die Form macht die Sache aus«.

Erkenntnistheoretisch erzeugen die bewegenden Kräfte einerseits das *Materiale* der Empfindungen im Gemüt: »Die bewegende Kräfte der Materie enthalten das Materiale der Empfindung welches durch das Bewußtseyn des Zusamensetzens des Mannigfaltigen in dieser Anschauung den Erfahrungsbegriff derselben ausmacht und das Reale der Sinnenvorstellung darbietet wodurch der Gegenstand perceptibel (perennirend) wird« (I, 202, 20). Andererseits sind diese Kräfte als begriffliche, also formale *Verhältnisse* zu verstehen. Folglich muß man sämtlichen Gegenständen der Physik »Begriffe von bewegenden Kräften a priori zum Grunde legen (...) weil diese das Formale der synthetischen Vorstellungen enthalten unter dem selbst die Begriffe der Physik allein Erkenntnisse eines Objects (durch den Verstand) abgeben koñen« (I, 477,2). Diese wenigen Hinweise erlauben uns schon jetzt, eine voreilige Deutung der Kantischen Absicht bei Abfassung des OP zurückzuweisen.

5. *Das OP als Selbstkritik?*

Man kann ja (anders als Lehmann) auch die Auffassung vertreten, daß »nicht die KU sondern die MAN den Anknüpfungspunkt der kantischen Reflexionen im OP bilden«. So jedenfalls Burkhard Tuschling (*Metaphysische und transzendentale Dynamik in Kants OP*, Berlin 1971, S. 13). Seiner Meinung nach hat Kant jedoch nie an eine bloße *Erweiterung* der MAN gedacht, seine Absicht sei vielmehr »eine strenge und radikale Selbstkritik« (S. 63) gewesen, auch wenn er damit selbstverständlich seine eigene in den MAN vorgetragene Lehre nicht öffentlich widerrufen wollte. Die MAN waren beim wissenschaftlichen Publikum auf nur geringes Interesse gestoßen und infolge der in den Rezensionen vorgebrachten Einwände sei von Kant zudem, so Tuschling, die *Ursprünglichkeit der repulsiven Kraft* preisgegeben worden. Zur Stützung seiner Auffassung führt Tuschling an: »Der mechanistische Materiebegriff der MAN« (S. 181), der »die Existenz materieller Punkte impliziert (mithin den Grundwiderspruch enthält, der dann in alle weiteren Sätze eingegangen ist)« (S. 103), sei von Kant aufgegeben und »mit dem Namen von Laplace äußerlich verknüpft« worden. Darum polemisiere Kant nur scheinbar und vorgeblich gegen Laplace, in Wahrheit sei »es der Kant von 1786, gegen den der Kant von 1796 polemisiert« (S. 57). Kurz und bündig, hier werde »ein jüngerer Kant vom älteren korrigiert«.

Würde man Tuschlings Auffassung übernehmen, dann hätte es sich bei der vorgetragenen Notwendigkeit eines »Übergangs« bzw. einer »Brücke« zwischen Metaphysik und Physik nur um einen Vorwand Kants gehandelt, »eine *ad hoc* Lösung« (S. 62), um »die Widersprüche zwischen alter und neuer Theorie (...) zu verschleiern« (S. 65). Tuschling nämlich sieht »es als erwiesen an, daß die durch die Phoronomiekritik und die Mathematikpolemik des OP implizierte methodische Kritik der MAN eine Selbstkritik ist, deren sich Kant vollkommen bewußt war« (S. 118).

Das hier vorgetragene Argument einer verdeckten Absicht Kants, als er zum »neuen Werk« ansetzte, ist außerordentlich gewagt. Es stimmt zwar, daß Kant zeitlebens die Möglichkeit des »Totalirrtums geleugnet hat« und daher die MAN nicht ohne weiteres »als total falsch beiseiteschieben« (S. 65) konnte, aber ist man deshalb schon berechtigt, die Kraftlehre des OP für eine groß inszenierte Maskerade zu halten? Die vermeintliche »ad hoc Lösung« kommt zu häufig in den Manuskripten zur Sprache und die nach Tuschling »wahre« Absicht wird geradezu perfekt getarnt, so daß sich eine *Verstellung* Kants über so viele Seiten von Aufzeichnungen, Notizen und Anmerkungen hin, die er zudem eigentlich doch nur *für sich selber* schrieb, überhaupt nicht vorstellen läßt. Sicher, »die MAN treten im Lauf der Arbeit immer mehr in den Hintergrund« (S. 81–82), und wenn Kant den Titel später noch erwähnt, meint er in der Regel wohl eher seine

Metaphysik der Natur überhaupt als jenes Werk von 1786. Aber auch das läßt sich leicht erklären. Inzwischen hat sich der Standpunkt Kants geändert, d.h. zunehmend von dem der MAN entfernt. Daß es aber »in der Phoronomiekritik endgültig offenbar wird, daß die MAN nicht zu halten sind und dementsprechend der Ansatz eines Übergangs von den MAN zur Physik aufgehoben werden muß« (S. 65; vgl. S. 117, Anm. 1) ist eine ebenso waghalsige wie willkürliche Behauptung.

Der Eindruck, daß »von den MAN nichts übrigbleibt als die Phoronomie« (S. 117) – »denn die Annahme, daß sich mit Hilfe der phoronomisch-mathematischen Vorstellung der Materie eine dynamische Materietheorie begründen lasse, ist falsch« (S. 116) – läßt sich erklären durch den *verschiedenen Sinn*, den das Wort »Dynamik« 1786 und später im OP hat. Tuschling, der in seiner Arbeit selbst solche Sinnverschiebungen besonders hervorhebt, sollte darum das Fehlen einer »transzendentalen Dynamik« im Werk von 1786 nicht als einen widersprüchlichen Zug der MAN mißdeuten: »Die Unterscheidung von ursprünglichen und abgeleiteten Kräften bleibt innerhalb der MAN ohne realen Bezug« (S. 107). Allerdings, und der Grund ist ganz banal, es handelt sich dabei nämlich um eine Entdeckung, die von Kant *erst nach 1795* gemacht wurde. Eine transzendentale Dynamik kann nur dann auftreten, wenn die bewegenden Kräfte eine *transzendentale* Bedeutung erhalten, und das geschieht erst zufolge des neuen Ansatzes, der allein darum schon nicht als bloßer Vorwand gelten kann. Es läßt sich durch nichts die Behauptung Tuschlings rechtfertigen, daß »der einzig haltbare Teil des Werkes von 1786« die Phoronomie sei und die »dynamische Vorstellung eine bloß äußerliche Zutat« (S. 119) bleibe. Der Sinn des Wortes »Dynamik« hat sich nämlich im OP gegenüber 1786 entscheidend verschoben. Ebenso wenig fällt das, was damals »bewegend« hieß, mit dem zusammen, was Kant nun unter dem neuen Begriff »ursprünglich bewegend« vorstellt.

6. *Mechanismus und Dynamismus*

Es ist also angebracht, näher auf den Unterschied zwischen »mechanischen« und »dynamischen« Erklärungen einzugehen. Für den *Mechanismus* ist jeder physische Vorgang auf den Stoß von materiellen Teilchen zurückzuführen, für den *Dynamismus* ist die Erscheinung der Materie selbst das Ergebnis einer Wirkung, die die bewegenden Kräfte ausüben. Wenn nun die physischen Gegenstände *Dinge an sich* wären, dann müßte die Kraft *entweder* eine Folge der Bewegung sein *oder* die Quelle der Wirkung, aus der der Begriff einer Materie entsteht. Da aber die in den MAN behandelten Gegenstände keine Dinge an sich, sondern Erscheinungen sind, liegt ein Dilemma überhaupt nicht vor. Beide Auffassungen können und *müssen* sogar nach der Kantischen Lehre richtig sein. Vom *empirischen* Standpunkt geht die empfundene Kraft nur aus der Bewegung einer Materie hervor, aber die Materie ist ihrerseits nur die Erscheinung dieser Wirkung der Kräfte vom *transzendentalen* Standpunkt aus: »daß alles, was in unserem Erkenntnis zur Anschauung gehört, (...) nichts als bloße Verhältnisse enthalte, der Örter in einer Anschauung (Ausdehnung), Veränderung der Örter (Bewegung), und Gesetze, nach denen diese Veränderung bestimmt wird (bewegende Kräfte)« (B 66). Als empirische Beobachter können wir nicht umhin, *mechanistisch* zu denken, denn wir können uns keine Kraft ohne materiellen Träger vorstellen. Als Transzendentalphilosoph stellt sich aber der Verfasser der MAN auf den Standpunkt des Dynamismus, denn die Materie selbst ist nichts als *Verhältnis*. Dennoch darf aber der dynamische Standpunkt nicht verabsolutiert werden. So kann man nicht sagen: »Am Anfang war die Kraft«, denn die Kraft ist kein *Ding an sich*, dessen Erscheinung die Materie wäre.

Aus diesen Gründen verwirft Kant den Atomismus ebenso wie die Auffassung der »Monadisten« (und damit auch seine eigene *Physische Monadologie* von 1756), deren Lehre er folgendermaßen beschreibt: »Die Materie bestände aus physischen Punkten, deren ein jeder zwar (eben darum) keine bewegliche Theile habe, aber dennoch durch bloße repulsive Kraft einen Raum erfüllte« (IV, 504,13). Inhaltlich darf man weder den Standpunkt des Atomismus noch den der

»physischen Monadologie« vertreten, denn »in dem angeführten Falle einer vermeinten physischen Monadologie sollten es wirkliche Räume sein, welche von einem Punkte dynamisch, nämlich durch Zurückstoßung, erfüllt wären, denn sie existirten als Punkte vor aller daraus möglichen Erzeugung der Materie und bestimmten durch die ihnen eigene Sphäre ihrer Wirksamkeit den Theil des zu erfüllenden Raumes, der ihnen angehören könnte« (IV, 521,24). *Methodisch* jedoch muß man *beide* Positionen einnehmen, wenn auch auf unterschiedlichen Ebenen. Beide, die mechanische und die dynamische Theorie sind wahr, denn es handelt sich um »zwei Wege«, um die »ins Unendliche möglichen specifischen Verschiedenheit der Materien« zu erklären (IV, 532,21). »Der erste hat zu Materialien seiner Ableitung die Atome und das Leere« (ibid., 27) und setzt (nach vorkritischer Einsicht) eine »mechanische Naturphilosophie« voraus (ibid., 36). Der zweite Weg, der »aus Materien nicht als Maschinen, d.i. bloßen Werkzeugen äußerer bewegenden Kräfte, sondern ihnen ursprünglich eigenen bewegenden Kräfte der Anziehung und Zurückstoßung die specifische Verschiedenheit der Materie ableitet, kann die dynamische Naturphilosophie genannt werden« (ibid., 35–40). »Die mechanische Erklärungsart«, fährt Kant fort, »da sie der Mathematik am fügsamsten ist, hat (...) immer ihr Ansehen und Einfluß auf die Principien der Naturwissenschaft erhalten« (IV, 532–33). Der Mathematiker (man vergleiche nur Lamberts Anmerkung zum ersten Lehrsatz der Dynamik) setzt »die Solidarität (ein ziemlich vieldeutiger Ausdruck)« voraus (IV, 497,31), weil er etwas braucht »als ein erstes Datum der Construction des Begriffs einer Materie, welches sich selbst nicht weiter construiren lasse« (IV 498, 9). Darum ist er jedoch nicht befugt, den Dynamismus »für etwas aller mathematischen Construction ganz Unfähiges zu erklären, um dadurch das Zurückgehen zu den ersten Principien in der Naturwissenschaft zu hemmen« (IV, 498,13). Entsprechend ist die »dynamische Erklärungsart einzuführen, die der Experimentalphilosophie weit angemessener und beförderlicher ist, indem sie geradezu darauf leitet, die den Materien eigene bewegende Kräfte und deren Gesetze auszufinden« (IV, 533,21). Aber auch die dynamische Variante der Erklärung darf nur methodisch benutzt werden:

»Bei allem diesem ist der Vortheil einer hier methodisch-gebrauchten Metaphysik in Abstellung gleichfalls metaphysischer, aber nicht auf die Probe der Kritik gebrachter Principien (...) nur negativ. Indirect wird (...) dadurch dem Naturforscher sein Feld erweitert, weil die Bedingungen, durch die er es vorher selbst einschränkte, und wodurch alle ursprüngliche Bewegungskräfte wegphilosophiert wurden, jetzt ihre Gültigkeit verlieren. Man hüte sich aber über das, was den allgemeinen Begriff einer Materie überhaupt möglich macht, hinaus zu gehen und die besondere oder sogar specifische Bestimmung und Verschiedenheit derselben a priori erklären zu wollen« (IV, 524,18).

7. Vom »methodischen« zum transzendentalen Dynamismus

Das Vorhaben, »die besondere oder sogar specifische Bestimmung (...) der Kräfte a priori erklären zu wollen« (IV, 524,25), was Kant 1786 für »undenklich« hielt, entspricht nun exakt dem Programm, das er im OP entwirft. Aber warum warnte er damals, daß wir uns davor »hüten sollen«? Weil zum Zeitpunkt der MAN eine solche Dynamik bloß »metaphysisch« gewesen wäre und keinen Anspruch auf konstitutive Geltung hätte erheben können. Darum konnte sie nur »methodisch«, d.h. als regulatives Prinzip verwendet werden, weil ein Mittel, die bewegenden Kräfte auch zu »realisieren«, in diesem Augenblick nicht zur Verfügung stand. Wie in der KV sind die Kräfte in den MAN »bloße Verhältnisse«, reine Gesetze, nach denen die Ortsveränderung bestimmt wird (B 66). Sie wohnen keiner »transzendentalen Materie« inne, wie es dann im OP der Fall sein wird. Der Begriff steht noch aus, »von dem es erweislich ist, daß er ein Grundbegriff sei«, der den Raum nicht nur »erfüllt« sondern auch »realisiert«. Dieser neue Grundbegriff einer *transzendentalen Materie*, soviel wollen wir vorausschicken, ist der *Äther*. Im OP erhält der Äther allerdings eine ganz andere Bedeutung als in den übrigen Werken Kants, eine ganz andere Funktion. Erst dadurch wird er dann für die Möglichkeit einer Unterscheidung zwischen ursprünglichen und abgeleiteten Kräften entscheidend.

Wenn vom Äther in den frühen Werken Kants, aber auch in den MAN die Rede ist, bleibt er immer ein *hypothetischer* Begriff in der

Sphäre der Physik, ohne irgendeine transzendentale Aufladung: »Auf diese Art würde man es nicht unmöglich finden, sich eine Materie zu denken (...), die ihren Raum ohne alles Leere ganz erfüllte und doch mit ohne Vergleichung minderer Quantität der Materie unter gleichem Volumen, als alle Körper, die wir unseren Versuchen unterwerfen können« (IV, 534,5). Damit wird es auch möglich, »das Postulat der blos mechanischen Erklärungsart (...) zu widerlegen« (IV, 533, 27–31). Aber das ist auch »das einzige, was wir blos darum annehmen, weil es sich denken läßt, nur zum Widerspiel einer Hypothese (der leeren Räume), die sich allein auf das Vorgeben stützt, daß sich dergleichen ohne leere Räume nicht denken lasse. Denn ausser diesem darf weder irgend ein Gesetz der anziehenden, noch zurückstoßenden Kraft auf Muthmaßungen a priori gewagt, sondern alles (...) aus Datis der Erfahrung geschlossen werden« (IV, 534, 12–18).

Was Kant hier für »unmöglich« hält, wird auch in den Betrachtungen des OP noch als »befremdlich«, »erstaunlich«, »paradox«, »scheinbar unmöglich« und sogar »widersinnig« bezeichnet werden (vgl. II, 509,9; 504,18 usw.). Sobald aber der neue Standpunkt hinsichtlich der *konstitutiven* Funktion des Äthers bezogen ist, wird das zuvor »Undenkbare« nunmehr sogar vorgeschrieben. Wo Tuschling einen Widerspruch sah, liegt tatsächlich ein weitläufiger und doch zusammenhängender Entwicklungsprozeß vor. Nur dann, wenn der neue Standpunkt mit dem alten *verschmolzen* wird, ergibt sich ein Widerspruch als Ergebnis einer unerlaubten Vermischung unterschiedlicher Positionen auf verschiedenen Niveaus.

8. Zusammenfassung

Die in der »Allgemeinen Anmerkung zur Dynamik« der MAN angeführten Betrachtungen zur Entgegensetzung von Attraktion und Repulsion und die daraus ableitbaren Eigenschaften der Materie werden für Kant zum *Ansatzpunkt einer neuen Konstruktion*. Der Versuch der MAN verfügt noch nicht über die notwendige Vorbedingung, nämlich die prinzipielle Unterscheidung zwischen solchen Begriffen, die *zur Physik gehören*, und solchen, die nur *in Hinsicht auf die Physik* gedacht werden. Nur letztere machen im OP den »Inbegriff« der ursprünglich bewegenden Kräfte und somit gleichzeitig den »Mittelbegriff« des Übergangs von der Metaphysik zur Physik aus. 1786 sagte Kant dazu:

»Statt einer hinreichenden Erklärung der Möglichkeit der Materie und ihrer specifischen Verschiedenheit aus jenen Grundkräften, die ich nicht zu leisten vermag, will ich die Momente, worauf ihre specifische Verschiedenheit sich insgesamt *a priori* bringen (obgleich nicht eben so ihrer Möglichkeit nach begreifen) lassen muß, wie ich hoffe, vollständig darstellen« (IV, 525,20).

Und auf diese Textstelle bezieht sich Kant zehn Jahre später in seinem ersten Entwurf einer geplanten »Vorrede« zum OP:

»Die physica generalis enthält also zugleich die Nothwendigkeit des Überschritts von den metaphysischen Anfangsgründen der Naturwissenschaft zur Physik vermöge der Verwandtschaft die zwischen Regeln a priori mit der Erkentnis ihrer Anwendung auf empirisch gegebene Objecte anzutreffen ist der sich doch darauf beschränkt nicht auf dem Boden zu dem er überschreitet fortzuwandern (welches eine specielle Physik abgeben würde) sondern nur die Anfangsgründe zum Fortschreiten in dieser Wissenschaft bestim̄t und vollständig vor Augen legt.
Meine Metaphysische Anfangsgr. hatten schon einige Schritte in diesem Felde angeführt aber blos als Beyspiele einer möglichen Anwendung derselben auf Falle der Erfahrung um das abstrahirt gesagte durch Beyspiele verstandlich zu machen.« (I, 407 f.)

Das Zitat enthält Kants unmißverständliche Auffassung zum Verhältnis von den MAN und dem »neuen Werk«: *Erweiterung* in eine neue Richtung, aber keine Korrektur oder Ablehnung der in den MAN geleisteten Arbeit. Es gibt nicht den geringsten Anlaß für die Annahme, Kant wolle hier seine wahre Absicht verheimlichen. Unsere Aufgabe ist es also nicht, Kants Aufrichtigkeit zu bezweifeln, sondern seine Ausführungen zu verstehen, indem wir der Methode aufmerksam folgen, mit der er dem transzendentalen Philosophieren einen neuen Horizont erschließt. Die »transzendentale Dynamik«, d.h. der *neue* Begriff der »ursprünglich bewegenden Kräfte«, erhält damit den ihr gebührenden Platz.

Philologischer Exkurs: Das Manuskript

1. Die Signaturen Kants

Was uns heute als »Opus postumum« vorliegt, hat Kant fünf Jahre lang beschäftigt. Eine inhaltliche Einschätzung und Bewertung dieser Arbeit kann man jedoch nur vornehmen, nachdem man sich zuvor über zwei Fragen Klarheit verschafft hat: 1) In welcher *Form* liegt uns das Textmaterial des OP überhaupt vor? 2) Lassen sich mittels der formalen Beschaffenheit dieses Materials Hinweise auf die *geplante Struktur* des Werkes gewinnen? Es ist darum unumgänglich, auf die vielfältigen Schwierigkeiten einzugehen, die allein mit der äußeren Präsentation des OP verbunden sind.

Auf die erste Frage hat schon Erich Adickes (1920) eine ausführliche Antwort gegeben. Später hat dann die Akademie der Wissenschaften in Berlin diese Beschreibung und Datierung der Manuskriptteile und einzelnen Bruchstücke fast nur bestätigen können. Dank der philologischen Sorgfalt der manuskriptgetreuen Ausgabe der Akademie (1936–38) ist für uns heute der Text in der Druckfassung viel besser zu erfahren, als wenn wir das Original vor Augen hätten. Jede kleine Einzelheit, jede Änderung der Schrift und der Tinte, jede Verbindung und jeder Mangel an Zusammenhang sind genau dokumentiert.

Um die Vorteile dieser Ausgabe voll auszunutzen, muß man dennoch eine gewisse Übung und Geduld entwickeln, da man die Seiten nicht wie die eines »normalen« Buches lesen kann. Denn erstens wurden die Texte in der Ordnung veröffentlicht, in der man das Manuskript vorfand, d.h. in teilweise ganz und gar zufälliger Anordnung, als sei das ganze Bündel aus der Tischschublade gefallen und dann ohne Rücksicht auf die ursprüngliche Reihenfolge wieder aufgelesen worden. Zweitens muß man mit Hilfe der Fußnoten ständig überprüfen, wie, wann, wo und mit welchen Verweisen ein Satz geschrieben worden ist. Aber selbst, wenn man mit dieser Arbeit fertig ist, weiß man (drittens) immer noch nicht, wie man mit dem geordneten Material umgehen kann.

Was die erste Schwierigkeit betrifft, die zufällige Anordnung der Texte, so hätte sie in der Akademie-Ausgabe leicht dadurch beseitigt werden können, daß man die vorgegebene Ordnung der kantischen Signaturen wiederhergestellt und die Texte in ihrer vermutlichen chronologischen Reihenfolge veröffentlicht hätte. Das ist aber u.a. deswegen nicht geschehen, weil jede »subjektive Bearbeitung« des Materials vermieden werden sollte (I, S. IV) – vielleicht ein wenig auch, um den Leser der Illusion zu berauben, die beiden anderen Schwierigkeiten ließen sich ebenfalls ohne besondere Mühe überwinden.

Die Reihenfolge der Signaturen Kants freilich liegt, dank der Arbeit von Adickes, mit genügender Sicherheit fest, auch wenn ihr Sinn (warum eine Aussage *unter einer bestimmten Signatur* steht) weiterhin in der Schwebe bleibt. Wahrscheinlich hat Kant an verschiedenen Entwürfen zur gleichen Zeit gearbeitet und dabei die Blätter nicht einmal hintereinander geordnet. Wenn man folglich eine scheinbar widerspruchsvolle Systematisierung in einem späteren Entwurf findet, kann man nie mit Sicherheit entscheiden, ob die alte Fassung damit *verworfen* worden ist, oder ob Kant die Sache hier nur *anders*, unter einem anderen Blickwinkel betrachtet. Sicherlich eine Bezeichnung wie z.B. »Elementarsystem« weist auf einen bestimmten *Teil* des Werkes hin; dasselbe gilt (wahrscheinlich) auch für die Bezeichnung »Übergang« (zumindest nach 1799). Aber es ist nicht sicher, ob Kant sich mit den Entwürfen »Übergang 1–14« erst *nach* dem Ende der Entwürfe »A Elem. Syst, 1–6« beschäftigt hat, obwohl jene Texte den letzteren folgen. Er kann nämlich auch beide gleichzeitig bearbeitet haben, indem er jeweils das, was einen bestimmten Teil seines Werkes betraf, in die entsprechende »Schublade« warf. Der Terminus »Übergang«, der in den frühen Entwürfen (z.B. »a Übergang«: II, 205; und auch »A Übergang«: II, 226) vermutlich das Gesamtwerk bezeichnete, wird später nur noch auf einen bestimmten Teil des Werkes bezogen, und zwar auf den *Ätherbeweis*, der die Entwürfe »Übergang 1–14« besonders dominiert. Die Überschrift kann also auch eine inhaltliche und nicht bloß chronologische Bedeutung haben.

Die Signatur »Redactio« (1–3) bezieht sich zweifellos auf eine besondere Redaktion des »Elementarsystems«, die sorgfältiger ist als die inhaltlich entsprechenden Entwürfe des VIII. Konvoluts (II, 135 ff.), obwohl hier Nummern der einzelnen Paragraphen angegeben sind, die in der »Redactio« fehlen. Vielleicht behielt sich Kant die endgültige Numerierung vor und trug nur das Paragraphenzeichen ein?

Daß Kant tatsächlich verschiedene Folgen von Entwürfen gleichzeitig vor Augen hatte, läßt sich nachweisen. So lautet z.B. ein Einschub auf der ersten Seite der »Redactio 1«: »vid. Bogen A Übergang die letzte Seite von den Haarrörchen« (II, 556, 1). Den Entwurf »A Übergang« hatte Kant ungefähr sechs Monate früher geschrieben und dann aufgrund der »Redactio« verbessert. Aus diesem Sachverhalt rührt ein merkwürdiges Problem, das uns noch (§ 4) ausführlicher beschäftigen wird.

2. *Kants Arbeitsmethode*

Vor ein besonderes Problem stellen uns die Bögen »Übergang 9–11« des V. Konv., von denen eine *Abschrift* von fremder Hand in den Bögen 1–3 des XII. Konv. vorliegt. Ließ Kant diese Abschrift anfertigen, »um sie für den Druck vorzubereiten«? Diese Lösung wäre aber vorschnell. Sicher, einerseits hat er geringfügige Verbesserungen (z.B. die Korrektur von v zu V im »Von« einer Überschrift; II, 549, 4) vorgenommen, andererseits ließ er aber auch das Wort »Zweite« (Einteilung) bestehen (II, 549,4), ohne zu bemerken, daß die erste Einteilung (I, 565,17) inzwischen weggefallen war, eine Nachlässigkeit, die selbst bei einem so zerstreuten Autor wie Kant in einer Druckvorlage undenkbar ist.

Um die Arbeit des Kopisten vorzubereiten, hat Kant mehrere Seiten durchgestrichen, dann einige Sätze mit eigener Hand in der Abschrift abgeändert oder mit neuen Schlüssen und Zusätzen versehen. Doch auch unabhängig von der Abschrift hat er das Original verbessert, um neue Standpunkte einzufügen, die erheblich später entstanden sind. Das beweist sowohl, daß die Abschrift viele Monate später ausgeführt wurde, als auch, daß Kant selbst verhältnismäßig altes Material noch bearbeitete.

Nehmen wir z.B. den Satz: »Denn die bewegende Kräfte der Materie können zur kollectiv-allgemeinen Einheit der möglichen Erfahrung nur zusammenstimmen, in sofern das Subject durch sie vereinigt afficirt wird«. Diese Erstfassung wird von Kant schon im Original verbessert zu: »... in sofern das Subject durch sie äußerlich und iñerlich in Einen Begriff vereinigt sich selbst afficirt« (I, 572,23). Das Subjekt wird also nicht mehr von den Kräften, sondern durch *sich selbst* affiziert. Dieser Entwurf, der die spätere Lehre der »Selbstaffektion« wiedergibt, wurde zuerst in dieser Form abgeschrieben und dann von Kant erneut handschriftlich vervollständigt: »... sich selbst mittelst seiner Warnehmungen afficirt« (II, 550,27). Da die Lehre der Selbstaffektion erst Ende 1799 vorlag, zeigt die erste Verbesserung, daß Kant die Abschrift später anfertigen ließ, als er *schon* eine neue Sichtweise hatte. Es ist also unwahrscheinlich, daß er eine Veröffentlichung der Abschrift beabsichtigt hatte. Zugleich ist es aber ein unübersehbarer Hinweis darauf, daß Kant die alten Entwürfe nicht etwa für »überholt« hielt, sondern sie weiterhin für seine Arbeit benutzte.

Zwischen das erwähnte Original und seine spätere Abschrift fallen in der Tat die Konvolute X. und XI., die erstaunlicherweise Kants ursprüngliche Ordnung (von »A« bis »Z«, und dann wieder »AA« und »BB«) bewahren. Diese Bögen sind also nicht durcheinander geraten. In dieser Folge wird die schon früher eingeführte sogenannte »gebundene Darstellung« und zwar die fortlaufende (wenigstens virtuelle) Numerierung der Paragraphen nicht mehr angetroffen, da der alte Werk-Plan inzwischen aufgegeben worden ist. Die neue Problemstellung »Was ist Physik?« und »Wie ist Physik möglich?« hat einen durchgängigen Aspektwechsel verursacht, so daß Kant sein Werk gleichsam aufs neue beginnt. Dennoch wurde eine frühere Fassung noch abgeschrieben, was zeigt, daß sich Kant um eine einheitliche Fassung bemühte, die alte und neue Standpunkte einbeziehen sollte. Darum ließ er die alten Entwürfe nicht unbeachtet beiseite, sondern verbesserte sie häufig, obwohl sie in ihrer ursprünglichen Form nicht mehr brauchbar waren. Deswegen dürfen wir auch weder die Vielzahl der Entwürfe als eine bloße chronologische Abfolge betrachten, noch einen beliebigen Entwurf bzw. eine beliebige Folge herauslösen und als von anderen Texten unabhängiges, wenn auch nicht zu Ende gebrachtes System-Fragment auffassen.

Der wesentlich zusammenhängende Charakter des OP ist eine notwendige Voraussetzung zu seinem Verständnis, auch wenn er nie vollständig und offen vor uns liegt. Die Organisation des Ganzen ist von Kant zwar immer beabsichtigt, bleibt aber virtuell. Die systematische Anordnung der Texte ist eine Aufgabe, die Kant uns aufgebürdet hat.

3. *Die zellenartige Struktur des Manuskripts*

Nach den vorherigen Überlegungen kann man nur unter Vorbehalt und »secundum quid« der These Lehmanns zustimmen, »daß Kant auch in der großen sog. Schönschrift nach der Weise der losen Blätter denkt, d.h. sofort und unmittelbar seine ihn bewegenden Reflexionen zu Papier bringt« (II, 782). »Grössere Schrift« und »gebundene Darstellung« korrespondieren nicht, das ist unverkennbar. In den Konv. X und XI. tritt die »Schönschrift« häufig auf und die Darstellung bleibt häufig »ungebunden«. Zudem, Kant denkt selbst in der »Schönschrift« unmittelbar, allerdings nicht in der Weise, wie das bei den »Losen Blättern« geschieht. Denn die Blätter sind gar nicht »lose«, sie beziehen sich vielmehr alle auf einen sehr klaren Zentralgedanken. Außerdem verliert Kant das Ganze seines Vorhabens nie aus den Augen und er nimmt die alten Entwürfe wieder vor, um sie auf den veränderten Bezugspunkt auszurichten.

Freilich ist der Brennpunkt nicht »das Werk«, höchstens dessen Entwurf. Das Aufleuchten des neuen Gedankens hat ja nicht ein Werk, sondern den »Drang nach einem Werke« hervorgerufen. Es ist an uns, diesen Drang zu interpretieren, ohne sofort in den Fehler zu verfallen, das Werk nun anstelle seines Autors zu schreiben. Um dieser Gefahr zu entgehen ist es notwendig, auf die eigenartige Art und Weise der Niederschrift im OP einzugehen. Dabei ist vor allem eine merkwürdige Einzelheit von Bedeutung, der m.E. bisher nicht genügend Aufmerksamkeit geschenkt wurde: Man könnte sie als die »zellenartige Struktur des Manuskriptes« bezeichnen.

Abgesehen von einigen losen Blättern, einigen Quartblättern und dem sog. »Oktaventwurf« (dem ältesten Entwurf des Werkes), ist der ganze Nachlaß des OP auf riesige *Druckbögen* geschrieben, die Kant so gefaltet hat, daß er aus ihnen jeweils vier Seiten erhielt. Dabei ist es bemerkenswert, daß der zusammenhängende Text von Kant nie (mit einer einzigen, weiter unten angeführten Ausnahme) *über die Grenzen des einzelnen Bogens*, ja fast nie über die Grenze der einzelnen Seite hinausgeschrieben wurde. Wenn der Raum zu knapp wird, verkleinert sich die Schrift, und wenn überhaupt kein Raum mehr zur Verfügung steht, so daß einige Wörter auf die nächste Seite geschrieben werden müssen (wie z.B. die drei letzten Wörter von Seite 2 des VIII. Bogens des V. Konv.), dann werden diese »Restwörter« durch das Zeichen # *mit der Seite verbunden*, zu der sie gehören. Im Prinzip fällt also die Einheit des Gedankens mit der vorgegebenen formalen Einheit des Papiers (eine Seite, ein Bogen) zusammen. Auf diese Weise werden die Seiten zugleich zu *Bildern eines Gedankenganges*. Immer hat das einzelne Blatt, häufig auch die einzelne Seite die Aufgabe, den Gedankengang geschlossen aufzunehmen, und erhält so eine synoptische Funktion. Das alles gilt natürlich nicht für die vom Kopisten ausgeführte Abschrift des XII. Konv..

Diese merkwürdige Schreibweise Kants entspricht seiner Denkweise in der Zeit seiner Beschäftigung mit dem neuen Werk. Auch die sog. »gebundene« Darstellung macht in dieser Hinsicht keine Ausnahme, denn selbst, wenn die Numerierung der Paragraphen eine hohe Anzahl über mehrere Bögen hinweg erreicht (bis zu 16, in der Folge »α – ε«), bleiben ungeachtet dieser Kontinuität die einzelnen Bogen und Seiten immer »zellenartig« in sich abgeschlossen. Denn wie eine Zelle im Organismus immer den ganzen Körper darstellt, stellt jeder Bogen des OP gleichsam *den ganzen Gedanken* dar, wenn auch jeweils unter einem speziellen Aspekt.

In ganz und gar dieselbe Richtung weist auch die Behauptung Lehmanns, eine »Unterscheidung von Haupttext und Nebentext, wie sie Reicke festzuhalten suchte«, sei unhaltbar, »denn Gedanken, die für die Problementwicklung selbst von großer Wichtigkeit sind, finden sich oft nur im ›Nebentext‹ – bei dem sich zudem unmittelbar gar nicht entscheiden läßt, wieweit er überhaupt dem betr. Entwurf zu-

zurechnen ist« (II, 782). Die Ursache dafür ist folgende Sachlage: Was einmal im Haupttext erscheint, kann sich ein andermal im Nebentext befinden, weil das Ganze in den verschiedenen Entwürfen *unter stets verschiedenen Gesichtspunkten* betrachtet wird, ähnlich dem Universum in der Leibnizschen Monadologie. Jede Seite wird somit zum Spiegel des gesamten Werkes, d.h. für den Zustand, in dem es sich im jeweiligen Moment befindet. Darum treffen wir einerseits auf häufige Wiederholungen und andererseits auf Zusätze, die so dicht an den Rand geschrieben sind, daß jeder vorhandene Raum vollständig ausgefüllt wird. Manchmal werden Zusätze auch mitten in die Sätze oder zwischen die Zeilen geschrieben. Als »Nebentext« gehören sie notwendig zum jeweiligen Grundgedanken der Seite und dürfen offensichtlich nach der Auffassung Kants nirgendwo anders notiert werden.

J. von Pflugk-Harttung, der einige *Paläographische Bemerkungen zu Kants nachgelassener Handschrift* (1891) veröffentlicht hat, spricht in diesem Zusammenhang von Kants »Knauserei mit dem Schreibstoffe«. Es kommt jedoch auch vor, daß einige Seiten vollständig leer oder nur teilweise benutzt sind (z.B. die S. 4 des I. Bogens im X. Konv. enthält nur drei kurze Bemerkungen), so daß der Vorwurf der »Knauserei« wohl zu Unrecht erhoben wird. Um Papier zu sparen, wäre es viel besser gewesen, das Werk von Anfang an »ordentlich« zu schreiben. Die zellenartige Struktur des Textes dagegen hat zur Folge, daß ein Werk, das höchstens 200 Seiten füllen sollte, heute in zwei Bänden mit ungefähr 1200 Seiten vorgelegt werden muß.

4. Ein Rätsel und seine Lösung

Eine Ausnahme von diesem Verfahren, die jedoch mehr als die Regel bestätigt, hat eine kontroverse philologische Diskussion hervorgerufen. Es handelt sich um die kurze Folge »A, B Übergang«, die von Kant Anfang 1799 niedergeschrieben wurde. Sie besteht aus zwei Bögen, die mit den Buchstaben A und B gekennzeichnet sind. Auf Bogen A folgt nach einer knappen Vorbemerkung, die das Ganze des Werkes einleitet, eine fortlaufende, »gebundene« Darstellung des Elementarsystems. Hinsichtlich der Arbeitsweise Kants ist es erstaunlich, daß dieser Bogen mit einer Ausnahme (auf S. 4) *keine Randbemerkungen* oder Nebentexte aufweist. Die Rede ist so sehr gebunden, daß S. 4 mitten in einem Satz beginnt (»... der sammt seinen wirkenden Ursachen / in die Physik hinein gehört«). Offensichtlich beabsichtigte Kant, zumindest für diesen Abschnitt des Werkes, eine fliessende Darstellung. Diese Schreibweise hält bis zur Hälfte des Bogens B an, der auf S. 1 die §§ 7–8 und auf S. 2 (Paragraphzeichen ohne Nummer) eine sehr eingehende Erörterung des *Haarröhrchen-Problems* (Ende des Kategorialtitels der Qualität) enthält. Ab hier hört die gebundene Darstellung auf und die beiden letzten Seiten sind mit zahlreichen, zum Teil einander widersprechenden Bemerkungen bedeckt, die offenbar aus verschiedenen Arbeitsphasen stammen.

Irgendwann einmal muß dann der Bogen B anders (»falsch«) gefaltet worden sein, so daß die erste Seite zur dritten, die zweite zur vierten usw. wurde. Das ergibt sich nicht nur aus dem Textzusammenhang, sondern auch daraus, daß Kants Signatur nicht, wie sonst üblich, auf der ersten Seite steht. Dieses an sich harmlose Malheur hat große Folgen gehabt, die schließlich in eine Art Detektivgeschichte einmünden. Die »Ermittlungsarbeit« in diesem »Fall« soll sorgfältig und ausführlich vorgestellt werden, nicht der spitzfindigen Kombinationen wegen, sondern weil sie uns erhellende Einsichten in die Art und Weise gewährt, in der Kant die Papierbögen seiner Manuskripte benutzte. Zudem enthält das »corpus delicti« die ersten Anzeichen des für das OP *wichtigsten Aspektwechsels*. Wenn es uns also gelingt, das Rätsel des »A, B Übergangs« zu lösen, dann wird uns zugleich auch Aufschluß über diese wichtige Phase der Arbeit Kants gewährt.

Die erste Frage, die geklärt werden muß: *Wer* hat die »falsche« Faltung vorgenommen? Die Antwort kann nicht anders lauten als »Kant selber«. Er hat nämlich mehrmals auf die Seiten des Bogens nach der neuen Ordnung (n.O.) Bezug genommen. Die Akademie-Ausgabe hat jedoch die ursprüngliche (»richtige«) Ordnung wiederhergestellt, also genau in dem einzigen Fall, in dem die Ordnung des Manuskripts nicht etwa zufällig oder von fremder Hand sondern von Kant selbst vorgenommen worden war.

Daran schließt sich die Frage an, ob Kant die falsche Faltung *versehentlich* unterlaufen ist oder ob er sie mit Absicht gewählt hat. Adikkes meint »versehentlich« und gibt dafür eine scharfsinnige, aber unzutreffende Erklärung. Auf der oberen rechten Ecke von S. 3 hatte Kant den *Verweis* »vid. Bogen A Übergang S. 1« geschrieben, also dort, wo sich sonst immer die Signaturen befinden. Kant soll dann, so Adickes, den Verweis »infolge flüchtigen Hinsehens« fälschlich als *Signatur* gelesen haben. Er habe daher den Bogen umgefaltet und später den Irrtum nicht mehr bemerkt.

Der erste Verweis Kants, der sich möglicherweise auf die n.O. bezieht, befindet sich zu Anfang des Bogens »A Übergang«, diesmal links, symmetrisch zu dem oben angeführten: »vid. Bog B S 1 unten«. Über die Stelle des Bogens B, auf die diese Note verweist, sind Adickes und die Akademie leider *uneins*. Während Adickes annimmt, ein Zeichen auf der S. 1 (n.O.) vor den Worten »Um die Physik...« (II, 241,7) könne als Bezugszeichen des Verweises gelten, glauben die Herausgeber der Akademie ein ähnliches Zeichen auf der ursprünglichen S. 1 gefunden zu haben, so daß in diesem Fall der Verweis *vor* der Umfaltung entstanden wäre. Inhaltlich spricht mehr für die Vermutung von Adickes. Die Stelle enthält nämlich eine Deutung des Überganges als »Propädeutik« (II, 241,12), die sehr wohl mit dem Anfang des Elementarsystems zusammenpaßt. Die von der Akademie angegebene Stelle dagegen betrifft eine kurze Behandlung der drei einfachen Maschinen, ein Topos, der recht häufig auftritt, aber mit der fraglichen Thematik wenig zu tun hat.

Die Verwirrung wird durch zwei weitere Verweise noch gesteigert, die sich in dem ungefähr sechs Monate später geschriebenen Entwurf »Redactio 1« befinden. Der eine wird gleich zu Anfang notiert: »vid. Bogen A Übergang die letzte Seite von den Haarrörchen« (II, 556,1). Der andere erscheint auf S. 3, wo eigentlich die Frage der Haarröhrchen unter dem (Kategorien-)Titel der Qualität behandelt werden sollte. *Kant führt dieses Vorhaben jedoch nicht aus* und verweist statt dessen auf die sehr gründliche Behandlung dieses Themas an anderer Stelle: »vid. Bog. A Übergang S. 4 mit roter Tinte« (II, 561,12). Dazu bemerkt Adickes: »Von den Haarröhrchen ist auf dem ganzen Bogen ›A Übergang‹ überhaupt nicht die Rede« (SW. 126). Genauer gesagt, es ist in einem späteren, kurzen Zusatz von nur zwei Zeilen davon die Rede (II, 233,5), diese Stelle kann aber von den beiden Verweisen nicht gemeint sein. Mit roter Tinte hat Kant dagegen auf der (alten) S. 3 geschrieben (linker Rand oben) und dort befindet sich auch ein weiterer Verweis: »vid. S. 4 Haarrörchen«. Erst auf der S. 4 (n.O., d.i. auf der ursprünglichen S. 2) finden wir mit einem roten Strich versehen, so »als ob Kant eine Feder von einem Haar hätte reinigen wollen« (Adickes, S. 126), die *ausführliche Behandlung des Themas*, die Kant zweifellos mit seinem Verweis im Sinne hatte.

Das Thema »Haarrörchen« hatte nämlich für Kant eine erhebliche Bedeutung. Das von Borelli (1670) entwickelte und von Jurin (1718) bekanntgemachte Gesetz über das Niveau einer in kleinen Gefäßen enthaltenen Flüssigkeit ist ein Lieblingsthema des Elementarsystems, weil Kant glaubt, beweisen zu können, daß das Steigen der Flüssigkeit nicht von der Attraktion des nassen Gefäßes sondern von den »Stossen« des Äthers abhing; mit den Untersuchungen von Laplace und anderen zeitgenössischen Wissenschaftlern zu diesem Thema war Kant augenscheinlich nicht vertraut. Dieser ziemlich lange »Beweis« wird nun aber in der »Redactio« nicht wiederholt, da Kant beabsichtigt, die ausführliche Darstellung von »B Übergang« zu verwenden.

Daß er nun den Bogen »B Übergang« irrtümlicherweise als »A Übergang« bezeichnet, ist von Adickes Standpunkt aus befriedigend erklärbar: Kant hielt ja nach dieser Auffassung den Verweis »vid. Bogen A Übergang« für eine Signatur. Aber die dazu notwendige Zusatzannahme einer anhaltenden *Blindheit* Kants in Bezug auf das Versehen der Faltung sollte nachdenklich stimmen. Vergegenwärtigen wir uns die logische Abfolge des fraglichen Vorgangs *nach Adickes*:

1. Kant beginnt eine gereinigte Darstellung des Elementarsystems auf Bogen A. Da ein einziger Bogen nicht ausreicht, fährt er auf dem Bogen B fort. Dann stellt er die Arbeit ein.

2. Kant benutzt die leergebliebene S. 3 des Bogens B, um einige Anmerkungen zu notieren (nicht wie gewöhnlich an den Rändern des Bogens). Besonders die Anmerkung über die Propädeutik im unteren Teil der Seite ist für den Anfang des Elementarsystems von Bedeutung, darum fügt er »vid. Bogen A« hinzu. Bei diesem Gebrauch des Bogens B ist vermutlich die Umfaltung erfolgt, eben um

die ursprüngliche S. 3 *neben* dem betreffenden Haupttext von Bogen A jederzeit einsehen zu können.

3. Der symmetrische Verweis von Bogen A »vid. Bog B S. 1 « kann *erst später* eingetragen worden sein, weil Kant nunmehr die S. 3 als S. 1 bezeichnet; er hatte also den Verweis, der ihn irreführte, schon geschrieben.

4. Als Kant sich verlas und von Bogen A auf »Bogen B S. 1« fälschlich verwies, mußte er »S. 1« lesen, ohne jedoch die unmittelbar davor stehenden Worte »vid. Bogen A« zu bemerken, sonst wäre ihm das Vorhandensein *zweier* »Bogen A« sofort aufgefallen.

5. Weniger als 6 Monate später (zur Zeit der »Redactio«) bezeichnet Kant nunmehr Bogen B als »Bogen A«: der eigentliche Bogen A mußte also verschwunden oder vergessen sein. Wohin aber war dieser Bogen geraten und wann ist er wieder aufgetaucht?

6. Außerdem beziehen sich sämtliche Haarröhrchennotizen auf den vermeintlichen Bogen A in der n.O.: d.i. in einer Ordnung, in der die vermeintliche S. 1 mit unkoordinierten, einleitenden Bemerkungen bedeckt ist, und die vermeintlichen Seiten 3–4 die Fortsetzung (§ 7 u. ff.) einer anderswo begonnenen Behandlung enthalten: Was konnte die Bezeichnung »Bogen A« unter solchen Umständen für Kant bedeuten?

Nach Auffassung der *Akademie-Herausgeber* ist die zeitliche Abfolge von Punkt 2 und 3 jedoch umzukehren:

2. Der Verweis »vid Bogen B S. 1« ist *frühzeitig* entstanden, denn die Seiten werden noch in ihrer ursprünglichen Ordnung angegeben.

3. Der symmetrische Verweis »vid Bogen A« wurde dagegen *später* hinzugefügt, sonst würde die S. 3, auf der er sich befindet, noch leer gewesen sein. Trotzdem war Kant noch bewußt, daß Bogen B *nicht* der Bogen A war, sonst hätte er nicht auf den Bogen A verwiesen!

4. Dennoch hat sich Kant kurz darauf verlesen, denn in »Redactio« verweist er auf die Behandlung der »Haarrörchen«, *als ob* sie sich auf Bogen A befinden würde.

5. Daß sich der Verweis von Bogen A (II, 226,20) auf die ursprüngliche S. 1 von Bogen B bezieht, ist nicht nur aus inhaltlichen Gründen zu verwerfen. Gleich vor dem Satz, den die Akademie angibt, steht (»in etwas steilerer Schrift«): »3. scienta media praescientia indagatio-

nis naturae anticipatio...« (II, 235,6). Die Fortsetzung dieses Satzes (warnt die Akademie) »steht auf S. 4 (2)« und lautet »...systematis naturae perscrutatio empirica«. Unglücklicherweise enthält die Akademie-Ausgabe gleich *zweimal* die Angabe »2 (4.) Seite« (II, 237,1 und 242,4) und *nie* die Angabe »4. (2.) Seite«. (Auch die Angabe »3. (1.) Seite« erscheint zweimal II, 233,2 und 239,5) und nie die Angabe »1. (3.) Seite«. Es scheint, daß gerade hier in dieser Ausgabe der einzige Druckfehler unterlaufen ist! Vermutlich ist die jeweilige Nummer in den Klammern die *ursprüngliche* Zählweise. Aber die Fortsetzung eines Satzes von der S. 1 könnte auf der S. 4 *vor* der Umfaltung ohne ein »verte« nicht verbunden sein. Der Satz (»in etwas steilerer Schrift«) wurde also wahrscheinlich *nach* der Umfaltung geschrieben, als sich die ursprüngliche S. 4 *neben* der neuen S. 3 befand (obwohl es ziemlich ungewöhnlich ist, daß die zweite Hälfte eines Satzes links von der ersten steht).

Ich selbst schlage allerdings folgende *Lösung des Rätsels* vor:

1. Kant ist die Umfaltung nicht versehentlich unterlaufen, sondern er hat sie absichtlich vorgenommen. Die gebundene Darstellung war auf S. 2 von Bogen B mit dem Haarröhrchen-Paragraphen zu Ende gekommen. Dann hat Kant die leergebliebene S. 3 *neben* den Bogen A gelegt, um sie als *Raum für Nebentexte* zu benutzen. Der Raum für Nebentexte war ihm *unentbehrlich*, die Ausnahme des einzigen Bogens ohne Nebentext bestätigt nur diese Regel.

2. Auf S. 3 (= S. 1 n.O.) hat Kant neben verstreuten Bemerkungen auch einen neuen Anfang des Haupttextes niedergeschrieben (»Der Übergang...« usw.) und darum den Verweis »vid. Bogen A S. 1«, mit dem die Darstellung ebenfalls begann, hinzugesetzt.

3. Unter den Bemerkungen des Nebentextes waren diejenigen, die die Propädeutik betrafen, besonders treffend. Aus diesem Grunde hat Kant auf dem Bogen A den Verweis »vid. Bog B S. 1« hinzugefügt, der sich (wie Adickes richtig vermutet) auf die *neue* S. 1 bezieht. In der Tat spricht die Stelle von Bogen A, wo sich der Verweis befindet, vom »System der Categorien« als »Vorhof (propyleum)« (II, 226,11).

4. Da der Bogen B nunmehr *als Nebentext für Bogen A* in Gebrauch war, hat Kant ihn *in den Bogen A eingelegt*, so daß die beiden zu einem

einzigen geworden sind. Das erklärt auch den schlechten Zustand der ersten Seite von Bogen A, die »stark beschmutzt« ist (II, 226,6, Fußnote). Hätte sie nicht als Umschlag eines oft nachgeschlagenen Komplexes gedient, wäre dieser Zustand kaum zu verstehen.

5. Kant weist deshalb für die Behandlung der Haarröhrchen zur Zeit der »Redactio« auf einen Entwurf »A Übergang« hin, der nunmehr mit Haupttext und Nebentext einen einzigen Entwurf darstellt. Das erklärt auch die komplizierten inneren Verweise mit roter Tinte: der Bogen A enthält als Nebentext den ursprünglichen Bogen B, der auf der S. 1 (n.O.) den Verweis »vid S 4 Haarrörchen« trägt. Ein roter Strich dient als Ariadnefaden.

Natürlich gäbe es auch ganz andere Erklärungen. So könnte man z.B. vermuten, daß die S. 1 von Bogen A deshalb so »stark beschmutzt« ist, weil sie versehentlich in die Küche geriet und später aus unbekannten Gründen ihren alten Platz unter den Manuskripten wieder einnahm. Solche phantastischen Konstruktionen besitzen aber keine Überzeugungskraft.

Dagegen kann man nach meiner Auffassung verstehen, *warum* Kant die beiden Bogen des Entwurfs zu einem verschmolzen hat: die 3. Seite des Bogens B diente als Nebentext für Bogen A, deshalb hat er sie neben diesen Bogen gesetzt. Die Erklärung steht zudem mit Kants Arbeitsmethode in vollem Einklang, denn Kant benutzte die verschiedenen Entwürfe in erster Linie als Vergleichsmaterial, ungeachtet unterschiedlicher Entstehungszeiten und der Textfolgen, denen sie angehörten.

Auch 1799, als sich für Kant der Standpunkt in Bezug auf die Gesamtdarstellung verschoben hatte, blieben die früheren Entwürfe als Vergleichsmaterial weiterhin in Gebrauch. Zwischen den Entwürfen »A, B Übergang« und »Redactio« entsteht nämlich die Folge »Übergang 1–14«, die die grundlegende Wende in Bezug auf den Ätherbeweis zur Sprache bringt. Von nun an wird mit dem Ätherbeweis *der Übergang selbst* identifiziert. Und die kurze, aber gute Folge »A, B Übergang« wird nunmehr als *einheitlicher Komplex* angesehen. Deshalb verweist er in »Redactio« auf den Bogen »A Übergang« insgesamt.

Diese verweisende, d.h. vergleichende Methode, der Kant beim Schreiben folgte, sollte auch bei der Lektüre und Interpretation der

Entwürfe angewendet werden, indem wir nicht nur synchronistisch sondern bis zu einem gewissen Punkt auch diachronistisch Texte und Nebentexte vergleichen. Selbst widersprüchliche Sätze über Propädeutik, Äther, Organismus oder die Existenz Gottes, werden von Kant nebeneinander gestellt und zwar *in voller Absicht*. Auch wenn man dieser Erklärung nur den Status einer Arbeitshypothese zubilligt, ist sie immer noch jener vorzuziehen, nach der alle Ungereimtheiten der Manuskripte immer nur auf »Versehen« Kants oder anderer zurückzuführen wären.

5. *Ein nie verfaßtes Werk*

Im Laufe der Zeit war Kant immer weniger in der Lage, sein Werk übersichtlich und ausführlich zu gliedern. Erstens verschlechterte sich mit zunehmendem Alter sein Gesundheitszustand und zweitens wurde die gestellte Aufgabe immer umfangreicher und komplizierter. Sein Geist hatte vielleicht an Scharfsinn und schöpferischer Kraft (wenigstens bis 1801) kaum eingebüßt, es gibt sogar Anlaß, das Gegenteil zu vermuten, aber es gab eine prinzipielle Schwierigkeit, die überwunden werden mußte. Kant wollte und mußte das Werk jedesmal *als Ganzes denken*. Die beschriebene zellenartige Struktur des Manuskripts ergibt sich aus dem Bedürfnis nach schriftlichen *Denkunterlagen*, gewissermaßen um »schriftlich zu denken«.

Dieser Sachverhalt beeinflußt natürlich auch unsere »Auswertung des Materials«. Weil wir eine Seite nicht einfach herunterlesen können, um sie zu verstehen, müssen wir den Sinn *durch den Vergleich* erdenken, in derselben Art und Weise, mit der Kant durch den Vergleich sich ergänzender, wenn auch oft ungleichzeitiger Perspektiven immer das Ganze im Blick hatte. Der Sinn des Ganzen ist also auf jeder Seite anzutreffen, wenn auch nie in einer voll entwickelten und klar artikulierten Form. Nur die frühen Entwürfe bringen gegliederte »Eintheilungen«; sie betreffen aber nur die erste und verhältnismäßig leichte Lehre der bewegenden Kräfte. Für die endgültige Lösung der transzendentalen Aufgabe ergibt sich keine Darstellung aus organisch gegliederten Teilen, sondern nur aus fast unendlichen monadischen Teilperspektiven, die sich mit kleinen Variationen ständig wiederholen.

Zusätzlich wird unsere Aufgabe selbstverständlich dadurch erschwert, daß auch der Fluchtpunkt dieser ständig wechselnden Perspektiven keineswegs über die ganze Zeit stabil bleibt, sondern sich ebenfalls ständig verschiebt. Bis zu einem gewissen Punkt dürfen wir annehmen, daß die am frühesten abgefaßten Entwürfe den *ersten* Teilen des geplanten Werkes entsprechen. Natürlich ist selbst das nur unter dem Vorbehalt richtig, daß sich auch der Sinn dieser Teile verändert, sobald der Sinn des Ganzen eine Veränderung erfährt. Das Nachlaßwerk bedarf darum eines genetischen Maßstabs. Die Bewegung des kantischen Denkens sei »zu rekonstruieren«, bemerkt Lehmann (1939; 1969 S. 313) zu Recht.

Die Schwierigkeiten einer solchen Rekonstruktion sind vielfältig. Sie liegen nicht nur darin, daß diese Rekonstruktion *diachronisch* sein muß, sondern auch in dem Umstand, daß wir zu keinem Zeitpunkt auch nur über ein Modell verfügen, das man als endgültiges Ziel des Werkes und damit der Rekonstruktion ansehen könnte. Dieses Modell und somit auch Kants letztes Werk, hat *nie* wirklich existiert. Noch schlimmer ist aber: Je mehr Kants Denken an Tiefe, Gründlichkeit, Folgerichtigkeit und innerem Zusammenhang gewinnt, desto mehr verliert das OP den Charakter eines geplanten Werkes. Cuvier hatte es leichter, als er daranging, aus einem einzigen Knochen den ganzen Organismus zu rekonstruieren, weil der gesuchte Organismus einmal existiert hatte. In unserem Fall dagegen hat es diesen »Organismus« in Wirklichkeit nicht einmal gegeben. Darum verwundert es nicht, daß nicht wenige Kantforscher nur die Möglichkeit einer solchen Rekonstruktion schon verneinen. Wenn wir uns trotzdem auf dieses Vorhaben einlassen, müssen wir uns zuallererst fragen: *Zu welchem Zeitpunkt* hat Kant den Plan des Werkes so vollständig wie möglich wenigstens skizziert? Und wenn diese Skizze existiert, warum hat Kant dann den Plan nicht durchgeführt, sondern so bald schon wieder verworfen?

6. *Elementarsystem und Weltsystem*

Lehmann unterscheidet in der gedanklichen Bewegung des Nachlaßwerkes sechs Grundphasen: (1.) Kant entdeckt eine »Lücke« in seinem System, (2.) aus dieser Entdeckung erwächst die Konzeption einer »Übergangswissenschaft«, die im Elementarsystem der bewegenden Kräfte entworfen wird, (3.) der »Versuch, die Voraussetzungen des Elementarsystems kritisch zu sichern, hat eine Inversion der Thematik zur Folge: schon die Ätherdeduktion ist, im Gegenteil zur Ätherhypothese, von erkenntnistheoretischen Motiven bestimmt« (4.) der Versuch, den Gegenstand der Physik objektiv wie subjektiv einzuleiten mit seinem zweistufigen Erscheinungsbegriff, (5.) Wiederaufnahme der Grenzprobleme des »Dings an sich« und der Freiheit und schließlich (6.) die Darstellung der ganzen Transzendentalphilosophie im Rahmen der Ideenleere (1939; 1969 S. 314–315).

In Comtes Terminologie könnten wir die Phasen 1, 3, 5 »kritisch« und die Phasen 2, 4, 6 »organisch« nennen. Ein Plan im eigentlichen Sinne ist ausschließlich an zwei Punkten auszumachen: am Ende der Phase 3 und in der Phase 6. Daß beide Pläne nicht zusammengehen, hat die »Zwei-Werke-Theorie« von Krause und Vaihinger (1888) mitverursacht, die aber zu Recht auf Ablehnung gestoßen ist, denn allein die Tatsache der kontinuierlichen Entwicklung reicht aus, um einen zureichenden Grund für die scheinbare Unverträglichkeit der beiden Pläne zu liefern.

Da das Aufkommen der transzendentalen Probleme die Planung des Werkes erneut in Fluß bringt, kann man als Höhepunkt der Systematik die *Mitte des Jahres 1799* annehmen, um ein mutmaßliches Inhaltsverzeichnis des Werkes zu rekonstruieren (wie es etwa ausgesehen hätte, wäre die Arbeit von Kant zu Ende gebracht worden). Die späteren Verschiebungen der Perspektive können freilich nicht *innerhalb* dieses Planes ihren Platz finden, sondern sollten im *Anschluß* an den rekonstruierten Plan berücksichtigt werden, denn sie sind ja einer kontinuierlichen Entwicklung entsprungen. Die Rekonstruktion selbst verfolgt keine andere wissenschaftliche Absicht als die, der bloßen *Orientierung* zu dienen. Sie ähnelt darin den Zeichnungen der

Archäologen, die ein vollständiges Gebäude aus wenigen Mauerresten nachbilden, allerdings mit einem Unterschied: das »Gedankengebäude« des OP hat nie wirklich existiert.

Unser Ausgangspunkt kann also kein anderer als derjenige sein, den uns Kant selbst mehrmals zuweist, wenn er sein Werk in zwei »Systeme« unterteilt: »Die Anhandlung dieses Werks besteht aus zwey Hauptttheilen, deren erster das Elementarsystem der zweyte das Weltsystem nach Principen a priori vorträgt« (I, 245,16). Am Anfang der 1. Seite des III. Bogens des IX. Konv. findet sich diese Unterscheidung auch als Überschrift:

> »Der Übergang von den metaphysischen Anfangsgr. der Naturw. zur Physik besteht aus zwey Systemen als Abtheilungen dem Elementarsystem der bewegenden Kräfte der Materie und dem Weltsystem« (II, 226,7).

Auch auf den Bögen »No.3 β« (II, 256,26) und »No. 3 δ« (I, 533,17) kommt die Zweiteilung jeweils als Randbemerkung vor und am Ende der 2. Seite des V. Bogens des V. Konv. findet man zwar nicht den Ausdruck selbst, aber eine formale Bestimmung der beiden Teile, die das geplante Werk ausmachen sollen:

> »Dieses wird in zwey Abhandlungen aufgestellt werden: deren eine von den Theilen des Systems der bewegenden Kräfte der Materie zum Ganzen deren andere vom Ganzen zu den Theilen fortgeht.« (I, 532,14).

Unsicher ist die Datierung von »Elem. Syst. 2«, wo die »Eintheilung« am Anfang der 3. Seite des III. Bogens (VIII. Konv.) als Titel erscheint (II, 155,9). Die Tinte wechselt, der Bogen wurde also zu verschiedenen Zeiten beschrieben. Nur das Jahr 1798 steht fest, über die genauere Datierung sind sich Adickes und die Akademie uneinig. In derselben Folge ist die Zweiteilung zudem unter vielen anderen Anmerkungen am Ende der Behandlung des Elementarsystems (zugleich Ende des Bogens) auszumachen (II, 192,22) sowie eine ähnliche Stellungnahme auf dem Bogen »Element. Syst. 7«, den Kant auch mit der Bezeichnung »Einleitung« signiert (II, 200,14). Am *Ende* des Bogens, den Kant einfach »1« signiert und der auch der Folge »Elem. Syst. 1–7« zugeschrieben wird, befindet sich eine besonders klare Darstellung der Zweiteilung. Dabei ist die Tatsache von Bedeutung, daß es sich um die letzte Seite handelt, weil sich dadurch der Zeitpunkt genauer bestimmen läßt, an dem die Zweiteilung von Kant eingeführt wurde, denn in der Folge »Übergang 1–14« wird sie dagegen als *Anfang* der inhaltlichen Darstellung angekündigt.

Die wichtige Wende, durch welche die ganze Struktur des Werkes nicht nur erweitert, sondern grundlegend umgestaltet wird, liegt also Anfang 1799. Sollte ursprünglich das Elementarsystem der Kräfte das *Ganze* des Werkes ausmachen, so wird es nun nicht einmal mehr zu einem Teil unter anderen, sondern zum bloßen »Vorhof« des Werkes. Den Kern bildet jetzt der neuentdeckte a priori Beweis der Existenz des Äthers:

»Die erste Abtheilung welche gleichsam den Vorhof (propyleum) der zweyten ausmacht ist das System der Categorien unter welche die Begriffe von den bewegenden Kräften systematisch mithin nach Principien a priori geordnet werden: Es sind die der Qvantität, Qvalität, Relation und Modalität in so fern diesen durch den Verstand gedacht empirische untergelegt und sie also für die Physik als einem beabsichtigten Erfahrungssystem der bewegenden Kräfte in vollständiger Eintheilung dargestellt werden können.« (II, 226,11).

Der Ätherbeweis wird dagegen *mit dem Übergang als solchem* identifiziert, und zwar in doppelter Hinsicht: einerseits als *Gelenk* zwischen den beiden Systemen, andererseits als *Keim* der Wissenschaft des Übergangs bzw. als Übergang κατ' ἐξοχήν.

In einem Bogen, der nicht zufällig als »Farrago ante redactionem systematis« bezeichnet wird (I, 615,1), hatte Kant noch behauptet:

»Weñ ich nun vom Ubergange von den Met. Anf.Gr. d. NW. zur Physik rede so verstehe ich darunter eigentlich nicht den Actus eines Ubergangs, sondern das Territorium des Uberganges das Ganze der Elementarbegriffe der bewegenden Kräfte der Materie so fern es nach Principien a priori ein Gegenstand der Naturforschung ist um diese Kräfte abgesondert in einem System darzustellen« (I, 624–625).

Vor der Redaktion des Systems ist also der Übergang ein *Gebiet* (das Gebiet des Systems der Kräfte), kein »Actus«. *Actus* bedeutet hier den Akt, ein Territorium zu überschreiten, wie im römischen Recht, bei der *servitus* von »iter, actus, via«. Ein Jahr später erklärt Kant *das genaue Gegenteil*: der Übergang ist etwas, das »geschieht«.

»Der Übergang der metaph. Anf. Gr. der NW. zur Physik geschieht eben durch die Idee vom Wärmestoff welcher darum kein blos hypothetischer sondern der allein alle Körper in allen Räumen Erfahrungsmäßig leitende und continuirlich verbreitete in Einer Erfahrung zusammenhängende Stoff seyn muß.« (I, 571,1)

Einen Monat später, mit großer Evidenz:

»Die Existenz des Wärmestoffs
als das oberste Princip
des Überganges von den metaph.
Anf. Gr. der N.W. zur Physik.

Deñ ohne einen solchen Stoff als die Basis aller bewegenden Krafte welche zusam̄en das reale Princip Einer moglichen Erfahrung ausmachen würden wir lauter Warnehmungen haben und kein Gantzes der Erfahrung durch bewegende Kräfte omnimode determinirt« (I, 600,1).

Der Übergang ist das Gebiet des Äthers, nicht mehr des Systems der Kräfte. Der Äther als *Inbegriff* der Kräfte und als Einheit der Erfahrung ist nicht länger bloß hypothetisch, sondern ein existierender und »leitender« Stoff.

7. Die richtige Anordnung

Erstaunlicherweise wurde der explizite Hinweis Kants auf die Struktur seines Werkes von den Interpreten wenig berücksichtigt. Auch wenn das »Weltsystem« nie verwirklicht worden ist, so ist die geplante Struktur doch von ausschlaggebender Bedeutung, um Kants Absichten zu verstehen. Adickes (1920) übergeht diese Frage zwar nicht, behandelt sie jedoch recht spät und nur in einer langen Fußnote seines Werkes (S. 584–85), nachdem er seine »Darstellung« des OP schon nach *ganz anderen* Kriterien ausgerichtet hat. »Das Elementarsystem der bewegenden Kräfte der Materie« kommt erst als V. Abschnitt des III. Teils vor, d.h. im Kapitel 5 (»Der vorwiegend naturwissenschaftliche und naturphilosophische Teil des OP«, S. 555–591). Diesem Abschnitt gehen vorher: 2. »Topik der bewegenden Kräfte und allgemeinsten Eigenschaften der Materie«, 3. »Die neue transzendentale Deduktion des X./XI. Konv.« und 4. »Der neue Aether (Wärmestoff). Seine Existenz und seine Eigenschaften«.

Abgesehen davon, daß eine neue transzendentale Deduktion, wenn sie überhaupt vorläge, besser im IV. Teil (»Der metaphysisch-erkenntnistheoretische Teil des OP«) als unter »vorwiegend naturwissenschaftlichen und naturphilosophischen Gesichtspunkten« behandelt werden sollte, wieso Adickes aber das Elementarsystem von der »Topik der bewegenden Kräfte« trennt und den Ätherbeweis *vor* ihm diskutieren kann, ist völlig unverständlich. Kant sagt nämlich ausdrücklich: »Das Elementarsystem vor dem Weltsysteme« (II, 201,1) und der Ätherbeweis macht den Übergang vom ersten zum zweiten Teil aus:

»ob sage ich ein solcher Stoff, als die *Basis* aller bewegenden Kräfte der Materie vorhanden sey oder nicht sey (...); mit anderen Worten: ob er, als blos hypothetischer Stoff, von den Physikern nur zur Erklärung gewisser Erscheinungen angenommen werde, oder categorisch als Postulat zu statuiren sey – diese Frage ist für die Naturwissenschaft, als System, von der größten Wichtigkeit; zumal sie vom Elementarsystem derselben zum Weltsystem die Leitung giebt.« (II, 550,10–17)

Adickes rechtfertigt seine Auffassung mit zwei Argumenten: »Der Entwurf ›Übergang 1–14‹ bringt überall die betreffenden apriorischen Deduktionen entweder schon in der Einleitung oder wenigstens im Anfang des Elementarsystems vor den vier gemäß der Kategorientafel geordneten Abschnitten«, und »die letzte Wendung nämlich, daß die Ätherfrage zum Weltsystem ›die Leitung gibt‹ kann, wie die verwandten, nur die Bedeutung haben, daß der Begriff vom Wärmestoff zum Weltsystem hinüberleite, nicht daß dieser Beweis für seine Existenz bei dieser Überleitung gegeben werden solle« (*Kants OP*, S. 585).

Was das erste Argument betrifft, so gibt doch Adickes selbst zu: »Im Gegensatz zu dem Entwurf ›Übergang 1–14‹ sollte in dem Entwurf ›Redaction 1–3‹ der Ätherbeweis erst nach den vier dem Kategorienschema gemäß geordneten Abschnitten seine Stelle erhalten« (S. 587). Nun ist der Entwurf »Redactio 1–3« später als die Folge »Übergang« entstanden. Noch entscheidender ist jedoch, daß die zellenartige Struktur des Manuskriptes nicht erlaubt, von der Stellung eines Themas innerhalb der Perspektive eines *einzelnen* Entwurfs auf die Stellung desselben Themas innerhalb des zuendegeführten Werkes zu schließen. Eben weil sich die Rolle des Ätherbeweises in den einzelnen Entwürfen unterscheidet, kann die vernünftige Konsequenz daraus nur lauten, daß dadurch die ausdrücklichen Hinweise Kants auf die Gliederung seines Werkes *nicht* vermischt werden dürfen.

In Bezug auf das zweite Argument muß darauf bestanden werden, daß Kants Äußerung lautet: »ob ein solcher Stoff sey oder nicht sey«. Also, nicht der »Begriff«, sondern die Frage der Existenz »gibt die Leitung« zum Weltsystem (»die Leitung giebt« ist eine Verbesserung Kants, statt eines schwächeren »hinweist«).

Die Hauptrolle übernimmt von nun an der Äther als »a priori gegebener Stoff«. Aus diesem Grunde muß seine Existenz schon in den einleitenden Erörterungen angesprochen werden, auch wenn sie dann bis zu seinem späteren, endgültigen Beweis gewissermaßen »in der Schwebe« bleibt. Die Tatsache, daß der Wärmestoff »dem Elementarsystem als Propädeutik gehört«, genügt, um seine frühzeitige Behandlung in einigen Entwürfen zu klären, da die Entwürfe, wie wir gesehen haben, das Ganze des Werkes *perspektivisch* umfassen.

8. Äther und Weltsystem

Die übliche Einteilung früherer kantischer Werke lautete: erstens »Elementarlehre« und zweitens »Methodenlehre«. Nun gibt das »Elementarsystem der bewegenden Kräfte« die Elementarlehre wieder, das Weltsystem beruft sich dagegen direkt auf »Newton in seinem unsterblichen Werke, betitelt: *philosophiae naturalis principia mathematica«* (II, 543,7). Kant, der die Möglichkeit von mathematischen Grundsätzen der Naturphilosophie (d.i. der Physik) bestreitet, da nur das *Werkzeug* mathematisch sei, tritt im ganzen OP als Antagonist und als »Nebenbuhler« Newtons auf (vgl. II, 519,9). Kant will den *Principia mathematica* ein eigenes Werk der Transzendentalphilosophie entgegenstellen. Wichtiger ist jedoch, daß das Weltsystem die neue (transzendentale) Auffassung zum Äther unausweichlich macht, denn der Äther gilt als die »Basis aller bewegenden Krafte welche zusam̄en das reale Princip Einer möglichen Erfahrung ausmachen« und »ohne einen solchen Stoff als Basis aller bewegenden Krafte (...) würden wir kein Gantzes der Erfahrung« haben (I, 600,5; II, 550,10). Die Einheit der Erfahrung kann in der Tat mittels mathematischer oder physikalischer Begriffe nicht gedacht werden, sondern nur mittels transzendentaler. Entsprechend bietet das Weltsystem der »transzendentalen Wende« des OP die Gelegenheit zum Durchbruch. Der »alldurchdringende« Äther fungiert als *Basis der Welteinheit*, weil er »der Anfang einer allgemeinen collectiven Einheit ist von deren Ursache sich schlechterdings kein Grund angeben läßt und so ein Elementarsystem der bewegenden Kräfte der Materie als Doctrinalsystem wo von den Theilen zum Ganzen (doch ohne *hiatus*) fortgeschritten wird zum Weltsystem wo es umgekehrt geschieht« (II, 197,14).

Die geplante Struktur des OP enthält nun durch den »Mittelbegriff« des Wärmestoffs ihren vollen Sinn. Zudem ist nun einleuchtend, warum statt des angesagten »Weltsystems« ab 1799 eine erneute und strenge Auseinandersetzung mit *transzendentalen Begriffen* im OP stattfindet.

9. *Eine Inhaltsübersicht: Plan des Werkes*

Wir sind nunmehr in der Lage, den Plan des Werkes, wie er auf dem Höhepunkt der systematischen Phase vorliegt, darzustellen und zusätzlich jene Erweiterung wenigstens zu skizzieren, die nach 1799 entwickelt wird. Die letzten Teile der folgenden Inhaltsübersicht haben aber mit dem übrigen Teil keinen gemeinsamen Ursprung, denn statt der Explikation des angesagten »Weltsystems« präsentiert Kant eine unerwartete transzendentale Diskussion. Der Einfachheit halber fügen wir für jeden thematischen Abschnitt die Angabe jener Stellen hinzu, die eine verhältnismäßig gute Darstellung des betreffenden Stoffes vermitteln.

ÜBERGANG VON DEN METAPHYSISCHEN ANFANGSGRÜNDEN DER NATURWISSENSCHAFT ZUR PHYSIK

(I, 174, 15)

»So viel von der Betitelung«: »Übergang 6«, S. 2 (I, 244,21).

Vorrede

Es ist ein Übergang *(transitus)* von den MAN zur Physik notwendig (Konv. II,3 unsigniert, Mitte 1798: I,174,21). – »Es giebt nämlich eine gewisse Menge von Elementarbegriffen die sich abzählen läßt welche die Anwendung der bewegenden Kräfte der Materie überhaupt auf die in der Erfahrung vorkom̄ende Verhältnisse vermitteln« (I, 177,6). – Späte Fassung: im I. Konv. (I, 85).

Einleitung

(»Übergang 6«, I, 241):

1. Abschnitt: »Von den formalen Principien der Methode« (I, 241,21). Gegenüberstellung zu Newtons *Principia*.
   Anm. 1: »reine Philosopheme und dergleichen Mathemateme auf einander in keinem Punct zusammentreffen« (242,29).
   Anm. 2: über D'Alembert und Kästner.
2. Abschnitt: »Von den materialen Principien, d.i. den Gegenständen möglicher Erfahrung als dem Sinnenobject dem spürbaren *(perceptibile)* zum Unterschiede vom blos denkbaren *(cogitabile)* als dem Verstandesobject im System der bewegenden Kräfte der Materie« (245,9).

»Der allgemeinen physiologischen Kräftenlehre
Erster Theil
Vom Elementarsystem
der bewegenden Kräfte der Materie« (I, 533, 20)

1. Abschnitt: Quantität der Materie (Wägbarkeit) (»No. 3 δ«, I, 534, 1)
2. Abschnitt: Qualität der Materie (flüssig oder starr: »No. 3 δ«, I, 296,1)
   Starrwerden und Verschmelzung, Haarröhrchen, Tropfenbildung, Metallglanz
3. Abschnitt: »Relation d.i. dem außeren Verhältnis der bewegenden Kräfte« (cohärent oder incohärent: »No. 3 η«; I, 301,10). – Abreissung des Dehnbaren *(ductilis)* in Vergleich mit dem Spröden *(fragilis)*: 303,7. – Reibung: 304,2.
4. Abschnitt: Modalität: »Exhaustibel oder Inex.: communicans vel creans« (»Elem. Syst. 6«; II, 189,11) – »todte und lebendige Kraft«.

(Klassifikation der Kräfte: »A Elem. Syst. 1«)

I. »Dem Materialen nach«: Flächenkraft – durchdringende Kraft (I, 181,22)
II. »Dem Formalen der Bewegung nach« (I,182)
   1. der Richtung: Anziehung oder Abstoßung;
   2. dem Grade nach: Moment der Bewegung oder diese mit endlicher Geschwindigkeit;
   3. der Relation: äußerer Einfluß – innerer Mechanismus;
   4. der Modalität: Anbeginn der Bewegung – *perpetuitas als necessitas phaenomenon*. »Das dessen Wirklichkeit a priori erkeñbar ist« (183,1).
III. Der Vollständigkeit nach: organisch-unorganisch (184,8; 194, 10); absichtlich-unabsichtlich (187,1)
IV. »Von den Arten der Bewegung aus den bewegenden Kräften der Materie überhaupt« (entspricht dem obigen Abschnitt II, ausgenommen:)
   »4. Der Substanz nach blos als Materie oder als Körper in Masse bewegt« (199, 16)

Anm. I: »todte und lebendige Kraft« (199,20)
Anm. II: Moment der Geschwindigkeit, in Vergleich mit dem Druck, unendlich (200,5).

AETHERBEWEIS ALS »LEITUNG ZUM WELTSYSTEM«

(»Übergang 9«, Konv. V,8 = Konv. XII,2: II, 550, 17)

1. Eintheilung: unorganisch – organisch (I, 565, 25)
   »Eintheilung des Natursystems: der Beygesellung nebeneinander – der Fortpflanzung nacheinander« (I, 566,11).
   »Beschlus: Principien des Überganges vom Natursystem zum Weltsystem« (I, 568,1) (nicht ausgeführt).
2. Eintheilung: Unterschied »Vom specifischen Unterschiede der Materie zu Körpern überhaupt« (I, 571,10 = II, 549,3).

»Propädeutik«: »Es ist (...) Eine allbefassende mögliche Erfahrung. Es existirt ein Siñenobject ausser uns zu dessen Warnehmung äußerlich bewegende Kräfte der Materie erfordert werden« (I, 582,21)
»1. Lehrsatz«: »der leere Raum ist kein Gegenstand möglicher Erfahrung« (I, 234,15)
»2. Lehrsatz«: »Alle Materie ist ein Object äußerer Siñe folglich auch ein Gegenstand möglicher Erfahrung« (234,27)
»Erfahrungssatz: Es existirt Materie mit ihren bewegenden Kräften« (I, 226,25).

»Physisch/Cosmologischer Grundsatz
Vom Elementarsystem aller Welt Materie«
(»Übergang 12«: I, 589,16)

»Existirt unter dem Nahmen des Wärmestoffs eine Materie mit den Attributen: allverbreitet, alldurchdringend« usw. (I, 591,5); bzw.: »Thesis« usw. (591,21).

»Beweis der Existenz des Wärmstoffs
als das oberste Princip des Überganges
von den metaph. Anf. Gr. der NW. zur Physik«

»Es ist so, wie nur Ein Raum ist, auch nur Eine Erfahrung« usw. (I, 594,10)

Anm. I: »Dieser Beweis ist indirect« (581,26; II, 551,15)
Anm. II: »Dieser indirecte Beweis ist einzig« (I, 586,7)
Anm. III: »Anfang aller Bewegung«, keine leere Zeit (I, 232,14)

Der zweite (Theil):

DAS WELTSYSTEM NACH PRINCIPIEN A PRIORI

(»Übergang 6«, Konv. II, 9, S. 3: I, 245,17)

»2.
Von dem Weltsystem betrachtet«
(I, 511,7: nicht ausgeführt; I, 625,25: »*La Place* Weltsystem«)

»b. Vom Weltsystem – der Lehre des Inbegrifs aller Gegenstände der Erfahrung (bewegender Krafte) als zu Einem System gehörig u. brauchbar« (No. 3 β«, Konv. IX, 6: II, 266,28).
»Alle primitiv bewegende Kräfte der Materie (...) entweder in Substanz (wie die Wärmematerie) durch Ortveränderung oder durch unmittelbare Wirkung auf dieselbe auch in der Ferne (wie die Gravitations//anziehung) beide aber auch vereinigt im Weltsystem anziehend und Abstoßung zugleich« (»B Übergang«; II, 239,6).

(Verschiebung nach der transzendentalen Erörterung: Konv. X u. XI)
»Der Übergang (...) ist die Idee von einem Ganzen der bewegenden Kräfte als absoluter (unbedingter) Einheit des Weltsystems wo die bewegende Kräfte nichts ausser ihrem *complexus* enthalten u. anheben« (II, 300,22)

»Aufgabe
1.) Wie ist Physik möglich 2.) Wie ist der Übergang von den Met. A. Gr. der NW zur Physik möglich 3.) Wie ist die Schätzung des Umfangs der zur Physik gehörenden Gegenstände möglich« (II, 318, 11).

(Fragmente des Weltsystems)
»Von den bewegenden Kräften der Weltkorper« (»Übergang 11«: I, 580,4) – »Beylage« (Konv. VII, 1: II, 3–8).
(Indirekte Erscheinung: Konv. X, Bögen «C« bis »N«)
(Selbstsetzung und Selbstaffektion: »Beylage 1–8«, Konv. XII)

SYSTEM DER IDEEN

»Übergang zur Grenze alles Wissens« (I. Konv.: I, 9,9)

»3

System der Transcendental//Philosophie
in drey Abschnitten

G o t t, die W e l t, *vniversum* und ich Selbst der M e n s c h als moralisches Wesen« (I, 27,1)

I. Gott (I, 27,15)
Definito – Axioma – Theorem (I, 50,1);
II. Die Welt (»Es sind nicht Welten, weil der Raum ein einiges absolutes Ganze ist«: I, 62,25);
III. Der Mensch (»Causalität der Selbstbestim̄ung des Subjects zum Bewustseyn seiner Personlichkeit d.i. der Freyheit in Verhältnisse des All der Wesen« (I, 24,25).

10. Anmerkungen

1. Die Beziehung der einzelnen Abschnitte zu anderen Teilen des Manuskripts bleibt schwankend, da das *Ganze* des Werkes in jedem *Teil* (annähernd) enthalten ist.

2. Ältere Entwürfe werden für die ersten Teile des Werkes benutzt und umgekehrt – das gilt aber nicht absolut, sondern nur von Fall zu Fall.

3. Der »2. Abschnitt« der Einleitung, der den Inhalt des Werkes klassifiziert, nachdem der erste Abschnitt die »Methode« vorgestellt

hat, schließt in gewisser Weise die abstrakte »Eintheilung der Kräfte« (organisch-unorganisch usw.) ein. Sie wird später nochmals zu Beginn des Elementarsystems angeführt.

4. Der Grundunterschied zwischen rein dynamischen (»innerlich bewegenden«) Kräften des Äthers und mechanischen (ortsverändernden) Kräften der wägbaren Materie wird teilweise in der Einleitung antizipiert, weil er für die besondere Unterscheidung zwischen »Wissenschaft des Übergangs« und den MAN entscheidend ist. Entsprechend kommt auch die »alldurchdringende Materie« des Äthers schon in der Einleitung zur Sprache.

5. Findet die abstrakte Klassifikation der *Kräfte* schon in der Einleitung statt, dann wird das Elementarsystem sofort mit der Einteilung der Eigenschaften der *Materie* beginnen (z.B. in »Redactio«, oder früher im »Elem. Syst. 1«). In »A Elem. Syst.« (oder auch früher) wird dagegen eine recht weitschweifige, logisch abstrakte Klassifikation der Kräfte vorausgeschickt, die Kant vielleicht in eine »Propädeutik« aufnehmen wollte. In »A Elem. Syst. 3«, wo Kant nochmals mit dem Elementarsystem beginnt, geht er sofort auf die *Eigenschaften der Materie* ein, ohne eine solche abstrakte Klassifikation der Kräfte.

6. In »A Elem. Syst.« fällt Nr. II, das »Formale der Bewegung betreffend«, fast genau mit Nr. IV (»Von den Arten der Bewegung«) zusammen; das ist ein Hinweis darauf, daß diese Einteilung nicht endgültig gemeint war.

7. In demselben Entwurf (der Kants Signatur »A Element. Syst. 2 IV. mit zwey Anmerk.« trägt) wird die Einteilung der Eigenschaften der Materie unter »Nr. V« (I, 201,16) angeführt, als ob sie ein Teil der früheren Klassifikation wäre. Die ausführliche Auslegung der Eigenschaften der Materie ist aber Gegenstand des Elementarsystems, das mehrmals direkt mit ihr beginnt und die betreffenden Erklärungen weitläufig entwickelt.

Nr. V ist »Eintheilung der bewegenden Kräfte nach Begriffen a priori« betitelt, worauf der charakteristische Verweis folgt: »vid. El. Syst.«. In der Tat macht die Erörterung der Eigenschaften der Materie das echte Elementarsystem aus, denn sie ist der Kern der neuen »Physiologie«. Die Einteilung der *Kräfte*, sofern sie von der Materie abgetrennt werden, beschränkt sich auf die Aufzählung *logischer Möglichkeiten*. Sie ist trotzdem mit einer bloßen »Phoronomie« nicht zu verwechseln, weil sie auch solche Kräfte betrifft, die nicht »aus einer vorhandenen Bewegung folgen« (I, 356,2), sondern sie allererst erzeugen.

8. Die Selektion »Von der Art der Bewegung« (Nr. IV in »A Elem. Syst.«) tritt in einem früheren Entwurf »No. 3 γ« als eine Einteilung »A« der Kräfte »nach den Erscheinungen ihrer Wirkung« auf (I, 367,23), der eine Einteilung »B« der Kräfte »nach ihren wirkenden Ursachen« folgt (I, 368) (»todte und lebendige Kraft«, usw.; I, 368). Der Inhalt der Einteilung B wird andererseits in »A Elem. Syst.« in einer »Anmerkung I« behandelt (I, 199,18) und betrifft eine allgemeine Phänomenologie der Krafterscheinungen, die vor Erreichen des »physiologischen« Standpunktes ihre Gültigkeit hatte. Hinweise auf die »phänomenologischen Kräfte«, welche die phoronomischen voraussetzen (II, 238,13), sowie auf die »Phänomenologie« überhaupt (I, 174,11) sind auch in den Entwürfen »B Übergang« und »No 2« unter dem vierten kategorialen Titel (I, 174,11) zu finden. Nach Erreichen des »physiologischen« Standpunktes des Übergangs werden die innerlich bewegenden Kräfte des Äthers prinzipiell unterschieden von den ortsverändernden Kräften, von denen in den MAN die Rede war.

10. In der Urfassung des »Oktaventwurfs« finden wir schon eine Betonung des Verzeichnisses der Eigenschaften der Materie vor, das später noch stärker in den Vordergrund rückt. Die Klassifikation der Kräfte dagegen tritt nur am Rande auf (unterer Rand des Blattes 13; I, 387,15).

Im weiteren Verlauf der Darstellung wird uns die *abstrakte* Einteilung der Kräfte nicht mehr ausführlich beschäftigen. Das Hauptgewicht verlagert sich vielmehr auf die neue Bedeutung, die den bewegenden Kräften im OP im Sinne von »Ätherkräften« zukommt. Diese müssen nach Kant ausschließlich »zum Behuf der Erfahrung« gedacht werden, d.h. sie rufen keinerlei mechanische Wirkung hervor. Um diese Klassifikation der Kräfte beurteilen zu können, reicht es aus, das sonderbare Verfahren Kants heranzuziehen, mit dem er die Eigenschaften der Materie durch die Kräfte des Äthers begründet. In Bezug auf eine *endgültige* Klassifikation der Kräfte hat Kant wahrscheinlich bis zuletzt keinen festen Standpunkt bezogen.

III

DAS ELEMENTARSYSTEM DER BEWEGENDEN KRÄFTE

1. *Innerliche und äußerliche Kräfte*

Unter den vielen Klassifikationen der bewegenden Kräfte, die Kant im OP vorgenommen hat, werden wir jene »Eintheilung« wählen, die für das Verständnis des neuen Dynamismus entscheidend ist. Sie erscheint in »Elem. Syst. 3« schon im zweiten Absatz einer »Eintheilung«, die den Unterschied der neuen Position gegenüber den MAN erklärt:

»Nun kañ man sich auf zweyerlei Art bewegende Kräfte als gegeben denken: daß nämlich entweder die Bewegung vorausgehen muß und die bewegende Kraft von ihr die Wirkung ist oder umgekehrt die bewegende Kraft zuerst zum Grunde gelegt wird und die Bewegung von dieser abgeleitet wird. – Jene Grundsätze enthalten die mathematische Grundsatze der Naturwissenschaft (philosophiae naturalis principia mathematica) wie Newtons unsterbliches Werk: Diese kōnen physiologische Anfangsgründe derselben (philosophiae naturalis principia physiologica) genañt werden.« (II, 164,21).

Im Bogen »No 3« wird dieselbe Zweiteilung unter dem kategorialen Titel der *Modalität* vorgestellt, was in gewisser Weise schon auf ihre transzendentale Zukunft vorausweist, da die Kategorien der Modalität nicht den Inhalt des Objekts sondern dessen Beziehung auf das Erkenntnisvermögen des Subjekts bestimmen:

»Die bewegende Kräfte der Materie sind (..) 4 (Der Modalität nach) ursprünglich // oder abgeleitet // bewegende Kraft *(vis originarie vel deriuatiue movens)*. Die entweder von einer Bewegung erzeugt wird *vis centripeta* oder sie oder *nisus* dazu selbst erzeugt« (I, 356,16).

Im Bogen »No 2« (September 1798) macht dieser Unterschied den ersten Punkt einer neuen »Eintheilung« aus, die doch bald wieder verworfen wird, denn die ganze (4.) Seite ist durchgestrichen (von I, 171,17 bis 173,13). Kant hat vermutlich auf der letzten Seite des Bogens etwas *après coup* angesetzt und dann den Zusatz abgelehnt. Aber die Seite 3 desselben Bogens beginnt mit einer »Eintheilung der bewegenden Kräfte der körperlichen Natur«, wo die Unterscheidung »vires congenitae – vires impressae« *den ersten Platz* (statt des vierten) in einer zusammenfassenden Klassifikation einnimmt.

Die Unterscheidung von ursprünglichen und derivativen Kräften kommt gelegentlich vor. Sie stellt aber kein *Element* einer allgemeinen Einteilung dar, sondern es handelt sich um die *Grundunterscheidung zweier erkenntnistheoretischer Niveaus*, auf denen die Kräfte betrachtet werden können. Sie geht prinzipiell allen übrigen Klassifikationen voraus und zieht sich deshalb durch alle Klassifikationen.

An vielen Stellen des OP tritt eine gleichbedeutende Unterscheidung zwischen »ortsverändernden« *(locomotivae)* und internen Kräften ohne Ortsveränderung *(interne motivae)* auf:

»Von der ersten Bewegung und der uranfänglich bewegenden Materie (materia primitue movens)
Die Materie mit ihren bewegenden Kräften kañ eine Bewegung nur in so fern anheben als sie sich selbst äußerlich (vis locomotiua) oder ein jeder Theil derselben respectiv gegen den Anderen mithin sie sich innerlich in Bewegung setzt (vis interne motiua)« (I, 217,23).

Die Gravitation gehört zur Klasse der *derivativen* Kräfte und setzt darum die Kraft des Äthers voraus (I, 165,21), wie z.B. die folgende Stelle in »No 3 η« belegt:

»Die bewegende Kraft der Materie ist zweyerlei Art. 1 die nur mit eigener Ortveranderung bewegende Kraft hat. (Stoß und Gravitationsanziehung) 2 die an ihrer eigenen Statt ohne Veränderung des Orts bewegende Kraft hat.« (I, 305,6).

Auf den ersten Blick mag diese Behauptung Erstaunen erregen, da die Materie eine Gravitationswirkung auch ohne Eigenbewegung ausübt. Hat Kant hier die Theorie der Gravitationswellen vorgeahnt? Wohl nicht ganz, obwohl die Beziehung zwischen Äther und Gravitation im OP einen wichtigen Platz einnimmt. Die Gravitation ist keine primitive Kraft, denn sie *setzt* eine schon vorhandene wägbare Materie *voraus*; darum fiel es Newton relativ leicht, sie mathematisch zu behandeln. Die der Materie »eigenen« Kräfte sind dagegen »connatae« (I, 616,15), »congenitae« (I, 173,22), »ingenitae« (I, 171,19) usw., weil sie keine wägbare Materie voraussetzen, sondern mit dem (unwägbaren) Äther identisch sind. Darum sind sie eigentlich »dynamisch«, im Gegensatz zu den »mechanischen«, ortsverändernden Kräften. Es ist bemerkenswert, daß Kant auf der letzten Seite der Abschrift des Bogens »Übergang 9«, die er herstellen ließ (s.o. Kap. II Exkurs, § 2), von eigener Hand einen neuen Paragraphen mit dem Titel »Von dem Unterschiede der mechanisch // und der bewegenden Kräfte der Materie« hinzufügte, ohne ihn allerdings zu vollenden. Augenscheinlich handelt es sich um ein dringendes Thema:

»Die bewegenden Kräfte sind entweder mechanisch als Körper oder dynamisch als bloße Materie (Stoff) zu gebildeten Körpern beweglich und bewegend. Die erstere sind Ortsverändernd (vis locomotiua) die letztere innerhalb dem Raume den die Materie einnim̄t (vis interne motiua), in ihren Theilen einander bewegend. – Jene kön̄en als (natürliche oder künstliche) Maschinen betrachtet werden wen̄ man ihre Form nach der Analogie von Mitteln zu einem Zwecke denkt.
Mechanisch/bewegende Kräfte sind diejenige durch welche die Materie ihre eigene Bewegung blos einer anderen mittheilt dynamisch/bewegend sind die durch welche sie diese Bewegung unmittelbar einer anderen ertheilt.« (II, 555,15).

Mit der Einteilung der Kräfte, von der schon die Rede war, hat Kant den neuen Dynamismus des Nachlaßwerkes begründet, der weder mit dem *ontologischen* Dynamismus der Leibnizianer noch mit dem *regulativen* Dynamismus der MAN (vgl. Kap. II, §§ 6–7) zusammenfällt.

2. *Dynamische und mechanische Kräfte*

Die Lehre der Kräfte »ingenitae« (in der Materie) hat eine lange Vorgeschichte, die schon mit Kants erster Druckschrift »Über die wahre Schätzung der lebendigen Kräfte« (1747) anhebt. Im § 51 erinnert diese Schrift, daß es nunmehr in der Physik ein fast allgemein akzeptiertes Prinzip sei, dem zufolge keine Bewegung in der Natur entstehe, die nicht die Folge einer anderen sich bewegenden Materie sei. Doch hatte dieses Prinzip z.B. für Descartes die unangenehme Konsequenz, daß er sich gezwungen sah, jene »Wirbel« einzuführen, die die Gravitation erklären sollten, und die ihn zu Recht seine naturwissenschaftliche Reputation gekostet haben. In seiner Schrift von 1747 verweist Kant auf den Dynamismus von G.E. Hamberger, der »zuersts Mittel dargeboten, diesem Übel abzuhelfen« (*Vorkr.* I, 60,30). Als Nachfolger des reinen Dynamismus wollte Hamberger hauptsächlich beweisen, daß es möglich sei, die isotrope ursprüngliche Kraft der Monade durch die umliegende Materie zu bestimmen. Darauf bezieht sich Kant, wenn er bemerkt: »Einige Metaphysiklehrer behaupten, dass der Körper vermöge seiner Kraft sich nach allen Gegenden zur Bewegung bestrebe«. Und weiter: »Nach diesem System entsteht die Bewegung, wenn das Gleichgewicht zweier entgegen gesetzter Tendenzien gehoben ist« (*Vorkr.* I, 26,19). Gegen »dieses System« erhebt Kant nun gewichtige Einwände (§§ 13–14), nicht jedoch dagegen, daß eine *ruhende* Materie dennoch eine Bewegung verursachen könne.

Die Betrachtungen, die Kant in diesem Kontext vorträgt hinsichtlich einer »unbewegten« (aber nicht »todten«) Materie, die das Ganze der Welt in Bewegung setzt, erscheinen im Ausblick auf das OP geradezu prophetisch. Aber die Grundbedingung für die Erfüllung dieser Prophezeiung entdeckt Kant erst in den letzten Jahren seines Lebens. Die nicht ortsverändernde, sondern Materie »interne motivae« muß *keine physische* Materie sein: Diese nicht physische Materie wird der neue Begriff des Äthers liefern.

3. Merkwürdige Erklärungen

Infolge der Methode, die Kant seit dem »Oktaventwurf« des OP verfolgt, um die Eigenschaften der Materie zu erklären, wird man von ihm mit enormen, unerwarteten und für den Autor der KV geradezu unglaublichen Inkonsequenzen konfrontiert. Die Eigenschaften der Materie werden auf die Wirkung der Kräfte zurückgeführt, so daß ihre Klassifikation eine angewandte Klassifikation der Kräfte ist.

Und »das wirksame Verhältnis der bewegenden Kräfte der Materie« wird »in Ansehung des bewegten Subjects« betrachtet, denn »so kañ man folgende Modos derselben problematisch, doch in einem System, aufstellen«:

»a.) Prehensibel (spührbar) oder imprehensibel; welches auch mit perceptibel oder imperceptibel ausgedrückt werden kan
b.) Coërcibel (sperrbar) oder incoërcibel (unsperrbar) da dañ alle Körper für sie auch permeabel sind.
c.) als Körper cohäsibel der Treñung zweyer einander berührenden Flächen in der perpendiculären Richtung wiederstehend oder incohäsibel.
d.) Exhaustibel oder inexhaustibel welches letztere auch perennirend genañt werden kañ weñ die abgehende Materie continuirlich und gleichförmig durch eine andere von derselben Art ersetzt wird« (I, 599,14).

Nachdem dieses problematische System insgesamt vorgestellt worden ist, müssen wir untersuchen, wie die verschiedenen Kräfte die einzelnen Eigenschaften der Materie erklären. Hier tauchen dann jene *Merkwürdigkeiten*, um nicht zu sagen »Schrullen«, auf, die durch keine Naivität oder Unkenntnis Kants auf dem Gebiete der Physik zu rechtfertigen sind. Ihr eigentlicher Grund muß also anderswo zu suchen sein.

Nehmen wir zum Beispiel die Erklärung von zwei entgegengesetzten Eigenschaften, die unter demselben kategorialen Titel der Qualität stehen: Flüssigkeit und Festigkeit (wobei anzumerken ist, daß Kant lieber »vest« als »fest« schreibt, weil er bei Ovid eine Etymologie gefunden hat, die »fest« mit Vesta verbindet, »a firmiter stando«: I, 618,9 – der Ausdruck »Starrheit« wäre dafür am treffendsten):

»Alle Flüßigkeit ist Zustand der Erschütterung durch die Warme bewirkt (I, 251,16) – (...) Deñ alle flüßige Materie ist es nur durch die Wärme welche sie flüßig macht (...) weil ohne Anziehung die Theile sich zerstreuen und ohne Abstoßung neben einander starrend seyn würden« (I, 260–261).

Andererseits jedoch kommt *auch die Festigkeit* von der Wirkung des Äthers her, weil sie von einer Absonderung von heterogenen Teilen abhängt, die nur der Äther bewirken kann. Dieselbe »Agitation« des Wärmestoffes ist also erforderlich, um zwei ganz entgegengesetzte Resultate zu erhalten. Kant »verheimlicht« das keineswegs: »Der

Wärmestoff hatte ihn (den »flüssigen Zustand«, V.M.) darin gesetzt u. erhält ihn jetzt im Vesten« (II, 575,4).

Von der Starrheit muß die *Kohäsion* oder der Zusammenhang unterschieden werden, (z.B.: II, 575,15), denn während jene unter dem Titel der Qualität subsumiert wird, gehört diese unter den der Relation. Wir können uns hier auf die »starre Cohäsion« beschränken, welche nicht »den blossen Zusammenhang der Materie in ihren Theilen unter einander« (wie sie auch in den Flüssigkeiten stattfindet) »sondern (den Zusammenhang) eines Körpers mit einem Körper (...) bezeichnet« (II, 566,5). Auch diese Eigenschaft ist auf die Kraft des Äthers zurückzuführen, wie Kant mit einem scharfsinnigen »Gedankenexperiment« rechtfertigt, d.h. ein Körper ist kohärent, solange er nicht durch sein eigenes Gewicht zerrissen wird.

»Wen man sich im leeren Raum über der Erde eine Kette, einen Drath, oder ein Seil an einem unbeweglichen Punct über der Erde bevestigt und durch sein eigenes Gewicht gespañt denkt: so kañ man es von solcher Länge annehmen daß es respectiv auf die Stärke seines Zusam̃enhanges durch sein eigenes Gewichte reißt.« (II, 3,3).
Folglich »ist der Zusam̃enhang nur eine Flächenkraft und durchdringt kein Korpertheilchen; mithin kañ der Korper durch die Scheibe *(lamella)* die man sich als aus dem Prisma geschnitten vorstellen mag so düñe man sie sich auch denkt, doch nicht hindurch und über ihre eigene Dicke hinaus weñ es auch die aller düñeste Vergoldung wäre unmittelbar anziehend wirken und die Qvantität der Materie der ziehenden Lamelle ist gegen die des Prisma (unendlich klein, V.M.) (...) mithin auch das Moment der Anziehung ist der Cohäsibilitat unendlich groß in Vergleichung mit der Schweere« (II, 185,23-186,3).
»Also kañ es nicht eine todte Kraft seyn welche die Cohäsion bewirkt sondern nur die Energie der lebendigen Kraft des Stosses von einer allgemein durchdringenden bewegenden Kraft der Materie« (II, 186,7).

Daß das Moment einer lebendigen Kraft im Verhältnis zu einer toten Kraft unendlich sei, hatte Galilei im Rahmen seiner »Reden und mathematischen Beweise, zwei neue Wissenschaften betreffend« *(Della forza della percossa)* behauptet, aber wahrscheinlich hat Kant die *Brevis demonstratio erroris memoriabilis Catesii* im Sinn, in der Leibniz sagt: »Est potentia viva ad mortuam ut linea ad punctum vel ut planum ad lineam« (*Math. Schr.*, III, II S. 12; vgl. auch E.J. Bernouilli, *Opera*, 1742, III, S. 37). Jedenfalls für Kant ist entscheidend, daß diese lebendige Kraft unbedingt den Erschütterungen *(concussiones)* des Wärmestoffs zuzuschreiben ist. Die Frage ist allerdings, wie kann eine *alldurchdringliche* und unwägbare Materie einen *Stoß*, folglich eine lebendige Kraft ausüben?

Die Haarröhrchen sind seit dem Oktaventwurf ein Lieblingsthema des Elementarsystems. Wie man leicht erraten wird, wird dieses Phänomen, ebenso wie die Formung der Tropfen, auf die lebendige Kraft des Äthers zurückgeführt. Die Geschichte wiederholt sich immer auf die gleiche Weise. Die Reibung ist nicht einer »Rauhigkeit die man doch selbst durch kein Mikroskop vor Augen legen kañ« (I, 329,11) sondern einem durch den Wärmestoff verursachten *Schmelzvorgang* der Atmosphäre zuzuschreiben, bei dem der reibende Körper gleichsam wie ein Schlitten in den Schnee sinkt (I, 329, 14–24). Ein letztes Beispiel, diesmal den Metallglanz betreffend: die Ursache dieses Phänomens, welches nicht nur in »polirten Metallen« sondern auch »in den Flügeldecken und anderen Theilen mancher Insekten« erscheint, ist »ein dergleichen aus dem Inneren strahlendes, nicht blos reflectirtes Licht« (II, 563,1).

Solche Erklärungen im einzelnen zu analysieren hätte gar keinen Zweck, aber ihre unübersehbare Ungereimtheit reicht aus, um eine *Sinnverschiebung* des gewöhnlichen Kraft-Begriffs zu konstatieren, die nicht ohne Schwierigkeiten vonstatten geht.

4. Äther als Erklärungsgrund

Der hauptsächliche Grund dieser Beweise – jedesmal wird der Äther für alle Erscheinungen verantwortlich gemacht – ist darin zu suchen, daß diese Erscheinungen nur zufolge einer *lebendigen Kraft* zustande kommen sollen und die kann nur vom Äther ausgeübt werden. Das wird durch folgende Klassifikation in »No 3 δ« erläutert:

»Die e r s t e r e (›todte Kraft‹ V.M.) ist die des Strebens *(conatus, nisus)* zur Bewegung (...) also des Drucks oder des Zugs; Die z w e y t e Kraft ist die des Stoßes *(percußio)* oder des Reissens *(ruptio)*. Die d r i t t e lebendige Kraft ist die der Erschütterung *(concußio)* eine Reihe auf einander folgender Stöße und Gegenstöße der inneren Theile der Materie unter einander wo weñ diese Stöße in gleichen Zeittheilen auf einander folgen sie Klopfungen *(pulsus)* sind, sind aber die wechselnde Bewegungen mit Erweiterung des Raumes den die Materie jener Schläge einim̃t verbunden so werden sie Schwankungen *(oßcillationes, vibrationes, vndulationes)* genañt« (I, 532–33).

Später (in »Elem. Syst. 4. Einleitung«) scheint der Unterschied zwischen den Punkten 2 und 3 nicht mehr so klar, aber dafür finden wir dort eine klare Angabe des *Zweckes* dieser immerwährenden »Agitatio«. Sie soll uns gewissermaßen in die Lage versetzen, die erwähnten »merkwürdigen Phänomene« zu *erklären*:

»Daß diese Art die bewegende Kraft der Materie ins Spiel zu setzen einer elastischen Materie Ausspannungskraft und hiemit den Raum den sie einnim̃t erweitern wird in der Folge zum Erklarungsgrunde merkwürdiger Phänomene dienen.« (II, 170,17).

»Allen diesen bewegenden Kräften von verschiedener Art und Graden liegt das Princip der Erschütterung *(concußio)* welche durch den ganzen Weltraum herrschend (...) zum Grunde« (II, 275,6).

Die Agitation des Wärmestoffes soll als *allgemeiner* Erklärungsgrund dienen, ungeachtet der Verschiedenheit der in Betracht gezogenen Phänomene. An sich ist diese angenommene Regelmäßigkeit schon verdächtig. Aber die *Art* der Wirkung dieses »alldurchdringlichen Äthers« stößt auf noch größere Bedenken. Die leibnizsche Formel der lebendigen Kraft mv^2, (die Kant sehr gut kannte), besagt, daß die lebendige Kraft dem Produkt der Masse mal dem Quadrat der Geschwindigkeit gleicht. Aber alle Äußerungen Kants in Bezug auf die Materie des Äthers laufen darauf hinaus, sie jeder Möglichkeit, eine lebendige Kraft auszuüben, zu berauben, da der Äther keine Masse hat, keinen Widerstand ausübt und sich im Raume nicht bewegt. Nimmt man z.B. die allgemeine Einteilung des Begriffs »Materie« unter der Rücksicht der Kategorien-Titel vor, so erhält man die folgende Klassifikation:

»Eine gegebene Materie ist der Qvantität Ponderabel oder imponderabel
– Qvalität Coërcibel – – incoercibel
– Relation Cohäsibel (coalescibel) – – incohäsibel (incoaelsc.)
– Modalität Exhaustibel – – inexhaustibel« (I, 531,2).

Die Materie des Äthers steht immer unter dem zweiten Terminus der Entgegensetzung, dabei gilt sie als imponderabel, incoërcibel usw. sie hat auch keine Geschwindigkeit, denn sie ist *auf der Stelle* »agitierend«, ändert also ihren Ort nicht. Wie kann sie dann einen Stoß geben? Darf man einer derartigen Materie überhaupt die Wirkung einer lebendigen Kraft zuschreiben? Kant kann diese Probleme nicht übersehen haben, aber er geht nie direkt auf sie ein. Wir sind also gezwungen, uns die Antworten indirekt zu holen.

Ein erster Erklärungsgrund ist die Einschränkung des Begriffs der Imponderabilität selbst. Kant hebt nämlich ständig hervor, daß es sich um eine »relativ«, »respectiv«, »subjectiv« auch »beziehungsweise *(secundum quid)* nicht schlechthin *(simpliciter)*« unwägbare, unsperrbare usw. Materie handelt. Er argumentiert so:

»Weñ aber eine gewisse Materie gleich nicht absolut // imponderabel und absolut // incoërcibel wäre so kañ sie beydes doch relativ namlich Verhältnisweise gegen eine Materie die allerwerts ausgebreitet mit ihr von gleicher Art ist. So kañ ein jedes Qvantum von Wärmestoff in der allgemeinen verbreiteten Wärmematerie weder etwas wiegen noch von einem anderen Wärmestoff durchdrungen werden weil dieses Element Alles erfüllt und bewegt ohne selbst von seiner Stelle beweglich zu seyn« (II, 255,17).

Das jedoch bietet noch keine befriedigende Lösung. Der Äther soll auf die wägbare Materie eine lebendige Kraft ausüben, aber, wenn er auch nur *verhältnismäßig* unwägbar, unsperrbar usw. ist, so kann die Materie der Erfahrungswelt keine *angebbare* Wirkung von ihm empfangen. Eine Materie, der kein Widerstand begegnet, kann infolge des Prinzips von Aktion-Reaktion auch keine Kraft ausüben.

Ein zweiter, gewissermaßen »sophistischer« Ausweg ist die Annahme, daß die Agitation des Äthers einen gewissen Einfluß auf den Raum hat. Schon im Oktaventwurf wurde gesagt: »Die Erwärmung vergrößert das *volumen* des Flüßigen. Aber die Erstarrung bey Abgang derselben, gleichfalls« (I, 382,29). In »No 3 δ« konnten wir lesen: »...sind aber die wechselnde Bewegungen mit Erweiterung des Raumes, den die Materie jener Schläge einnim̄t verbunden so werden sie Schwankungen« genannt (I, 533,6). Und Kant fährt fort: die Materie des Äthers ist »expansiv weil sie durch innere concussorische

Bewegung einen großeren Raum einnimt als weñ sie in Ruhe wäre« (II, 201,4). Wie selbstverständlich wird dann die Gleichung »dynamisch=expansiv« in einer Note von »B Übergang« aufgestellt (II, 245,21). Ungefähr dasselbe findet sich auch in »Übergang 12« (I, 594,4). *Was* aber nimmt einen größeren Raum als in Ruhe ein? Die Bewegung? Die kann ja nicht in Ruhe sein. Die Materie des Äthers oder die wägbare Materie also? Ich bin versucht zu antworten: beides. Jedenfalls scheint das aus folgender Stelle hervorzugehen:

»Es ist aber auch eine Materie denkbar, weñ sie gleich selbst nicht elastisch // flüßig seyn sollte doch diejenige ist welche allein das was flüßig ist dazu macht und das ist die Materie der Wärme – Ein vielleicht nur hypothetischer Sfoff der aber zur Erklärung der Erscheinungen höchst annehmungswürdig ist. Diesen als incoercibel und eben darum auch als imponderabel anzunehmen giebt besondere Gesetze bewegender Kräfte an die Hand wo ausdehnende (abstoßende) und anziehende (bewegende) Kraft der Materie vereinigt wirken, und Materien von Korpern geschieden oder auch mit ihnen innigst vereinigt werden« (II, 160–161).

M.a.W.: nach dem Sprachgebrauch der heutigen Physik könnte die *expansive Kraft* des Äthers als eine »Interaktion« zwischen den beiden Arten der Materie bezeichnet werden. Doch auch dieser Ausweg, um die Wirkung des Äthers auf die wägbare Materie zu rechtfertigen, kann von einem physikalischen Standpunkt aus kaum verstanden werden. Und da Kant auf dem Boden der Physik nicht so naiv verfuhr, wie man manchmal geglaubt hat, scheint mir die einzig vernünftige Schlußfolgerung daraus zu sein: Die ständigen und ausdrücklichen Feststellungen Kants, er spreche *nicht* als Physiker, sind einfach *ernst zu nehmen*. Man muß daher der Wirkung des Äthers einen anderen, womöglich befriedigenderen Sinn geben. Eine Aufgabe, die sicher nicht leicht ist.

5. *Tradierte Ambiguität*

Aber die angeführten Ungereimtheiten sind nicht allein Kant anzulasten. Es darf nicht außer Acht gelassen werden, daß in jener Zeit eine gewisse Interaktion zwischen dem Äther und der wägbaren Materie allgemein angenommen wurde. In diesem historischen Kontext wird es verständlich, warum Kant so lange mit diesem Begriff des Äthers spielt – bis er schließlich feststellt, daß gerade in Bezug auf diese sonderbare Materie die Sichtweise selbst gründlich verändert werden muß.

Die »relative« Imponderabilität des Äthers war in der neuzeitlichen Naturlehre eine mißbräuchlich viel benutzte Hintertür, um die absolute und qualitative Leichtigkeit des »fünften Elements« der alten Lehre zu vermeiden, denn diese absolute Leichtigkeit, so Kant, »würde eine Materie ohne alle Schwere seyn welches dem Begriffe eines *mobilis* wiederspricht« (I, 409,5). Der von allen Körpern ohne Widerstand durchdrungene Äther lieferte jedoch die Basis für die *Übermittlung* von gewissen Kräften und war, zumindest vor Maxwell, ein Medium, das unendlich starr und unendlich elastisch zugleich sein sollte, eine widersprüchliche Annahme, die niemand zufriedenstellte. Selbst Ende des 19. Jahrhunderts galt der Äther noch als eine Arbeitshypothese, über seinen ontologischen Status hatte man dabei nie klar Stellung bezogen. Kein Wunder also, daß Kant hundert Jahre zuvor mit vielen Zeitgenossen diese Ambiguität in Bezug auf den Äther teilte.

Der Unterschied zwischen »prinzipieller« und »relativer« Unwahrnehmbarkeit darf dabei nicht außer Acht gelassen werden. Ist die Materie des Äthers nur so »unendlich« dünn, daß sie sich unseren Instrumenten entzieht? Oder ist der Äther eine bloße Arbeitshypothese, die prinzipiell kein physisches, sondern nur ein *theoretisches* Gewicht hat? Eine ähnliche Ambivalenz befand sich auch in der »relativen« Unwahrnehmbarkeit der Atome zufolge des alten Atomismus. Sind Atome nur deshalb nicht wahrnehmbar, weil sie sehr klein sind, oder sind sie unabhängig von der angenommenen Größe *prinzipiell* der Wahrnehmung entzogen? Für Aristoteles war diese Frage aufgrund des Wissens, das er besaß, unentscheidbar, aber auch in der weiteren Geschichte des Atomismus blieb sie unlösbar.

Auch der ontologische Status des Urstoffes und der *Urkraft* wurde lange Zeit als zweideutig empfunden. Erst Leibniz hat diese Zweideutigkeit beseitigt, indem er die Monaden ganz *außerhalb der Erfah-*

rungsebene ansiedelte, so daß sie überhaupt keine physische Wirkung ausüben konnten. Zwischen dem metaphysischen Niveau der Monade und dem physischen Niveau der Mechanik hatte auch Leibniz nach einem »Übergang« mittels lebendiger Kräfte gesucht. Aber die physische Kraft war bei ihm eine bloße »Erscheinung«, die ihre metaphysische Wurzel bloßlegte, ohne dadurch schon eine Kommunikation der beiden Ebenen zu implizieren. Diese strenge Unterscheidung wurde von den Nachfolgern Leibniz', die im Dynamismus einen allgemeinen Erklärungsgrund der Erscheinungen sahen, nicht aufrechterhalten. »Metaphysische Punkte« und physische Teilchen werden vermengt, und selbst der junge Kant schreibt eine »Physische Monadologie«, was für jeden echten Leibnizianer gleichbedeutend mit »hölzernem Eisen« war. Wir dürfen also kaum verwundert sein, daß dieselbe Ambiguität auch in den ersten Phasen des OP erscheint, in denen der Wärmestoff prinzipiell und trotzdem nur »relativ« als unwägbar, unsperrbar usw. aufgefaßt wird. Einerseits ist er kein physischer sondern ein »physiologischer« Begriff und andererseits befindet er sich mit der physischen Materie in Interaktion. Auch Kant findet, wie Leibniz, in der lebendigen Kraft eine »Brücke« zwischen Metaphysik und Physik. In der Zwischenzeit hatte aber der Begriff von »Metaphysik« einen Bedeutungswandel erfahren. Er bezog sich nicht mehr auf ontologische Wurzeln, sondern auf die rein formalen Bedingungen der Erscheinung und dementsprechend mußte sich auch der Sinn des »Übergangs« ändern. Statt die ontologische Einheit des Wirklichen zu enthüllen, sollten die Kräfte nunmehr jene *vermittelnde Struktur* darstellen, welche in dem transzendentalen Erkenntnisvermögen ihren Sitz hat. Jedoch bis Anfang 1799 sieht Kant diese Notwendigkeit noch nicht mit aller Klarheit. Er entwirft zwar eine Struktur, die er als nicht-physisch und nicht-metaphysisch, sondern »physiologisch« bezeichnet; aber er sieht noch nicht die Notwendigkeit, dieser Struktur jede physische Interaktion mit der physischen Materie zu versagen.

6. *Das Ziel: die »Möglichkeit zu denken«*

Wenn die Ambiguität des Äthers in den ersten Entwürfen des OP fast unangetastet bleibt, so ist doch die Tendenz zum Wandel von Anfang an spürbar: Kant will *nicht* als Physiker verstanden werden.

Es ist hier um Elementarsysteme der bewegenden Kräfte der Materie zu thun. Das ist der Ubergang zu Physik in potentia wo man sehr behutsam seyn muß nicht in die Physik selbst über zu schweifen weil da lauter willkührliche Principien einschleichen würden u. kein System wäre.« (I, 624,5).

Nach der Wende von 1799 wird Kant (z.B. im »Übergang 11») noch deutlicher in seiner Festlegung:

»Der Wärmestoff ist wirklich weil der Begrif von ihm (mit den Attributen die wir ihm beylegen) die Gesam̄teinheit der Erfahrung möglich macht. Nicht als Hypothese für wargenom̄ene Objecte um ihre Phänomene zu erklären sondern: unmittelbar um die Möglichkeit der Erfahrung selbst zu begründen ist er durch die Vernunft gegeben«. (I, 579,2).

Und trotzdem, was hatte Kant damals eigentlich anders gemacht, als die Eigenschaften der Materie »durch das Grundelement (Äther)« (I, 467,14), bzw. aufgrund der sonderbaren Eigenschaften des Wärmestoffs, zu erklären? War nicht der Äther eben jener universale »Erklärungsgrund« und wie konnte Kant mutmaßen, damit nicht ins Gebiet der Physik eingedrungen zu sein?

Kants Absicht läßt sich am besten anhand eines Räsonnements verstehen, mit dem er den Beweis zu erbringen versucht, daß die *Quantität* der Materie den Begriff des Äthers voraussetzt. Um dem Begriff der »Quantität der Materie« einen physischen Sinn zu geben, müssen wir, so Kant, uns unbedingt eines Verfahrens vergewissern, mit dem wir diese Größe *messen* können. In dieser Frage ist Kant nicht weniger entschieden als ein Exponent des modernen Operationalismus. Nun ist das für das Experiment des Wiegens geeignete Instrument die Waage, allerdings nicht die Federwaage sondern die Balkenwaage:

»Eine Spañfeder als Surrogat der Waage ist ein schlechter Behelf anstatt des Hebels und giebt keine sichere Messung theils wegen der Ungleichen Spañkraft derselben in ihren verschiedenen Theilen theils wegen der Verschiedenheit durch die Wärme« (I, 606,25).

Andererseits liefert eine rein mathematische Theorie des Hebels, wie z.B. H.R. Kästner so genau und apodiktisch bewiesen hat, keine Möglichkeit, das Wiegen *physikalisch* zu denken. Damit die Hebelarme nicht reißen oder sich biegen, muß in ihrer Materie die *Kohäsion* und die *Starrheit* vorausgesetzt werden. Dazu muß der Wärmestoff herangezogen werden:

»Herr H.R. Kästner hat zuerst den Hebel gründlich und scharfsinnig demonstrirt ohne, wie es scheint irgend eine physische Eigenschaft und innere bewegende Kraft der Materie hiebey ins Spiel zu ziehen. – Ein materieller Hebel müßte aber doch in Proportion der Länge seiner Ärme eine gewisse Dicke haben um weñ er an beyden belastet wird nicht zu brechen zu biegen oder zu reissen. Die hiezu erforderliche bewegende Kräfte ignorirte Hr. K. als Mathematiker« (II, 228–229).

Was Kant im Sinne hat, um »die Möglichkeit eines solchen Instruments zu begreifen« (II, 228,20), ist ein reines *Gedankenexperiment*: Er will die Bedingungen des *Denkens* und nicht die Beschaffenheit der *Dinge* feststellen. Wenn Kant solche Experimente durchführt, visiert er damit nicht die Natur der Sache an, sondern die »Principien der Möglichkeit der Erfahrung«, d.h. »nicht solche die von der Erfahrung abgeleitet sind« (II, 231,7), sondern solche, die notwendig sind, um die Möglichkeit der Erfahrung überhaupt *denken* zu können.

»Weñ er (der Übergang, V.M.) durch Erfahrung geschähe wäre er selbst die Physik; aber geschieht er durch Principien der Möglichkeit der Erfahrung so geht er vor der Physik *a priori* vorher und enthält Principien *a priori* sie anzustellen. Dieses ist aber ein besonderer Theil der NW. der seine eigenen Principien enthält und für sich ein System begründet welches aber blos formal ist« (II, 239–40).

»Bey dem Übergang von einem territorium zum anderen wird hier nicht ein Continuum gedacht sondern es ist eine Kluft dazwischen über welche eine Brücke geschlagen wird welche beyde Ufer in Verbindung setzen muß welche nach Principien a priori gebauet wird. – Sie sind Principien der Möglichkeit der Erfahrung der die Siñe afficirenden bewegenden Kräfte (also subjective u. dadurch objective) in einem System aus empirischen datis.« (II, 244,3).

Schon im Haupttext des Bogens »A Übergang« hatte Kant den Anspruch des Elementarsystems, jeden Zweig der Physik darzustellen, stark eingeschränkt (II, 232,14). Wenn die Sache so steht, warum muß dann der Äther in Anspruch genommen werden? Warum wird von »Bindung u. Entbindung des Wärmestoffs« gesprochen (II, 236,17), als ob es sich um einen tatsächlich physikalischen Vorgang handelte? Die Antwort liegt auf der Hand. Auch Kant hat sich nur schwer und nur allmählich von der Gewohnheit der Naturphilosophie und der Wissenschaft verabschiedet, aus dem »Allheilmittel« Äther vielfältigen Nutzen zu schlagen. Aber am Ende dieser Entwicklung wird das System der bewegenden Kräfte die tradierte Bedeutung des Äthers gänzlich umwandeln.

7. Zirkelerklärungen vermeiden

Die Verwendung des Ätherbegriffs im OP ist zuerst durchaus polemisch und negativ. Kant will damit vor allem jenem Vorschlag des Mechanismus widersprechen, der die physischen Erscheinungen als Eigenschaften der physischen Materie selbst zu erklären versucht. Diese Erklärungsart ist nichts anderes als eine *petitio principii*. Man beschränkt sich ja in der Tat darauf, die zu erklärenden Eigenschaften der Materie auf eine so kleine Skala zu bringen, daß nicht mehr auffällt, daß die Eigenschaften in der Erklärung in Wahrheit schon vorausgesetzt worden sind. Jedenfalls war das das Verfahren des alten Atomismus, der z.B. die Kohäsion damit erklärte, daß sie durch das wechselseitige Einhaken der Atome zustandekomme, die Kohäsion der Haken des Atoms selbst dabei aber schon voraussetzte.

Auf dieselbe »Methode« stoßen wir auch in Bezug auf jenes Grundphänomen, mit dem der Mechanismus des 18. Jahrhunderts sämtliche Erscheinungen zu erklären hoffte: die Übertragung der Bewegung durch den Stoß. Daß ein Körper von einem anderen, der sich bewegt, mittels Stoß in Bewegung gesetzt wird, war nicht nur für das Billardspiel sondern auch für die Naturforschung von grundsätzlicher Bedeutung, blieb aber letztlich ungeklärt. Ein Körper teilt dem anderen Körper die Bewegung mit, weil er »elastisch« ist. Wenn Körper zusammenprallen, nähern sich ihre »inneren Teilchen« in der Richtung der Bewegung, danach streben sie in ihre ursprüngliche Lage zurück. So üben sie eine elastische Kraft aus. Aber warum sollten die Teilchen in ihre ursprüngliche Lage zurückfallen? Weil sie »elastisch« sind.

Kants erste Sorge ist, tautologische Erklärungen dieser Art zu vermeiden. Darum braucht er den Äther als die Form der Materie, die der »spürbaren« Materie der Erfahrung *radikal* entgegengesetzt ist. Die Äthermaterie muß vor allem die Eigenschaften der wahrnehmbaren Materie, die sie erklären soll, *nicht* besitzen:

»Der Wärmestoff ist keine Flüßigkeit macht aber doch alles flüßig. Ist nicht elastisch u. doch Ursache aller Elasticität. Durchdringt alles incoërcibel ist aber nicht für sich subsistirende sondern nur inhärirende Materie Wärmmaterie ist nothwendig Wärme zufallig« (I, 282,22).

Von den ersten Entwürfen an gehört diese Problematik zum OP, also seit dem Oktaventwurf. Auch sie ruft viele sich scheinbar widersprechende Behauptungen hervor. Der Äther als »ursprüngliche Elastizität« wird bald als selbst elastisch, bald als nicht elastisch bezeichnet (z.B. I, 423, 523, 634 gegen I, 296, 324 usw.), bald handelt es sich um eine Flüssigkeit, bald um »keine Flüssigkeit« (I, 282,22) usw. Solche Widersprüche sind jedoch auflösbar, wenn man daran denkt, daß die *ursprüngliche* Elastizität einen anderen Sinn als die entsprechende Erfahrungseigenschaft hat, andernfalls läge ein klassischer Zirkel vor: »Der Wärmestoff ist ein elastisches Flüssige; aber was macht den Wärmestoff selbst elastisch?« (I, 634,22). Schon im Bogen »β« findet eine ausführliche Erörterung dieser Frage statt (vgl. I, 252–53). Darum werden Kants Einwände gegen die atomistische Erklärungsweise von mal zu mal schärfer: »Atomen aber als dichte Körperchen die doch mathematisch untheilbar wären enthalten einen sich widersprechenden Begriff; denn das Räumliche ist theilbar ins Unenedliche« (I, 218,25; dasselbe in I, 246,8 usw.) Aber die mechanistische Atomtheorie zu kritisieren ist eine Sache, eine andere ist es, eine befriedigende eigene Theorie dagegenzustellen. Kant wird sich allmählich darüber klar, daß sein Versuch, ein neues, transzendentales Verbindungsstück zwischen Metaphysik und Physik einzufügen, solange vergeblich sein wird, wie der Begriff und vor allem die Funktion des Äthers dem Bereich der üblichen Naturwissenschaft entlehnt sind. In den ersten Entwürfen ist der Äther eine »Zwischenmaterie« (I, 375,26), die physische und nicht-physische Grundzüge aufweist, und zudem fähig ist, auf die physische Materie direkt einzuwirken. Soll jedoch der Äther eine andere, neue Rolle spielen, so muß auf seine physische Wirkung verzichtet werden, nur so kann er eine echte transzendentale Bedeutung annehmen. Die angestrengten und zuweilen schwankenden Konstruktionen des Elementarsystems, mit denen ein prinzipieller Unterschied zwischen den beiden Begriffen von »Materie« durch die Entgegensetzung von mechanischen und dynamischen Kräften eingeführt wird, zielen alle darauf hin, diese transzendentale Rolle des Äthers vorzubereiten.

8. Von der »perpetuitas« zur Einheit der Erfahrung

Wir wollen jetzt jene Etappen nachzeichnen, in denen sich das kantische Konzept des Äthers in der ersten Phase des Nachlaßwerkes von dem der wägbaren Materie entfernt, um es schließlich nicht nur dem Grade nach, sondern der Natur nach von der wahrnehmbaren Materie abzugrenzen. Wir wissen von Anfang an, daß sich Kant nie damit begnügt, sich den Äther nach der Lehre des naiven Mechanismus als derart dünn vorzustellen, daß er unserer gewöhnlichen Erfahrung entzogen bleibt. Die *prinzipielle* Unterscheidung der beiden Materiearten wird folglich auf anderen Wegen erreicht.

1. Die Absicht soll zunächst über die *Einteilung der Kräfte* realisiert werden. Die mechanischen Kräfte, die die Materie als »das Bewegliche im Raume« (wie die MAN sie definierten) bewegen, setzen eine schon vorhandene Bewegung der Körper voraus. Die dynamischen Kräfte des Äthers setzen dagegen keine solche vorhergehende Ortsveränderung voraus. Dieser Unterschied hängt von der jeweiligen Natur des Stoffes ab, dem diese verschiedenartigen Kräfte angehören. Das führt zu einer ersten prinzipiellen Unterscheidung jener Eigen-

schaften, die der physischen bzw. der ätherischen Materie beigemessen werden wie Wägbarkeit, Sperrbarkeit usw. Obwohl diese Unterschiede eigentlich nur »relativ« sind, stellt Kant sie sich zugleich auch als prinzipielle vor in der Hoffnung, auf diese Weise einen *Niveauunterschied* der beiden Materien festhalten zu können. Solange nämlich die mechanischen und die dynamischen Kräfte ein- und derselben Ebene angehören, auf der sie gemeinsam wirken, kann eine prinzipielle Unterscheidung ihrer Materien nicht vorgenommen werden. Das wird insbesondere aus den Randbemerkungen jenes Entwurfs »B Übergang« ersichtlich, auf dessen grundlegende Bedeutung für die Wende des Ätherbegriffs schon hingewiesen wurde (II, 245, 21–28).

Dasselbe ergibt sich im Laufe der Diskussion über die Haarröhrchen, »wobey die Übereinstim̄ung mit dem Gesetz der Anziehung der Haarrörchen (...) nur zufällig ist und wirklich eine andere wirkende Ursache zum Grunde gelegt werden muß (...). Alle in Erschütterung versetzte Materie aber nim̄t in diesem Zustande eben einen größeren Raum ein...« usw. (II, 238,1). Die Kraft des Äthers wirkt einerseits »an demselben Ort«, sie ist nicht »locomotiva« sondern »interne motiva«, und zugleich wirkt sie andererseits »durch Expansion«. Ihre »Erschütterung *(motus tremulus)* hat auf die physische Materie der Haarrörchen eine ausdehnende Kraft«. Also, »obwohl die Wärme dabey nicht vergrößert werden darf«, droht diese Wirkungsart den prinzipiellen Unterschied zwischen Äther und wägbarer Materie zu verwischen.

2. Der Kategorialtitel der *Modalität* stellt in Bezug auf Materie eine besondere Schwierigkeit dar, bietet zugleich aber auch einen gewissen Vorteil. Da die betreffenden Kategorien keinen Inhalt im Objekt und keine Relation zwischen den Objekten bestimmen, wie kann man da für sie eine entsprechende »Eigenschaft der Materie« erfinden? Diese Schwierigkeit ist offensichtlich, da fast alle Entwürfe des Elementarsystems auf der Schwelle des 4. Titels (Modalität) stecken bleiben oder unsichere Lösungen vorschlagen. Der frühere Entwurf »A–C«, in dem Kant hinsichtlich der Systematisierung des Elementarsystems noch so optimistisch war, daß er glaubte die Paragraphen (bis zu § 14) durchnummerieren zu können, bricht mit der Kohäsion, also

mit den Kategorien der *Relation* ab (I, 332). Gleichfalls reißen in der Reihe »Elem. Syst. 1–7« die beiden ersten Bögen mit der Relation plötzlich ab (§§ 6–9) und Bogen III fängt erneut mit dem »dritten Abschnitt, Von der Relation« wieder an (§ 5, II, 150,27). Die 3. Seite dieses Bogens freilich beginnt mit

»Vierter Abschnitt
Von der Modalität der Bewegung und den bewegenden Kräften der Materie
§
Sie besteht in der Perpetuität ihrer Wirksamkeit welche (Permanenz) das der Sinlichkeit entsprechende Schema des Begriffs der Nothwendigkeit ist« (II, 155,2).

Danach bleibt auch diese Seite *leer*, und Kant schreibt viel später den Anfang einer neuen »Eintheilung« darauf (siehe 4.) – Nach vielen Einleitungen, Einteilungen usw. finden wir endlich im Bogen VI., auf Seite 2, eine ausführliche Behandlung »Von der Modalität der bewegenden Kräfte der Materie«, mit der sich Kant endgültig für den Satz *»Perpetuitas est necessitas Phaenomenon«* entscheidet (II, 188,9). Die entsprechende Eigenschaft der Materie ist also die folgende: »4. Exhaustibel oder Inex. *(communicans vel creans)*« (II, 189,11). Ungefähr dieselbe Einteilung fanden wir auf dem Bogen »no 3 η« (I, 303,18), und sie ist auch später in »A Elem. Syst. 1–6« (II, 605,28; I, 518,20) und in »Übergang 1–14« (I, 518,20) sowie als ausführliche Darlegung in »Redactio 1–3« (II, 583–84) zu finden.

3. Neben der Charakterisierung der »necessitas« finden wir schon im Oktaventwurf unter dem Titel der Modalität eine Betrachtung über die *Einheit der Erfahrung*, die auf den ersten Blick recht unpassend erscheint, sich aber schließlich als wichtiger als die »perpetuitas« selbst erweisen wird. Die Entwicklung, die dieser Begriff dann nimmt, hat Kant nicht vorausgeahnt. Und die Verbindung mit der Modalität wird nicht sogleich und nicht unmittelbar deutlich, so daß Adickes (1920) meint, daß »die Einheit aller Bestimmungen im Verhältnisse aller Dinge eher der Kategorie der Gemeinschaft (Wechselwirkung) zu subsumieren wäre« (S. 580). Wir müssen deswegen eine kurze Betrachtung dieses Problems einfügen, das im nächsten Kapitel viel ausführlicher besprochen werden wird.

Die *Einheit der Erfahrung* hängt Kant zufolge von einer *transzendentalen* Bedingung, nämlich vom Erkenntnisvermögen selbst ab. Die Beziehung des Erkenntnisvermögens mit dem Objekte wird aber durch die Kategorie der *Modalität* hergestellt. Aus diesem Grunde wird die Modalität zum Keim des Ätherbeweises – nämlich, daß *der Äther zur Einheit der Erfahrung notwendig ist*. Im Oktaventwurf heißt es allerdings noch ziemlich rätselhaft:

»IV. Modalität

Das Princip der Erkentnis a priori vom Daseyn der Dinge (actualitaet der Existenz) d.i. der Erfahrung überhaupt in der durchgängigen Bestim̄ung gemäß der Dyadik Leibnitzens omnibus ex nihilo ducendis sufficit vnum, wodurch die Einheit aller Bestim̄ungen im Verhältnisse aller Dinge entspringt.« (I, 411,3)

Leibniz' Dyadik, die es erlaubt, alle Zahlen und alle Begriffe durch zwei einzelne Zeichen (0 und 1) auszudrücken, wird bei Kant zu einem Prinzip der *vollständigen Bestimmung* der Erfahrung modifiziert: *»omnimoda determinatio est existentia«*. Durch dieses Prinzip wird die Wende bewirkt, in der der Wärmestoff seinen hypothetischen Charakter verliert und eine *ausschließlich* transzendentale Bedeutung annimmt. Auch der allernächste Entwurf »A–C« (Juli 1797) bezieht sich auf die Modalität:

»4. Categ. Von der Verknüpfung aller Materie mit dem All derselben Die Totalität der Gemeinschaft absolut betrachtet. Aus der Möglichkeit erken̄bare Wirklichkeit d.i. Nothwendigkeit.« (I, 309,6)

Die »aus der Möglichkeit erkennbare Wirklichkeit« ergibt eben das Prinzip, worauf Kant später seinen *a priori* Beweis der Existenz des Äthers begründen wird.

4. Ende 1798 wird die oben angeführte Definition der *Perpetuitas* in »Elem. Syst. 6 Einleitung« schon mit dem Keim eines Beweises der Äther-Existenz in Verbindung gebracht. Die S. 2 beginnt mit dem »Vierten Abschnitt Von der Modalität (...) *(Perpetuitas est neceßitas Phaenomenon)*« (II, 188,2), und fährt dann fort:

»Die Bewegungen aus den bewegenden Kräften der Materie könen nicht anders als durch entgegengesetzte Bewegungen aufhoren. Weil aber das Ganze aller Materie zusam̄en verbunden nur durch die innere Wirkung und Gegenwirkung der bewegenden Kräfte aller seiner Theile ein dynamisches Ganze wird so kan̄ dieses es mag nun ein Ganzes todter oder lebendiger Kräfte seyn sich in einem permanenten Zustande der Wechselwirkung dieser Materien auf einander befinden weil nach dem Trägheitsprinzip keine Materie ihren Zustand von selbst verändert und ausser dem Ganzen keine andere denselben Verändernde materielle Ursache angetroffen wird.« (II, 188,10)

Besonders auffallend ist der Zusammenhang zwischen Modalität und *Weltsystem*, auf das diese Serie (»Elem. Syst. 1–7«, Herbst 1798) durch einen *späteren* Zusatz hinweist. Wie wir oben gesehen haben, wurde auch die Darstellung der Modalität auf S. 3 von »Elem. Syst. 2« (II, 155) so bald abgebrochen, daß die Seite fast ganz leer blieb. Einige Zeit später hat Kant *mit anderer Tinte* unmittelbar unter den unterbrochenen Paragraphen die erwähnte »Eintheilung« geschrieben:

»*Eintheilung*
des Systems der bewegenden
Kräfte der Materie

Erster Theil: das Elementarsystem der bew. Kr. d. Materie
Zweyter Theil: das Weltsystem« (II, 155,9).

Es folgen vier »Anmerkungen« und eine Randbemerkung, die infolge des Inhaltes (und der Tinte) mit der »Eintheilung« zusammenhängen müssen. Die erste Anmerkung bezieht sich auf die Tafel der Kategorien, die zweite auf die Entgegensetzung der Kräfte (wie A und non-A usw.). Dann folgen die beiden Anmerkungen 3 und 4:

3.) Die Eintheilung nach dem System der Categorien wird also durch die Begriffe der Qvantität, Qvalität, Relation und Modalität durchgeführt werden müssen welchen doch empirische data entsprechen müssen weil bewegende Kräfte der Materie nur durch Erfahrung dafür erkan̄t werden kön̄en
4.) Daß die mechanische Mittel eine solche Erfahrung zu machen welche selbst besondere bewegende Kräfte der Materie sind nicht in die Reihe dieser Kräfte selbst gestellt oder mit ihnen verwechselt werden müssen« (II, 155–156).

Trotz der reduzierten Ausdrucksweise ist Kants Gedanke unmittelbar klar: die dynamischen Kräfte des Äthers müssen *nicht unter den me-*

chanischen eingereiht werden, wenn man die Erfahrung »machen«, d.h. (wie das X. Konv. erklären wird) »durch indirekte Erscheinungen zusammensetzen« will. Das entspricht völlig dem Gebrauch der dynamischen Kräfte *nach* der Wende. Und die Randbemerkung, die sich gleich neben der »Eintheilung« befindet, besagt ungefähr dasselbe, obwohl sie mitten im Gedanken abbricht (s. unten). Der ganze Einschub weist also schon auf jenen Theoriewechsel hin, der dann fast ein Jahr später vollzogen ist. Daß man die Erfahrung »nicht haben sondern machen« muß, ist ein Topos, der im Laufe des X. Konv. (zweite Hälfte von 1799) auftritt, hier taucht nur der Ausdruck »zu machen« auf; der Gedanke ist aber schon derselbe. Er bricht dann einfach ab und der Rest der Seite bleibt leer. Diese Anmerkungen sind wahrscheinlich erst zur Zeit der »Wende« entstanden, was wiederum beweist, daß Kant stets auch früheren, »überholten« Entwürfen nachgrübelte, aber vor allem, daß er 1799 die »Eintheilung des Systems der Kräfte« und die Frage der nicht mechanischen Kräfte unmittelbar *mit dem Weltsystem in einen Zusammenhang stellte*.

»Die Tendenz der Met. zur Physik berechtigt nicht die bewegende Kräfte der Materie durch die Naturforschung fragmentarisch zu suchen den̄ da würde nie ein System dergleichen doch die Physik seyn soll herauskom̄en. Also müssen wir die bewegenden Kräfte der Materie abgesondert« (bricht ab) (II, 156,5).

Man könnte einwenden: Es kann zufällig sein, daß diese Überlegung sich direkt unter einer abgebrochenen Behandlung der Modalität findet, weil diese Seite leer geblieben war. Die Seite 4 fängt wieder mit dem »Ersten Abschnitt« an. Doch es gibt Gründe dafür, daß Kant *diese* Seite eines alten Entwurfs im Auge behalten hatte und, da es an leerem Papier nicht fehlte, kann das kein Zufall gewesen sein.

Die Signatur desselben Bogens trägt auf S. 1 den bedeutsamen Zusatz »vid. S. 3«. Wollte Kant etwa auf eine *fast leere* Seite verweisen? Vermutlich nicht. Vielleicht wollte er sich nur daran erinnern, daß die Behandlung der Modalität noch nicht abgeschlossen war. Wahrscheinlich ist jedoch, daß er die »Eintheilung« in Elementarsystem und Weltsystem *schon* eingefügt hatte, als er die Signatur durch »vid.

S. 3« ergänzte. In diesem Fall läge ein weiterer Beleg dafür vor, daß diese Seite für die »Ätherwende« von 1799 eine wichtige Rolle gespielt hat.

5. In »Übergang 1–14«, wo der Ätherbeweis die zentrale Stellung einnimmt, wird der Zusammenhang ersichtlich zwischen der »immerwährender Fortdauer *(perpetuitas)*« und der Notwendigkeit des Äthers für die *Einheit der Erfahrung* – also auch für das Weltsystem. Im 4. Abschnitt (»Von der Modalität der Bewegung aus den Kräften der Materie«) wird gesagt, daß »das *primum movens* durch die Existenz des Wärmestoffs postulirt werden« muß (I, 518,27), denn »das Princip der Inexhaustibilität der bewegenden Kräfte in Ansehung ihrer beständig fortwährenden Agitation ist bloss negativ« (I, 519,4). Das *»primum movens«* kann also nicht *aus* den Kräften begriffen, wie das Elementarsystem noch versuchte, sondern muß *postuliert* werden: »Aber von einer immer und gleichförmig fortwährenden Bewegung (wie man sich eine solche am Wärmestoff denkt) lässt sich ein Ganzes von Wirkungen denken« (519,8), d.h. das *Weltsystem* denken, wie es vom Ganzen zu den Teilen fortschreitet. Die entgegengesetzte Hypothese, daß die Materie des Elementarstoffes zur Ruhe kommt, wenn man »von den Teilen zum Ganzen fortschreitet«, kann anschaulich dem folgenden Paragraphen entnommen werden:

»In einem Aggregat der Materie deren Theile unter einander in wechselseitig agitirender Bewegung sind kañ es freylich Gegenwirkungen geben dadurch die Materie der Elementarstoff endlich zur Ruhe gebracht wird. In einem absoluten Ganzen aber des Weltsystems kañ diese Besorgnis (horror annihilationis) gar nicht statt finden; deñ da hier kein schlechterdings erster Anfang dieser Bewegung ein Object möglicher Erfahrung ist so kañ auch kein Ende derselben das Nichtseyn der gewesenen Bewegung gedacht werden« (I, 519,15).

»Weñ nun ein gewisser zwar anfangs nur hypothetisch angenom̄ener Stoff als Gegenstand moglicher Erfahrung gedacht wird so ist die Zusam̄enstim̄ung seiner Reqvisite weñ der Begriff davon zugleich die durchgängige Bestim̄ung desselben nach dem Satz der Identität enthält zugleich ein Beweis seiner Wirklichkeit (existentia est omnimoda determinatio) und da diese auf das All der mit einander Verbundenen Kräfte geht seiner Einzigkeit (vnicitas)« (I, 577,16).

Die Abfolge ist nunmehr klar: aus der *perpetuitas* und Notwendigkeit, die sich auf die Modalität stützt, hat sich der *Beweis vom Äther* durch den Begriff der Einheit der Erfahrung als »omnimoda determinatio« entwickelt.

6. In »Redactio 1–3« (d.h. in der letzten Behandlung des Elementarsystems vor der transzendentalen Wende) wird das Verhältnis der Modalität zum Ätherbeweis ausdrücklich in dem Sinne bestimmt, daß die unter der Modalität angenommene Notwendigkeit des Äthers *bis zum Beweis seiner Existenz* »ausgesetzt bleiben« muß. Gleichzeitig (in dem Augenblick, in dem das »Doctrinalsystem« abgeschlossen ist) können wir feststellen, daß der Terminus »Übergang« eine *neue Bedeutung* angenommen hat:

»Die Modalität
der bewegenden Kräfte der Materie

§

Zur Idee des absoluten Ganzen der bewegenden Kräfte der Materie gehört nun auch daß ein solches (überdem daß es imponderabel, incoercibel, incohäsibel ist) auch als inexhaustibel gedacht wird. Diese Eigenschaft (...) ist Nothwendigkeit in der Erscheinung (perpetuitas est neceßitas phaenomenon). Also steht die Modalität der bewegenden Kräfte unter der Categorie der Nothwendigkeit oder im Übergange (...) wird eine Materie gedacht die (...) als inexhaustibel angenom̄en wird.

§

Das Princip der Möglichkeit einer solchen Materie und der Nothwendigkeit der Annehmung derselben gehört aber zum Elementarsystem der bewegenden Kräfte als einer Propädeutik des Überschritts zur Physik bleibt also noch dahin ausgesetzt bis das Daseyn eines alle Körper durchdringenden alle bewegende Kräfte der Materie in Einer allgemeinen inneren Bewegung vereinigenden Stoffs (gemeiniglich Wärmestoff genan̄t) in Anfrage kom̄t; womit dan̄ das Lehrsystem des Überganges (nicht das Natursystem) zur Physik beschlossen werden kan̄.« (II, 583–584).

Mit dieser Aussage kommt der letzte »Redaktionsversuch« des Elementarsystems (auf der letzten Seite des Entwurfs »Redactio«) zu Ende. Später werden die Themen des Elementarsystems zwar noch berührt, aber nur fragmentarisch. Der Übergang besteht *nicht mehr* im Elementarsystem der bewegenden Kräfte sondern im *Ätherbe-*

weis, der vom »Ganzen« (der Einheit der Erfahrung) zu den Teilen fortschreitet.

Soweit der Fortschritt zur neuen Bedeutung des Übergangs vom Standpunkt der Modalität aus. Nun allerdings gerät diese kontinuierliche Entwicklung in eine Krise, infolge der es bei der Notwendigkeit des Äthers nicht mehr auf die Erklärung *einzelner* Phänomene (wie Starrheit, Tropfenbildung usw.) sondern ausschließlich auf die *Einheit* der Erfahrung ankommen wird. Denn »das Elementarsystem«, so Kant, »ist was von Theilen zum ganzen Inbegriff der Materie (ohne *hiatus*): das Weltsystem ist das was von der Idee des Ganzen zu den Theilen geht« (II, 200,14; vgl. II, 119,10–21). Solange man mit dem Elementarsystem von den Teilen (den einzelnen Erscheinungen und bewegenden Kräften) »zum Inbegriff der Materie«, d.h. zum Äther ging, blieb das Prinzip der Notwendigkeit des Äthers *suspendiert* (»ausgesetzt«), weil jene Teile noch mit dem *physischen* Begriff und Gebrauch der Ätherkräfte verwandt sind. Deswegen konnte auch der Gedanke eines tranzendentalen Begriffs der dynamischen Kräfte nicht aufkommen und der Äther blieb trotz aller Bemühungen Kants eine »Mittelmaterie« zwischen Metaphysik und Physik, deren ontologischer Status als »physiologische« Materie die Wissenschaft des Übergangs nicht zu rechtfertigen vermochte. Sobald wir dagegen mit dem Weltsystem von der Idee des Ganzen zu den Teilen fortschreiten, kann diese Rechtfertigung jedoch geleistet werden, weil die »Idee des Ganzen der Erfahrung« zweifelsfrei transzendentalen Ursprungs ist.

Wie aber soll das vor sich gehen? Als sich (1799) die gesamte Fragestellung verschiebt, beginnt Kant von neuem zu fragen: Was ist Physik und »wie ist der Übergang von Met. A. Gr. der NW. zur Physik möglich«? (II, 318, 12; vgl. II, 467 usw.) Diese Wiederaufnahme der alten Themen erfolgt nun (vermutlich nicht ohne Krise) unter *ganz anderen Aspekten*.

IV

DER APRIORI-BEWEIS DER EXISTENZ DES ÄTHERS

1. *»A posse ad esse«*

Wir sind nunmehr beim erstaunlichsten Teil des OP angelangt, dem »apriori Beweis« der Existenz des Äthers. Die Möglichkeit einen apriorischen Existenzbeweis durchzuführen, hatte Kant in der KV nicht nur in Bezug auf die Existenz Gottes verneint, sondern aus prinzipiellen Gründen ein für allemal ausgeschlossen, denn »Sein ist offenbar kein reales Prädikat (...). Es ist bloß die Position eines Dinges« (A 599, B 627). Da das Dasein eine bloße Position ist, bleibt der Inhalt irgendeines Begriffes genau derselbe, unabhängig davon, ob er als »in der Existenz gesetzt« gedacht wird oder nicht. Die Existenz kann also nie dem Inhalt des Begriffes entnommen werden und ihre Verneinung kann nie zu einem Widerspruch führen. Der Begriff eines »nichtexistierenden Objekts« kann darum auch im Fall eines unendlichen Wesens keinen Widerspruch enthalten.

Um Mißverständnisse von vornherein auszuschließen: Kant hat 1799 seine Meinung hinsichtlich des »ontologischen Gottesbeweises« nicht geändert: »Die Existenz eines solchen (unendlichen Wesens, V.M.) aber direct beweisen zu wollen enthält einen Wiederspruch deñ *a posse ad esse non valet consequentia*« (II, 121,15). Dennoch behauptet er im Fall des Äthers das genaue Gegenteil: »Hier, aber auch nur in diesem einzigen Fall, kañ gesagt werden *a poße ad esse valet consequentia*« (I, 592,10: »Übergang 12«, Frühjahr 1799). Die Existenz des Äthers kann und muß a priori bewiesen werden. Einen solchen Beweis bezeichnet Kant nie ausdrücklich als »ontologisch«, aber er sagt wortwörtlich, daß der Beweis »nicht synthetisch durch ein erweiterndes sondern analytisch durch ein erläuterndes Urtheil d.i. nach dem Princip der Identität« erfolgt (I, 549,6).

Das Befremdliche einer solchen Wendung wird von Kant selbst mehrmals nachdrücklich betont. Er läßt sogar dem Beweis des Äthers in der neuen Redaktion des »Übergangs 1–14« eine besondere »Anmerkung« folgen, um das befremdliche Verfahren zu rechtfertigen:

»Die Beweisart des obigen Satzes hat etwas befremdliches an sich und ist in ihrer Art e i n z i g weil das Object in demselben e i n z e l n ist. In der That wird in ihr nur indirect verfahren nicht so wohl um die Warheit des Gegenstandes als die Unmoglichkeit des Gegentheils zu beweisen nämlich aus dem Princip der Zusam̄enstim̄ung jenes Begriffs mit den Bedingungen der Möglichkeit Einer allbefassenden Erfahrung überhaupt wobey der Gegenstand derselben als ein einziger postulirt wird« (I, 563,17).

Dem letzten Satz können wir einen wichtigen Hinweis entnehmen. Denn, obwohl »die logische Einheit die auf das Allgemeine geht hier mit der realen identificirt« wird (I, 241,15), ist das Äther-Argument nicht als formallogischer sondern als transzendentaler Beweis zu verstehen. Dadurch wird der paradoxe Charakter des Arguments, den Kant selber hervorhebt, einigermaßen abgemildert. Dennoch bleibt die Frage: Warum ist der apriorische Ätherbeweis im Zusammenhang des neuen Transzendentalismus von solcher Wichtigkeit, daß Kant ihm eine zentrale Bedeutung zuweist und die Wissenschaft des Übergangs mit ihm geradezu identifiziert?

»Die Wichtigkeit des Ausspruches über diese Aufgabe für die Naturwissenschaft ist nicht zu verkeñen deñ der Begriff ihres Objects enthält die B a s i s zur Vereinigung aller Erscheinungen die zum Weltbegriffe hinweisen.« (I, 563,26).

Die »Aufgabe«, von der die Rede ist, geht dahin zu beweisen, daß der Wärmestoff »aus Begriffen a priori mithin als nothwendig hervorgehender aber zum Behuf der Möglichkeit einer allbefassenden Erfahrung überhaupt categorisch gegebener Stoff« ist (I, 563,11). Deswegen ist der Äther die Grundlage des Weltsystems und bleibt, auch wenn Kant auf das Weltsystem verzichtet, als Basis der *Einheit der Erfahrung* notwendig, bzw. als »Basis zur Vereinigung aller Erscheinungen, die zum Weltsystem hinweisen«.

2. *Ein kategorisch gegebener Stoff*

Der Begriff »Äther« ist also für die neue Transzendentalphilosophie unentbehrlich, denn »wir würden gar keine Einheit äußerer Erfahrung haben wen̄ wir nicht die Existenz eines solchen Stoffs voraussetzten und *implicite* unserem Begriff von Erfahrung zum Grunde legten« (I, 592,23). Nun ist die Erfahrung – und dieser Gedanke wird von Kant unzählige Male wiederholt – entweder nur *einheitlich* oder gar nicht möglich. Da nun die Existenz des Äthers bzw. Wärmestoffs unentbehrlich ist, um die Erfahrung zu einer einheitlichen zu machen, muß dieser Stoff auch existieren, damit es Erfahrung gibt. Die Existenz des Äthers erfährt so den Status einer *transzendentalen Bedingung* der Denkbarkeit von Erfahrung und kann nicht verneint werden, ohne selbst die *Möglichkeit* von Erfahrung zu vernichten. Damit wird die »Wende« vollzogen. Der Äther, ursprünglich als »hypothetischer« Stoff in Hinsicht auf die Erklärung von besonderen Erscheinungen gedacht, wird nunmehr zu einem »kategorisch« (wenn auch nur problematisch) a priori gegebenen Stoff.

»Die Existenz eines Elementarstoffs mit den Attributen a.) der Raumeseinnehmung (occupatio spatii) und b.) der Raumeserfüllung (repletio spatii) als Wärmestoffs kan̄ direct nicht bewiesen werden; den̄ das müßte durch Erfahrung geschehen. Diese bietet aber nur Phänomene dar deren Erklärungsgründe selbst nur als Hypothesen gelten kön̄en. Sie kan̄ also wofern es irgend auf eine Art möglich ist nur indirect das *subjective* Prinzip der Möglichkeit der Erfahrung statt des objectiven der Erfahrung selbst zum Grunde legend beweisführend seyn nämlich das Vermögen überhaupt über diesen Gegenstand Erfahrung zu haben zum Beweisgrunde aufzustellen und aus diesem ihren Begriff vom *Object* ableiten und a priori durch Vernunft die Bedingungen der Möglichkeit der Erkentnis desselben der Wirklichkeit des Objects (unter jenen Bestim̄ungen desselben) darstellen« (I, 548-549).

Im Vergleich mit der transzendentalen Deduktion, die wir aus der KV kennen, muß auf einen grundsätzlichen Unterschied aufmerksam gemacht werden. Die Notwendigkeit des Äthers als kategorische Bedingung der Erfahrung ist zwar transzendental, fällt aber nicht zusammen mit der Notwendigkeit der *Formen* der Erfahrung, d.h. Raum, Zeit und reine Begriffe als Kategorien, sondern wird als notwendige Existenz einer *Materie* konzipiert. Das ist die Konsequenz eines neuen, stärkeren Sinns, den Kant ab Herbst 1799 dem Ausdruck »die Erfahrung *machen*« beilegt, mit der er an anderer Stelle die Formulierung des vorherigen Zitats, »das Vermögen überhaupt, über diesen Gegenstand Erfahrung zu haben« (I, 549,3) korrigiert. Im späteren Bogen IX des VII. Konv. z.B. präzisiert Kant entsprechend: »Man kann nicht sagen eine Erfahrung haben, sondern sie machen« (II, 107,7: am Rande, mit teigiger Schrift). Nun, um etwas zu »machen«, im starken Sinn des Wortes, muß auch ein *Material* vorliegen. Und dieses Material steht Kant in den »beweglichen Kräften der Materie« zur Verfügung, allerdings nicht in den empirisch gegebenen Kräften, die von unserer Rezeptivität aufgenommen werden, sondern in den ursprünglich dynamischen Kräften, deren »Inbegriff« der Wärmestoff ist

»... das System der bewegenden Kräfte aber ist die Sache selbst d.i. der Inbegrif der empirischen Bestim̄ungen in dem Ganzen der Erfahrung (...). – Also ist der Satz: die bewegende Kräfte der Materie sind Principien der Moglichkeit der Erfahrung ein identischer Satz. – Irgend wovon Erfahrung haben, oder woran Erfahrung (durch Observation u. Experiment) machen ist einerley.« (II, 390, 23–27).

»Erfahrung machen« heißt also nicht, nur die Daten der Erfahrung zu verbinden, sondern solche Gegenstände zusammenzusetzen, die aus den Beziehungen zwischen den bewegenden Kräften des Äthers untereinander bestehen. Solche Gegenstände sind sicherlich keine direkten Erfahrungsgegenstände (diese werden *nicht* von uns gemacht), sondern gehören der Erfahrung dadurch an, daß sie *für* die Konstruktion einer einheitlichen Erfahrung unentbehrlich sind. Zu dieser Konstruktion liefert der Äther, ich wiederhole, nicht als physischer Stoff, sondern als transzendentaler Begriff das Material. Damit hat sich ein transzendentaler Begriff in *Materie* verwandelt, wenn auch in eine ganz spezielle Materie.

Nach dieser Vorbereitung können wir den Ätherbeweis in einer besonders klaren Version zur Kenntnis nehmen:

»Beweis der Existenz des Wärmestoffs

Es ist von Gegenständen im Raum so wie nur Ein Raum ist, auch nur Eine Erfahrung möglich und, wen̄ von Erfahrungen gesprochen wird, so sind

diese nichts anders als Wahrnehmungen, deren verknüpfung unter einem formalen, a priori gegebenen, Princip auf fragmentarische Art zwar für die Physik wohl ein Aggregat ausmacht welches aber nie vollständig werden kañ sondern weil die Data empirisch sind des Fortschreitens von den metaphysischen Anf. Gr. der N.W. zur Physik, als einem System derselben, kein Ende erwarten läßt.
Gleichwohl ist die Idee von diesem subjectiv, als nothwendige Aufgabe unumgänglich gegeben nämlich die der Verknüpfung der Warnehmungen als Wirkungen der bewegenden Kräfte auf das Subject in Einer Erfahrung Was nun zur Erfahrung die nur Eine seyn kañ als Bestim̃ungsgrund derselben gehört ist auch objectiv gegeben d.i. wirklich. Also existirt eine Materie mit jenen Attributen als Basis der bewegenden Kräfte derselben in so fern sie bewegend sind als ein absolutes Gantze« (I, 601,5–22).

3. *»Indirekter Beweis«*

Wir müssen uns nun der Kantischen Begründung zuwenden, warum der Ätherbeweis von ihm durchgängig als »indirekt« bezeichnet wird.

»Dieser indirecte Beweis ist *einzig* in seiner Art welches nicht befremden darf, da er auch einen *einzelnen* Gegenstand welcher nicht logische sondern reale Allgemeinheit bey sich führt, betrifft. – Es ist hier eine Gesam̃teinheit (omnitudo collectiva) der Gegenstände Einer Erfahrung statt der vertheilbaren (omnitudo distributiva) welche blos logisch ist und von der Existenz des Objects abstrahirt, vorhanden.« (I, 586,7)
»Der Beweis ist nicht aus der Erfahrung gezogen; deñ so würde der Satz empirisch seyn sondern weil Einheit moglicher Erfahrung eine solche nämlich anzustellen oder vielmehr nach ihr die Phänomene zu verbinden zum Verstehen nothwendig ist« (I, 543,23).

»Anmerkung II

Wem die directe (demonstrative) Beweisart nicht einleuchtend gnug ist der kañ die indirecte (apagogische) hiebey gebrauchen.
Deñ weñ wir den Wärmestoff blos für einen hypothetischen Stoff (der zur Erklärung gewisser Erscheinungen angenommen wird) gelten lassen, weñ die Natur nicht selbst durch ihren Einflus auf das sinnliche Subject und dessen Bewußtseyn bewegender Kräfte einen Einflus ausübete der ein Sy-

stem begründen kañ so würden wir Empfindungen und ihnen correspondirende Warnehmungen haben wie sie durch äußere Kräfte ohne Form (tumultuarisch) (...) aber kein Princip der Form in der Verknüpfung empirischer Vorstellungen (der Wahrnehmungen) zu Einer Erfahrung haben und die Regel, um einen Begriff vom Ganzen derselben zu haben, würde ganz wegfallen. Dieses würde aber nicht blos ein Mangel zur Errichtung eines Systems sondern die Einheit der Erfahrung würde sich selbst wiedersprechend und unstatthaft seyn. – Das Empirisch/Mañigfaltige aber dessen Zusam̃enstellung sich nicht zur Einheit möglicher Erfahrung qualificirt ist kein existirendes Object: es ist nichts.« (I, 603–604)

Das Wort »indirekt« bezeichnet also nicht nur das *methodische* Verfahren des Beweises, sondern zugleich auch den *inhaltlichen* Charakter des bewiesenen Gegenstandes. Daraus entsteht in der Folge der für Kants neue Auffassung der Physik (X. und XI. Konv.) so zentrale und grundlegende Begriff des »indirekten Gegenstandes«, als ein von uns »gemachter« bzw. zusammengesetzter Gegenstand. Wie für jedes Herstellen eines Verstandes, der keiner »creatio ex nihilo« fähig ist, bedarf es dazu eines Materials. Und da das angesprochene Zusammensetzen die notwendige Bedingung der Erfahrung darstellt, ohne die »das Empirisch-Mannigfaltige (...) nichts ist« (I, 604,11), muß dieses Material mit transzendentaler Notwendigkeit als *existierend* und als ein rein transzendental notwendiger, a priori gegebener Begriff gedacht werden:

»Direct betrachtet (ist der Wärmestoff, V.M.) blos ein hypothetischer Stoff (...) indirekt aber ist er als formales Princip der Möglichkeit des Ganzen der Erfahrung überhaupt ein zum System der bew. Kr. nothwendig mithin a priori gegebener Stoff der allen bewegenden Kräften der Materie im Elementarsystem derselben zur Basis dient« (I, 543, 3–11).

Damit hört der Wärmestoff auf, reine Hypothese zu sein. Er wird zu einer Materie, deren Begriff mit ihrer Existenz zusammenfällt, d.h. der Begriff ihrer Existenz ergibt sich analytisch aus dem Satz der Identität. Man darf aber nicht unterschlagen, daß dieser Schritt in derselben Passage des OP erfolgt, in der der Äther außerdem zu einem *Gedankending* (I, 604,30), zu einem »erdichteten Wesen« (I, 544,8) oder auch zu einer »Idee« (z.B. I, 574,23) erklärt wird:

»Die Hypothese also von einer durch den gantzen Weltraum verbreiteten diese durch Anziehung und Abstoßung ihrer gleichartigen Theile erfüllenden alle Körper durchdringenden Materie ist nur ein Gedankending (ens rationis) darum aber nicht eben ein blos hypothetischer Stoff wie man die allverbreitete Wärmmaterie zu neñen pflegt sondern seine Annehmung als Princip der Möglichkeit der Erfahrung eine unumganglich/nothwendige Annahme nicht um Phänomene zu erklären sondern a priori zum Behuf der Einheit der bewegenden Kräfte in einem System derselben Zusam̄enstim̄ung der Principien zur Möglichkeit der Erfahrung zu bewirken.« (I, 230–231)

Ein Gedankending und *eben darum* kein hypothetischer Stoff, klingt das nicht reichlich paradox? Das scheinbar Paradoxe löst sich jedoch bald auf, wenn man berücksichtigt, daß mit dieser Art des indirekten Beweises zugleich auch ein »indirekter Stoff« und eine *indirekte Form der Existenz* eingeführt werden. Kant hat dabei die Bedeutung des Wortes »existieren« grundsätzlich verschoben. »Existieren« heißt nunmehr nicht länger »*da*-sein«, d.h. eine Stelle in der Erfahrungswelt einzunehmen oder (mit Kants Worten) das »Zusammenhängen mit den materialen Bedingungen der Erfahrung« (A 218, B 265). »Existenz« bedeutet jetzt die Identität der »gemachten« Erfahrung mit der (asymptotischen) *Einheit der Erfahrung*, die selber nicht empirisch gegeben werden kann. Eine ganze Reihe von Randbemerkungen der S. 1 vom IX Bogen des VII. Konv. (1800) sind diesem Gedanken gewidmet:

»Man kan nicht sagen eine Erfahrung haben sondern sie machen.
approximatio experientiae est asymptotica. (...) Erfahrung ist das empirische absolute Ganze der Sin̄envorstellungen nur beständige Annäherung in so fern das Mannigfaltige derselben asymptotisch in Einem System verbunden ist. Transsc. Philos« (II, 103,7 u. 13).

Nunmehr kann man leicht verstehen, warum eine solche Existenz nach dem Satz der *Identität* bewiesen wird, denn »der Wärmestoff ist wirklich (...) a priori gegebener Stoff« (II, 551,10). »Der Wärmestoff ist wirklich weil der Begriff von ihm (...) die Gesammtheit der Erfahrung möglich macht nicht als Hypothese für wargenommene Objecte um ihre Phänomene zu erklären sondern unmittelbar um die Möglichkeit der Erfahrung selbst zu begründen ist er durch die Vernunft gegeben« (II, 554,12).

4. Der »Mittelbegriff«

Auch wenn wir das akzeptieren und verstehen (»So haben wir den Äther, der ein Sinneobject ist, ohne doch sowenig wie der Raum selbst in die Sinne sondern in die Vernunft zu fallen«; I, 562,9), so bleibt es doch ziemlich rätselhaft, auf welche Weise ein solcher Begriff dennoch ein *Sinnenobjekt* darstellt. Die Einheit der Erfahrung ist sicherlich kein Sinnenobjekt und der Äther existiert nur als Einheit der Erfahrung. Warum also wird er dann nicht lediglich als »regulatives Prinzip« behandelt, wie es in der ersten Kantischen Kritik zweifellos geschehen wäre?

Zur endgültigen Klärung dieser Frage müssen wir eine zusätzliche Erörterung einfügen. Die Einheit der Erfahrung ist nämlich bloß asymptotisch, sie kann effektiv nie erreicht werden. Trotzdem ist sie wirklich, *denn sie wirkt*. Und zwar nicht auf der Ebene der empirischen Phänomene, die ja erst zufolge der ursprünglichen Tätigkeit dieser Einheit entsteht, sondern sie wirkt als transzendentaler Begriff durch die Tätigkeit unseres eigenen Verstandes, der die Erfahrung *macht* und also gezwungen ist, die Erfahrung einheitlich zu machen. Diese Aufgabe des Erkenntnisvermögens kommt allerdings nie zu einem Ende, so daß die Einheit der Erfahrung kein Objekt ist, das man irgendwo und irgendwann wie einen beliebigen empirischen Gegenstand *antreffen* könnte. Genau so wenig ist sie aber, wie wir gesehen haben, bloß »regulatives« Prinzip, weil die ursprüngliche Kraft, die das Machen der Erfahrung vorantreibt, keine intellektuelle Form, sondern ein *konstitutives* Prinzip darstellt. Die Einheit der Erfahrung gehört darum denjenigen »regulativen Principien die zugleich constitutiv sind« (II, 241,19) an. Dieses Prinzip der Erfahrung ist ein Begriff, aber ein »Gedankending«, eine Idee, welcher kein Anschauungsobjekt entspricht. Dennoch stellt diese Idee zugleich die *materielle Seite der Einheit der Erfahrung* vor, die den direkten sinnlichen Objekten vorangeht: »Die Begriffe von dem was wir Siñenobject neñen gehen vor den Warnehmungen vorher und machen jene moglich« (alleinstehende Bemerkung des I. Konv.; I, 57,14).

Die Modifikationen dieser transzendentalen Materie sind »physiologische« Kräfte, physiologisch nämlich im Sinne der »Physiologia generalis« des Übergangs. Als »allgemeine Kräfte«, d.h. die Kräfte, die uns erlauben, die Natur *(Physis)* als ein Ganzes zu betrachten, liegen sie weder in der physischen Natur noch im bloßen Verstande, sondern dazwischen, indem sie die »Kluft« zwischen beiden überbrücken. Der Äther ist ein Inbegriff dieser Kräfte und folglich »Mittelbegriff« (I, 285,24; I, 311,11 usw.) und »Mittelmaterie« zugleich:

»Der Mittelbegriff aber der von einer blos a priori begründeten Wissenschaft zur Physik als (wenigstens zum Theil) empirischer Wissenschaft führen sollte mußte einen Begriff der Materie unterlegen der in der einen Beziehung empirisch in einer anderen aber ein a priori statt habender Begriff wäre und dieser liegt in dem Begriff der Materie so fern sie bewegende Kräfte hat.« (I, 289,20)

Anstelle eines regulativen Prinzips wird also die »Gesammtheit der wirkenden Kräfte« in Erwägung gezogen, die dann aber nicht physisch, sondern »physiologisch« wirkt, weil sie jeder physischen Wirkung vorausgeht:

»Das Object einer allbefaßenden Erfahrung enthält in sich alle subjectiv/bewegende mithin sinnlich afficirende und Warnehmungen wirkende Kräfte der Materie deren Gesammtheit Wärmestoff heißt als die Basis dieser allgemeinen Krafterregung welche alle (physische) Körper und hiemit auch das Subject selbst afficirt und aus deren synthetischen Bewußtseyn welches nicht empirisch seyn darf die formale Bedingungen dieser die Sinne bewegenden Kräfte in Anziehung und Abstoßung entwickelt werden.« (II, 553, 21)

Da die Erfahrung nur als einheitliche gemacht werden kann und das Material ihrer Zusammensetzung aus bewegenden Kräften besteht, ist der *Inbegriff* solcher Kräfte, die den empirischen Kräften und Affektionen zugrundeliegen, ebenfalls eine Materie und keinesfalls ein bloßer Begriff. Wo ist aber eine solche Materie im Zeughaus der Transzendentalphilosophie anzutreffen? Das ist nicht schwer zu erraten: der *Raum* liefert die Grundlage zur Umwandlung des Begriffs der Einheit der Erfahrung in eine »Mittelmaterie«.

5. Der Äther als »hypostasierter Raum«

Die Einheit der Erfahrung enthält nun zwei Aspekte. Der erste fällt mit dem *Raum* zusammen, weil sich sämtliche Erfahrungsgegenstände im Raum befinden müssen. Wir können uns »nur einen einigen Raum vorstellen (...) Er ist wesentlich einig, das Mannigfaltige in ihm (...) beruht lediglich auf Einschränkungen« (A 25, B 39). Den zweiten Aspekt der Einheit der Erfahrung stellt das *Ich denke* bereit, als »objektive Bedingung (...), unter der jede Anschauung stehen muß, um für mich Objekt zu werden« (B 138). Gegen den Einwand, daß auch die Zeit die Einheit der Erfahrung ausdrückt, gilt es festzuhalten, daß die konkrete Zeit in der Tat erst zufolge der Beziehung der *beiden* Aspekte entsteht.

Der Äther ist darum ein Mittelbegriff, d.h. ein Verbindungsglied zwischen dem Raum und dem »Ich denke«. Als Basis jeder anderen Materie (I, 217,1) bzw. als »allgemeine Basis aller primitiv-bewegenden Kräfte« repräsentiert er die Einheit der Erfahrung anschaulich, nämlich räumlich. Als transzendentale Notwendigkeit, die gedachte Einheit der Erfahrung in eine »gemachte« und darum existierende Einheit zu verwandeln, entspricht er jener »synthetischen Einheit der Apperzeption«, deren Existenz aufgrund des Identitätsprinzips *ebenso anzunehmen* ist wie diejenige des Äthers. »Das: Ich denke, drückt den Actus aus, mein Dasein zu bestimmen. Das Dasein ist dadurch also schon gegeben, aber die Art, wie ich es bestimmen (...) solle, ist dadurch nicht gegeben« (B 157 Anm.).

Infolge seines Bezugs zum Äther verdrängt der Raum im OP die Zeit in der Rolle der »a priori gegebenen Materie« des Schematismus. Als »Wirkung des Verstandes auf die Sinnlichkeit« (B 152) benötigte der Schematismus der KV die *Zeit* als Material; der neue »Schematism der Begriffe der Composition welche zum Empirischen erforderlich ist« (I, 174,7) dagegen braucht für denselben Zweck den *Raum*, nämlich den »realisierten Raum« des Wärmestoffes. Darum nimmt Kant die alte Unterscheidung zwischen »Raum einnehmen« und »Raum erfüllen«, die schon in den MAN und in den vorkritischen Schriften anzutreffen war, wieder auf:

»1. Die Raumeseinnehmung (occupatio spatii) betrifft nur die Existenz von etwas Räumlichem
2. Die Raumeserfüllung (repletio spatii) die bewegende Kraft der Anziehung u. Abstoßung der Materie im Raum um das Leere zu verhindern« (I, 550,17).

Die empirischen Gegenstände nehmen einen Raum ein, aber sie füllen ihn nicht aus, d.h. sie realisieren den Raum nicht. Nur die bewegenden Kräfte der Anziehung und Abstoßung bringen nach Kant jene Ausdehnung zustande, die folglich die empirischen Gegenstände in sich aufnimmt. Darum ist der Raum kein bloß transzendentaler *Begriff*, sondern eine »reine Anschauung«. Dieser Gedanke taucht schon in den frühesten Teilen des OP im Zusammenhang kritischer und vorkritischer Äußerungen auf: »Das Bewegende im Raum ist a priori gegeben als Anziehung u. Abstoßung deñ sonst würde gar kein Raum erfüllt« (I, 306,20). Die Newtonsche Gravitation aber *kann hierzu nicht herangezogen werden*, denn sie setzt die Materie (»das Bewegliche im Raume«) schon voraus, kann sie also nicht begründen. Die empirische Existenz der Materie beansprucht den Raum schon als transzendentale Bedingung ihrer Möglichkeit: was den Raum ursprünglich erfüllt und realisiert kann also nicht jene Gravitation sein, deren *Principia mathematica* Newton aufgestellt hatte, sondern nur die »ursprüngliche Anziehung« (I, 275,10), »keine specifische sondern generale Attraction« (I, 405,21). Schon in den ersten Entwürfen wird von Kant betont, daß die Prinzipien der Anziehungskraft nicht mathematisch, sondern *philosophisch* behandelt werden müssen. Unter dieser Bedingung »realisiert« die (ursprüngliche) Anziehungskraft den Raum und verwandelt die transzendentale Möglichkeit der Erfahrung in eine a priori gegebene *Materie*:

»Selbst die Gravitationsanziehung der in allen Weiten unmittelbar auf einander einfließenden Körper weñ sie ein Gegenstand möglicher Erfahrung seyn soll setzt doch stillschweigend eine dazwischen liegende und in stetiger Verbindung der Raumestheile unter einander stehenden Materie voraus« (I, 562–563).

Die »primitive« (nicht »derivative«) Kraft der Anziehung und Abstossung realisiert den Raum und macht aus dieser reinen Form der Anschauung eine Materie, die aufgrund transzendentaler Notwendigkeit

»a priori gegeben ist«. Die »allgemeine *Abstoßung*« (I, 293,29) drückt dann jene Notwendigkeit aus, daß jeder Teil einer räumlichen Erscheinung *außerhalb* jedes anderen Teils liegt, »denn ein Teil des Raums, ob er zwar einem anderen (...) gleich sein mag, ist doch außer ihm« (A 264, B 320). Die ursprüngliche *Anziehung* gibt dagegen die Affinität der »empirischen Vorstellungen zur Einheit der Erfahrung« wieder (II, 338,13). So wird der empirische Charakter, den diese Kräfte in den ersten Entwürfen noch besaßen, ganz überwunden. Die Realisierung des Raumes erfolgt aufgrund genuin transzendentaler Betrachtungen und geht nicht nur der Physik, sondern jeder Konstruktion »zum Behuf der Physik«, wie wir bald sehen werden, voraus. Deswegen ist die Erfahrung, obgleich von uns gemacht, nicht die bloße Einbildung unseres Gemüts, sondern eine Wirklichkeit, die auf uns einwirkt und von der wir »rezeptiv« affiziert werden. Die Kräfte, die das »spatium sensibile« (II, 332,6) bzw. den Raum als »Inbegriff aller äußeren Sin̄enobjecte dem formalen Princip nach« (II, 99,3) ausmachen, müssen in erster Linie *uns affizieren* und erst danach die äußere Materie bewegen. In diesem Sinne sind diese Kräfte »interne motivae« und keine »locomotivae« (II, 217,27 usw.). Die beste Formulierung dieses Gedankenganges finden wir zu Beginn der Folge »Übergang 1–14«, in der auch der endgültige Ätherbeweis vorgetragen wird:

»Wir stellen uns den Raum so wie jedes Object der Sinnlichkeit auf zwiefache Art vor *erstlich* als etwas d e n k b a r e s (spatium cogitabile) da er als eine Größe des Mannigfaltigen ausser ein ander eine bloße Form des Gegenstandes der reinen Anschauung lediglich in unserer Vorstellungs Kraft liegt: z w e y t e n s aber auch als etwas S p ü r b a r e s (spatium perceptibile) als etwas außer unserer Vorstellung Existirendes was wir warnehmen und zu unserer Erfahrung ziehen kōnen und als empirische Vorstellung ein Sinnenobjekt den Stoff der den Raum erfüllt ausmacht.
Ein leerer Raum ist denkbar aber nicht spürbar d.i. kein Gegenstand möglicher Erfahrung. Weshalb auch die Atomistik eine Theorie der Zusam̄ensetzung des Mannigfaltigen der Materie welche den Raum einnim̄t durch das Volle und dazwischen gemischte Leere um die größere oder kleinere Qvantität derselben in demselben Raumes Inhalt begreiflich zu machen ein grundloses System ist. Den̄ kein Theil der Materie ist untheilbar das Leere aber kan̄

schlechterdings kein Gegenstand möglicher Erfahrung (das Nichtseyn kan̄ nicht Warnehmbar) seyn. Aus jenen zwey angeblichen Elemente, dem perceptibelen und imperceptibelen (absolute tali) kan̄ also eine Welt nicht gezim̄ert werden
Alle Räume sind also mit Materie erfüllt; aber es muß doch auch Bewegbarkeit dieser Materie wen̄ gleich nicht Ortverändernde (facultas locomotiua) doch in seinem Platz innerlich bewegende und continuirlich bewegte Materie (interne motiua) seyn; welche an jedem Orte Gegenstände äußerer Sinne und zwar mit bewegenden Kräften versehen seyn müssen ohne welchen als einem raumerfüllenden Stoffe jene in ihrer Ruhe kein Gegenstand möglicher Erfahrung seyn würde
Die Materie also, blos mit der Eigenschaft ein sensibeler Raum mithin in allem Körperlichen dynamisch gegenwärtig zu seyn muß ein für sich bestehendes alldurchdringendes ununterbrochenes gleichförmig ausgebreitetes Gantze und ein Stoff seyn welcher den bewegenden Kräften mit ihrer Bewegung zur Basis dient zur Möglichekit Einer Erfahrung (aller zugleich möglichen) zusam̄en zu stim̄en.
Die Existenz dieser Materie als Einheit eines absoluten Ganzen, sie mag nun Wärmestoff oder Aether u.s.w. heissen kan̄ nun nicht direct durch Erfahrung beglaubigt werden sondern muß a priori und zwar indirect blos auf die Nothwendigkeit der Zusam̄enstim̄ung jener Bedingungen zur Erfahrung überhaupt und der Möglichkeit derselben bewiesen werden wobey dan̄ jener Wärmestoff nicht blos als hypothetischer Stoff in das Fach des Uberganges von den Metaph. Anf. Gr. der NW zur Physik geworfen und auf blos emprirische Erklärungsgründe die keinen sicheren Bestand haben abgewürdigt werden würde« (I, 235,19–237,3).

In der Folge »Übergang 1–14« vollzieht sich also die Umwandlung des Äthers in ein transzendentales Prinzip: »Nicht blos die Befugnis dazu sondern auch die Nothwendigkeit dergleichen allgemein verbreiteten Stoff zu postuliren hat ihren Grund in dem Begriffe desselben als hypostatisch gedachten Raumes« (I, 221,10). Und zum Ende derselben Folge: »Nun ist aber das Princip der Möglichkeit der Erfahrung die Realisirung des Raums selber als eines einzelnen Sinnenobjects d.i. der empirischen Anschauung« (I, 564,1). Der Äther hat endgültig seine transzendentale Legitimation erhalten.

6. *Die Objektivierung der reinen Apperzeption*

Wenden wir uns nun jenem anderen Aspekt der Einheit der Erfahrung zu, dem »Ich denke« als der »ursprünglich-synthetischen Einheit der Apperzeption« (B 131). Die objektive und nie erreichte Einheit der »gemachten« Erfahrung hängt insbesondere von dieser zweiten transzendentalen Bedingung ab, die das intellektuelle Gegenstück der räumlichen Einheit darstellt.

Daß der Raum zur Grundlage einer überall verbreiteten, ursprünglich und innerlich wirkenden Materie wird, ist in der Tat die Folge der allgemeinen Notwendigkeit, daß jede einzelne Erfahrung (Kant möchte lieber von einzelnen »Wahrnehmungen« sprechen) *auf das »Ich denke« bezogen wird* und zwar in einem »Actus der Spontaneität«, der »nicht als zur Sinnlichkeit gehörig angesehen werden« kann (B 132). »Die analytische Einheit der Apperzeption ‹also die Tatsache, daß die verschiedenen Wahrnehmungen, die ich habe, insgesamt einem einheitlichen Bewußtsein gehören. Einschub V.M.› ist nur unter der Voraussetzung irgendeiner synthetischen möglich« (B 133). »So ist die synthetische Einheit der Apperzeption der höchste Punkt, an dem man (...) die Transzendental-Philosophie heften muß« (B 133 Anm.).

Nun ist das transzendentale Selbstbewußtsein bekanntlich inhaltslos und fällt mit der reinen Setzung meiner *Existenz* zusammen: Ich bin »meiner selbst in der transzendentalen Synthesis (...) bewußt, nicht wie ich mir erscheine, noch wie ich an mir selbst bin, sondern nur daß ich bin« (B 157, u. Anm.). Unter der Bedingung also, daß man dem »Ich denke« keinen Inhalt zuschreibt, ist der Satz »Ich denke« mit »Ich bin« gleichbedeutend, so daß die Behauptung einer individuellen Existenz kein erweiterndes, sondern ein erläuterndes Urteil ist. In diesem Zusammenhang scheinen die Äußerungen Kants ziemlich rätselhaft, wenn er z.B. sagt, das »Ich denke« sei ein *empirischer* Satz, weil »mein Dasein in dem ersten Satze als gegeben betrachtet wird (..), so ist er empirisch« (B 420). Diese Formulierung klingt äußerst zweideutig, kann jedoch durch die folgende Betrachtung erklärt werden:

»Es ist zu merken, daß, wenn ich den Satz: Ich denke, einen empirischen Satz genannt habe, ich dadurch nicht sagen will, das Ich in diesem Satz sei empirische Vorstellung; vielmehr ist sie rein intellektuell (...). Allein ohne irgendeine empirische Vorstellung, die den Stoff zum Denken abgibt, würde der Actus: Ich denke, doch nicht stattfinden, und das Empirische ist nur die Bedingung der Anwendung oder des Gebrauchs des reinen intellektuellen Vermögens« (B 421, Anm.).

Diese Anmerkung enthält auch schon den Kern des Ätherbeweises. Denn in der reinen Apperzeption ist die Existenz *analytisch* enthalten, das »Ich denke« ist die Ursetzung meiner selbst im Kontext jeder möglichen Erfahrung. Damit ist zwar noch keine Bestimmung, sondern nur die *Notwendigkeit einer empirischen Bestimmung* gegeben, d.h. es liegt eine Situation vor, in der ich, der ich mich spontan setze, gleichzeitig durch »äussere Kräfte« affiziert werden muß. Diese äussere Affektion erfolgt zwar durch die empirische Welt der Erscheinungen, setzt jedoch ihre transzendentale Möglichkeit voraus – die Möglichkeit, überhaupt äußerlich affiziert zu werden.

Als diese Möglichkeit ist nun der Raum in der Tat die reine Form der äußerlichen Anschauung, also *die Art, wie das Ich äußerlich affiziert wird*. Er ist gewissermaßen das »rein leidende Ich« wie die reine Apperzeption das »rein denkende Ich« ist. Daß diese »leidende Form« der Anschauung mit der synthetischen Einheit der Apperzeption zu verknüpfen sei, war von Kant schon in der KV gesehen worden: »Der Raum, als Gegenstand vorgestellt (...), enthält mehr als die bloße Form der Anschauung, nämlich Zusammenfassung des Mannigfaltigen, nach der Form der Sinnlichkeit Gegebenen, in eine anschauliche Vorstellung, so daß die Form der Anschauung bloß Mannigfaltiges, die formale Anschauung aber Einheit der Vorstellung gibt. Diese Einheit hatte ich in der Ästhetik bloß zur Sinnlichkeit gezählt (...), ob sie zwar eine Synthesis, die nicht den Sinnen angehört, durch welche aber alle Begriffe von Raum und Zeit zuerst möglich werden, voraussetzt« (B 161 Anm.).

Diese »formale Anschauung«, welche »Einheit der Vorstellung gibt«, ist also aktiv und »wirklich« – wenngleich nicht empirisch, sondern bloß indirekt wirklich. Nur darum kann sie im OP zu einer »a priori gegebenen Materie« werden, welche der Inbegriff sämtlicher (primitiven, nicht derivativen) Kräfte darstellt; es handelt sich um einen Einzelfall der immer wiederholten Regel: »Forma dat esse rei«.

In diesem Zusammenhang ist die Wurzel des neuen transzendentalen Begriffs vom Wärmestoff zu suchen. Der analytische Beweis seiner Existenz stammt unverkennbar aus jener Identität von »Ich denke« und »Ich bin«, die wir in der KV vorgefunden haben (s. unten Kap. VI, § 4). Diese »Synthesis, die nicht den Sinnen angehört«, liefert einerseits den »Gebrauch des reinen intellektuellen Vermögens«, andererseits die »Einheit der Vorstellung«, d.h. der »gemachten« Erfahrung. Die vermeintliche Paradoxie des OP beginnt sich aufzulösen.

7. Äther und Weltsystem

Bevor wir uns den Schlußteil des »Übergangs zur Physik« vornehmen, müssen wir kurz bei einem Seitenaspekt verweilen, der nach dem ursprünglichen Plan Kants eine wichtige Rolle übernehmen sollte: das Weltsystem. Es hat im Ätherbeweis seinen Ansatzpunkt, weil, wie wir gesehen haben, die Frage, ob der Wärmestoff, »als die Basis aller bewegenden Kräfte der Materie (...) sey oder nicht sey (...) zumal vom Elementarsystem derselben zum Weltsystem die Leitung giebt« (II, 550,10).

In den späteren Entwürfen finden sich aber von diesem Weltsystem nur noch winzige Bruchstücke z.B. solche vom Planetensystem (II, 445, 22–28): »Von der nothwendigen Excentricität aller um einen Weltkorper bewegten Particular Körper« (II, 495, 13–19); »daß sich alle Planeten u. ihre Trabanten von Abend gegen Morgen (...) bewegen« (II, 535, 3–6) usw. Seine vollständigste Behandlung ist in der »Beylage I« des VII. Konv. enthalten (ungefähr 70 Zeilen). Der Versuch, den entsprechenden Teil der *Principia* des »Nebenbuhlers« Newton zu überbieten (II, 519,9), ist also offensichtlich gescheitert und aufgegeben worden. Was Kant auf diesem Gebiet leisten konnte, hatte er schon in der *Allgemeinen Naturgeschichte und Theorie des Himmels* dargestellt.

Wir können jedoch sogleich verstehen, warum der Äther die »Leitung« zum Weltsystem gibt. Denn als »radicaler Weltstoff« (II, 475,11) weist der Äther auf die Notwendigkeit hin, eine *einheitliche* Welterfahrung herzustellen. Und die allgemeine Anziehung, die nur gleichzeitig mit einer universalen Abstoßung wirkt (II, 432,18), drückt ebenfalls die Notwendigkeit der *einen* Erfahrung aus:

»Die Kräfte der Anziehung der Körper sind das erste was hiebey zur Philosophie gehört. Wie kom̄en wir a priori ein System der bewegenden Kräfte im Raum erstlich der Attraction der Körper durch den leeren Raum begründen Der Raum selber kañ doch die Körper nicht bewegen Das Causalprincip (causarum efficientium) der Bewegung erfordert daß im Raum eine Kraft herrsche durch welche die Körper agitirt werden im Verhaltnis ihrer Massen und dem umgekehrten der qvadrate der Entfernungen (...). Die Frage ist also wie ist Erfahrung vom Raum, vom Ganzen desselben und den Stellen möglich an welchen sie durch attraction sollicitirt werden« (II, 530,19).

Wenn die angeführte Notwendigkeit auch den durchgängigen Zusammenhang sämtlicher Körper der Welt impliziert, so kann man dennoch die *Beschaffenheit* eines solchen Systems nicht a priori deduzieren. Newtons System war eine bloße Anwendung der a priori bewiesenen Bewegungsgesetze. Damit wollte sich Kant aber nicht begnügen. Er suchte nach einer tieferen Begründung des Systems der Physik. Und trotzdem, sobald er sich auf der Schwelle zur physischen Betrachtung des Weltsystems befindet (I, 511,8), bemerkt er, daß die Methode vom Ganzen des Äthers zu den Teilen (I, 532,14) keine direkte Konstruktion des Weltsystems erlaubt. So kehrt er zu den Grundsätzen der Physik zurück und erklärt ihr Entstehen als eine *zwanglose* Konstruktion und Antizipation, sogar als »Erdichtung« von indirekten Objekten zugunsten der Einheit der Erfahrung. In diesem Erlebnis besteht zweifellos der größte Erfolg des OP, auch wenn Kants »Weltsystem« nichts Vergleichbares zu jener Leistung bietet, die Newton unter diesem Titel im III. Buch der *Principia* vorgelegt hat (ed. Cajori, Berkeley 1947, S. 396).

Exkurs

Hoppe über Kants Theorie der Physik

Es ist unzweifelhaft das Verdienst von H.G. Hoppe (1969), darauf verwiesen zu haben, daß das Hauptthema des OP in *Kants Theorie der Physik* liegt. Ohne bei den Einzelheiten des Elementarsystems der Kräfte zu verweilen, betont er, daß Kant zumindest seit dem Folioentwurf »α–ε« (1797) »den Systemcharakter für die Physik ganz unabdingbar« hält, denn »ohne System ist die Physik als Wissenschaft gar nicht möglich« (S. 73). Hoppe verwirft jedoch die Ansicht von Adikkes (»und nach ihm Lehmann, Mathieu«, S. 1), daß die apriorische Konstruktion des Systems der spezifischen Physik »eine Art Erfahrungsantizipation auch *quoad materiale* erfordert. Zwar zitiert er Kants Äußerung von II, 502,7 (»So erhellet die Möglichkeit ein System empirischer Vorstellungen a priori zu errichten was sonst unmöglich zu seyn schien und die Erfahrung *quoad materiale* zu a n t i c i p i r e n«), gibt aber von dieser Stelle eine sehr einschränkende Interpretation. »Daß es sich im OP gar nicht um einen solchen Übergang als materiale Erfahrungsantizipation handelt« liegt auf der Hand: »Vielmehr geht es um ein Problem, das sich zunächst und vorläufig als Problem der Objektivität und Wissenschaftlichkeit der Physik bezeichnen läßt, wobei es gar nicht so sehr um Fragen des Inhalts, sondern um die der Form und des Systematischen geht« (S. 21).

Hoppe hätte zu dieser Frage auch eine Passage von II, 345,27 heranziehen können: »Die Anticipation der Warnehmungen *qvoad materiale* ist subjectiv«. Diese Passage bezieht sich (wie viele andere) auf die aus der Analytik der Grundsätze der KV entnommene vierfache Unterteilung: »Axiomen der Anschauung« usw. (vgl. auch II,4; 12; 28), wo die »Antizipationen der Wahrnehmung« zwar nur »verhältnismäßig a priori« stattfinden und nur eine vage Beziehung zur Antizipation der Erfahrung auch »quoad materiale« des OP haben. Jedenfalls weist Hoppe (S. 2) nachdrücklich auf den *formalen* Charakter der Begründung der Physik hin. Es handelt sich beim Übergang um »die Form, nicht das Materiale der Physik« (vgl. I, 169,21), so daß der Übergang »für sich ein System begründet welches aber blos formal ist« (II, 240,3). Und später, was die Ätherdeduktion anbelangt: »Kant weist vielmehr unter dem Titel einer Ätherdeduktion jetzt auf die formalen Bedingungen des Gesamtsystems unserer empirischen Erkenntnisse hin. Diese Bedingungen sind wirklich bloß formal, d.h. sie hängen nicht an einer Materie, dem Äther« (S. 108).

Der formale Charakter der Antizipation ist unbezweifelbar, macht aber nur die erste Hälfte der Kantischen Lehre aus, denn der Übergang zur Physik, die »ein Doctrinal/System der Verknüpfung der Warnehmung der Siñenobjecte zur formalen Einheit der Erfahrung im Subject« ist (II, 460,4), wird nur gefunden, weil das Formale die Erfahrung eines *gegebenen* Objektes begründet: »Dem Lehrsystem correspondirt was das Aggregat der den Siñen gegebenen Objecte betrifft das Natursystem« (II, 460,6). Und an anderer Stelle (II, 385, 9):

> »Der active u. reactive Zustand der empirischen Vorstellung in der ojectiven Warnehmung ist mit dem Subjectiven der Erscheinung des Gegenstandes dem Formalen nach identisch und enthält das Fortschreiten zum Materialen der bewegenden Kräfte zum Behuf der Erfahrung in der Selbstbestim̄ung des Subjects gleich als Objects. Der Verstand macht das cogitabile zum dabile (...) Forma dat eße rei und weil die bewegende Kräfte, welche die Ursache der Warnehmungen zum Behuf des empirischen Erkentnisses ausmachen als Erscheinungen a priori gegeben sind so kōnen auch a priori diejenige aufgezahlt u. classificirt werden welche das empirische Aggregat zum Behuf eines Systems der Siñenobjecte ausmachen.«

»Forma dat esse rei« ist das Motto der ganzen Wissenschaft des Übergangs, die erforscht, wie die Form »die Sache selbst« bestimmt. Sonst würde die »Physiologie« der Jahre 1796–1799 nichts Neues bieten. Die Vermittlung wird vom Begriff der (ursprünglich) *bewegenden Kräfte* geleistet, die sowohl formal als auch material sind.

Daß die Form des Systems a priori vorliegt und die Struktur der Erfahrung bedingt, wäre vom kritischen Standpunkt aus allerdings ein trivialer Satz und erfordert keine neue, mühsame Arbeit. Kant kommt es jedoch auf etwas anderes an, etwas, das auf den ersten Blick gar »unmöglich« scheint: »das was auf Wahrnehmungen beruht (...)

a priori darstellen zu wollen, z.B. den Schall, das Licht, die Wärme« (II, 493,4; s.u. Kap. VI, § 1).

»Es scheint schwer es scheint gar unmöglich zu seyn die verschiedenen Grundstoffe (bases) der Materie und das die Kräfte derselben leitende Princip (substantia deferens) durch Eintheilung in Classen, Gattungen Arten und Unterarten a priori zu specificiren gleichwohl aber ist dieses ein rechtmäßiger Anspruch des Physikers und dennoch ist dieser Anspruch an den Physiker der hierin durchaus Philosoph seyn und systematisch nicht fragmentarisch, aufsam̄lend seyn muß unerläßlich« (II, 337,21).
»Es ist befremdlich; es scheint gar unmöglich zu seyn a priori Warnehmungen zum Behuf der Erfahrung darzustellen, und gleichwohl würde ohne das keine Physik als die ein System derselben ist statt finden. Man muß sie diese reagirende Kräfte abzählen kön̄en. Hierauf kom̄t es in Ansehung der Aufgabe von den Principen der Naturforschung an. Nur das was wir in die Phänomene für Kräfte hineinlegen kön̄en wir aus dem Empirischen zum Behuf der Erfahrung ausheben. – Nicht observiren sondern Experimentiren ist das Mittel die Natur und ihre Kräfte aufzudecken« (II, 504, 18).

Handelte es sich »nicht ohne weiteres um materiale Erfindungsantizipationen, von denen Lehmann spricht, und die auch nach der Ansicht Albrechts und Mathieus eine so große Rolle im Übergang spielen, wenn sie nicht sogar wie bei Mathieu dessen Zweck darstellen« (S. 96), warum sollte Kant von einer beinahe »unmöglichen«, aber »unerlässlichen« Aufgabe sprechen? »Das *forma dat esse rei*«, so Hoppe, »bedeutet, daß nur aufgrund von Prinzipien, von Begriffen, etwas als bestimmter Gegenstand erkannt werden kann« (S. 96). Sicherlich, alles was Hoppe in dieser Hinsicht behauptet ist richtig. Aber es reicht nicht aus, dem *neuen* Charakter der kantischen Begründung des Experiments im OP gerecht zu werden. Weitere Belege der Originalität des Antizipationsbegriffs des OP werden in den Zitaten (aus II, 493,4 und 502,3) des VI. Kap. (§ 1) angeführt.

Ähnliches gilt für Hoppes Behandlung der *Selbstaffektion*, die von Kant erdacht wurde, um die Kluft zwischen Form und Materie der Erfahrung zu überbrücken. Auch hier reduziert Hoppe das Novum des Nachlaßwerks: »Daß es sich dabei nicht um eigentliche Erfahrungsantizipationen *quoad materiale* handelt, geht schon daraus hervor, daß die Selbstaffektion selber gemäß einem Begriff, also bloß formal bestimmt ist und auch nur das Formale des Systems der Wahrnehmungen durch die Vernunft zum Prinzip macht (II, 487,16)«. Zwar »nennt Kant das Verfahren der Selbstaffektion (...) mehrere Male eine materiale Antizipation (...), aber man sieht doch, daß es damit gar nicht um die Vorwegnahme des eigentlichen Empirischen geht, das uns immer nur a posteriori gegeben werden kann. Es geht um die Form, die notwendig der Erfahrung von Objekten vorangehen muß (...) und deshalb drückt der Gedanke einer materialen Erfahrungsantizipation (...) nichts anderes aus, als was auch schon die Kritik gesagt hatte« (S. 126–127). Aber, wenn das so ist, warum wollte Kant dann ein neues Werk schreiben?

Der Grundsatz der KV, auf den sich Hoppe bezieht (»Die Bedingungen der Möglichkeit der Erfahrung überhaupt sind zugleich Bedingung der Möglichkeit der Gegenstände der Erfahrung«, B 197), gilt in der Tat auch für den Übergang. Seine Erweiterung könnte aber schwerlich nur darin bestehen, »daß durch das Experiment der in ihm erkannte Gegenstand im voraus, a priori auf gewisse Weise bestimmt ist, daß überhaupt nur die mit der Form des Gegenstandes verträglichen empirischen bew. Kr. ins Spiel kommen und dergestalt, insofern sie zur Form des Gegenstandes zusammenstimmen, auch antizipiert werden können« (S. 127). Denn woraus entnehmen wir »die Form des Gegenstandes«, mit der nur bestimmte »empirische bew. Kr.« verträglich sind? Hoppes Erklärung lautet: »Von allen möglichen Wahrnehmungen, die uns gegeben werden können, wählen wir beim Experimentieren a priori gewisse, durch das Experiment allein auch zu einer Erkenntnis des Objekts beitragende Wahrnehmungen aus, und insofern, bloß formal, sind die Wahrnehmungen von uns gemacht« (S. 128).

Die *Wahl* der betreffenden Form ist, selbstverständlich, nicht willkürlich. Das Objekt muß letzten Endes entscheiden, und dazu dient das Experiment. Auch das steht außer Zweifel. Aber wo liegt in dieser Lehre der *spezifische Beitrag des OP*? Wenn die »Reduktion« der Selbstsetzung, wie sie Hoppe unternimmt, nur bedeutet, daß »das Subjekt die Welt nicht erschafft«, dann kann jeder Kantforscher zustimmen; aber wenn Hoppe hinzufügt, »vermittels seiner Selbstaffizierung öffnet es der Welt nur bestimmte Wege, auf denen sie ihm erscheinen kann (...), es öffnet sich selbst zugleich, nicht für alle Wahrnehmungen überhaupt, sondern nur für bestimmte, die so allein auch zur Erkenntnis eines Objekts führen können« (S. 128), dann steht die Rechtfertigung (die »Deduktion«) dieser *Wahl* aus. Mit anderen Worten: *Welche* Wege werden gewählt? Und warum nur ganz bestimmte Wahrnehmungen? Hoppe vertritt sicherlich weder eine dogmatische noch eine empiristische Lösung, aber sein Resümee über »die reelle Anwendbarkeit der Transzendentalphilosophie« räumt diese Unschlüssigkeit keineswegs aus: »Die Möglichkeit des Experiments gründet in einer Tätigkeit des Subjekts, durch die es das, was es aus der Erfahrung heraushebt, vorher der Form nach in sie hineinlegt, wobei es zugleich, indem es sich öffnet für bestimmte Wahrnehmungen, diese der Form nach vorherbestimmt« (S. 138).

Die Einsicht, daß wir aus der Erfahrung nur das entnehmen, was von uns in sie hineingelegt wurde, war allerdings schon eine Errungenschaft der KV. Daß es sich beim Experiment um eine Operation handelt, durch die wir nur das »verifizieren« (d.h. »wahr machen«; in Kants Sprache »bewahrheiten«, vgl. II, 304,19), was wir selbst »machen« (»verum ipsum factum«) hatte schon Vico in *De antiquissima Italorum sapientia* (1709) als Erklärung der Galileischen Methode hervorgehoben. Die Bedeutung des Experiments steht also nicht zur Debatte. Die Frage lautet vielmehr: Was ist der *Fortschritt* des Nachlaßwerks Kants im Rahmen einer Begründung der Physik gegenüber der KV und seine Bedeutung in Hinsicht auf die heutige Problemstellung? (s.u. Kap. V, § 5)

Im letzten Kapitel seines Buches unternimmt Hoppe eine ausführliche »Auseinandersetzung mit Mathieu« (S. 133–137). Obwohl er mein Werk von 1958 insgesamt negativ beurteilt, bin ich geneigt, viele der Bemerkungen positiv aufzunehmen, insbesondere den mir attestierten Wunsch, »Die Einheit des ganzen OP, nicht nur der Konvolute 10. und 11. zu finden« (S. 136). Während ich von anderen Kritikern (Tuschling) gescholten worden bin wegen meines Versuches, die Lehre des Nachlaßwerks zu systematisch zu verstehen, halte ich diesen Hinweis auf die diachronistische Dimension des Textes für eine Anerkennung. Hier liefert gerade die diachronistische Betrachtung ein grundlegendes Ergebnis: die *Umwandlung des Ätherbegriffs* von der Funktion eines Hilfsmittels, um bestimmte physische Erscheinungen zu erklären, in die Funktion einer »a priori gegebenen Materie«, der eine gewisse transzendentale Rolle zukommt. Die Umwandlung ist derart zentral, daß es Kant in der Folge gelingt, dem Äther als Mittelbegriff, der zugleich auch eine absolut einzigartige *Mittelmaterie* ist, als transzendentale Aufgabe zuzuweisen, die verschiedenen Niveaus, auf denen die Einheit der Erfahrung erscheint, senkrecht zu verbinden. Diese Ebenen sind: (1) die reine Apperzeption; (2) die reine Form der Anschauung, d.i. der Raum; (3) der »realisirte Raum als Inbegriff der bewegenden Kräfte«: »Inbegriff *(complexus)* des Mannigfaltigen der Phänomene aus dem Einflus der bewegenden Kräfte auf das Subject« (II, 316,3); und endlich (4) die asymptotische »omnimoda determinatio« als Grundlage eines neuen Begriffs von »Existenz«. Nur wenn wir die Einheit der Erfahrung auf *allen* Niveaus betrachten, können wir jene paradoxen Äußerungen verstehen, die nicht nur *vor* der im X. und XI. Konv. enthaltenen Begründung der Physik (a priori Beweis des Äthers), sondern auch *nach* dieser Begründung (Selbstaffektion, Selbstsetzung, »wir machen alles selbst«) recht häufig auftreten.

Einerseits bin ich mit Hoppe einer Meinung, »daß Kant im OP (nicht) einfach das experimentelle Verfahren beschreibt«, sondern vielmehr zeigen will, »wie durch das Experiment eine objektive Naturerkenntnis möglich ist« (S. 137); andererseits bin ich aber nicht mit der Fortsetzung seines Satzes einverstanden: »... und hierauf muß man die Frage nach der Möglichkeit der Physik *reduzieren* (Hervorhebung V.M.), um zu sehen, weshalb die Begriffe der indirekten Erscheinung und der Selbstaffektion im OP von Kant behandelt werden«. Eben um diese Einsicht zu erlangen, muß man die Frage nach der Möglichkeit der Physik *nicht* reduzieren, sondern dadurch erweitern, daß man sie einerseits mit der transzendentalen Wende von 1799 in Verbindung bringt und andererseits mit den Aussagen der Beilagen des VII. Konv., deren enge Beziehung zum X. und XI. Konv. unübersehbar ist.

Hoppe dagegen stützt sich auf die Bemerkung Lehmanns (*Beiträge*, S. 399), daß »die Ätherdeduktion nur ein Durchgangspunkt« sei, um zu behaupten, »daß Kant selber schließlich diese Ätherbeweise fallen läßt« (S. 111). In der Tat werden die im Überfluß wiederkehrenden Ätherbeweise, die die gesamte Folge »Übergang« ausfüllen, im X. und XI. Konv. nicht wiederholt. Ihr *Ergebnis* liegt jedoch für Kant unumstößlich fest, nämlich die transzendentale Funktion des Äthers, und die wird von ihm auch weiterhin in Anspruch genommen. Lehmanns Behauptung, »in den späten Entwürfen tritt der Äther meist wieder wie vorher, als Hypothese auf« (1963, S. 399), entbehrt jeder Grundlage. Der Satz »Jeder Körper ist für die Wärmematerie durchdringlich (weñ es einen solchen Stoff giebt und er nicht blos hypothetisch ist)« (II, 315,29) spricht eine Bedingung aus, die ohne Zweifel *gilt*. Und der Frage des I. Konv. »Giebt es einen Wärmestoff als einen besonderen Stoff oder ist Wärme das bloße Warnehmungsvermogen der Kräfte der Abstoßung der Materie (der Stoffe überhaupt)?« (I, 110,4) geht die folgende Betrachtung unmittelbar voraus: »Kañ die Wärme als besonderer Stoff gefühlt werden? – Daß mir Warm ist ist blos etwas Subjectives. – Ich kañ sagen mir ist warm oder kalt so daß dadurch nicht einem andern etwas gelehrt wird. Die Ausdehnung der Körper durch Wärme ist ein Phänomen ganz anderer Art. Es ist obiectiv – Die Ausdehnung einer Materie durch Frost giebt nichts Subjectives dieser Art sondern gerade das Gegentheil« (I, 109–110). Mit anderen Worten: Kant will *seinem* Begriff des »Wärmestoffs« die Eigenschaft absprechen, als physischer Stoff die Empfindung der Wärme zu verursachen. Aber die (transzendentale) Wirkung des Wärmestoffs ist »ein Phänomen ganz anderer Art«. Sie »ist obiektiv«.

Um zu entscheiden, ob Kant im X. oder XI. Konv. das Ergebnis der Ätherdeduktion fallen läßt oder nicht, muß man also überlegen, ob der Äther weiter die Rolle eines transzendentalen Begriffs spielt oder nicht. Kants Antwort auf diese Frage läßt keinen Zweifel zu. Der Äther erscheint überall im X. und XI. Konv. als »Basis aller primitiv//bewegenden Kräfte (...) der Wärmestoff genañt« (Bogen »T«; II, 478,29). Dasselbe gilt von der »Beylage VII« (II, 89,3 und passim.). Und der transzendentale Charakter des Äthers kann nach Kant unbezweifelbar daraus geschlossen werden, daß »seine Existenz als blos leitender Stoff *(fluidum deferens)* schon nach dem Grundsatz der Identität im Begriffe selbst gegeben ist« (II, 388,21):

»Die bewegende Kräfte der Materie welche wegen der Einheit des Raumes keinen Raum leer lassen weil er sonst kein Gegenstand moglicher Erfahrung seyn würde (die Attraction durch den leeren Raum bedeutet nur als Anziehung ohne Vermittelung einer dazwischen liegenden Materie weñ diese gleich dazwischen liegt) enthält schon in seinem Begriffe ein Elementarsystem des Ganzen der bewegenden Kräfte als Urstoffs dessen innerlich im Raum bewegende Kraft (vis primitiva) ihn zum Gegenstande der Erfahrung macht die nur Eine seyn kañ und dessen Bewegung alle Bewegung anhebt, der also er mag nun Wärmestoff oder sonst wie heissen kein hypothetischer sondern a priori gegebener Stoff ist.« (II, 330–331).

Es ist bemerkenswert, daß »die Kräfte« in diesem Zitat durch ein Anakoluth zum »System der Kräfte« werden, so daß das Verbum »enthält« im Singular erscheint (Reicke verbessert in »enthalten«). Das erlaubt den Schluß, daß der Äther als Ausdruck der (transzendental notwendigen) *Einheit der Erfahrung* eingeführt wird. Ähnliches finden wir im Bogen »P«:

»Endlich ist eine Materie deren jeder Theil als des Beweglichen im Raum nur als Substanz überhaupt vorgestellt alle andere Materie unmittelbar bewegend mithin alldurchdringend vorgestellt wird (...) dessen Funktion ist für alle ponderabele Materie leitend zu seyn für sich selbst nicht zu gravitiren welches nur statt findet daß sie ein absolutes Ganze der Materie ausmacht (...) welche nicht ein hypothetischer Stoff ist (um gewisse Phänomene zu erklären) (...) sondern ein a priori gegebener Stoff weil seine Existenz als blos leitender Stoff (fluidum deferens) schon nach dem Grundastz der Identität im Begriffe selbst gegeben ist.« (II, 388,12).

Hier wird der a priori Beweis des Äthers (»nach dem Grundsatz der Identität«) *ausdrücklich erwähnt*, also keineswegs fallengelassen. Und wir befinden uns nicht mehr in der Folge »Übergang 1–14« sondern im X. Konv. (Bogen »P«)! Noch bedeutungsvoller ist in diesem Zusammenhang der Bogen »T«, auf dem Kant die Frage »Was ist Physik, wie ist Physik möglich« gleich zu Anfang stellt, weil er hier eine »demonstrationem in forma« der Lehre der Physik unternimmt. Ausgehend von einer »Definitio« (Physik ist »die Wissenschaft von Gegenständen der Sinne in so fern sie in der Erfahrung möglich ist«; II, 473,21) über vier »Axiomata« beweist er schließlich folgendes »Theorema«:

»Alle Materie enthält einen Inbegriff bewegender Kräfte und das Subject was durch sie afficirt wird und an ihm die Erfahrung macht bestim̄t selbst diese Kräfte welche zur Erfahrung den Stoff hergeben Der Gegenstand der Erfahrung und die Wirkende Ursache derselben Nicht blos Receptivität – auch Spontaneitat Wärmestoff wird postulirt so fern er allverbreitet ist« (II, 474,25).

Also die Existenz des Wärmestoffs »gehört zum Übergang«: »Dieser radicale Weltstoff ist nicht problematisch und blos assertorisch sondern apodictisch gewiß« (II, 475,11). Anderswo sagt Kant »categorisch obzwar problematisch gegeben« und »durch seine Anerkennung wird Physik allererst möglich«. Gegenüber solchen eindeutigen Behauptungen kann, so glaube ich, in der Tat kein Zweifel bestehen, daß eben die Begründung der Physik, die Hoppe mit Recht ins Zentrum des OP stellt, die *transzendentale Interpretation dieses Stoffes* erfordert. Die Bezeichnung dagegen ist auch Kant gleichgültig (»er mag nun Wärmestoff oder sonst wie heissen«; II, 331,2), denn entscheidend ist die *Funktion*, die er übernimmt.

Wenn man diesen Sachverhalt unbeachtet läßt, dann geht das Spezifische des Spätwerkes und seine daraus resultierende Bedeutung für die gesamte Transzendentalphilosophie verloren.

Das »cogitabile« des OP stellt nämlich eine neue Art von *indirekter Beziehung auf das Objekt* her, die nicht mit der »intentio secunda« des Begriffs zusammenfällt. Der Ätherbeweis liefert die transzendentale Rechtfertigung dieser Annahme. Früher konnte man den »primitiven« Kräften, die eigentlich nicht spürbar sind, keinen bestimmten *Status* zurechnen. Der neue ontologische Status der *indirekten Objekte*, gleichsam ein »Mittelstand«, durchzieht dagegen das ganze OP und nimmt unterschiedliche Aspekte an, entsprechend dem Vorgang, durch den das betreffende Objekt gebildet wurde. Lehmann behauptet, daß Kant mit der Ätherdeduktion »etwas anderes ableitet, als er ableiten will«: »Die Existenz eines ›a priori gegebenen Stoffes‹ soll abgeleitet werden, – die ›ganzheitliche Struktur der Materie‹ wird abgeleitet« (S. 255). Aber das ist eben das Ergebnis der Ätherdeduktion, die *Ableitung eines neuen Existenzbegriffs*, der mit der »ganzheitlichen Struktur der Materie« und der Erfahrung überhaupt identisch ist. Kant drückt das mehrmals und mit unmißverständlicher Deutlichkeit aus: »Existentia est omnimoda determinatio«.

V

DIE NEUBEGRÜNDUNG DER PHYSIK: »ERSCHEINUNG EINER ERSCHEINUNG«

1. *Ein neuer Schematismus*

Die Gedanken, die wir bisher in den Entwürfen des OP angetroffen haben, sind für das Verständnis der gesamten Transzendentalphilosophie von erheblicher Bedeutung. Sie sind außerdem mit ihr so eng verbunden, daß es schwer wäre, sie aus diesem Kontext zu lösen und ihre Bedeutung für das Alltagsdenken oder auch für die Wissenschaft gesondert zu ermitteln. Das gilt für die vorletzte Phase der langjährigen Arbeit Kants nicht mehr. Die verhältnismäßig neue Antwort, die er dem alten Problem der *Prolegomena* gibt: »Was ist Physik? Wie ist Physik möglich?« hat für unser Verständnis der Physik ganz *unmittelbare*, unübersehbare Folgen. Das hängt mit jenem erstaunlichen Sachverhalt zusammen, daß Kants Antworten im OP mit der *heutigen* Situation der Physik besser übereinstimmen als mit dem physikalischen Weltbild seiner eigenen Zeit. Um damals eine solche Theorie der physikalischen Forschung zu erarbeiten, war die tiefe transzendentale Reflexion eines zwar altgewordenen, aber noch erstaunlich produktiven Genies erforderlich, heute genügt schon die fleißige und aufmerksame Arbeit eines begabten Methodologen, um zu ähnlichen Ergebnissen zu gelangen.

Die Frage »Was ist Physik« kommt am Anfang des Blattes »T« der neuen Folge von Entwürfen und an verschiedenen anderen Stellen vor, so z.B. am Anfang der Blätter »U«, »X«, »Y«, usw. des X. und XI. Konv.. Wir haben schon erwähnt, daß Adickes in diesem Zusammenhang von einer »neuen transzendentalen Deduktion« spricht, was von W. Albrecht (1956) durch das vorangestellte »sogenannte« wenigstens abgeschwächt wird. Auf jenen Seiten ist nämlich von der transzendentalen Deduktion, die allerdings vorausgesetzt wird, überhaupt nicht die Rede. Es handelt sich vielmehr darum, einen neuen *Schematismus* vorzustellen, den »Schematism des Systems der bewegenden Kräfte so fern es a priori gedacht werden kañ« (II, 265,25). Die Lösung des Schematismus-Problems hatte Kant schon bei der Konzipierung der KV fast 10 Jahre aufgehalten, und jetzt schreibt er:

»Der Schematism der Verstandesbegriffe macht hier wie überhaupt in der transscendental/Philosophie für die durchgängige Bestim̄ung des Systems der bewegenden Kräfte die Schwierigkeit des Überganges zur Physik.
Der Schematism der Verstandesbegriffe ist der Vorhof (atrium) des Überganges von den Met. A. Gr. zur Physik. – Ein Augenblick in welchem Metaph. und Phys. beyde Ufer zugleich berühren Styx interfusa« (II, 487,18).

Der neue Schematismus, der »beide Ufer« zusammenbringen soll, ist schwieriger als der alte, weil er nicht nur die *reinen* Verstandesbegriffe (d.h. Kategorien), sondern die gesamte Urteilskraft umfaßt, die ihre Kreationen hinsichtlich der Physik (»zum Behuf der Erfahrung«) den äußeren empirischen Erscheinungen unterlegt. Auf die dreigeteilte Frage: »1. Was ist Physik? 2. Was ist Übergang von den metaphysischen A. Gr. der Nat. zur Physik (denn N.W. ist noch nicht Physik)? 3. Wie ist dieser Übergang von einer Wissenschaft zu der anderen möglich?« antwortet Kant jetzt: »durch den Schematism der Urtheilskraft« (verbessert aus: »der Reflexionsbegriff«), durch die »Subsumtion der Erscheinungen unter das Gesetz der Warnehmungen« (II, 491,7).

2. *Das nicht wahrnehmbare Objekt*

Da die heutige Physik der kantischen Lehre näher steht als die zeitgenössische Physik damals, können wir die Situation dadurch gewissermaßen rückwärts beleuchten, indem wir uns fragen: *Welcher Art* sind die Objekte, mit denen die physikalische Theorie zu tun hat?

Die Physik beschäftigt sich ohne Zweifel mit der materialen Welt, die uns in der Erfahrung entgegentritt. Aber würde sie sich auf solche Gegenstände beschränken, die wir mit den Sinnen erfassen, käme sie nicht allzu weit. Gewiß, man kann wissenschaftliche Geräte und Instrumente hinzuziehen, die unsere Sinne übertreffen, aber das allein genügt nicht. Auch kann sich die Physik Gegenständen zuwenden, die wir direkt nicht erfahren, jedoch mit Sicherheit erschließen können: z.B. die verborgene Seite des Mondes oder den Planeten Neptun, den Le Verrier durch eine genaue Prüfung der Bewegungen des Uranus entdeckte, aber selbst nie beobachtete. Jedoch auch das ist nicht der entscheidende Punkt. Der liegt vielmehr in dem Sachverhalt, daß für die Physik auch solche Objekte unentbehrlich sind, die nicht aufgrund ihrer großen Entfernung, Winzigkeit oder Lage, sondern *prinzipiell* unwahrnehmbar sind. Das gilt z.B. für viele »Teilchen« der Atomphysik, auch wenn man ihre Spuren aufnehmen kann. Es handelt sich um Objekte, die »nicht wargenom̄en werden« können (I, 491,1; II, 174,27).

Das Auflösungsvermögen der modernen Mikroskopie hat zwar fast unglaubliche Fortschritte gemacht, es findet aber in der Quantenstruktur der Energie eine unüberschreitbare Grenze. In der Hochenergiephysik stellt man sich oft Objekte vor, die keinesfalls als »sinnliche« angesehen werden dürfen, obwohl sie der Sinnlichkeit zugerechnet werden. Die Namen und Adjektive, mit denen man diese Objekte bezeichnet, weisen sie als »reine Dichtungen« im Sinne Kants aus. Ihre Bezeichnungen *spielen* als Metaphern auf die Gegenstände gleichsam nur *an*. Eigenschaften werden mit Phantasieausdrücken belegt, die nur im Rahmen einer mathematischen Struktur operationell gebraucht werden können. Alle diese »Gegenstände« müssen als »Objekte der Physik« angesehen werden, sind jedoch nicht »physische« Objekte im üblichen Sinne. Dieses Nichtzusammenfallen von »physischen Objekten« und »physikalischen Objekten« hat Kant mit seiner Lehre der »Erscheinung einer Erscheinung« im OP festgehalten. Er geht sogar so weit zu sagen: *»Wir kön̄en einen Cörper als einen solchen nicht anschauen sondern ihn nur aus der Materie machen und durch Zusam̄ensetzen bilden«* (I, 275,3).

Die Unterscheidung zwischen praktisch unbemerkbaren und prinzipiell unwahrnehmbaren Gegenständen war im Bewußtsein der Naturforscher nicht immer so klar verankert. Man hatte nämlich lange nicht über die Gründe einer prinzipiellen Unwahrnehmbarkeit reflektiert, obwohl diese Frage schon im Rahmen der alten Atomlehre aufgetaucht war: Ist die Wahrnehmung von Atomen uns nur wegen ihrer minimalen Größe oder aus prinzipiellen Gründen versagt? Dieselbe

Frage hatte später in Bezug auf den Äther, dem »fünften Element« der Antike, ebenfalls einige Verwirrung gestiftet, als Fresnel und Huygens ihn als Hilfshypothese einführten, um bestimmte Phänomene zu erklären. Anstelle der Winzigkeit berief man sich diesmal auf die *Feinheit* des Stoffes als Vorwand, um die Unwahrnehmbarkeit eines »Gedankendings« zu rechtfertigen. Auch in den ersten Entwürfen des OP, solange der Äther als »nothwendige Hypothese« (I, 378,16) diente, konnte seine Unwahrnehmbarkeit als bloß *faktische* betrachtet werden. Die »Wende« des Jahres 1799 hat jedoch die Situation grundlegend geändert, indem der Äther nun von Kant nicht länger als faktisch, sondern als prinzipiell unwahrnehmbar begriffen wird, weil er *einer anderen Sphäre* als der der direkten Erfahrungswelt angehört. Er »fällt nicht in die Sinne sondern in die Vernunft«.

Der Äther, der als physikalische Hypothese bloßer Unsinn war, hat im OP als »realisierter Raum« eine grundlegende Bedeutung, weil er die Materie eines »cogitabile« liefert, ohne die unser Verstand das Objekt überhaupt nicht konstruieren könnte. Da nun die Physik erst dann entsteht, wenn das *cogitabile zum dabile* wird, ist der Äther ein unentbehrliches Moment der kantischen Begründung der Physik. Diejenige Aufgabe, die im Schematismus der KV dem Begriff der Zeit oblag, wird nun, im neuen Schematismus, vom Äther übernommen. Das kommt zum Ausdruck in den Bögen des X. und XI. Konv., die Kant mit einfachen Buchstaben (wie »A« bis »Z« und dann bis »BB«) kennzeichnet. Man muß aber zuerst (vor der inhaltlichen Bestimmung) auf die äußerliche Verfassung dieser Entwürfe eingehen.

Die Arbeit an den Konvoluten X. und XI. hat Kant vermutlich in der Zeit von August 1799 bis zum April 1800 beschäftigt. Auch in diesen Konvoluten bleibt die »zellenartige« Struktur des Manuskriptes fast unverändert, d.h. mit jedem neuen Bogen fängt regelmäßig zugleich die neue Rede an. Der Nebentext am Rande ist umfangreich und die »gebundene« Darstellung mit Paragraphenzeichen, die noch in der Folge »Übergang« (Frühling 1799) teilweise anzutreffen war, ist vollständig verschwunden. Dabei ist nun folgendes zu berücksichtigen:

a) Bogen II bis XVII – also von »B« bis »Q« – sind nur Halbbogen, halbierte Druckbogen.

b) Die Aufgabe des neuen Themas ist im Blatt »C« unter der Bezeichnung »Aufgabe« angeführt (II, 318), erscheint jedoch ausdrücklich erst auf Blatt »L« als Titel: »Wie ist die Physik als Wissenschaft möglich?« (II, 361,23) und »Was ist Physik?« (363,13). Dann nochmals zu Beginn der S. 1 auf dem Blatt »R«.
c) Blätter »A« und »B« behandeln die ethische Frage der »Pockennoth« (269,18; 302,5), d.h. sie betreffen die von E. Jenner 1796 eingeführte Praxis der Impfung, die nochmals im I. Konv. auftaucht (I, 119,16). Kant nimmt wie nebenbei das Thema des Übergangs auf der 2. Seite dieser (Halb)blätter wieder auf.
d) Der 1. Bogen des X. Konv. wurde von Kant als »Einl.« signiert und »Einleitung« betitelt. In diesen (noch halbierten) Bogen wurden 5 lose Blätter eingelegt, auf denen die traditionelle Darstellung der Motive des Übergangs wiederholt wird. Kant wollte offensichtlich eine Zusammenfassung der schon ausgeführten Arbeit unter dem neuen Problem der Physik einfügen.

3. *Die neue, »erstaunliche« Aufgabe*

Die Thematik ist also wieder in Fluß geraten und die Verschiebung auf einen transzendentalen Standpunkt hin wird schon in der problematischen Formulierung der »Aufgabe«, die aus den *Prolegomena* stammt, ersichtlich. In den Vordergrund rückt nämlich weder das Elementarsystem der Kräfte noch der *Inhalt* des Überganges als solcher, sondern die Frage um das *Wie*: »Wie ist der Übergang von den Met. A. Gr. der NW zur Physik möglich« (II, 318,12). Die beste Darstellung des Problems befindet sich allerdings erst auf der S. 2 von Blatt »G«. Es handelt sich um 50 Druckzeilen mit kaum unterbrochenem Gedankenfluß. Die Erörterung nimmt ihren Ausgang vom Grundsatz des transzendentalen Denkens, gemäß dem wir der Erfahrung nicht entnehmen können, was wir nicht selbst in sie hineingelegt haben. Dieses Prinzip wird allerdings dahingehend modifiziert, daß Kant sich fragt, *wie weit* diese »Antizipation« der Erfahrung geführt werden kann.

»Wir kōn̄en aus unseren Sin̄envorstellungen nichts anders ausheben als was wir für die empirische Vorstellung unserer selbst hineingelegt haben mit dem Bewußtseyn seiner Darstellung d.i. durch den Verstand (intellectus exhibet phaenomena sensuum) und diese Darstellung macht aus einem Aggregat der Warnehmungen ein System nach den formalen Bedingungen der Anschauung und ihrer Coexistenz im Subject ein Erkentnis des äußeren Sinnenobjects als Erscheinung zum Behuf der Möglichkeit der Erfahrung, d.i. zur Naturforschung durch Zusam̄ensetzung des Mannigfaltigen der bewegenden Kräfte der Materie in der Erscheinung welche das Schema eines Begriffs ist was a priori als bloße Erscheinung jene Form des Zusam̄engesetzten im Object und den Erfahrungsgrund seiner Erkentnis möglich macht.« (II, 343,9)

Die hier geforderte »Antizipation« ist offensichtlich viel anspruchsvoller als diejenige der KV, die ja nicht verlangte, »durch Zusammensetzung des Mannigfaltigen das Schema eines Begriffs« zu liefern. Das neue Schema macht a priori diese Form des Zusammengesetzten möglich und liegt so dieser Erfahrungserkenntnis zugrunde. Zuerst

»Nun kōn̄en wir zwar a priori von der Synthesis der Erscheinungen (...) gar wohl bestim̄en was sie für unsere Sin̄e aber nicht was sie für jeden Menschen d.i. an sich sind. Wir kōn̄en also nicht allgemein/geltend selbst durch alle Mittel eine Erfahrung zu machen wie es scheint a priori nicht ausmachen welche und wieviel der Objecte der Warnehmung (...) sind (...) sondern allenfalls durch Herumtappen unter äußeren Sin̄enobjecten gewisse Kräfte stoppelnd aufzählen« (II, 344, 9–21).

Aber Kant kann sich mit diesem »stoppelnden« Verfahren nicht zufrieden geben. Wie er auf dem nachfolgenden Bogen »H« am Rande bemerkt, ist es unmöglich, ein solches Ganzes durch bloße Ansammlung aufzustellen, sondern »es muß a priori gegeben werden durch das was wir selbst hineinlegen in die Erscheinung« (347,23). Und dieses Unternehmen – nämlich a priori auszumachen, »welche und wieviel Objekte der Warnehmung sind« – ist tatsächlich ein außerordentliches Wagnis. Kant ist sich dessen voll und ganz bewußt, denn viele der einführenden Anmerkungen heben mit Redewendungen an wie »es ist befremdlich«, »es ist erstaunlich«, »es scheint gar unmöglich« usw. (340,10; 502,9; 504,18 usw.). Gewiß, auch die selbstgestellte Aufgabe der KV war »erstaunlich« gewesen, aber die neue Absicht übertrifft die alte bei weitem. Denn jetzt ist die Beschaffenheit des Erfahrungsgegenstandes nicht mehr durch die Beschaffenheit des Erkenntnisvermögens schlechthin »bedingt«, sondern sogar durch die *bewußte Tätigkeit des Zusammensetzens zustande gebracht*, die gewisse Objekte ganz absichtlich a priori »erdichtet«, um jenes »Gerüst« der Erfahrung vorzubereiten, durch das empirische Wahrnehmung erst möglich ist. Da aber eine vom Ganzen der Erfahrung gesonderte einzelne Wahrnehmung gar keine »Erfahrung« wäre, hofft Kant berechtigterweise, dank jener nothwendigen *Einheit der Erfahrung*, die ihm erlaubt hatte, den Ätherbeweis durchzuführen, zugleich auch die neue Frage zu lösen. Der Äther ist ihm »das objective Gantze der bewegenden Kräfte der Materie« und gleichzeitig »das subjective Gantze (die Gesam̄theit) aller Warnehmungen in Einer Erfahrung« (II, 614,22).

Wir müssen sofort nachdrücklich darauf hinweisen, daß Kant zwar im X. und XI. Konv. hinsichtlich des Verständnisses der Physik erstaunliche Fortschritte macht, aber sein eigentliches Problem *nie* endgültig und ausführlich löst: das ganze System der Physik a priori zu antizipieren. Anderenfalls hätte er sein Werk nicht im Zustand einer Sammlung von Entwürfen hinterlassen müssen. Die Lage läßt sich am besten folgendermaßen beschreiben. Wenn es sich darum handelt, vom unmittelbaren Gegenstand der Wahrnehmung auf die formale Tätigkeit des Zusammensetzens *zurückzugehen*, stoßen wir auf keine besondere Schwierigkeit. Sobald Kant dagegen den Versuch unternimmt, das transzendentale Niveau des Zusammensetzens zu verlassen, um die konkrete Beschaffenheit der Erfahrungswelt zu *deduzieren*, verfällt er zunehmend (wie nicht anders zu erwarten war) in weitgehende Unbestimmtheit. Die Ursache dieser Situation wird im Kap. VII § 5 ersichtlicher werden: sobald man verlangt, »vom Ganzen zu den Theilen« fortzuschreiten, hängt die Bestimmung jeder Erscheinung von einer »omnimoda determinatio« ab, die als solche nie gegeben sein kann. Der Ausdruck »forma dat esse rei«, d.h. das Dasein der sinnlichen Qualitäten wird erst durch die Verstandestätigkeit zu einem Element der Erfahrung, ist an und für sich überzeugend. Sobald man aber nachfragt, von welcher Qualifikation jenes »esse« ist, das der »res« zugesprochen wird, ist Kant mit seinem Latein am

Ende. Das ist vor allem der Grund, warum die so scharfsinnigen Gedanken des alten Kant bloße Entwürfe geblieben sind.

4. Der indirekte Gegenstand

Was den alten mit dem neuen Schematismus verbindet, ist der »indirekte« Charakter des Verfahrens, den wir schon im Ätherbeweis angetroffen haben: »Nicht direct in Beziehung auf das Object, sondern indirect in der Beziehung auf das den Siñen gegebene Subject und die Warnehmungen zum Behuf der Möglichkeit der Erfahrung muß die Zusam̃ensetzung derselben nach einem Princip der Form vorangehen« (II, 458,8). Diese »Zusammensetzung nach einem Prinzip der Form«, die ausschließlich »zum Behuf der Erfahrung« stattfindet, wird in der ersten Hälfte des X. Konv. durch die Bezeichnung »indirekte Erscheinung« oder gleichwertige Ausdrücke (Erscheinung zweiter Ordnung, bzw. zweiten Ranges, »Erscheinung einer Erscheinung« – in der Folge mit »E. einer E.« verkürzt – usw.) benannt. Dieser Begriff tritt nur in den Bögen »B« bis »N« auf, dann macht er einer anderen, entsprechenden Auffassung Platz, bleibt jedoch nach wie vor für die Begründung der Physik grundlegend. Wir müssen ihn daher ausführlich analysieren.

Zunächst erstellen wir eine Liste der wichtigsten *Merkmale* dieser »indirekten Erscheinung«, eine Liste, die ziemlich variiert und manchmal sogar widerspruchsvoll zu sein scheint. Dann werden wir nach einer merkmalsverbindenden Interpretation suchen.

Die Erscheinung zweiter Ordnung ist: (1) indirect, bzw. mittelbar (367,20); (2) metaphysisch, nicht physisch (allerdings in 325,8 umgekehrt: *sed contra*, in Bezug auf die Affektion, 79,17); (3) ein Geschäft der Physik (319,29); (4) eine subjektive Vorstellungsart, welche (5) der objektiven vorangeht (339,26); (6) die Sache selbst (nämlich vom Standpunkt der Wissenschaft aus); (7) eine von uns bewirkte *coordinatio*, die wir selbst (8) in den Raum hineinlegen (340,26); (9) dasjenige, wodurch »das subjective objectiv gemacht wird« (363,24); (10) der erste Übergang von der Metaphysik der Natur zur Physik; (11) das Ergebnis der Selbstaffektion (373,30); (12) formal (334,22); (13) die

Verknüpfung des Mannigfaltigen als »Begriff des Gegenstandes selbst« (325,21); (14) der Erfahrungsgegenstand selbst (364,8); (15) ein Objekt der Sinne (328,19); (16) Raum und Zeit als Sinnenobjekt gedacht (329,23); (17) reale Beziehung auf den Körper durch Einwirkung auf dessen Organ (335,25); (18) Einleitung »zur Einheit der Erfahrung« (371,8).

Bevor wir eine kritische Interpretation dieser Sätze versuchen, wollen wir für die einzelnen Sätze eine zureichende, wenn auch nicht vollständige Anzahl von Belegen sammeln.

Für (1), (2), (6) und (8):

»Die Erscheinung aber der Dinge im Raume (und der Zeit) ist zwiefacher Art 1. diejenige der Gegenstände die wir selbst in ihn hineinlegen (a priori) und ist metaphysisch, 2. die welche uns empirisch gegeben wird (a posteriori) und ist physisch. Die letztere ist directe Erscheinung die erstere indirect d.i. Erscheinung einer Erscheinung.
Der Gegenstand einer indirecten Erscheinung ist die Sache selbst d.i. ein solcher den wir nur in so fern aus der Anschauung heraus heben als wir sie selbst hineingelegt haben d.i. in so fern sie unser eigenes Erkentnisproduct ist.« (II, 340,25)

Gegen (2) und (11) spricht scheinbar II, 325,9, wo einfach von der »Erscheinung« die Rede ist (»1. Die Erscheinung in metaphysischer Bedeutung wie der Sinn afficirt wird 2. in physischer Bedeutung wie das Subject selbst den Sinn durch bewegende Kräfte afficirt jener Form gemäs«). Die Schwierigkeit ist allerdings nur terminologisch (vielleicht ein Lapsus) und die Beilage VII läßt keinen Zweifel zu:

»weñ diese (Anschauung, V.M.) rein d.i. noch mit keiner Warnehmung (empirischer Vorstellung mit Bewußtsein) bemengt ist ist der Act wodurch das Subject sich selbst zum Object macht metaphysisch
Der Act: Ich denke mich selbst ist blos subjectiv: ich bin mir selbst ein Gegenstand der Apprehension« (II, 79,16).

Für (4) und (5):

»Subjective Erscheinung die vor der objectiven, die indirecter die vor der directen vorhergeht, und den Raum zum Gegenstande der Erfahrung macht.« (339,26)

Für (7), (8), (9), (11) und (12):

»Erscheinung von einer Erscheinung ist das wodurch das subjective objectiv gemacht wird weil es a priori vorgestellt wird.« (363,24)

»Aber diese Zusam̄enstellung (coordinatio) ist selbst wiederum nur Erscheinung folglich nichts weiter als Erscheinung von der Erscheinung d.i. Vorstellung des Formalen wie das Subject sich selbst nach einem Princip afficirt und sich als selbstthätig Object ist welches nicht wiederum empirische Vorstellung des Gegenstandes und Erscheinung sondern Erkentnis a priori des Sin̄engegenstandes ist, nach welcher das Subject aus diesem Inbegriffe nicht mehr zur Aggregation aushebt als es selbst für den Verstand hinein gelegt hat« (333,28).

Insbesondere für (12) (aber auch für 17):

»Das subjective Princip der Zusam̄ensetzung empirischer Vorstellungen in einem Aggregat der bewegenden Krafte der Materie des Korpers vor dem System derselben ist blos formal und Erscheinung mithin geht es a priori vorher die Einnehmung (occupatio) aber des Raums ist selbst nichts weiter als Erscheinung ihrer Coexistenz und da diese Aufsam̄elung des im Raum Aggregierten reale Beziehung auf den Körper durch Einwirkung auf dessen Organ ist Erscheinung von der Erscheinung.« (334,20)

Für (8), (11) und (15):

»Die Erkentnis der bewegenden Kraft in der Erscheinung im Raum gegen die bewegende Kraft an sich selbst. – Erscheinungen von der Erscheinung da das Subject vom Object afficirt wird und sich selbst afficirt und ihr selbst eine Bewegung in der Erscheinung ist. Die indirecte bewegende Kraft des äußeren Sin̄es in der Naturforschung da das Subject diejenige Bewegung selbst macht und verursacht durch welche sie afficirt wird und a priori in das Subject hineingelegt was es von aussen empfängt und sich selbst bewegend ist« (321,16; Adickes korrigiert »sie« zu »es afficirt wird«).

»Die subjective indirecte Erscheinung da das Subject ihm selbst ein Gegenstand der empirischen Erkentnis ist u. doch zugleich sich selbst zum Gegenstande der Erfahrung macht indem es sich selbst afficirend das phaenomen eines Phänomens ist.« (373,30)

Für (3) und (10):

»Die Physik hat es hier mit Erscheinungen von Erscheinungen zu thun und die Principien von jener müssen a priori durch Eintheilung classificirt werden koñen so wohl in Ansehung der Objecte (z.B. organischer) als auch des bewegenden Subjects.« (319,29)

Für (6), (13) und (14):

»1. Directe Erscheinung, 2. indirecte der Erscheinung der Erscheinungen in einem System welche die Sache selbst darstellt.« (327,25)

»Aber indirecte Erscheinung d.i. Erscheinung der Erscheinung im empirischen Erkentnis der Auffassung der bewegenden Kräfte ist wiederum in der Erfahrung die Sache selbst.« (339,7)

»(Die Erscheinung von der Erscheinung in der Verknüpfung des Mannigfaltigen gedacht ist der Begriff des Gegenstandes selbst.)« (325,21)

(Auch für 10):

»Da ist aber die Verknüpfung des Mannigfaltigen der Warnehmung selbst wiederum dem Subject blos Erscheinung dem Objecte nach aber Erscheinung von der Erscheinung und darum der Erfahrungsgegenstand selbst woraus dann die Möglichkeit a priori des Überganges von den Met. A. Gr. der NW. zur Physik mit den Warnehmungen der Gegenstände als zum System gehörend und die Moglichkeit einer Physik erklärt wird.« (364,8)

Für (15), (16) und (17):

»Deñ Erscheinungen koñen allein a priori gegeben werden und Erscheinung von Erscheinungen gedacht sind die Objecte der Siñe« (328,19).
»Die Amphibolie der Reflexionsbegriffe: das, was blos als in der Erscheinung gültig ist für Object an sich zu nehmen und umgekehrt verstattet in der Physik den Unterschied der directen und indirecten phaenomene; der Erscheinung der ersten Ordnung und der Erscheinung der zweyten (von der Erscheinung)
Weñ nicht Erscheinungen im Raum u. Zeit sondern Raum u. Zeit selbst als Erscheinungen u. Siñenobjekte gedacht werden u. bewegende Kräfte der Materie als Wirkung dieser Kräfte aufs S u b j e c t. Erscheinung von der Erscheinung.

Subjective Erscheinung die vor der objectiven, die indirecte die vor der directen vorhergeht, und den Raum zum Gegenstande der Erfahrung macht.« (339, 26)

Für (3), (10), (11) und (18):

»Physik ist die Wissenschaft der Principien der Moglichkeit der Erkentnis der Gegenstände der Erfahrung entweder der unmittelbaren oder der Erfahrung von der Erfahrung die letztere ist die welche die subjective Principien enthält d.i. erstlich in einem Aggregat zweytens in einem System der Warnehmungen bey welchem die Gegenstände nur noch in der Erscheinung (wie das Object afficirt wird) nachgesucht werden; in der zweyten als einem Inbegriff der empirischen Erkentnis selbst (Tendenz zur Physik).« (455, 8)

Ähnliche Belege werden unten (§ 7) aus II, 370–371 zitiert. Das letzte Zitat geht über die Frage der indirekten Erscheinung hinaus, wird aber hinzugefügt, weil es die Beziehung erläutert, in der sich jener Begriff mit der Begründung der Physik befindet.

5. *Warum »Erscheinung einer Erscheinung«?*

Wir sind jetzt imstande, die eigentliche Bedeutung der indirekten Erscheinung zu untersuchen. Zunächst wollen wir uns fragen, ob sie eine *unabhängige* Vorstellung, d.h. eine besondere Art von Erscheinung ist, die sich *neben* die Erscheinung erster Ordnung gesellt. Können wir auf sie, wie auf einen Gegenstand, mit dem Finger zeigen und sagen: *Hier ist* eine E. einer E.? Oder handelt es sich um eine bloße »Vorstellungsart» (550,19), die eine *immanente*, allerdings unentbehrliche Funktion jeder Erscheinung ausmacht? Da die »E. einer E. im empirischen Erkenntnis der Auffassung der bewegenden Kräfte (...) die Sache selbst« (339,10) bzw. »der Erfahrungsgegenstand« (364,8) ist, scheint die erste Alternative vorzuziehen zu sein. Aber »die E. einer E. in der Verknüpfung des Mannigfaltigen gedacht« wird auch als »der Begriff des Gegenstandes selbst« bezeichnet (325,21), und der *Begriff* an und für sich, d.h. ohne Beziehung auf die Anschauung, macht keinen selbständigen Gegenstand aus. Und wie kann überhaupt eine Erscheinung, die als »indirekte« angesehen wird, einen selbständigen Gegenstand darstellen? Außerdem scheint der Terminus »E. einer E.« ausdrücken zu wollen, daß diese Erscheinung (zweiter Ordnung) einer Erscheinung erster Ordnung zugeordnet ist, sonst wäre der Genitiv schwer zu verstehen. In dieser Hinsicht scheint es sich bei der »E. einer E.« nicht um ein *Objekt*, sondern vielmehr um eine *Funktion* zu handeln.

Man könnte der Versuchung unterliegen, die Situation mit dem Beispiel der KV zu vergleichen, in dem man die Farben des Regenbogens »bloße Erscheinung bei einem Sommerregen« nennt, »diesen Regen aber die Sache an sich selbst, welches auch richtig ist, so fern wir den letzten Begriff nur physisch verstehen« (A 45, B 63). Diese Analogie würde dennoch m.E. irreführend sein, denn in jener Perspektive müßten eher die *Farben* als Erscheinung zweiter Ordnung angesehen werden. Eine Erscheinung jedoch, die ebenso »direkt« wie die erster Ordnung wäre. Die »E. einer E.« ist zwar eine sinnliche Zusammensetzung aber kein sinnliches *Bild*. Will man in der KV nach einer Analogie suchen, dann muß man vielmehr an das transzendentale Schema der Analytik denken, das »in gar kein Bild gebracht werden kann«, sondern »ein Produkt und gleichsam ein Monogramm der reinen Einbildungskraft« ist, »wodurch und wonach die Bilder allererst möglich werden« (A 142, B 181).

Es ist wahrscheinlich kein Zufall, daß der Schematismus, der im X. Konv. zum ersten Male in II, 331,13 erwähnt wird, in den Bögen des XI. Konv. später viel häufiger zur Sprache kommt, nachdem der Ausdruck »E. einer E.« verschwunden ist. Man darf sogar sagen, daß er jenen Begriff vorteilhaft *ersetzt*. Der Schematismus antwortet nämlich auf die Frage »1) Was ist Physik? 2) Was ist Übergang von den metaphysischen A. Gr. der Nat. W. zur Physik (...) 3. Wie ist dieser Übergang (...) möglich? (durch den Schematism der Urtheilskraft) durch die Principien der Subsumtion der Erscheinungen unter das Gesetz der Warnehmungen« (II, 491,3). Erst das Schema macht das System der Physik möglich:

»Es giebt eine Philosophie (und diese ist die Metaphysik) welche die Mathematik blos als Instrument braucht um die empirische Siñenvorstellungen (nach) einem Princip a priori (also nicht wiederum selbst empirisch) unter zu ordnen und welche den Schematism der Reflexionsbegriffe zuerst in einem

System darzustellen die reine Anschauungen (der Form nach) classificirt und zwar a priori.« (II, 490,22)

Trotz der syntaktischen Unordnung ist zu verstehen, daß das Schema die indirekte Erscheinung in ihrer Funktion ersetzt hat:

»Corollar. Man kañ nicht durch Stoppelung (compilando) d.i. durch eine Aggregation der Warnehmungen ohne ein Princip a priori Erfahrung zusam̃ensetzen sondern die Möglichkeit der Erfahrung überhaupt nämlich eine solche zu haben bedarf eines Schema der Zusam̃ensetzung empirischer Anschauungen welches die Erscheinungen in einer durchgängigen Bestim̃ung des Objects praedeterminirt« (II, 510,15).

Als Vorbedingung jeder Physik ermöglicht somit das Schema dieselbe Zusammenstellung *(coordinatio)* der Erfahrung, wie wir sie bei der »E. einer E.« kennengelernt haben, allerdings mit einer mathematischen Ausstattung, die die bloße Koordination scheinbar nicht besaß:

»Die metaphysische A. Gr. gehen vor den mathemat. vorher. Diese geben in Vereinigung mit jenen den Schematism der Urtheilskraft nach dem Verhältnis der empirischen Anschauung des Raumes u. der Zeit. – Das Selbstbewußtseyn der Zusam̃enstellung des Manigfaltigen der Anschauung in demselben als eines continuum geschieht a priori und der Verstand schreitet hiemit über zur Erfahrung nicht als einem Aggregat der Warnehmungen sondern nach einem Princip a priori Erfahrung zu machen welche nur Eine seyn kañ.« (II, 484,11)

Anhand eines indirekten Verfahrens hatte der Schematismus das Problem der KV gelöst (s.o. Kap. I), aber die Anwendung desselben Verfahrens auf die *spezielle* Physik kann nicht durch eine einfache *Erweiterung* erfolgen. Der »Schematism des Systems der bewegenden Kräfte so fern es a priori gedacht werden kañ« (II, 265,25) ist mit dem »Schematismus der reinen Verstandesbegriffe« schon deswegen nicht identisch, weil es sich nicht mehr um *reine* Verstandesbegriffe (die Kategorien) handelt, sondern um Begriffe, die wir selbst *bilden* – von den ursprünglich bewegenden Kräften über den Organismus bis endlich zu den »Ideen« des I. Konv. Die »E. einer E.« deckt nur *den ersten und für die Physik wichtigsten Teil* dieses Umfangs, das Ganze

»der bewegenden Kräfte conform der Einheit des Raumes und der Zeit wodurch das analytisch dem Begriffe nach synthetisch in der empirischen Anschauung verbunden wird« (II, 338,17). In diesem, aber auch nur in diesem Sinne, ist die »E. einer E.« mit dem Schema der KV vergleichbar, denn die »E. einer E.« stellt als »Verbindung des Manigfaltigen der Warnehmung« (II, 305,18) jenes spezifische *Werkzeug* des Naturforschers dar, das die Erfahrung *einheitlich* macht.

Ein ähnliches Werkzeug lag schon in der KV vor: der »vorher entworfene Plan«, mit dem der Naturforscher die Natur wie ein Richter befragt und »die Zeugen nötigt auf die Fragen zu antworten, die er ihnen vorlegt«. Im Kommentar über »diese dem Naturforscher nachgeahmte Methode« hebt Kant hervor, daß sich »zur Prüfung der Sätze der reinen Vernunft (...) kein Experiment mit ihren Objekten machen (wie in der Naturwissenschaft)« läßt. »Also wird es nur mit Begriffen und Grundsätzen, die wir a priori annehmen, tunlich sein, indem man sie nämlich so einrichtet, daß dieselben Gegenstände einerseits als Gegenstände der Sinne und des Verstandes für die Erfahrung, andererseits aber doch als Gegenstände, die man bloß denkt, allenfalls für die isolierte und über Erfahrungsgrenze hinausstrebende Vernunft, mithin von zwei verschiedenen Seiten betrachtet werden können« (B XVIII, Anm.). Dieser »doppelte Gesichtspunkt«, der hier nur in Hinsicht auf das »Experiment der Dialektik« herangezogen wird (um zu beweisen, daß wir »von den Dingen nur das a priori erkennen, was wir selbst in sie legen«; B XVIII), *tritt im OP erneut auf*, diesmal aber mit einer viel größeren Tragweite. Die Gegenstände werden einerseits »als Gegenstände der Sinne« andererseits »als Gegenstände, die man bloß denkt« angenommen. Aber letztere sind nicht in Bezug auf eine »isolierte und über Erfahrungsgrenze hinausstrebende Vernunft«, sondern »zum Behuf der Erfahrung« gedacht. So erhält das »Gerichtsexperiment« einen neuen, unerwarteten Sinn.

Die Lage hat sich jedoch nicht *grundsätzlich* geändert, denn auch »der Schlüssel zur Eröffnung der Pforte zum Ubergange« liegt darin, »nicht aus der Erfahrung empirisch sondern für die Erfahrung, a priori, das Mannigfaltige der Erscheinungen durch den Verstand für die Physik (...) nicht fragmentarisch aufzufassen sondern nach Begriffen zu einem Ganzen welches er selbst macht nämlich einem Erfahrungsprincip zu constituiren« (II, 393–94). Das Problem ist im Grunde dasselbe wie in der KV geblieben, hat sich jedoch offensichtlich vertieft. *Welcher Art* sind die Fragen, die ein »Richter« der in den Zeugenstand gerufenen Natur stellt, daß sie mit »Ja« oder »Nein« beantwortet werden können? Und was kann überhaupt der Nutzen eines Verfahrens sein, in dem der Zeuge nur das vorbringt, was der Richter ihm in den Mund gelegt hat? Solange Richter und Vernunft zusammenspielen, war dieses »in den Mund legen« verständlich; der Schematismus der reinen Verstandesbegriffe bedingt (indirekt) die Antworten der Natur (die deswegen a priori vorausgehen können). Aber jetzt werden die Fragen von *einzelnen Forschern* gestellt, deren Neugierde sich nicht mehr auf die Natur überhaupt, sondern auf spezifische Grundzüge der empirischen Natur richtet. Würden diese Richter, wie zuvor die Vernunft, aus der Natur nur das Echo ihrer eigenen Fragen vernehmen, so wäre es unvermeidlich, daß die Antworten entweder ganz leer oder bloß subjektiv im empirischen Sinn wären. In diesem Dilemma kommt die »indirekte Erscheinung« zu Hilfe:

»Empirisch die bewegende Kräfte der Materie aufzufassen und fragmentarisch zu sam̄eln kan̄ keine Physik als Wissenschaft begründen vielmehr muß sie als ein Ganzes nicht als Aggregat (sparsim) sondern als System (coniunctim) nach einem Prinzip a priori welches die Zahl und Ordnung derselben bestim̄t aufgestellt werden kön̄en welches nicht anders geschehen kan als daß nicht was wir aus dem Aggregat der Warnehmungen ausheben sondern was wir zum Behufe der Möglichkeit der Erfahrung (folglich nach einem formalen Princip) hineinlegen bringt diese Wissenschaft zu Stande in welcher die Naturforschung (durch Observation und Experiment) von der Erscheinung der Erscheinungen und so nach einem Princip a priori ausgeht (...)« (II, 322,9)

Die Erscheinung erster Ordnung (Wahrnehmung) wird nämlich nicht nur von der allgemeinen und obligatorischen Verstandestätigkeit des transzendentalen Schematismus, sondern auch von einer subjektiven Zusammenstellung *(compositio)* bedingt. »Was wir zum Behuf der Möglichkeit der Erfahrung« hineinlegen, »bringt diese Wissenschaft zu Stande«, die »von der E. der E. und nach Principien a priori ausgeht«. Diesem Unterschied im Prinzip der Organisation der Wahrnehmungen entspricht ein Unterschied im organisierten Material. Das Material der Schemata der Verstandesbegriffe ist die formale Struktur der Anschauung (Raum und Zeit). Dagegen besteht das Material der indirekten Erscheinung aus (primitiv) bewegenden *Kräften*, die die Struktur des Raums derart »realisieren«, daß der Raum in diesem Fall nicht leere Form (die nicht empfunden werden könnte), sondern die *Form der Erfahrung* darstellt. In der KV war freilich auch von Schemata der »empirischen Begriffe«, wie etwa dem »des Hundes«, die Rede (A 141, B 180). Das Nachlaßwerk kann nun hilfreich sein, um letzten Endes zu verstehen, was Kant dabei meinte. Ein empirischer Begriff ist nicht ein aus der Erfahrung gezogener Begriff, sondern ein Begriff, den wir »künstlich machen«. Die »E. einer E.« ist mit dem Schema eines solchen Begriffs verwandt, denn in dem Maße, in dem es uns gelingt, Erfahrung zu vereinheitlichen, wird das Problematische unserer Vorschläge aufgehoben, das »cogitabile« wird zum »dabile« und gilt als »die Sache selbst«.

Der Alltagsverstand verhält sich in seiner spontanen Tätigkeit ähnlich wie die wissenschaftliche Naturforschung, dennoch mit einer Divergenz. In der alltäglichen Erfahrung werden nämlich die subjektiven Vorschläge (d.h. die »indirekten Erscheinungen«), mit denen wir einen Sachverhalt interpretieren, in die unmittelbare Wahrnehmung (Erscheinung erster Ordnung) völlig einbezogen. Im wissenschaftlichen Verfahren treten dagegen unsere Vorschläge als selbständige »Hypothesen« auf, die im Experiment auf die Probe gestellt werden. Das »Atom« war, z.B. noch zu Beginn unseres Jahrhunderts eine Hypothese, sobald aber genügend experimentelle Evidenz über eine Hypothese konvergiert, dringt dieses von uns zusammengesetzte »cogitabile« in die globale Einheit der Erfahrung ein und wird vom Wissenschaftler für »die Sache selbst« gehalten: eine Ur-sache, die die subjektiven Erscheinungen »verursacht«. Das gilt sowohl für das »Observieren« als auch für das »Experimentieren«. Wir bekommen aus der Erfahrung kein »rohes Material«, das erst nachträglich koordiniert wird, sondern die direkte Erscheinung ist immer schon, um es mit einem Worte N.R. Hansons zu sagen, »theoriegeladen«.

6. Eine Ungereimtheit der neuzeitlichen Philosophie wird behoben

In der Alltagserfahrung wäre es unmöglich, ohne eine philosophische Analyse eine indirekte Erscheinung zu entdecken. Bei den Objekten der Wissenschaft ist dagegen der indirekte Charakter ihrer Erscheinungsweise unbestreitbar und liegt sowohl der antiken Unterscheidung zwischen »Wahrheit« und »Schein« als auch der modernen Unterscheidung zwischen »primären« und »sekundären« Eigenschaften zugrunde.

Was in Kants Lehre der »doppelten« Erscheinung am meisten auffällt, ist die vollkommen überzeugende Erklärung des Umstands, daß der Wissenschaftler die indirekte Erscheinung für »die Sache selbst« hält, also für die objektive Wirklichkeit, die unsere sinnlichen Eindrücke »verursacht«. Der Naturforscher bildet damit eine »Welt 2« (wie Popper sagen würde), welche einen besonderen ontologischen Status besitzt. Sie ist kein »Ding an sich«, d.h. kein von unserem Erkenntnisvermögen überhaupt unabhängiges Ding, sie fällt aber auch nicht mit der Erfahrungswelt zusammen. Sie ist, so Kant, »dem Subject blos Erscheinung, dem Object nach aber Erscheinung von der Erscheinung und darum der Erfahrungsgegenstand selbst« (364,6), also eine »reale Beziehung auf den Körper durch Einwirkung auf dessen Organ« (334,25). Diese »Beziehung auf den Körper« und diese »Einwirkung auf dessen Organ« werden vom Naturwissenschaftler als *eine* »physische« Wirkung unter vielen anderen betrachtet, aber für den Transzendentalphilosoph verhält sich die Sache anders: »Die Erscheinung der Erscheinungen, wie nämlich das Subject mittelbar afficirt wird ist metaphysisch wie das Subject sich selbst zum Object macht« (326,5). Sie ist die »Erscheinung des sich selbst afficirenden Subjects« (367,15), »das empirische Bewustseyn seiner Selbst als coordination der Warnehmungen nach der Form moglicher selbstgemachter Erfahrung um eine Physik hervor zu bringen« (350,24).

Mit anderen Worten: die philosophische Einsicht Kants ersetzt die vom Naturwissenschaftler gebrauchten Kategorien der *Kausalität* zwischen den Erscheinungen zweiter Ordnung (Welt 2) und denen erster Ordnung (direkte Erfahrung) durch eine transzendentale Beziehung der zufolge das *cogitabile* zum *dabile* wird. Jene Objekte, die der Physiker »für die Sache selbst« hält und die im empirischen Sinne sicherlich keine »direkte Erscheinung« sind, gehören jedoch zur Erscheinung gewißermaßen als Mittel, um sie innerhalb der einheitlichen Erfahrung zu denken.

Es wäre in der Tat völlig ungereimt, eine subjektiv-formale Konstruktion (wie die der indirekten Erscheinung) für die »Ursache« einer Wirkung zu halten, die sich wiederum als »subjektiv«, aber in einer ganz anderen Bedeutung vorstellt (nämlich als empirische Empfindung). Die physikalische Auffassung begeht hier eine μετάβασις εἰς ἄλλο γένος, die sich nur deswegen in die Wissenschaft einschleicht, weil man infolge der »Amphibolie« den formal-subjektiven Charakter der indirekten Erscheinung nicht erkennt. Nur solange man glaubt, »die Sache selbst« sei als Kombination empirischer Kräfte in der Erfahrung zu finden, nur solange man auch die subjektive Empfindung als ein empirisches Ereignis versteht, kann man eine Kausalverbindung zwischen diesen beiden »Tatsachen« vermuten. Kant zeigt aber, daß es so nicht sein kann. Die Zusammensetzungen der (primitiv) bewegenden Kräfte einerseits und die sinnlichen Eindrücke andererseits sind zwar beide »subjektiv«, aber in entgegengesetzter Bedeutung. Die erste wird von uns gedacht, die zweiten stellen den Inhalt einer Affektion dar. Sie dürfen also nicht als Ursache und Wirkung angesehen werden, so als ob sie zwei empirische Erscheinungen wären, wie z.B. der Stoß und das vom Stoß verursachte Geräusch.

Die Situation wird noch unübersichtlicher, wenn die »Zusammensetzung« die Form eines mathematischen Ausdrucks, z.B. einer Gleichung annimmt. Denn wie könnte eine Gleichung die *Ursache einer Empfindung* sein? In der Beziehung zwischen direkter und indirekter Erscheinung wird diese Ungereimtheit allerdings behoben, weil die Ursache, also die ursprüngliche Sache, die der direkten Erscheinung vorangeht und die vom Wissenschaftler als »die Sache selbst« angesehen wird, den Charakter eines empirischen Faktums völlig verliert, somit keine »Ursache« mehr im empirischen Sinne ist. Es handelt sich nicht darum, eine Kausalverbindung zwischen physischem Stimulus und psychischer Empfindung festzustellen, sondern die Einheit verschiedener transzendentaler Ebenen *vertikal* zu stiften, so daß die indirekte Zusammenstellung der direkten Wahrnehmung zwar »vorausgeht«, sie aber nicht etwa »verursacht«.

Was die verschiedenen transzendentalen Niveaus wie ein roter Faden durchzieht und verbindet, ist die Einheit der Erfahrung (unter ihren verschiedenen Aspekten), die die Möglichkeit, eine Erfahrung überhaupt zu »machen«, absolut bedingt. Wir werden uns mit dieser Einheit der Erfahrung und ihren verschiedenen Formen erst im nächsten Kapitel beschäftigen, aber wir können hier schon vorausschikken, daß sie kein *fait accompli* ist, sondern eine »Idee«, die nur eine fortschreitende Annäherung zuläßt. Da nun jedes »Denkbare«, das wir »zum Behuf« der Einheit der Erfahrung denken, erst in der »omnimoda determinatio« aller Dinge vollkommen *wirklich* wird, nimmt die »Existenz« solcher Gedankendinge, die wir denken, um die Einheit der Erfahrung herzustellen, den Charakter einer »Asymptote« an, also eines nie erreichbaren Grenzbegriffs. Dieser Sachverhalt wird in der folgenden Aussage des XI. Konv. deutlich: »Alle Erfahrung ist problematisch sie wird durch Warnehmung als Aggregat assertorisch. Nie aber ist die apodictisch« (II, 448,11).

Die E. einer E. wird also erst *am Ende* zu einer »Sache an sich selbst«. Sie nähert sich der Wirklichkeit asymptotisch und die Forschung muß verschiedene transzendentale Niveaus der Erfahrung durchlaufen, bis sie jenes Niveau erreicht, auf dem die Einheit der Erfahrung ihren Anspruch auf eine »omnimoda determinatio« – also auf Existenz – erheben kann.

7. Die neue »coniunctio«

Daß sich jene Koordination der Erfahrung, die Kant mit »E. einer E.« bezeichnet, auf alle Stufen der Erfahrung erstrecken soll, belegt die S. 2 des Bogens »M«, auf der die »E. von der E.« zum letzten Mal erwähnt wird. Wir zitieren drei Absätze dieser Seite mit den auf dem linken Rand hinzugefügten Bemerkungen ausführlich, um den Zusammenhang der indirekten Erscheinung sowohl mit der

Selbstaffektion als auch mit der Lösung des Grundproblems des Übergangs sichtbar zu machen.

»Was nur empirisch als Sinnenanschauung sich dem Erkentnisvermögen darbietet (dabile) dañ aber vermittelst der Abstraction von der durchgängigen Bestimung abgelöset Begriff wird (cogitabile) durch den Verstand im Allgemeinen folglich a priori denkbar (cogitabile) der Form der Zusamensetzung jenes Mañigfaltigen gemäs als erkeñbar (cognoscibile) und einem Gantzen der Siñenvorstellung nach einem Princip das fragmentarische der Warnehmungen als zu einem System derselben d.i. als zur Erfahrung überhaupt gehörend (omnimodo determinabile).
Es ist ein Unterschied dazwischen zu machen daß der Gegenstand der empirischen Anschauung zuerst in der reinen (Raum und Zeit) dem Gemüth a priori als Substrat der Zusamensetzung gegeben sey welches dadurch geschieht daß es als in der Erscheinung nach dem subjectiven Verhältnis der Warnehmungen als Manigfaltigen gedacht wird dañ aber auch wie das Subject sich selbst afficirend sein eigener Gegenstand ist und so als Erscheinung von der Erscheinung wird und so allein zur Einheit der Erfahrung.
Es ist also möglich und so gar nothwendig a priori für die Erfahrung Gegenstände der Warnehmungen durch die bewegende Kräfte der Materie als empirischer Vorstellungen in einem System aufzustellen d.i. der Ubergang von den metaphys. A. Gr. der NW. zur Physik ist moglich weil ohne dieselbe selbst der Begriff vom Nichtseyn der Materie (ihrer Aufhebung) unmöglich wäre.« (370–71)

Dieser Haupttext steigt in vier Stufen vom »dabile« bis zum asymptotischen »omnimoda determinatio« auf, d.h. bis zum neuen Begriff von Existenz, auf den wir hingewiesen haben. Der unten angeführte Nebentext (am linken Rand derselben Seite) beschäftigt sich mit der »widersinnischen« Aufgabe des »Übergangs zur speziellen Physik« und auch zur Physik der organischen Körper. Von den beiden Absätzen nimmt der erste den einleitenden »Topos« des Übergangs wieder auf und der zweite bezieht sich auf die in den »Beylagen« entwickelte Theorie der Selbstaffektion:

»Es ist widersinnisch: Es scheint gar unmöglich zu seyn das was nur durch Erfahrung gekañt werden kañ (empirice dabile) und zur Physik als dem Elementarsystem der bewegenden Kräfte der Materie in so fern Ursachen der

Warnehmung sind und die Eintheilung ein Gegenstand der Warnehmung der Erfahrung seyn kañ (empirice dabile) unter die Begriffe a priori zu stellen. Aber das Formale Princip der Möglichkeit der Erfahrung überhaupt das mit dem Begriffe der Möglichkeit vereinigter Warnehmungen im System einerley ist...« (bricht ab; 371,15).

Ausführlicher werden jedoch die vollständigen Merkmale des Begriffs »E. einer E.« auf S. 1 des Bogens »K« zusammengefaßt. Da hier seine Beziehungen zu den übrigen Teilen des Nachlaßwerks am deutlichsten hervorgehoben werden, geben wir den Haupttext ungekürzt wieder:

»Die Topik der bewegenden Kräfte der Materie welche mit Bewußtseyn verbunden die Warnehmungen als empirische Vorstellungen der Sinnenobjecte erwecken, begründet für sich allein noch nicht eine Erfahrung d.i. empirisches Erkentnis dieser Gegenstände sondern nur sie allererst in der Erscheinung nach der subjectiven Beschaffenheit der Anschauung derselben in so fern das anschauende Subject von jenen afficirt wird.
Nun ist aber auch die Form der Anschauung als Erscheinung das Einzige was a priori zum Behuf der Möglichkeit der Erfahrung also auch im Ubergange von den Metaph. Anf. Gr. der NW. zur Physik gegeben werden kañ und dessen Inbegriff das Elementarsystem derselben ausmacht. Also werden sich die empirischen Vorstellungen als Warnehmungen der Siñenobjecte an seinem eigenen korperlichen Subject in der Erscheinung auch als ein System welches sich a priori nach Art und Zahl specificiren läßt ausstellen und classificieren lassen, und einen Übergang von der Metaphysik der Natur zur Physik als einem Ganzen ausserhalb dem Subject welches ihm selbst Erscheinung ist an die Hand geben welches als Erscheinung einer Erscheinung a priori in einem System empirischer Erkentnis welche Erfahrung heißt den ersten Ubergang von der Metaph. der Naturwissenschaft zur Physik in einem Elementarsystem der bewegenden Kräfte der Materie an dem Subject als seinem eigenen Körper nach allen Functionen der fragmentarischen Aggregation des Mannigfaltigen in der Erscheinung in der Form eines Gegenstandes der Erfahrung darstellt.
Die Eintheilung der bewegenden Kräfte weñ sie nicht fragmentarisch (da sie gesetzlos seyn würde) sondern systematisch abgefaßt seyn soll kañ nach keiner anderen logischen Form als blos der der disjunctiven Urtheile wobey sie problematisch bleiben abgefaßt werden. – Es heißt also in einem Lehrsystem derselben was das Formale ihrer Zusamenstellung (coordinatio aut subordi-

natio) betrifft: alle Materie ist ihren bewegenden Kräften nach entweder ponderabel oder imponderabel u.s.w.
Die bewegende Kräfte kōnen und müssen demnach in einem Elementarsystem derselben welches zur Physik gehört und sie weñ die Form derselben in Ansehung ihrer Verbindung nach Principien dazu gedacht wird die Physik selbst als ihr Lehrsystem ausmachen. – Diese Kräfte als Gegenstände der empirischen Anschauung mit Bewußtseyn (Warnehmungen) kōnen wir nun Stoffe d.i. bewegliche Substanzen neñen welche theils ortverändernd (locomotiuae) oder auch an demselben Ort oder ihren Platz repercussorisch bewegend (interne motiuae) seyn (bases materiae)
Um a priori zu empirischen Erkentnissen und zu dem System derselben der Erfahrung zu gelangen muß das Subject vorher subjectiv das Verhältnis der bewegenden Kräfte gegen sich selbst in der Vorstellung des iñeren Siñes und in dem Aggregat der Warnehmungen desselben fragmentarisch auffassen und in Einem Bewußtseyn verbinden welches nicht durch Herumtappen unter Warnehmungen sondern systematisch dem Formale der Erscheinung des Manigfaltigen der Anschauung seiner Selbst geschehen kañ durch welchen Act der Zusam̄ensetzung (synthetice) es sich selbst nach einem Princip wie es sich selbst erscheint zum Object macht, wie es sich selbst afficirt und ihm selbst erscheint und aus der Anschauung (der empirischen) nicht mehr heraushebt als es hineingelegt hat.« (II, 356–358).

Der Absatz »Um a priori...« ist zwar am unteren Rand, jedoch in der Schrift des Haupttextes notiert. Dagegen ändert sich die Schrift des Nebentextes am rechten Rand: »Die Stoffe *(bases)* in der gegebenen Materie überhaupt lassen sich nicht a priori specificiren und classificiren Aber die bewegende Kräfte dieser Stoffe lassen sich in einer Eintheilung der mañigfaltigen Bewegungsart gar wohl aufzählen« (358,22). Der Inhalt dieser Passage kann folgenderweise zusammengefaßt werden:

Die »Form der Anschauung«, der Raum, wird als das Einzige vorgestellt, das zum Behuf der Erfahrung a priori gegeben werden kann; sie begründet die Selbstaffektion, in der das Subject sich selbst als Raum (Form der äußeren Rezeptivität) bestimmt, so die Erfahrung »macht« und anhand einer »E. einer E.« zur Physik fortschreitet. In dieser Konstruktion spielt der Körper des Subjekts, der selbst ein Erfahrungsgegenstand ist, eine wichtige Rolle. – Was nun das Formale der Konstruktion betrifft, so weist Kant auf die mehrmals dargestellten Einteilungen des Elementarsystems hin. Dieses Formale »enthält das Fortschreiten zum Materialen der bewegenden Kräfte zum Beruf der Erfahrung« (385,11), die deshalb »Stoffe d.i. bewegliche Substanzen« genannt werden (358,6). Erst am Ende der Darstellung wird die Selbstaffektion erwähnt, als jener Akt, mit dem sich »das Subjekt zum Objekt macht«. Das liefert den »Schlüssel« des Übergangs, nämlich den Beweis, daß wir aus der Erfahrung nur das »herausheben«, was wir selbst in sie gelegt haben.

Das einzige Vermögen, das diesen fortschreitenden Übergang bis zur »omnimoda determinatio« bewirken kann, ist der Verstand. Das Verfahren aber, durch welches der Verstand sich erneut als »Gesetzgeber der Natur« vorstellt, unterscheidet sich von dem der KV. Der Grundsatz, daß die »Verbindung *(coniunctio)* eines Mannigfaltigen (...) ein Actus der Spontaneität der Vorstellungskraft« ist, und daß »alle Verbindung, wir mögen uns ihrer bewußt werden oder nicht, es mag eine Verbindung des Mannigfaltigen der Anschauung oder mancherlei Begriffe (..) sein, eine Verstandeshandlung« ist (B 130), bleibt unberührt, aber die *Natur* dieser Verbindung ist nicht mehr dieselbe. Sie stellt jetzt eine *künstliche Zusammensetzung* dar, die schon bald (im Falle des Organismus) bis zur Willkür eines »Gedankendinges«, ja eines »Hirngespinstes« gelangen wird. Der Verstand stellt nicht nur die Verknüpfung eines anschaulich gegebenen Gegenstandes her, er »macht« gewisse Gegenstände selbst, wenn auch nur indirekt, denn »Erfahrung ist nicht eine blos n a t ü r l i c h e sondern k ü n s t l i c h e Aggregation der Warnehmungen. – Erfahrung ist nicht durch Siñe g e g e b e n sondern wird für das sinnliche Erkeñtnis gemacht« (II, 498,20). Obwohl also der Verstand auch im OP die Gegenstände nicht erschafft im Sinne einer *creatio*, so macht er sie doch, indem er sie »darstellt« *(exhibet)*. Diese Gegenstände sind nunmehr keine blossen Begriffe, sondern eine Art sinnlicher Erscheinung: »intellectus exhibet phaenomena sensuum« (343,12; vgl. S. 142).

Dabei nimmt der neue Schematismus, der indirekt die ganze Erfahrung bestimmt und nicht nur die allgemeinen Züge einer »Natur überhaupt«, auch den *vertikalen Zusammenhang* des intellektuellen mit dem anschaulichen Niveau in Anspruch. Es handelt sich um einen Zusammenhang, den die KV, wenn sie ihn überhaupt gekannt, als allzu »metaphysisch« abgelehnt hätte. Diese vertikale Verbindung soll nun im Rahmen der Theorie der *Selbstsetzung* ausführlich diskutiert werden.

VI

SELBSTAFFEKTION UND SELBSTSETZUNG

1. Spontaneität und Rezeptivität beim empfindenden Subjekt

Die »indirekte Erscheinung« ist eine Annahme, die der Alltagsverstand kaum akzeptieren kann. Ihm geht es vielmehr um den *empirisch existierenden* Gegenstand, der einen Reiz auf unsere Sinne ausübt und jene Empfindungen hervorruft, die den Gegenstand in unserem Erkenntnisvermögen repräsentieren. Das Gegenteil gilt für Kant. Die von einem Gegenstand ausgeübten Kräfte sind für ihn bloß »derivative« Kräfte, die der unmittelbaren Erfahrung angehören und indirekte Kräfte *voraussetzen*.

Diese Umdeutung des Wahrnehmungsprozesses tritt im OP als Theorie der »Selbstaffektion« auf, die jedoch die übliche Theorie der Affektion nicht ersetzen, sondern ergänzen will. Bei der Selbstaffektion handelt es sich um die empirische Affektion, die von einem transzendentalen Standpunkt aus betrachtet wird, denn sie ist die unentbehrliche Bedingung, um den Vorgang der Wahrnehmung bis zur zusammenhängenden Erfahrung zu verfolgen. Der sinnliche und rezeptive Charakter unserer Anschauung wird somit auch im OP nicht geleugnet, sondern um die neue Ansicht einer aktiven Komponente bereichert.

»Die Setzung und Warnehmung die Spontaneitat und Receptivitat das objective u. subjective Verhaltnis sind zugleich weil sie identisch sind der Zeit nach als Erscheinungen wie das Subject afficirt wird also a priori in demselben actus gegeben werden und zur Erfahrung fortschreitend sind als einem System der Warnehmungen.« (II, 466,16)

Die beiden Seiten der Affektion werden durch die reine Form der äußeren Anschauung (der Raum) vereinigt, die nunmehr über die reine Form der inneren Anschauung (die Zeit) herrscht, weil es hierbei um die Physik, also um die äußere Erfahrung geht. Der Raum als die Art und Weise, in der wir affiziert werden, wurde von mir (Kap. I,

§ 3) mit einem Bildschirm verglichen, der jedoch nicht auf dieselbe Weise wie ein technischer Apparat zu seinen Bildern kommt. Während ein solches Gerät rezeptiv ist dank seiner materiellen Beschaffenheit, hat die reine Form der Anschauung dagegen keine materielle Struktur, sondern gestaltet das Material selbsttätig als einen Akt des Subjekts, wenn auch in einer a priori festgesetzten Form (z.B. in den Dimensionen der »3 Abmessungen«; II, 13,30). Der Raum ist also nicht nur eine Form, sondern auch eine Tätigkeit, »eine Vorstellungsart die dem Subjekt zusteht« (I, 550,5): »eine Anschauung: nicht etwas was ausgeschaut wird« (II, 442,19). Raum und Zeit sind »ein Product des Vorstellungsvermögens als Selbstthätigkeit (Spontaneitas nicht Receptivitas)« (II, 42,16). Darum ist der Raum nicht nur für die Erkenntnistheorie, sondern auch für die Physik grundlegend:

»Der Raum ist zwar blos die Form der äußeren Anschauung und das Subjective der Art äußerlich afficirt zu werden aber er wird doch als etwas äußerlich gegebenes betrachtet als reales Verhältnis in so fern es als ein Princip der Möglichkeit der Warnehmungen gedacht werden muß aber doch der Erfahrung vorhergeht.« (II, 524,1)

Im Raum entwickeln sich einerseits Wirkungen und Gegenwirkungen der bewegenden Kräfte, die die Erfahrung »materialiter spectata« ausmachen. In demselben Raum vollziehen sich andererseits die Bewegungen unseres eigenen Körpers, mit denen wir diejenige Erfahrung direkt »machen«, die indirekt aus »Erscheinungen einer Erscheinung« besteht. In der Räumlichkeit unseres Körpers treffen also die beiden Aspekte der Affektion zusammen, der physische Aspekt der Kräfte, die sich mit dem Leib in Wechselwirkung befinden, und der transzendentale Aspekt der Selbstaffektion. Da Kant den ersten Aspekt auf den zweiten zurückführen will, kommt dem Leib des erkennenden Subjekts im OP eine besondere Bedeutung zu, auf die Kurt Hübner (1951) in seiner Dissertation aufmerksam gemacht hat. Auch Lehmann (1954) hat darauf hingewiesen, daß jene »Entsprechung« bzw. »Korrespondenz«, die den Leib des Subjekts realisiert, »ein *Motiv*terminus« des ganzen OP ist (S. 380).

Zunächst einmal entsprechen sich die Bewegungen, die Aktionen und Reaktionen der äußeren Gegenstände und der empfindenden

Körper, die die Umgebung »ertasten«. »Die Warnehmung der Stoffe z.B. in der Betastung und allen übrigen Berührungen der Sin̄enorgane macht ein System der subjectiven empirischen Vorstellung« (II, 339,10), denn »alle Wahrnehmungen sind Wirkungen des Einflusses der bewegenden Kräfte der Materie auf das Subject und die Sin̄e desselben« (II, 389,5):

»Der Einflus des Subjects auf den äußeren Gegenstand und die Reaction des letzteren aufs Subject machen es möglich die bewegende Kräfte der Materie u. also auch diese selbst in Substanz zu erken̄en u. für die Physik aufzustellen. (...) Mit den innerlich bewegenden Kräften der Empfindung und der Reaction des Subjects auf sich selbst ists eben so.« (II, 494,10)

Tiefer geht dann die Korrespondenz zwischen der passiven und der aktiven Seite der Affektion, d.h. zwischen den Eindrücken überhaupt (die die mechanischen Kräfte ausüben) und den »Erscheinungen einer Erscheinung«, die das Subjekt selbst durch eine Zusammenstellung von dynamischen Kräften im Raum konstruiert (s. II, 334,20). Die Korrespondenz des physischen und des transzendentalen Aspekts der Affektion macht schließlich die Lösung der »befremdlichen« Aufgabe des Übergangs möglich, weil die Selbstaffektion die Wahrnehmungen (wenn auch nur problematisch) *antizipiert*: »Der Act durch welchen das Subject sich selbst in der Warnehmung afficirt enthält das Princip der Möglichkeit der Erfahrung« (II, 387,26):

»In Ansehung der Materie und ihrer das Subject äußerlich afficirenden mithin bewegenden Kräfte sind die Warnehmungen selbst an sich bewegende Kräfte mit der Rückwirkung (reactio) verbunden und der Verstand anticipirt die Warnehmung nach den einzig/moglichen Formen der Bewegung (...) So erhellet die Möglichkeit ein System empirischer Vorstellungen a priori zu errichten was sonst unmöglich zu seyn schien und die Erfahrung quoad materiale zu anticipiren« (II, 502,3).

»Es ist befremdlich; es scheint gar unmöglich zu seyn das was auf Wahrnehmungen (...) beruht a priori darstellen zu wollen z.B. den Schall, das Licht, die Wärme welche ins gesam̄t das Subjective der Warnehmung d.i. der empirischen Vorstellung mit Bewußtseyn ist mithin kein Erkentnis eines Objects bey sich führt; und doch ist dieser Act des Vorstellungsvermögens nothwendig. Den wen̄ diesem nicht ein Gegenact des Objects correspondirte so wür-

de jenes keine Warnehmung des Gegenstandes durch die bewegende Kraft desselben erhalten welche doch hier vorausgesetzt wird.
Die Receptivität Siñenvorstellungen zu haben setzt also eine relative Spontaneität voraus indirect Warnehmungen in sich selbst zu wirken und die Möglichkeit a priori. – Die Erfahrung ist nicht das Mittel sondern der Zweck der Erkentnis der Siñenobjecte in ihren bewegenden Kräften.« (II, 493,4)

So scheint das Problem der Physik durch einen mutigen Eingriff in die Selbsttätigkeit des Subjekts gelöst. Diese Lösung muß jedoch mit äußerster Vorsicht angegangen werden, will man die Kantische Auffassung nicht verfälschen.

2. *Gedanken als »Kräfte«*

Das Zusammenfallen des physischen mit dem transzendentalen Aspekt der Affektion, das Kant mit dem Ausdruck »Sich selbst afficirend äusserlich afficirt« recht drastisch festhält (II, 401,30), gründet sich auf die Ambivalenz des Terminus »bewegende Kraft«, die jedoch keineswegs im Sinne von Zweideutigkeit mißverstanden werden darf. Die Kraft, mit der das Subjekt sich selbst affiziert, ist nicht dieselbe wie jene, die in der Umwelt physisch wirkt. Sie muß allerdings mit ihr verwandt sein, denn sonst könnten die innere und äussere Affektion nicht sachlich identifiziert werden. Die im Sinne des OP »dynamischen« Kräfte, die zum Behuf der Erfahrung gedacht werden, sind als solche ein *cogitabile*, die Kraft dagegen, die unsere Empfindung erregt, ist ein *dabile*, nämlich der Grund, auf dem die Möglichkeit beruht, daß uns etwas gegeben wird: »Das Denkbare *(cogitabile)* ist im Bewustseyn seiner selbst enthalten und ist Gegenstand der Apperception. Das Spührbare *(dabile)* ein Gegenstand der Warnehmung gehört zur Apprehension. Das Formale der letzteren insofern es a priori für die Siñenvorstellung als Princip gegeben ist, ist Raum und Zeit« (II, 90,6).

Wie kann aber das Denkbare zum Spürbaren werden? Dasjenige, was »das *cogitabile* zum *dabile* macht«, ist der Verstand: *»intellectus exhibet phaenomena sensuum«* (II, 343,12). Aber das Produkt der Verstandestätigkeit ist im Falle der Selbstaffektion kein *reiner* Begriff, der selbst einer Exhibition bedürfte, und auch kein Schema eines reinen Begriffes. Der Verstand ist hier nur in Verbindung mit *allen* übrigen Erkenntnisquellen wirksam:

»Der Siñ fühlt (empfindet) die Einbildungskraft bildet (fingit) thut sie dieses a priori nach einem Princip so heißt es sie dichtet (Anticipation der Erfahrung)
Erfahrung ist ein Verstandes/Begriff von der Zusam̃ensetzung der Erscheinungen nach einem Princip der Afficirung der Siñe (welches subjectiv ist und eben dadurch objectiv gemacht wird) nach den Categorien« (II, 476,25).

Solche Durchquerung der verschiedenen Erkenntnisschichten treffen wir in einem bestimmten Kontext des OP häufig an. Es scheint fast so, als ob jene Deduktion »von Unten auf« (A 98 bis A 114) wieder auftauchte, die Kant in der 2. Auflage der KV als nicht genügend formal doch beiseite gelassen hatte. Jetzt ist der vertikale Zusammenhang der Erkenntnis wieder interessant geworden, weil das Subjekt seine Tätigkeit auf allen Ebenen (vom unmittelbar »Spürbaren« bis zur asymptotischen »Einheit der Erfahrung«) entfaltet. Diesen Sachverhalt legen einige Äußerungen des X. und XI. Konv. ausdrücklich nahe, noch bevor die Lehre der Selbstsetzung den Grund für eine »senkrechte Komposition« des Subjekts liefert. Man vergleiche nur II, 370,20 und die folgende Passage vom Bogen »B«:

» Das Empfindbare in der Erfahrungsvorstellung (sensibile) ist der Stoff für die Physik daraus die Erfahrungserkentnis nach einem formalen Princip durch Beobachtung und Versuch der Naturforschung (observatio et experimentum) allererst gebildet werden muß. Das Denkbare in derselben (cogitabile) ist aber nicht schlechthin (absolute tale) für die Physik sondern nur bedingterweise (hypothetice tale) Leitfaden der Naturforschung welche ohne ein Ganzes ihres Objects und Gesetzen der Verknüpfung dieser Siñenvorstellungen a priori vorzuzeichnen kein System Physik genañt seinem Umfange und Inhalte nach ausstellen kañ. – Aber die Beschaffenheit eines Subjects der bewegenden Krafte welches nur durch Verstand im System derselben als gesetzlichen Naturbestim̃ungen einen Begriff von jenen Objecten haben kañ enthält schon identisch (durch ein analytisches Princip) den Begriff von einem solchen Ganzen der äußeren Siñenobjecte in sich deñ ohne jene Regel u. Ordnung würden wir von ihrem Daseyn nichts wissen« (II, 320–321).

Die »Korrespondenz« zwischen der transzendental-subjektiven und der empirischen Seite der Erfahrung durchdringt *alle Stufen der Erkenntnis*, die sich dadurch gewissermaßen verdoppeln. Wir haben schon die Unterscheidung der beiden Arten von Kräften (mechanisch und dynamisch) in den »Einleitungen« des Elementarsystems kennengelernt. In der unten angeführten Passage (II, 299,12) und anderswo treffen wir auf eine komplizierte Unterscheidung, die den vier Titeln der Kategorien folgt, und zwar bis zum Titel der Modalität, wo die »durchgängige Bestimmung« der Erfahrung ihren Platz hat. Das erfolgt nicht aus bloß formalen Gründen, sondern vor allem um eine ausführliche Darlegung der verschiedenen Aspekte zu geben, unter denen die *Kraft* auf jedem der Niveaus erscheint. Dieses Verfahren schwebt natürlich immer in der Gefahr, daß wir das, was wir selbst in die Vorstellung hineinlegen, mit dem verwechseln, was wir aus ihr herausziehen. Die »Amphibolie der reflektierenden Urtheilskraft« wird daher ziemlich kompliziert. Kant spricht nun von »vier Amphibolien« (II, 285,25), die den vier »Eintheilungen« der neuen »Topik der bewegenden Kräfte« (II, 299,9) entsprechen:

»Es ist eine Amphibolie der Begriffe von bewegenden Kräften weñ was dynamisch in Ansehung der dadurch erzeugten Bewegungen sollte verstanden werden mechanisch verstanden und erklärt wird und umgekehrt da doch die Möglichkeit der Maschine als eines festen Körpers das dynamische Bewegungsprinzip seiner Moglichkeit halber voraussetzt. – Alle organische Körper sind Maschinen u. starr (rigidae). Es sind 4 Amphibolien welche die bewegende Kräfte synthetisch u. a priori nach Verstandesbegriffen nicht nach Erscheinungen aufstellen« (II, 285,14).

Die entsprechende »Eintheilung« lautet:

»Die erste ist in die der Materie und der Körper nach ihren bewegenden Kräften. Deñ *Materien* zu denken ist ungereimt und es kañ zwar Verschiedenheit der Basis der Kräfte derselben als so viel Stoffe geben allein nicht mehr als eine allgemein bewegende Kraft. Weil mit der Einheit des Raums in dem Verhältnis der Vereinigung der Bewegung auch Einheit der verbindenden Kräfte in demselben synthetischen Begriffe enthalten ist.

Die zweyte Eintheilung ist die des Formalen der bewegenden Kräfte. Mechanisch oder dynamisch nämlich vermittels anderer Körper als Maschinen oder unmittelbar.

Die dritte ist die der organisirten und organisirenden Materie welche auf einem objectiven Prinzip der Zwecke in der Leben enthaltenden Natur sich fortpflanzend und ihre Specis beym Untergange der Individuen pereñirend macht
Die Vierte ist die welche auf der Willenskraft beruht und das Geschopf als Intelligenz zu den bewegenden Kräften der Natur zählt« (II, 299,12).

In diesem Kontext ist der Begriff der »bewegenden Kraft« allumfassend geworden. Er schließt die gesamte Transzendentalphilosophie ein, die sich auf diese Weise mit sämtlichen Stufen der Erfahrung deckt. »Zu den bewegenden Kräften gehört auch der Verstand des Menschen« (II, 510,25), sowie die »organisirende« Kraft der Lebendigen und die »Willenskraft des Geschöpfs als Intelligenz«. Terminologisch könnte diese Klassifikation als Fehlgriff angesehen werden, weil die ursprüngliche klare Zweiteilung in primitive und derivative Kräfte (die sich mit dem *cogitabile* bzw. *dabile* decken) einer betrüblichen Vieldeutigkeit Platz macht. Aber jenseits der terminologischen Verwirrung ist die Absicht Kants unmißverständlich. Er will die »Einteilung« zwischen dem, was wir in die Erfahrung *hineinlegen*, und dem Erfahrungsgegenstand, der uns *gegeben* wird, so weit wie möglich ausnutzen. Die Unterscheidung entstammt ja der Einteilung in dynamische und in mechanische Kräfte. Sie erhält ihren ontologischen Status anhand des Ätherbeweises, nämlich an derjenigen Stelle, wo der Unterschied zwischen dem Äther als hypothetischem Stoff *(hypothetice cogitabile)* und dem Äther als a priori gegebene Materie *(absolute cogitabile)* zum »Leitfaden der Naturforschung« gemacht wird (s.o. II, 331,5). Eine entsprechende Einteilung wird dann auf die »doppelte Stufung der Erscheinung« angewandt und entfaltet schließlich ihr ganzes Potential in der Selbstsetzung. Wir werden bald ihre Anwendung auch auf »Ideen« wie die des Organismus oder sogar auf die »Idee Gott« kennenlernen. Diese Ideen werden Kant zufolge gänzlich von uns »gemacht« und schließen trotzdem jede Möglichkeit einer Konstruktion aus!

Die Selbstaffektion übernimmt bei diesem Vorgang eine zentrale Rolle. Sie weist nämlich darauf hin, daß im Falle des Gegebenen, d.h. des Erfahrungsgegenstandes, *alles* von uns gemacht wird (»wir machen alles selbst«), obwohl unsere Anschauung, d.h. unsere direkte

Beziehung auf das Objekt, eine *rezeptive* und keine »intellektuelle« Anschauung ist. Die Auflösung der Paradoxie liegt auf der Hand: wir machen alles selbst, aber *nur indirekt*.

Was die auffallende »Eintheilung« von II, 299,12 betrifft, so sei noch erwähnt, daß sie auf die Rückseite des Bogens »A« des X. Konv. geschrieben ist, auf dessen Vorderseite, ebenso wie auf der Vorderseite des Bogens »B«, von der Pockennot die Rede ist. Das wurde möglicherweise später hinzugefügt. Einige andere Bemerkungen betreffen die Zoonomie, die Theologie und verstreute Themen gleicher Art. Dennoch stellt die Seite unter dem Titel »Princip des Übergangs...« auch ein Verbindungsglied zwischen dem Hauptthema des OP und den ethicobiologischen Fragen dar. Der zitierte Absatz fährt dann allerdings mit einer Bemerkung (in vermutlich scherzhafter Absicht) fort über den »Kunsturheber dieser Bewegungen zur Erhaltung der Lebenskraft«, den wir »auch den (Stadt und Land//) Physicus« (II, 300,1) benennen. Dieser skurrile Kontext hält uns an, die Belege mit äußerster Vorsicht zu benutzen. Wir können jedoch zumindest eines festhalten: die »bewegende Kraft«, mit der das Subjekt sich selbst affiziert, darf freilich mit einer empirischen Kraft nicht verwechselt werden, ebensowenig mit einer *schöpferischen* Kraft.

3. *Die Selbstaffektion: keine subjektivistische Wende*

Nach der Kantischen Lehre macht das menschliche Subjekt mittels seiner Denktätigkeit die Erfahrung, indem es verbindet und verknüpft. Das ist nur dadurch möglich, weil sich jeder physische Gegenstand in der Form unserer äußeren Rezeptivität, d.i. im Raum, befinden *muß*, um überhaupt vorgestellt werden zu können. »Raum und Zeit sind einerseits Actus der Spontaneität des Subjects in der Anschauung andererseits affectionen der Receptivität« (II, 42,29). Folglich ist das Sich-im-Raum-befinden sämtlicher äußeren Vorstellungen kein unmittelbares Faktum, sondern das Ergebnis unserer eigenen Tätigkeit. Obwohl der Raum nur »ein Aggregat von Vorstellungen die in uns sind« ist (II, 415,16), stellt die Notwendigkeit, im Raum zu sein (insofern sie mit der anderen Notwendigkeit, »in uns«

zu sein, zusammenfällt) eine transzendentale Notwendigkeit dar. Deswegen werden die Erörterungen über die reinen Formen der Anschauung, Raum und Zeit, nun zum *Hauptthema* der »Beylagen«, die der neuen Begründung der Physik folgen und diese neue Lösung mit dem Grundproblem der KV verbinden:

»Raum u. Zeit sind Anschauungen ohne Object mithin blos subjective Formen der Zusam̄enstellung des Manigfaltigen ins Unendliche eines absoluten Ganzen (welches kein Theil eines noch größeren Ganzen ist). Nicht etwas Apprehensibeles welches zur Warnehmung gegeben ist (dabile) sondern die Selbstbestim̄ung des Subjects sondern die Form in welcher es sich selbst zum Object constituirt (...) Hierauf gründet die Transsc. Philos. die Aufgabe: Wie sind synthetische Sätze a priori möglich?« (II, 74,10)

Diese Überlegung, die der Theorie der Selbstaffektion verbunden ist, scheint geradewegs zu einer durchgängigen Subjektivierung der Erfahrung zu führen, denn »die innere Erscheinungen der Warnehmung die das Subject in sich selbst erregt d.i. die Empfindungen sind blos Erscheinungen seiner selbst« (II, 438,26). Auch der vorherige Satz, daß »unser Verstand seine Objecte schafft«, scheint in diese Richtung zu weisen, ebenso wie unzählige andere Äußerungen dieser »Beylagen«. Im folgenden Zitat stoßen wir jedoch (im letzten Absatz) auf eine ebenso erleuchtende wie zugleich einschränkende Erklärung Kants:

»Raum und Zeit sind nicht Gegenstände der Warnehmung (Apprehension) den̄ sonst würden sie empirische Vorstellungen mithin durch Einflus auf die Sin̄e des Subject gewirkt dessen was in der empirischen Vorstellung gegeben ist (dabile) sondern was in dem Vorstellungsvermögen (facultas repraesentativa) des Subjects identisch enthalten ist. Nicht ein Man̄igfaltiges gegebener Dinge (reale) ausser dem Subject sondern der Art der Vorstellung der Dinge (formale) und zwar in Anschauung (repraesentatio intuitiva) in dem Subject enthalten (cogitabile) welche Vorstellung synthetische Sätze a priori möglich macht, weil die Vorstellung nicht blos discursiv durch Begriffe sondern intuitiv durch die Construction der Begriffe vor sich geht

Hieraus geht eine Transsc: Phil. hervor welche die Metaphysische Anf. Gr. der Nat. W. auf Sin̄engegenstande nach Principien des Überganges zur Physik enthält. – Unser Vorstellungsvermögen schaft sich seine Objecte selbst, an Anschauung u. Begriffen

Die Möglichkeit aber einer solchen synthetischen Erkentnis a priori beruht darauf daß die Gegenstande als Erscheinungen (nicht als Dinge an sich) d.i. nur als subjectiv allgemein nicht als schlechthin allgemein vorgestellt, gedacht werden und wir sie also durch Categorien selbst machen.« (II, 66–67)

Daß sich »alles in uns befindet« ist die unausbleibliche Konsequenz der Lehre von Raum und Zeit als allgemein subjektive Formen unseres rezeptiven Erkenntnisvermögens. Von dieser Lehre der KV geht auch das OP keineswegs ab. Der rezeptive Aspekt unseres Erkenntnisvermögens wird nirgends im OP in Frage gestellt und deswegen bleibt der transzendentale Idealismus mit einem *empirischen Realismus* nicht nur vereinbar sondern sogar verbunden: »Das Ganze der Objecte der Anschauung – die Welt ist blos in mir (transcendentaler Idealism)« (II, 97,1), weil Raum und Zeit, wo »das Ganze der Objecte« sich befindet, reine Formen meiner Anschauung sind. Aber das enthebt die Objekte keineswegs ihrer empirischen Realität: »Der Idealism macht hiebey keinen Unterschied zwischen dem Princip der Gegenstände in der Erscheinung die das Subject an ihm selbst vorstellt u. der Erfahrung« (II, 469,10). Der in der KV widerlegte empirische Idealismus wird in den letzten Entwürfen des OP erneut zurückgewiesen, so daß Lehmanns (1959) Bemerkung, »daß Kant im Nachlaßwerk aufhört, die Argumentation der Widerlegung des Idealismus ernstzunehmen« (S. 186) ganz und gar unzutreffend ist. Genausowenig annehmbar ist die von Lehmann (a.a.O.) ebenfalls vertretene Meinung, Kant nähere sich mit der Reflexion in XVIII, 309, »dem groben ›Realismus‹ des OP«, wie er in der »Lehre von der Affektion des (psychophysischen) Subjekts durch die bewegenden Kräfte der Materie enthalten« wäre (S. 183). Dafür werden Belege ohne jede Beweiskraft angeführt, wie z.B.: »diese Kräfte (der Materie, V.M.) afficiren auch das Subject den Menschen und seine Organe weil dieser auch ein körperliches Wesen ist« (II, 298,24). Wann hat Kant je die empirische Affektion abgelehnt?

Entgegen der Auffassung Lehmanns, der den scheinbaren Widerstreit zwischen Idealismus und Realismus als ein »Nacheinander« zu rechtfertigen versucht (»dieses Zusammen ist kein Neben-, sondern ein Nacheinander«, S. 186), ist im OP weder ein »grober Realismus«

noch ein absoluter Idealismus enthalten. Kants Haltung ist nach wie vor die der KV, nämlich den transzendentalen Idealismus mit einem empirischen Realismus zu verbinden. Der Idealismus, den er im OP wie in der KV ablehnt, ist der von »Theätet« (also von Tiedemann), so wenigstens nach Kants Meinung, vertretene absolute Idealismus. Und ein grober Realismus Kants im OP ist nicht nur in Hinsicht auf die Selbstaffektion, sondern überhaupt eine Fata Morgana. Die schärfste Ablehnung des (absoluten) Idealismus schrieb Kant auf die 2. Seite von Bogen »BB«:

»Raum, Zeit, und die absolute synthetische Einheit des Manigfaltigen der Erscheinung überhaupt im Raum und der Zeit, wodurch das Gantze der Siñengegenstände zum Behuf Einer möglichen Erfahrung gegeben wird
Die Wirklichkeit dieser Gegenstande kañ selbst durch keinen Theätet bestritten werden und ist der Bezweifelung des Idealisms überlegen. Deñ diese Vorstellungsart der Gegenstände der Anschauung als solcher ist nach dem Satze der Identität d.i. nach logischen Principien entschieden; wir köñen uns Sinnengegenstände im Gantzen derselben als möglicher Erfahrung nicht denken weñ wir sie nicht nach dieser Regel in Einen Begriff verknüpfen – kein Theätet.« (II, 447,18)

Auf der 1. Seite desselben Bogens befindet sich eine dem Wortlaut nach ziemlich verwirrende Stelle, wo »das Object sich selbst afficirt«, was ein ἅπαξ ist und wahrscheinlich von einem Lapsus calami für »Subject« herrührt:

»Raum u. Zeit die Anschauung des Objects (der Form nach) Das Bewußtseyn der Einheit in der Zusam̃ensetzung im Subject der absoluten Totalität dieser Anschauung nach. Es ist Ein Raum u. Eine Zeit. Die absolute Einheit die alles befaßt ist zugleich die Unendlichkeit dieses Objects welches eigentlich Subject ist welches anschauend u. zugleich angeschaut ist.
Raum, Zeit, und Bestim̃ung des Daseyns im Raume und der Zeit Wo, wie u. wañ etwas sey. – – Raum u. Zeit sind nicht indirecte (mittelbare) derivative sondern directe (unmittelbare) primitive Anschauungen selbst durch welche das Object sich selbst als Erscheinung afficirt und stellen darum ihren Gegenstand als unendlich (gränzenlos) vor. Der Inbegrif (complexus) der Vorstellungen die in dieser Anschauung enthalten sind ist das Fortschreiten ins Unendliche. Das Object ist weder idealistisch noch realistisch sondern gar nicht gegeben sondern blos gedacht (non dari, sed intelligi potest). Die Zusam̃ensetzung nicht das Zusam̃engesetzte sondern die Setzung« (II, 441,5).

Diese Stellungnahme wird aber durch zwei weitere Randbemerkungen erläutert: »Es ist in der transsc. Philos. einerley ob ich die Siñenvorstellungen idealistisch oder realistisch zum Princip mache. Deñ es kom̄t nur auf das Verhaltnis nicht der Gegenstände zum Subject sondern untereinander an« (442,6). Und: »Selbst der Idealism kañ mit der Subjectiven Realitat des Raumes// und Zeitbegriffe bestehen als Anschauungen. Deñ es wird alles Synthetische nach dem Princip der Identität in der Einheit der Anschauung verbunden« (442,26). »Selbst der Idealism« ist ein Konzessivsatz, in dem Kant weder Tiedemanns Idealismus annimmt noch seinen eigenen transzendentalen Idealismus aufgibt. Seine transzendentale Lehre bleibt standhaft gegenüber jeglicher ontologischen Anfechtung. Das werden wir später noch in Bezug auf die Lehre der Selbstsetzung sehen.

4. Selbstaffektion und Selbstsetzung

Das Verbindungsglied, das Scharnier zwischen Subjekt und Objekt, ist der Raum. Ich *bin* als empfindendes Subjekt der Raum (und die Zeit, die aber nunmehr hinter dem Raum zurücktritt), denn der Raum ist nichts als die Art und Weise, in der ich äußerlich affiziert werde. Wenn ich mich selbst also nicht nur im inneren, sondern auch im äußeren Sinn »affiziere«, wirkt meine Spontaneität auf mich selbst als Raum und macht diese reine Form der Anschauung zu etwas Wirkendem, also Existierendem (im gleichen Sinne wie der Äther). Das geschieht, weil die räumlich bewegenden Kräfte »zum Behuf der Erfahrung« notwendig von mir gedacht und zusammengesetzt werden.

Auf diesem »physiologischen« Niveau findet also eine räumliche Konstruktion zugunsten der empirischen Wahrnehmung statt: die »Erscheinung einer Erscheinung«. Die Form dieser Konstruktion ist der Raum und nicht die Zeit, weil sie, obwohl auch sie eine Selbstaffektion darstellt, keine innere »Selbstanschauung des Gemüths« (B 69), sondern eine Zusammensetzung zugunsten der *äußeren* Wahrnehmungen darstellt. Das eine wäre nämlich eine bloß empirische Vorstellung, das andere dagegen ist eine »physiologische« Vorstellung im Sinne des OP, die ausschließlich im Übergang von der Metaphysik zur Physik stattfindet. Sie ist keine direkte Anschauung, sondern ein Gedanke, ein »cogitabile« (sogar ein »Gedankending«), das nur zu einem »dabile« wird, weil sich dieser Übergang für die Einheit der Erfahrung als unentbehrlich erweist.

Die Selbstaffektion schließt also eine »Selbstsetzung« ein. Ich setze *mich* als empfindlich-reaktives Subjekt und werde erst dadurch zu einem Subjekt, das objektive Erfahrungen macht. Was diesen endgültigen Standpunkt der Transzendentalphilosophie besonders charakterisiert, ist der Gedanke, daß eine solche Selbstsetzung des »leidenden« Ichs als Verlängerung der Selbstsetzung des *denkenden* Ichs des (»Ich denke«) vorgestellt wird – eine Konsequenz, die in der KV nicht einmal geahnt werden konnte. Der Raum wird zu einem Akt des Subjekts, weil er die *Setzung des Subjekts* als empfindsames Ich ist. Das allerdings kann nur durch jene Spontaneität geschehen, welche »Denken« heißt. Das »Ich denke« ist »ein Verbum wodurch ich mich als denkend setze«. Aber diese Auffassung der KV reicht jetzt nicht mehr aus: Ich kann nicht ein *denkendes* Subjekt sein, ohne gleichzeitig ein *sinnliches* Subjekt zu sein. Folglich muß ich mich selbst *auch* als (innerlich und äußerlich) passiv setzen. Diese Setzung der konkreten Rezeptionsfähigkeit ist ein Akt des denkenden Subjekts, wodurch es sich gleichzeitig als fühlend setzt. Da nach Kant diese Setzung den Raum und zwar den »realisierten« Raum produziert, können wir nunmehr verstehen, warum der Äther durch einen *identischen* Satz als »existierend« bewiesen worden ist, nämlich als eine Erweiterung der Gleichung »Ich denke = Ich bin«.

Beide Stufen der Selbstsetzung werden schon in den Entwürfen »A« bis »BB« als hintereinandergeordnet vorgestellt und dann in den »Beylagen 1–8« gewissenhaft abgeleitet. Der Rückgang von der Selbstaffektion zur Selbstsetzung findet auf Blatt »T« bis zum Blatt »BB« statt und kann dann in den Äußerungen der Beilagen explizit verfolgt werden:

»Das Bewusstseyn meiner selbst in der Formul: Ich bin ist identisch mit dem Satze: Ich bin mir selbst ein Gegenstand und zwar der inneren Anschauung (dabile) und des Denkens der Bestim̄ung dessen was ich mir beylege (cogitabile). Der Satz also ich bin mir selbst ein Gegenstand der Anschauung und des Denkens des Manigfaltigen der Anschauung meiner selbst ist ein synthetischer Satz a priori nach dessen Möglichkeit ich nicht forschen darf und der Grundsatz der Transcendentalphilosophie der in der Aufgabe: wie sind synthetische Sätze moglich a priori selbst beantwortet« (449–450).

Die »Beylage V«, die (von fremder Hand) als »Bogen XIX« des X. Konv. bezeichnet wurde, lautet:

»Raum und Zeit sind nicht Gegenstände der Warnehmung (empirischer Vorstellung mit Bewußtseyn) sondern der reinen Anschauung (a priori). Sie sind nicht Dinge an sich (entia per se) d.i. nicht etwas ausser der Vorstellung Existirendes sondern dem Subject als einem Act desselben angehöriges wodurch dieses sich selbst setzt, d.i. sich selbst zum Gegenstande seiner Vorstellungen macht« (II, 409,12).

Vermutlich fand die Anheftung dieser Beilage an den Bogen XIX schon zur Zeit Kants statt, da wir im VII. Konv. eine andere »Beylage V« finden. Sonst enthält der Bogen nicht die organische Entwicklung eines Gedankens, sondern viele Notizen über Raum und Zeit sowie zu anderen Fragen, die sich alle um die Möglichkeit der Physik drehen. Der Gedanke der Selbstsetzung kommt jedoch mehrmals vor (420,24; 418,16 u. 26; 417,18; 413,1; 411,26) und insbesondere auf der letzten Seite des Blattes:

»1. Sich selbst zu setzen
2. Sich einen Gegenstand der Anschauung zu setzen nicht der Siñenanschauung empirisch sondern dem Formalen nach a priori Raum u. Zeit.
3. Subjectiv als Erscheinung vor aller Warnehmung
4. Synthetische Sätze a priori (Transsc: Phil.) welche die Möglichkeit der Erfahrung unter einem Princip enthalten.« (II, 421,20)

5. *Die Synthesis der Selbstsetzung*

In der KV stehen die beiden Verfassungen des Subjektes – das »Ich denke« und das »Ich empfinde« – unabhängig nebeneinander. Jeder Versuch, einen *Übergang* zwischen beiden herzustellen, hätte allem Anschein nach die Grenzen der Kritik überschritten. Nur die Behauptung, das »Ich denke« sei ein »empirischer Satz« (B 422), weist schon in die Richtung, in der diese Trennung möglicherweise überwunden werden könnte. Mit einem solchen Schritt hätte Kant jedoch den bloßen *Katalog* der transzendentalen Bedingungen der Erkenntnis durch eine konkrete Beschreibung des intellektuellen Verfahrens ersetzt, etwas, das ihm zum Zeitpunkt der KV ganz und gar unerlaubt schien. – Im OP hat sich die Lage geändert. Das unvermittelte Nebeneinander beider Aspekte macht einer mutigen Identifikation Platz, die sich sogar graphisch niederschlägt:

»Ich bin mir meiner selbst als denkenden Subjects
Ich bin mir meiner selbst als Objects der Anschauung } bewust
Das Selbstbewußtsein der Anschauung und des Denkens zusammen vereinigt in einer Vorstellung ist das Erkentnis und der Imperativ dem der Verstand sich selbst unterwirft (nosce te ipsum) ist das Princip sein Subject als Object der Anschauung zu einem Begriffe zu machen oder jenes diesem unterzuordnen.« (II, 22,5)

Das Textbeispiel vermittelt den Anschein einer fast mutwillig subjektivistischen Theorie, der zufolge eine Identität des denkenden mit dem empfindenden Ich als »Selbstsetzung« behauptet wird. Daraus entsteht jene Identität der »Extraposition« mit der »Intussusception«, die Kant später veranlaßt, fast lakonisch festzustellen: »Wir machen alles selbst« (II, 82,21).

Vorher muß man jedoch fragen, ob die durch den Doppelsatz: »Ich bin meiner selbst...« erklärte Selbstsetzung einen *analytischen* oder einen *synthetischen* Satz darstellt. In »Übergang 1–14« konnte man sehen, daß die Notwendigkeit des Äthers einem analytischen Satz nach dem Prinzip der Identität entspricht. Nun ist der Äther wiederum, als realisierter Raum, gleichbedeutend mit der Setzung des Ichs als empfindendes Ich. In diesem Sinne ist die Selbstsetzung ein *analytischer Satz* und trotzdem ein *synthetischer Vorgang*. Denn es handelt sich bei der Selbstsetzung um den *Übergang* vom logischen Akt des Denkens zur Setzung des empfindenden Ichs, und das ist unbezweifelbar ein synthetischer »Schritt«, der seine Notwendigkeit nur aus der Einheit der Erfahrung bezieht:

»Das Ich bin ist noch nicht ein Satz (propositio) sondern blos copula zu einem Satze; noch kein Urtheil. Ich bin existirend enthält die Apprehension d.i. ist nicht blos ein subjectives Uretheil sondern macht mich selbst zum

Objekt der Anschauung im Raume u. der Zeit. – Das logische Bewußtseyn führt zum Realen und schreitet von der Apperception zur Apprehension und deren synthesis des Mannigfaltigen. Ich kan nicht sagen: Ich denke darum bin ich sondern ein solches Urtheil (der Apprehensio simplex) wäre tautologisch. – Das Ganze der Objecte der Anschauung – die Welt ist blos in mir (transcendentaler Idealism)« (II, 96,24).

Man sieht, das logische Bewußtsein »führt« zum Realen und *schreitet* zur Apprehension. Darum »ist die Welt in mir« (ganz im Sinne des transzendentalen Idealismus). Nur so bin ich berechtigt zu sagen: »Ich mache mich selbst« (II, 82,18). Später findet man auch den Ausdruck »Weiterschreiten« in einer Passage, in der das Ich zum »Inhaber und Urheber seiner eigenen Vorstellungen« erklärt wird:

»Der Verstand fängt mit dem Bewußtseyn seiner selbst (apperceptio) an und übt damit einen logischen Act aus an welchen sich das Manigfaltige der äußeren und inneren Anschauung reihet und das Subject sich selbst in grenzenloser Reihe zum Object macht.
Diese Anschauung ist aber nicht empirisch d.i. sie ist nicht Warnehmung d.i. nicht vom Sinnengegenstande abgeleitet sondern bestim̄t den Gegenstand durch den Act des Subjects a priori seiner eigenen Vorstellungen Inhaber und Urheber zu seyn und schreitet weiter mit seiner Vorstellungskraft von den metaphysischen Anf. Gr. zur Transscendental/Philosophie« (II, 82–83).

Es ist festzuhalten, daß dieses »Weiterschreiten« nicht hin zur »Physik«, wie häufig angenommen wird, sondern klar zur »Transzendentalphilosophie« hin erfolgt. Daran muß man denken, wenn man verstehen will, warum der »Übergang« sich später in einen (scheinbaren) Rückzug von der Metaphysik der Natur zu den *ersten Grundsätzen der Transzendentalphilosophie* verwandelt. Das »System der Transzendentalphilosophie«, das wir in der letzten Phase des OP (1800–1803) vorfinden, entfaltet eine allgemeine Lehre der Beziehungen zwischen Gott als reiner Spontaneität und der Welt als reiner Rezeptivität. Dem Menschen gelingt es, beide Seiten in sich zu vereinen, *und das erfolgt im Rahmen der Selbstsetzung*. Das »Weiterschreiten vom Ich zur Apprehension« ist in der Tat ein Übergang von der Spontaneität zur Rezeptivität des Empfindens. Allerdings 1799 bleibt die Fragestellung noch auf die *erkenntnistheoretische* Begründung des Objekts beschränkt und die Spontaneität des Ichs ist noch die bloße Spontaneität des »Ich denke«. Die »philosophische Erkentnis« operiert »zum Behuf der Mathematik« (II, 83,5), d.h. der mathematischen Naturlehre der speziellen Physik, und die Übersetzung des »Ich denke« in ein empfindendes Subjekt findet ihre Rechtfertigung lediglich in der Einheit der Erfahrung. Insoweit befinden wir uns noch auf der Ebene der klassischen Transzendentalphilosophie. Dessen ungeachtet erfolgt der neue Schritt, den Kant unternimmt, der Schritt vom »Ich denke« zum »Ich leide«, ohne Zweifel synthetisch. Aber woher kommt seine Deduktion?

6. Die beiden Dimensionen der Synthesis

Im Terminus »Synthesis« muß man zwei Dimensionen unterscheiden, die jenen beiden Dimensionen entsprechen, in denen sich der *Akt des Synthetisierens* vollzieht. Wenn man vom Subjekt als einer Synthesis von intellektueller Tätigkeit und sinnlicher Rezeptivität spricht, handelt es sich gewissermaßen um eine *vertikale* Synthesis, die unterschiedliche Schichten des Erkennens miteinander verknüpft. Wenn ich dagegen den Raum (und die Zeit) als progressive Synthesis eines Mannigfaltigen veranschauliche, entfaltet sich diese Synthesis gewissermaßen *horizontal* auf derselben Ebene, weil sie das Homogene verbindet, ohne von einer Stufe der Erkenntnis zur anderen überzugehen. Das bedeutet allerdings nicht, daß die Synthesis des Homogenen ohne Intervention des Verstandes stattfindet, im Gegenteil. Aber es handelt sich dabei um unterschiedliche Vorgänge: die Synthesis des Mannigfaltigen *durch* den Verstand produzieren und die Vereinigung desselben Verstandesaktes *mit* dem Anschauungsakt sind nämlich zweierlei.

Wenn die KV von »Synthesis« spricht, müssen wir den Ausdruck in seiner »horizontalen« Bedeutung verstehen: »Ich verstehe aber unter Synthesis in der allgemeinsten Bedeutung die Handlung, verschiedene Vorstellungen zu einander hinzutun und ihre Mannigfaltigkeit in einer Erkenntnis zu begreifen. Eine solche Synthesis ist rein wenn das Mannigfaltige nicht empirisch, sondern a priori gegeben ist (wie das im Raum und der Zeit)« (A 77, B 103). Es handelt sich also durchgängig um die Synthesis eines Mannigfaltigen und keinesfalls um die »vertikale« Synthesis des Verstandes mit der Anschauung.

Wenn aber Kant von »reiner Synthesis« spricht und »unter dieser Synthesis diejenige, welche auf einem Grunde der synthetischen Einheit a priori beruht« (A 78, B 104) versteht, dann wird der Ausdruck »Synthesis« zweideutig. Denn nun kann man darunter sowohl die vertikale von Verstand und Anschauung als auch die horizontale Verbindung des Mannigfaltigen verstehen. Natürlich könnte diese Zweideutigkeit vermieden werden, wenn man jeweils sorgfältig unterscheiden würde, in welcher Bedeutung der Ausdruck gebraucht wird. Dennoch gilt es festzuhalten, daß diese Zweideutigkeit keinesfalls zufällig ist oder bloß ungenauer Rede entspricht. Sie rührt vielmehr von jenem *Prinzip Humes*, daß die Synthesis *immer* in der Verstandestätigkeit ihre Quelle hat, auch wenn das zusammengesetzte Objekt das Mannigfaltige der Anschauung ist.

Manche, vor allem idealistische Kritiker haben Kant getadelt, daß er die vertikale Synthesis in der KV im Hintergrund hält. Kant jedoch verfolgt damit die Absicht, jene Prozesse, die sich in unserer Seele entfalten, nicht zur Sprache zu bringen, sonst würde die Reinheit der transzendentalen Methode gefährdet. Aus diesem Grund betont er, daß die Synthesis »die bloße Wirkung der Einbildungskraft, einer blinden, obgleich unentbehrlichen Funktion der Seele« ist (A 77, B 103) und ersetzt in seinem Handexemplar (Band XXIII der Ak. Ausgabe) »Funktion der Seele« durch »Funktion des Verstandes«. Aus demselben Grund verkürzt er in der 2. Auflage die dreistufige Deduktion, deren zweite Stufe die »Synthesis der Reproduktion in der Einbildung« einnahm (A 100), und stellt die Einbildungskraft nicht mehr *neben* Sinnlichkeit und Verstand als dritte Urquelle der Erfahrung (was wohl Fichte als auch Heidegger, wenn auch aus verschiedenen Gründen, bedauern). Kant behauptet dagegen: »Es ist eine und dieselbe Spontaneität, welche dort, unter dem Namen der Einbildungskraft, hier des Verstandes, Verbindung in das Mannigfaltige der Anschauung hineinbringt« (B 162, Anm.). Man kann in diesem Zusammenhang eine Bemerkung von de Vleeschauwer (1937) aufgreifen, der darauf aufmerksam gemacht hat, daß »Kant überall in der 2. Auflage der KV die Erwägung der Vermögen durch die ihrer Produkte« ersetzt, »denn er will das Psychologische sorgfältig aus dem Spiel lassen« (*La déd.* III, 39).

Diese Vorsicht Kants verbietet es allerdings auch, seine Position im Sinne eines postkantischen Idealismus zu interpretieren. Dafür wäre es entscheidend, die »Synthesis a priori« nicht als Synthesis des Mannigfaltigen (durch die Regel des Verstandes dank der Vermittlung des Schematismus), sondern direkt als Synthesis *des Verstandes und der Anschauung* zu deuten. Kennzeichnend für diese idealistische Haltung ist die Deutung von Richard Kroner *(Von Kant bis Hegel*, I, Tübingen 1921), in der er, auf ähnliche Weise wie schon Fichte, Kant vorschreiben will, was er zu sagen gehabt hätte:

> »Wenn man das Ganze »als eine Synthesis von Form und Materie deutet, muß man sich darüber klar sein, dass diese Synthesis eine Synthesis des synthetisierenden und synthetisierten ist (...) nicht aber die Synthesis des Mannigfaltigen der Erfahrung. Die wirkliche Erfahrung wird dadurch zur wirklichen, (...) daß der Verstand sich am empirischen Material, das ihm die Sinnlichkeit gibt, betätigt (...). Also nur wenn es gelänge, den Nachweis zu führen, daß eine solche Aktualisierung der Formen möglich, daß die Synthesis tätig, d.h. ein Synthetisieren ist (...), nur dann wäre die Möglichkeit der Erfahrung deduziert (...) Diese Einsicht erreicht aber nie bei Kant eine vollkommene Klarheit« (S. 81–82).

In Wahrheit vermeidet aber gerade die 2. Auflage der KV die Betrachtung der vertikalen Synthesis sorgfältig und *mit voller Absicht*. Man muß jetzt prüfen, ob sich die Lage im OP in dieser Hinsicht verändert.

7. *»Wir machen alles selbst«*

Mit dem Gedanken der Selbstsetzung könnte Kroner scheinbar genüge getan sein, denn Kant ist im OP nicht länger bloßer Zuschauer, der das Produkt des Aktes nur beschreibt, sondern macht genau das, was Kroner verlangt: er »aktualisiert« den synthetisierenden Verstand. Und trotzdem bedeutet das nicht, eine vertikale Synthesis von

»Ich denke« und Anschauung *durchzuführen*, sondern nur, daß das »Ich denke« sich selbst *gleichzeitig* als anschauendes und mithin als empfindendes Ich setzt, *indem es eben das Mannigfaltige synthetisiert*. Das Objekt der Zusammen-setzung (Synthesis als *compositio*) ist immer das Mannigfaltige, entweder rein (d.h. Raum, Zeit, Äther) oder empirisch. Neu ist nur, daß Kant den *Grund* entdeckt hat, der es erlaubt, die dynamische (nicht logische) Identität des reinen Denkens mit der konkreten Tätigkeit des Synthetisierens zu verbinden. Dieser Grund beruht auf der Notwendigkeit, daß die Erfahrung einheitlich sein muß. Folglich fällt die Urquelle dieser Einheit (das »Ich denke«) mit der Tätigkeit, die diese Erfahrung macht, zusammen. Kurz: den Grund liefert der *Äther* als »hypostasierter Raum« bzw. als *Ich*, das sich selbst als *empfindendes Ich* gesetzt hat. Die Tatsache, daß wir selbst synthetische Einheit *sind*, indem wir die (reine) Anschauung allmählich synthetisieren, erzeugt jene »Selbstkonstruktion« (II, 152,11), die im OP so sehr überrascht. »Wir machen uns« nämlich, indem wir den Gegenstand machen, und zwar den indirekten Gegenstand, der »zum Behuf des direkten« zusammengesetzt wird. Das ermöglicht die überraschende Aussage, die Kant absichtlich provozierend formuliert:

»Ich bin ein Gegenstand von mir selbst und meiner Vorstellungen. Daß noch etwas außer mir sey ist ein Product von mir selbst. Ich mache mich selbst Der Raum kañ nicht Wargenom̃en werden. (Aber auch nicht die bewegende Kraft im Raum in so fern sie ohne einen Korper der sie ausübt als wirklich vorgestellt wird). Wir machen alles selbst.« (II, 82,17)

Diese Sätze finden sich im letzten Teil des Nebentextes am linken Rand der 3. Seite der »Beylage VII« in einer vergrößerten, flüchtigen Schrift. Möglicherweise ein Indiz dafür, daß der neue Standpunkt auch für Kant selbst etwas Überraschendes hat. Aber die Bedingungen, unter denen die zitierte Aussage gilt, dürfen nicht unerwähnt bleiben. Sie lassen sich wie folgt zusammenfassen:

»Wir machen alles selbst«, weil die Synthesis des reinen Mannigfaltigen des realisierten Raumes die notwendige Basis der *Erfahrung* darstellt, einer Erfahrung, die von uns gemacht wird und nur *eine* sein kann. Das Produkt unseres Machens ist eine (indirekte) Erscheinung, die ausschließlich der direkten dient, d.h. die »E. einer E.«, die durchgängig sinnlich und somit keine »intellektuelle Anschauung« ist.

8. »Ein Verbum, wodurch ich mich selbst setze«

Der Schlüssel des ganzen Verfahrens liegt in der Apriorität von Raum und Zeit, die eine konstruktive Tätigkeit ermöglicht, welche zwar gänzlich innerhalb des Subjekts, aber nur »zum Behuf« des Erfahrungsgegenstandes stattfindet und ihm als transzendentale Bedingung vorausgeht. Deshalb behandeln die »Beylagen« vorwiegend die Fragen von Raum und Zeit, was Adickes (1920) als Zeichen von Altersschwäche (!) gedeutet hat, da sie nichts Neues zum Thema beitrügen:

»Man hat den lebhaften Eindruck, daß seine geistige Kraft in dieser späten Zeit nicht mehr ausreicht, um eine grössere Gedankengruppe (...) mit einem Blick zu überschauen (...). Nur so werden die langen Ausführungen des VII. Konv. über Raum und Zeit begreiflich, die gegenüber der K.V., ja! schon gegenüber der Inauguraldissertation vom Jahre 1770 nichts Neues, auch keine Weiterbildung bringen« (S. 593).

Die genauere Prüfung der Beilagen jedoch erlaubt es, diese Auffassung zu widerlegen. Der Gedanke der Selbstsetzung ist nämlich eine gänzlich neue Lehre des OP und erst in Hinsicht auf sie gewinnen Raum und Zeit eine gesteigerte Bedeutung. Sie sind »das Object der reinen Anschauung vermittelst welcher das Subject sich selbst setzt« (II, 96,9). Wird die Selbstsetzung im Auge behalten, dann kommt, wenn auch erst allmählich, die Originalität der Erörterung ans Licht. Die »Beylage IV« beginnt freilich mit einer einfachen Wiederholung der Anschauungslehre der *Dissertation* (II, 39,8). Es folgt eine Zusammenfassung der *Prolegomena* in Bezug auf die synthetischen Sätze a priori (II, 40,1–21). Doch schließlich fährt der Text folgendermaßen fort:

»Daß aber ohne synthetische Urtheile a priori zum Grunde gelegt und zu jenem Behuf die Siñenvorstellungen nichts anders als indirect nämlich nicht als Erkentnis der Gegenstände an sich sondern nur ihre Anschauung als Erscheinung die allein a priori gegeben werden kañ gedacht werden müsse

ist daraus klar daß ohne eine solche Vorstellungsart zum Grunde zu legen auch die Erfahrung selbst nicht möglich seyn würde« (II, 40,24).
»Die Gegenstände der Sinne werden aber durch diese Vorstellung nur als Erscheinungen nicht als reale ausser meiner Vorstellung mögliche Dinge sondern nur als in der Erscheinung gegeben nicht nach dem was sie an sich selbst seyn mögen betrachtet und dadurch und unter dieser Bedingung allein sind synthetische Urteile a priori für die Transsendentalphilosophie möglich indem diese nur indirect nämlich als in der Erscheinung betrachtet erweiternd ist« (II, 41,22).

Raum und Zeit begründen die Möglichkeit synthetischer Sätze a priori, eben weil sie die Garantie sind, daß wir »alles machen«, wenn auch *nur indirekt*. In ihnen erfolgt jenes Zusammenfallen von Spontaneität und Rezeptivität, das die Brücke zwischen transzendentaler Ästhetik und Analytik schlägt. Dabei werden die kritischen Grenzen in keiner Weise überschritten, denn die indirekte Erscheinung, die aus der Realisierung des Raumes entsteht, ist eine bloße »Erscheinung der Erscheinung« zum Behuf der Verknüpfung des Gegebenen.

»Ich setze mich selbst als Gegenstand der Anschauung nach dem formalen Princip der Bestim̃ung des Subjects des Selbstbewußtseyns und des Zusam̃ensetzens zur Einheit des Objects (Raum u. Zeit) aber eben dadurch als etwas Existirendes in Verhaltnis auf mich folglich als Erscheinung (Gegenstand der Sin̄enanschauung) Ich bin das cogitabile nach einem Princip und zugleich das dabile als Object meines Begriffs: die Vorstellung des Dinges an sich und dan̄ in der Erscheinung« (II, 32,6).

In einer Reihe von Randbemerkungen des Bogens »T« (X. Konv.), die wahrscheinlich später hinzugefügt wurden (sie reflektieren das Thema der Beilagen, insbesondere in den Skizzen eines Weltsystems), finden wir zwei Zeilen, die u.a. auch darum eine Bedeutung haben, weil sie die einzigen Zeugnisse darstellen, in denen sich Kant im OP auf einen Anhänger, und zwar auf Beck, *positiv* bezieht: »Daß wir nichts einsehen als was wir selbst machen können. Wir müssen uns aber selbst vorher machen. Becks ursprüngliches Vorstellen« (II, 353,21). Becks Lehre wird also von Kant als ein Beitrag zu seiner Lehre der Selbstsetzung angesehen. Fichte dagegen wird niemals zitiert und Schellings *Transzendentaler Idealismus* wird durch den Hinweis auf eine Besprechung der »Literaturzeitung« von Erlangen flüchtig erwähnt (I, 97,25) im Zusammenhang mit Spinoza und Lichtenberg (I, 87,29). Schulze kommt unter dem Pseudonym »Aenesidemus« mehrmals vor, meistens allerdings nur, um dessen skeptischen Idealismus zu verwerfen. Dennoch konnte Schulzes Lehre eines Subjekts, das sich a priori zum Objekt macht, unter einem großen Vorbehalt auch für die Selbstsetzung verwertbar sein.

»Das Princip der Idealität aller Vorstellungen als reiner Anschauung a priori ich mache mich selbst zum Siñengegenstande ausser mir (Aenesidemus).« (II, 99,9)

»Es ist ein sich selbst als Object constituirendes nicht blos denkbares (cogitabile) sondern auch existirendes, ausser meiner Vorstellung gegebenes (dabile) Wesen das sich selbst a priori zum Gegenstande macht (Aenesidemus)« (II, 107,22).

Diese Umdeutung des Idealismus von Schulze-Aenesidemus setzt die Verwandlung des (bloß formalen) »Ich denke« zu einer raumzeitlichen »reinen Anschauung« voraus, die erst dann realisiert wird, wenn sie zur Vereinheitlichung einer rezeptiven Erfahrung dient:

»Ich bin: ist der logische Act der vor aller Vorstellung des Objects vorhergeht ist ein Verbum wodurch ich mich selbst setze. Ich existire im Raume und der Zeit und bestim̃e mein Daseyn im Raume und der Zeit durchgangig (omnimoda determinatio est existentia) als Erscheinung nach den formalen Bedingungen der Verknüpfung des Manigfaltigen der Anschauung und bin mir selbst ein äußerer u. iñerer Gegenstand. Das Subjective der Bestim̃ung meiner selbst ist zugleich objectiv nach der Regel der Identitat nach einem Princip der synthetischen Erkentnis a priori u. es ist nur Ein Raum u. Eine Zeit welche jede ein unbedingtes Ganze der Anschauung in der Anschauung d.i. als unendlich vorgestellt werden und mein synthetisches Erkentnis a priori ist als Transc: Phil. ein Uberschritt von den metaphysischen A. Gr. der N. W. zur Physik d.i. zur Möglichkeit der Erfahrung« (II, 85,11).

Diese Aussage auf der 3. Seite der »Beylage VII« ist gewissermaßen eine *konzentrierte Fassung* des gesamten Inhalts des OP, wie er Kant Ende 1800 vorschwebte.

9. *Die Grenzen des Kritizismus werden eingehalten*

Gegenüber der KV finden wir in der Lehre der Selbstsetzung einerseits etwas Neues und andererseits die Bestätigung eines älteren Gedankens. Das Neue ist die dynamische (nicht bloß formale) Beziehung zwischen der »reinen Apperzeption« und der reinen Anschauung. »Das: Ich denke, muß alle meine Vorstellungen begleiten können«, sagte die 2. Auflage (B 131): »Also hat alles Mannigfaltige der Anschauung eine notwendige Beziehung auf das: Ich denke«. Eine solche Beziehung, die durch das Wort »begleiten« ausgedrückt wird, war augenscheinlich so formal wie möglich. Im OP wird dagegen die Beziehung zu einem »Akt«, der mich nicht nur als »cogitabile« sondern auch als »dabile« setzt. Das bloße Vermögen *(facultas)*, das die Vorstellung »begleitet«, wird zu einer Kraft *(vis)*, die *wirkt* und zwar transzendental und nicht empirisch. Der Verstand selber darf, wie wir gesehen haben, als eine »bewegende Kraft« betrachtet werden (II, 510,24) und übernimmt so gewissermaßen (weil diese Kraft das Subjekt »affiziert«) die Rolle der Einbildungskraft der 1. Auflage der KV:

»Erstlich das Bewußtseyn seiner selbst als facultas repraesentativa zweytens die Bestim̃ung seiner selbst als function seiner selbst als vis repraesentativa. Drittens die Erscheinung seiner selbst als Phänomens als Manigfaltigen der Vorstellung: der durchgangigen Bestim̃ung als Existenz seiner selbst aber blos als Erscheinung a priori nicht als Ding an sich objectiv = X sondern wie das Subject afficirt wird durch den Verstand: Erkentnis seiner selbst durch Selbstbestim̃ung im Raum und der Zeit.« (II, 73,8)

Anders als in der KV wird hier die Möglichkeit der Erfahrung in ihrem Bezug zum Verstand begründet. Der Begriff der indirekten Erscheinung, die das Subjekt selbst mit dem Material seiner eigenen Anschauungsformen zusammensetzt, bietet eine neue Art der Vermittlung. Dank der Realidentifikation von denkendem und anschauendem Ich, die den leeren Gedanken der »Begleitung« ersetzt, kann das Subjekt die Erfahrung durch ein absichtliches, wenn auch nur problematisches Zusammensetzen selbst machen und nicht mehr durch die »blinde« Funktion der Einbildungskraft (A 77, B 103) bloß bedingen. Denn »der Verstand (...) übt einen logischen Act aus an welchen sich das Manigfaltige der äußern und inneren Anschauung reihet« (II, 82,23).

Im Festhalten am Gedanken der Endlichkeit des Subjekts findet sich im Neuen auch ein Moment der *Kontinuität* des Kantischen Denkens. Die autonome Tätigkeit, die das Subjekt zum »Inhaber und Urheber« seiner Vorstellungen macht, darf nur darum angenommen werden, weil sie die Form der Rezeptivität (Raum und Zeit), also ein *empfindendes* Subjekt affiziert. Das Subjekt muß daher von Anfang an als »affizierbar« gedacht werden, um ein Subjekt zu sein, das sich selbst setzt und alles macht. Der Unterschied gegenüber Fichte fällt sogleich ins Auge. Bei dem Subjekt Kants handelt es sich nämlich nicht um ein unendliches Ich wie bei Fichte, das sich erst gegen ein »Nicht-Ich« als endlich setzt, sondern um ein Subjekt, das sich »affiziert«, d.h. mit dem Material seiner eigenen Anschauungsformen einen indirekten Gegenstand zusammensetzt, um die theoretische Einheit der Erfahrung zu gewährleisten. In diese Richtung argumentiert die schon im § 5 angeführte Passage: »Synthetische Sätze a priori sind nur indirect in der Philosophie möglich...« (II, 83,10).

Die in der »ersten Grundannahme des Transzendentalismus« (Kap. I, § 3) enthaltene kritische Beschränkung bleibt bestehen und ebenso grundlegend wie zuvor. Bei Kant kann sie nicht auf etwas Ursprünglicheres zurückgeführt werden, wie z.B. auf den »ethischen« Anspruch bei Fichte, bei dem die unbewußte (»blinde«) Einbildungskraft des reinen Ichs die Welt erzeugt, die erst dann durch den Verstand »fixiert« wird. Allerdings treffen wir im OP eine Einbildungskraft an, die weit über den Schematismus der KV hinausführt: eine Einbildungskraft, die »dichtet« (II, 476,25). Aber sie dichtet nur »zum Behuf der Erfahrung« und die Erfahrung findet nicht ohne »Wahrnehmung« statt. Der Bogen »X«, der mit dem Titel »Ich bin« beginnt, gehört schon nicht mehr in diesen Zusammenhang, er muß vielmehr als ein Verbindungsbogen zum I. Konv. angesehen werden, in dem die Fichtesche Problematik der Beziehung zwischen ethischer und theoretischer Vernunft behandelt wird. Dennoch hebt der erste Teil seiner Seite 1, die die Ergebnisse der sieben »Beylagen« zusammenfaßt, nochmals die kritische Beschränkung in der »dichterischen« Tätigkeit des Verstandes hervor:

»Ich bin.
Dieser Act des Bewußtseyns (apperceptio) entspringt nicht als Folgerung aus einem vorhergehenden: wie etwa weñ ich zu mir sage ich denke darum bin ich deñ sonst würde ich meine Existenz voraus setzen um diese Existenz darzuthun welches bloße Tavtologie wäre.
Es ist Eine Welt als mein Siñenobjekt; deñ Raum u. Zeit machen den ganzen Inbegriff der Siñengegenstände aus. Diese Formen der Sinnenanschauung stellen aber die Gegenstände nur als Erscheinungen weil wir von ihnen afficirt werden müssen um sie anzuschauen nicht als die Dinge an sich selbst vor weil sie blos das Formale des Verhältnisses der Dinge zum afficirenden Subject enthalten« (II, 115–116).

Die Gleichung »Ich denke = Ich bin« ist zwar ein »Act der Persönlichkeit«, wodurch ich mich setze, und als solcher ist er eine »Anschauung« (d.h. keine »intentio secunda«, bzw. ein Begriff). Gleichzeitig aber ist er ein Akt, der sich nur »im Gegensatz der Anschauung« und zwar »vor aller Erfahrung, d.i. vor der Warnehmung« vollzieht (II, 115,14 f.). Der Akt der Persönlichkeit und das Gegebene nehmen sich gegenseitig in Anspruch, wie man der folgenden Passage entnehmen kann:

»Ich bin mir meiner selbst bewußt (apperceptio). Ich denke d.i. ich bin mir selbst ein Gegenstand des Verstandes. Aber ich bin mir auch ein Gegenstand der Siñe und der empirischen Anschauung (apprehensio) das denkbare Ich (cogitabile) setzt sich selbst als das Spührbare (dabile) und dieses a priori im Raume u. der Zeit welche a priori in der Anschauung gegeben sind welche bloße Formen der Erscheinung sind.« (II, 119,10)

Schließlich wiederholt Kant mit Nachdruck auch in dem I. (chronologisch letzten) Konvolut, in dem ein indirekter Einfluß von Fichte vielleicht spürbar ist, daß die mit dem Problem der Pflicht verbundene Spontaneität in theoretischer Hinsicht nur auf dem Grund der *endlichen Verfassung des Geistes* denkbar ist:

»Hier müssen wir uns nun eriñern daß wir den endlichen nicht den unendlichen Geist vor uns haben. Der Endliche Geist ist derjenige der nicht anders als nur durch Leiden thätig ist, nur durch Schranken zum Absoluten gelangt; nur in sofern er Stoff empfängt handelt und bildet. Ein solcher Geist wird also mit dem Triebe nach Form oder nach dem Absoluten einen Trieb nach Stoff oder nach Schranken verbinden, als welche die Bedingungen sind ohne welche er den ersten Trieb weder haben noch befriedigen kön̄te. In wiefern in demselben Wesen zwey so entgegengesetzte Tendenzen zusam̄en bestehen kön̄en ist eine Aufgabe die zwar den Metaphysiker aber nicht den Transscendentalphilosophen in Verlegenheit setzen kan̄. Dieser gibt sich keineswegs dafür aus die Möglichkeit der Dinge zu erklären sondern begnügt sich die Ken̄tnisse festzusetzen aus welchen die Möglichkeit der Möglichkeit der Erfahrung begriffen wird. Und da nun die Erfahrung eben so wenig ohne jene Entgegensetzung als ohne absolute Einheit desselben möglich wäre so stellt er beyde Begriffe mit vollkom̄ener Befugnis als gleich nothwendige Bedingungen der Erfahrung auf ohne sich weiter um ihre Vereinbarkeit zu beküm̄ern» (I, 76,1).

Man sieht, wenn »die Grenze der Transsc. Philos. überschritten wird«, so wird das Objekt »ein Unding und der Begrif von ihm wiederspricht sich selbst (...): das ausgesprochene Wort ist ohne Sinn« (I, 75,26). Die kritische Beschränkung der KV bleibt also auch im OP unangetastet.

VII

EIN NEUER BEGRIFF VON »EXISTIEREN«

1. Das Ding-an-sich als logisches Residuum

Die gesamte Konstruktion des OP beruht wesentlich auf dem Grundsatz, daß jede mögliche Erfahrung aus »phaenomena sensuum« besteht. Darum muß die »Unterscheidung aller Gegenstände überhaupt in Phaenomena und Noumena«, die in der KV ein ganzes Hauptstück zu Ende der Analytik umfaßt, auch für das OP grundlegend bleiben. Hierin gibt es zur KV keine prinzipielle Differenz. Da aber inzwischen die Unterscheidung zwischen direkter und indirekter Entscheidung eingeführt wurde, sieht sich Kant gezwungen, auch das Ding-an-sich unter dieser Rücksicht neu zu erörtern. Darüberhinaus kann die erneute Diskussion des Ding-an-sich nicht ohne Folgen für die Bedeutung des Verbums »existieren« bleiben und die veränderte Bedeutung des Begriffs gibt Kant Anlaß, auf überraschende und vielfältige Weise über solche metaphysischen Themen wie Gott, Welt usw. zu sprechen. Bevor wir uns diesen Aussagen im einzelnen zuwenden, muß also der Status des Ding-an-sich in dieser Phase des OP näher bestimmt werden, zumal Kants Formulierungen in diesem Zusammenhang recht schwankend sind.

Grundsätzlich handelt es sich beim Ding-an-sich um einen Begriff, der geradezu automatisch der Annahme entspringt, daß unsere Anschauung eine *spezifische und allgemeingültige* Form besitzt (Erste Voraussetzung des transzendentalen Denkens überhaupt; Kap. I, § 3). Diese Annahme hat sowohl eine logische als auch eine materielle Implikation. Das »Ding überhaupt« kann nämlich entweder als das den transzendentalen Bedingungen der Erfahrung unterworfene Objekt oder *ohne* diese Rücksicht betrachtet werden. Die Notwendigkeit, den transzendentalen Formen zu unterstehen, betrifft das Ding nur, sofern es ein Gegenstand der Erfahrung ist: Das »Ding an sich« untersteht dieser Notwendigkeit nicht. Das ist *in der Definition selbst* des Begriffs enthalten, kann also durch kein sachliches Argument bestritten werden:

»Dem Begriffe aber eines Gegenstandes als Erscheinung ist der Begriff eines Dinges an sich ist sein Gegenstück (pendant) = x nothwendig gegenüber gestellt aber nicht als eines von jenem unterschiedenen objects (realiter) sondern blos nach Begriffen (logice oppositum) als etwas gegeben ist (dabile) wovon aber abstrahiert wird und was blos subjectiv als obiectum Noumenon ein Glied der Eintheilung ausmacht.« (II, 46,5)

Diese Abstraktion sagt über das Ding-an-sich eigentlich gar nichts. Das Noumenon ist kein »so und so beschaffenes Ding«, dessen Merkmale man mit denen der entsprechenden Erscheinung vergleichen könnte. Es ist das bloße *Residuum* einer notwendigen Abstraktion, wenn man der Sinnlichkeit eine bestimmte Form überhaupt zuschreibt: »...nicht ein besonderes ausser meiner Vorstellung existirendes Object sondern lediglich die Idee der Abstraction vom Sinnlichen welche als nothwendig anerkañt wird« (II, 23,23).

Von diesem Standpunkt aus sind die Vorwürfe, die schon bald nach dem Entstehen der Transzendentalphilosophie geäußert wurden, Kant habe einen »Grund« für die Erscheinung außerhalb der Erfahrungsmöglichkeit gesucht, ganz und gar falsch. Das Ding-an-sich ist nicht ein Grund des Erfahrungsdinges, sondern ein bloß logisches Residuum. Man muß allerdings zugeben, daß Kants eigene Äußerungen dieses Mißverständnis begünstigt haben, z.B. wenn er sich so ausdrückt, als ob das Genus »Gegenstand überhaupt« sich in zwei Arten einteilen ließe: einerseits in »Gegenstände an sich«, andererseits in »Gegenstände für uns«, die einzigen, die wir erkennen können. Der Titel des erwähnten Kapitels der KV (»Vom Grund der Unterscheidung aller Gegenstände überhaupt«) und die Metapher, mit der es beginnt – eine von einem »stürmischen Ozean« umgebene Insel (A 235, B 294) – sind leider mißverständlich; denn eine Insel ist ein *anderer* Gegenstand als der Ozean und die »unveränderliche Grenze«, welche die Insel umschließt, teilt zwei verschiedene Dinge.

2. *Das »transzendentale Objekt«*

Um die Irreführung durch das Wort »Ding« zu beenden, expliziert das OP, was jedoch auch schon der KV zu entnehmen gewesen wäre:

»Das Ding an sich (ens per se) ist nicht ein Anderes Object sondern eine andere Beziehung (respectus) der Vorstellung auf dasselbe Object« (II, 26,28).
»Das den Dingen an sich correspondirende ist nicht ein absonderliches Gegenstück (z.B. was dem Raume positiv correspondirt) sondern eben dasselbe aber aus einem anderen Gesichtspunct betrachtet« (II, 45,28).

Da also das Ding-an-sich kein »absonderliches Gegenstück« der Erscheinung ist, kann es auch nicht als deren »Grund« oder »Ursache« betrachtet werden, die ja mit dem Erfahrungsgegenstande durch einen kategorialen Nexus verbunden wären. Die Einführung der »Selbstsetzung« im OP macht allerdings die Lage etwas komplizierter. Das eben angeführte Zitat fährt nämlich fort:

» ... (dieses Object, V.M.) ist ens rationis = x der Position seiner Selbst nach dem Princip der Identität wobey das Subject als sich selbst afficirend mithin der Form nach nur als Erscheinung gedacht wird.« (II, 27,2)

Hier wird das Ding-an-sich nicht nur als Residuum einer Abstraktion sondern als Produkt der Selbstsetzung angesehen, ein *ens rationis*, das den »Inbegriff der Anschauungs//Vorstellungen« ausmacht (II, 26,31). Kann man darum sagen, daß ich selbst das Ding-an-sich bin, weil ich mich »nach dem Prinzip der Identität« setze? Diese Auffassung kommt z.B. in einer Randbemerkung der »Beylage III« zutage, wo die gewöhnliche (und unbefriedigende) Einteilung der beiden Arten von Objekten (»objectum vel phaenomenon vel noumenon«) wieder aufgenommen wird. Im darauf folgenden Satz unterscheidet Kant zwischen dem Begriff »für sich« *(per se)*, der eine fast Hegelsche Bedeutung anzunehmen scheint, und demjenigen des »an sich« *(a se)*, wobei aber die lateinische Präposition *ab* mit der deutschen *an* nicht zusammenfällt. (*Ens a se* war in der Tradition Gott selbst.)

»Der Unterschied von einem ens per se und dem ens a se. Jenes ist ein Object in der Erscheinung das von einem anderen afficirt wird dieses ein Object welches sich selbst setzt und ein Princip seiner eigenen Bestim̃ung (im Raum u. der Zeit) ist. Das Ding an sich = X ist nicht ein den Siñen gegebenes Object sondern nur das Princip der synthetischen Erkentnis a priori des Manigfaltigen der Siñenanschauung überhaupt und des Gesetzes der Coordination desselben« (II, 33,20).

Ein »Object welches sich setzt« ist kein Residuum einer Abstraktion. Die Formulierung *»a se«* läßt vielmehr den *Vorgang* eines »aus sich Herauskommens« vermuten, was natürlich nicht der Fall sein kann, weil die Selbstsetzung »nach dem Prinzip der Identität« erfolgt.

Um diesen scheinbaren Widerspruch zu beseitigen, muß an einen »transzendentalen« Gebrauch des Ding-an-sich erinnert werden, der schon in der KV vorliegt, nun aber durch die Lehre der Selbstsetzung eine neue Bedeutung erhält. Das Ding-an-sich ist nämlich auch der »transzendentale Gegenstand«, d.h. der *Bezugspunkt*, um welchen der Erfahrungsgegenstand konstruiert wird (sonst könne er nicht zu einem Objekt werden). Soviel war schon in der KV gesagt, nun aber, nach der Einführung der indirekten Erscheinung, wird jener Begriff um neue Implikationen bereichert, denn die Zusammensetzung der indirekten Erscheinung erfolgt *absichtlich* und nicht mehr unbewußt wie diejenige des »blinden« Vermögens der Einbildungskraft.

3. *Rückkehr zur ersten Auflage der KV*

Der Ausdruck »transzendentales Object« wird bis zur 2. Auflage der KV manchmal gleichbedeutend mit Ding-an-sich gebraucht (z.B. in A 277, B 333: »das transzendentale Objekt aber, welches der Grund dieser Erscheinung sein mag, (...) ist ein bloßes Etwas, wovon wir nicht einmal verstehen würden, was es sei«). De Vleeschauwers Formulierung, »das transzendentale Objekt sei nach 1781 bis zum OP aus dem Verzeichnis der Kantischen Redensarten verschwunden« (*La ded.*, III, 627) ist also nur in dem Sinne richtig, daß Kant den Terminus nicht mehr in den *neu*geschriebenen Teilen der KV benutzt. Vielleicht wäre es besser gewesen, beide Termini, »transzendentaler Gegenstand« und »Ding-an-sich«, schärfer voneinander abzugrenzen. Kant hat das unterlassen, wie ihm Vaihinger, Adickes u.a. auch vorwerfen.

Die Bevorzugung der 1. Auflage der KV im OP beschränkt sich jedoch nicht auf diesen Punkt, d.h. das transzendentale Objekt ist nicht der einzige *Topos*, bei dem sich das OP mehr an die 1. als an die 2. Auflage hält. Nehmen wir z.B. den Satz »Es ist nur eine Erfahrung (...). Wenn man von verschiedenen Erfahrungen spricht, so sind es nur so viel Wahrnehmungen, so fern solche zu einer und derselben (...) Erfahrung gehören« (A 110). Dieser Satz der Deduktion der 1. Auflage wird unzählige Male im OP fast mit denselben Worten wiederholt, in der 2. Auflage war er dagegen der Umarbeitung der Deduktion zum Opfer gefallen. Dasselbe gilt für den Topos »Es ist befremdlich...«, der mehrmals im X. und XI. Konv. wiederkehrt, und sich am Anfang einer Passage (A 244) des III. Hauptstücks der Analytik der Grundsätze befindet, die in der 2. Auflage wegfiel.

Es wäre denn auch tatsächlich befremdlich (befremdlicher jedenfalls als eine absichtliche Benutzung der ersten Deduktion), wenn Kant nur *zufällig* ein Exemplar der 1. Auflage benutzt und dann gerade die Stücke ausgewählt hätte, die in der 2. Auflage umgeschrieben oder weggelassen sind. Wahrscheinlicher und plausibler ist eine andere Erklärung: Kants Gedächtnis griff automatisch und dennoch ganz bewußt auf die 1. Auflage zurück. Wir werden uns später mit dem Grund beschäftigen, der es Kant ratsam erscheinen ließ, im OP wieder auf die Deduktion der 1. Auflage zurückzugreifen. Hier sei nur soviel erwähnt, daß die positive Verwendung des transzendentalen Objekts »als etwas überhaupt = X« (A 104) unter dem Punkt 3 der alten Deduktion stattfand, also genau *vor dem Punkt 4*, unter dem sich der Satz »Es ist nur eine Erfahrung...« befindet. Die betreffende Stelle lautet:

»Dieser Begriff kann nun gar keine bestimmte Anschauung enthalten und wird also nicht anders als diejenige Einheit betreffen, die in einem Mannigfaltigen der Erkenntnis angetroffen werden muß, so fern es in Beziehung auf einen Gegenstand steht. Diese Beziehung ist aber nichts anderes, als die notwendige Einheit des Bewußtseins, mithin auch der Synthesis des Mannigfaltigen durch gemeinschaftliche Funktion des Gemüts, es in einer Vorstellung zu verbinden«. (A 109)

Im Laufe des erwähnten Hauptstückes »Über die Unterscheidung von Phaenomena und Noumena«, das für die 2. Auflage teilweise umgeschrieben wurde, finden wir eine andere Parallelstelle zum OP, die in der 2. Auflage ganz verschwand:

»...da Erscheinungen nichts als Vorstellungen sind, so bezieht sie der Verstand auf ein Etwas, als den Gegenstand der sinnlichen Anschauung: aber dieses Etwas ist in so fern nur das transzendentale Objekt. Dieses bedeutet aber ein Etwas = x, wovon wir gar nichts wissen, (...) sondern, welches nur als ein Correlatum der Einheit der Apperzeption zur Einheit des Mannigfaltigen in der sinnlichen Anschauung dienen kann, vermittelst deren der Verstand dasselbe in den Begriff eines Gegenstandes vereinigt. Dieses transzendentale Objekt läßt sich gar nicht von den sinnlichen Datis absondern, weil alsdenn nichts übrig bleibt, wodurch es gedacht würde. Es ist also kein Gegenstand der Erkenntnis an sich selbst, sondern nur die Vorstellung der Erscheinungen, unter dem Begriff eines Gegenstandes überhaupt, der durch das Mannigfaltige derselben bestimmbar ist« (A 250–51).

Man sieht, daß die »Einheit des Mannigfaltigen« in Raum und Zeit von Kant schon im Jahre 1781 als ein »Correlatum« der (synthetischen) Einheit der Apperzeption verstanden wurde, ebenso wie im OP (»...sondern es als = X blos als Correlatum für den reinen Verstand nicht als *dabile* sondern als *cogitabile* betrachten...«; II, 33,2). Insbesondere die »Beylagen« des VII. Konv. behalten die 1. Auflage der Kritik im Auge.

Die Entwicklung und die einzelnen Phasen des Gedankens von einem »transzendentalen Objekt« nehmen nun deutlichere Gestalt an. Was in der 1. Auflage der KV ein bloßer *Parallelismus* war zwischen der notwendigen Einheit der Apperzeption und der notwendigen Einheit von Raum und Zeit (»beyde sind unendlich weil sie absolute Einheit enthalten (u. vic. vers.)«; II, 13,27), wird schließlich im OP zufolge der Selbstsetzung zu einer *funktionalen* Einheit. Die Gleichung »Ich denke = Ich bin« führt zur *raumzeitlichen Einheit des empfindenden Subjekts*, d.h. der Erfahrung selbst. Die Projektion des »Ich bin« auf die Ebene der Anschauung liefert jenen archimedischen Punkt »= x«, auf den die Konstruktion eines beliebigen Gegenstands bezogen werden muß.

»Die reine Anschauung a priori enthält die actus der Spontaneität und Receptivitat und durch Verbindung derselben zur Einheit der Act der Reciprocität und zwar in dem Subject als Dinge an sich und durch Subjective Bestimung derselben als Gegenstande in der Erscheinung wobey jenes = x nur ein Begriff der absoluten Position und selbst kein für sich bestehender Gegenstand sondern blos eine Idee der Verhältnisse ist der Form der Anschauung correspondirend einen Gegenstand zu setzen und ihn in der durchgängigen Bestim̄ung zum Gegenstande möglicher Erfahrung zu machen« (II, 28,21; vgl. auch II, 78,11).

Dieser Vorgang erfolgt ausschließlich »zum Behuf der Erfahrung« und darf deshalb nicht als eine *ontologische* Selbstsetzung im Sinne des traditionellen *»ens a se«* verstanden werden. Es handelt sich stattdessen um »das Princip der Autonomie sich selbst zum Object zu machen als gegeben in der Erscheinung *(objectum Phaenomenon)* wobey die Sache an sich selbst = x *(objectum Noumenon)* nur ein Gedanke ist um den Gegenstand blos als Erscheinung, also als indirect erkeñbar vorstellig zu machen« (II, 416,5). An dieser Stelle scheint der »transzendentale Gegenstand = x« mit dem Ding-an-sich *(objectum Noumenon)* gleichbedeutend zu sein. Aber andererseits finden wir bei Kant auch die Behauptung, daß der transzendentale Gegenstand *kein* Ding-an-sich sei:

»Es ist nur die Erscheinung eines Körpers. – Raum und Zeit sind Producte (aber primitive Producte) unserer eigenen Einbildungskraft mithin selbst geschaffene Anschauungen indem das Subject sich selbst afficirt und dadurch Erscheinung nicht Sache an sich ist. Das Materiale – das Ding an sich – ist = X ist die bloße Vorstellung seiner eigenen Thätigkeit« (II, 37,7).

Diejenige Unbestimmtheit, die Vaihinger und Adickes schon in Bezug auf die KV beklagen, findet sich also auch im OP wieder. Meiner Meinung nach ist diese Unschärfe des Begriffs nicht zufällig, sondern *notorisch*. Sofern das Ding-an-sich auf die Anschauung bezogen wird, ist es bloß logisches Residuum; aber für den logischen Gebrauch des Verstandes, der den Gegenstand konstruiert, erhält es eine andere, positive Bedeutung, weil es als inhaltloses »x« den *Bezugspunkt der Einheit des Objekts* repräsentiert. Natürlich wäre es besser gewesen, beide Bedeutungen schärfer von einander abzugrenzen, aber die Vermischung hat einen Grund: Was sich dem Transzendentalphilosophen als bloßer Bezugspunkt (= x) darstellt, erscheint dem naiven Realisten als »die Sache selbst«, als die Wirklichkeit des existierenden Objekts. Die Verwechslung ist, wie jede transzendentale Amphibolie, für den Alltagsverstand *unvermeidlich*. Kant will also einen Erklärungsgrund dafür liefern, daß wir die Projektion der synthetischen Einheit der Apperzeption auf die Ebene der Objektivität für ein »an sich« existierendes Ding halten. Zufolge der »Selbstsetzung« erfährt diese Projektion im OP eine weitere Entwicklung: das transzendentale Objekt *bin ich selbst*, der ich mich als organisierendes Prinzip der Erfahrung setze.

4. *Existieren auch Gedankendinge?*

Ähnlich schwankend in seiner Bedeutung wird das Produkt der Selbstsetzung im OP bald als ein »Gedankending« bald als etwas, das kein bloßes Gedankending ist, von Kant vorgestellt. Ein Beispiel:

»Das Object an sich (Noumenon) ist ein bloßes Gedankending (ens rationis) in dessen Vorstellung das Subject sich selbst setzt Theätet« (II, 36,2; vgl. II, 27,2).

Sed contra:

»Das Formale dieses Manigfaltigen als unbedingten Gantzen ist die Vorstellung von Raum und Zeit (das Neben// und Nach einander seyn) (iuxta ac post se invicem ponendo) machen eine reine a priori gegebene Vorstellung aus wodurch das Subject sich selbst setzt und zum Object der Sinne macht aber nur in der Erscheinung = X nicht als Ding an sich (ens per se) und zwar nicht blos analytisch nach Begriffen sondern synthetisch durch Construction derselben in dem Complexus des Manigfaltigen der Anschauung als wahres Object (nicht als ens rationis ein bloßes Gedankending).« (II, 25,4)

Diese Bedeutungsschwankungen (»wahres Objekt – Gedankending«) können für die Auffassung des OP als symptomatisch angesehen werden, denn sie treten, wie wir schon gesehen haben, nicht nur in diesem Fall, sondern auch bei anderen Topoi des Werkes auf: so zum Beispiel bei »Organismus«, »Welt« oder »Gott«. Die Schwankungen sind zu häufig und zu systematisch, um bloß auf die Altersschwäche Kants zurückgeführt werden zu dürfen. In der Tat hat sich im OP die Funktion des »Gedankendinges« im Vergleich mit der KV entscheidend verändert. Erschien es dort entweder als Noumenon (»ein Begriff ohne Gegenstand«) oder als Idee (»ein Begriff, dem gar keine

Anschauung korrespondiert«; A 291, B 347), so entsprach ihm in beiden Fällen ein »Nichts *(nihil)*«, das als Idee dennoch eine *regulative* Funktion ausüben konnte. Demselben Begriff werden zudem gewisse »neue Grundkräfte« zugeordnet, die »nicht unter die Möglichkeiten gezählt werden müssen«. Die anschließende Erörterung (A 292, B 348) spricht in dieser Hinsicht von einer Sache die »bloß Erdichtung (obzwar nicht widersprechende) ist«. Nun aus dem Ätherbeweise des OP konnten wir entnehmen, daß eine *bloße Erdichtung*, die zwar als Gedankending auftritt, dennoch als Bedingung der Einheit der Erfahrung »a priori gegeben« (also auch konstitutiv) ist. Ein solches Gedankending fungiert als Inbegriff von Grundkräften gänzlich neuer Art: die »dynamischen Kräfte« im Sinne des OP, die zwar als echte »Erdichtungen« gelten und doch als diejenige »Zusammensetzung die dem Zusammensetzen vorhergeht« die Möglichkeit der Erfahrung bedingen.

Der Widerspruch, falls es sich überhaupt um einen solchen handelt, liegt in der Sache selbst. Es gibt Begriffe, die als bloße Gedankendinge mit einem »existierenden« Objekt korrespondieren, und sei es nur im Sinne einer »indirekten Erscheinung«. Darum (vielleicht) bereitet der zumindest potentiell irreführende Charakter solcher Bedeutungsschwankungen keine besonderen Sorgen, da Kant schon im Falle des Äthers mit einem Gedankending zu tun gehabt hatte, das zugleich *kategorisch gegeben* war. Zwar hatte er im Verlauf des Ätherbeweises ausdrücklich betont, daß es sich dabei nur um einen *Einzelfall* handeln würde, aber offenbar sind wir nun angehalten, eine weitaus größere Anzahl von Gedankendingen anzunehmen, die, auch wenn sie »Nichts« sind, dennoch eine wichtige und *positive Rolle* im Rahmen der Transzendentalphilosophie spielen. Diese merkwürdige Annahme findet ihren Grund in der notwendigen Einheit der Erfahrung, die der synthetischen Einheit der Apperzeption entspringt.

Bei diesem Konzept nimmt der Äther als Inbegriff der bewegenden Kräfte der Materie die erste und wichtigste Stelle ein. Waren in der KV die bewegenden Kräfte als »bloße Verhältnisse« (B 67), als »Veränderung der Örter (Bewegung) und Gesetze, nach denen diese Veränderung bestimmt wird« beschrieben, so sind sie nun infolge der »Selbstsetzung« des Subjekts nicht nur als Verhältnisse, sondern auch als Bestimmungen einer »Materie« (des Wärmestoffs) »wirklich«. Der Verstand selbst wird demnach zu einer bewegenden Kraft *(vis repraesentativa)*, die die bloße *facultas* ersetzt: eine »Kraft«, die nur als Gedankending gedacht werden kann. Später werden wir sehen, daß sowohl der Organismus als auch die alten Ideen der transzendentalen Dialektik den Status von »Gedankendingen« (im neuen Sinne), denen eine *notwendige Existenz* zukommt, annehmen. Dabei wird der phänomenale Charakter unserer Erkenntnis keinesfalls suspendiert, sondern prinzipiell beansprucht. Solange der transzendentale Aspekt verfehlt wird, müssen diese Begriffe für *bloße* Gedankendinge gehalten werden: »Begriffe ohne Gegenstand«, d.h. Nichts. Nimmt man sie dagegen in ihrer transzendentalen Bedeutung, dann erhalten sie den Status von Gedankendingen »secunduum quid, non simpliciter«.

Eine sorgfältige Prüfung der dem Wort nach widersprüchlichen Stellen untermauert diese Auffassung. Solange Kant *im allgemeinen* spricht, wird das Produkt der Selbstsetzung »= x« als Gedankending bezeichnet; sobald aber dieses Produkt durch die reine Form der Anschauung auf die Erfahrung bezogen wird, fällt jene Bezeichnung weg. Aber was hat Kant eigentlich daran gehindert, diesem Schwanken der Bedeutung ein für allemal ein Ende zu bereiten? Was für eine Realität steht den Gedankendingen zu? Möglicherweise war sich Kant seines eigenen *transzendentalen* Idealismus so sicher, daß es ihm unnötig erschien, sich selbst jeweils als »Idealist« oder »Realist« zu definieren, man vergleiche nur das Zitat aus II, 442,6 (Kap. VI, § 3) sowie diese Passage von II, 441,18: »Das Object ist weder idealistisch noch realistisch sondern gar nicht gegeben sondern blos gedacht *(non dari sed intelligi potest)*«. In der Bezeichnung des gedachten Objekts als »Gedankending« bleibt dennoch der deutliche Hinweis darauf enthalten, daß es sich bei ihm immer um die Erdichtung einer Erscheinung handelt, die sich in unserem Geiste bildet und trotzdem zu einem allgemeingültigen Objekt wird.

5. *Objekte existieren nur im »Zusammenhang«*

Die entscheidende Frage steht noch aus. Sie betrifft den Begriff der *Existenz* selbst, der ja ebenfalls mit der Unterscheidung zwischen Phaenomenon und Noumenon eng verbunden ist. Es ist nämlich nicht einerlei, ob die Existenz einem Ding-an-sich, d.h. einer von den transzendentalen Bedingungen der Rezeptivität unabhängigen Sache, oder einer Erscheinung zugeschrieben wird. Die KV hatte erklärt, die erste Bedeutung des Daseins könne außer Acht gelassen werden, weil ein so gedachtes Wesen für uns gleichbedeutend mit »nichts« sei. Das »2. Postulat des empirischen Denkens überhaupt« (d.h. eines Denkens, das sich auf die Erfahrung bezieht) definiert folglich das als »wirklich«, »was mit den materialen Bedingungen der Erfahrung (der Empfindung) zusammenhängt« (A 219, B 266). Die so definierte Wirklichkeit setzt dann (nach dem modalen Implikationsgesetz) die entsprechende *Möglichkeit* voraus, deren Definition im 1. Postulat enthalten ist: »Was mit den formalen Bedingungen der Erfahrung (der Anschauung und den Begriffen nach) übereinkommt ist möglich«. Mit anderen Worten: Das Mögliche ist in Raum und Zeit dann *wirklich*, wenn es mit irgendeiner *Empfindung* zusammenhängt.

»Zusammenhängen« aber heißt, durch eine empirische, nicht bloß logische Beziehung mit den »materialen Bedingungen der Erfahrung« verbunden sein. Und hier kommt eine Schwierigkeit zutage. Eine Verknüpfung als solche kann, infolge des »Humeschen Prinzips«, *durch die Sinne nicht bezeugt werden*; entsprechend kann auch die »Verknüpfung mit der Wahrnehmung« (A 235, B 287) erst durch die *Verstandestätigkeit* begründet werden! Kant vertritt nämlich nicht die Meinung des Empiriokritizismus, daß die ursprüngliche Wirklichkeit in den »reinen Empfindungen« zu suchen sei. Empfindung ist für ihn nur der Ansatzpunkt einer Konstruktion und garantiert lediglich, daß der *Ort* des Daseins (das »Da«, wo das Ding da-ist) mit dem Umfang der *möglichen Erfahrung* (und nicht z.B. mit der bloßen Phantasie) zusammenfällt. Eine reale Beziehung dieses Ansatzpunktes mit der Gesamtheit der Erfahrung ist damit *noch nicht gegeben*, denn erst durch die Vermittlung des Verstandes kann eine solche Verknüpfung zustande kommen.

Die KV hatte diese Argumentation nicht weiter expliziert, aber ihre Bedeutung für die neue, im OP enthaltene Definition der Existenz ist offensichtlich. Vom transzendentalen Standpunkt aus setzt die unmittelbare Beziehung »mit den materialen Bedingungen der Erfahrung« die *mittelbare* Konstruktion eines »Zusammenhanges« voraus, der der Verstandestätigkeit entstammt, denn erst der Verstand kann einen *wirklichen* Zusammenhang entstehen lassen. Darum sagt das OP: »Intellectus exhibet phaenomena sensuum«. Als Produkt des Verstandes kann nun die verbindende Konstruktion nur eine »indirekte Erscheinung« sein, die der direkten vorausgeht, also jene »E. einer E.«, von der schon die Rede war.

Gegenüber der KV hat sich also die Lage geändert. Zwar ist gemäß der KV die Existenz einer *Setzung* und dieselbe Auffassung vertritt unverändert das OP, aber *wo* (in welchem Kontext, bzw. an welchem transzendentalen Ort) findet diese Setzung statt – in Raum und Zeit? Raum und Zeit sind der transzendentale Ort der *Anschauung*, aber ein Zusammenhang kann »nicht in der reinen Form der sinnlichen Anschauung zugleich mit enthalten sein« (B 129–130). Ein Zusammenhang kann nur zufolge der Tätigkeit des Verstandes entstehen; so bestimmt der Verstand jene zusammenhängende Welt, *in der allein* die Wirklichkeit stattfinden kann. Die (nie vollständige) Bestimmung der Erfahrung ist die Voraussetzung jener »Setzung«, in der das Dasein eines Sinnenobjektes besteht.

Hinter dem 2. Postulat des empirischen Denkens steckte also potentiell die ganz andere Definition der Existenz als »omnimoda determinatio«, die *ursprünglicher* als die Definition des 2. Postulats ist. Schon für den Wirklichkeitsbegriff der KV stellt die Lehre der indirekten Erscheinung, wie sie das OP vertritt, eine ebenso unentbehrliche wie unausgesprochene Voraussetzung dar, ohne die der Begriff »Setzung« unvollständig wäre. Hierin liegt vielleicht das stärkste Argument gegen die Auffassung, das letzte Werk Kants sei eigentlich überflüssig. »Die Zusammensetzung geht dem Zusammengesetzten voran« und nur die Spontaneität des Denkens kann jenen »Zusammenhang« konstruieren, durch den das unmittelbar empfundene Objekt *in seine Wirklichkeit* gestellt wird. Ohne diese Annahme würde die empirische Wirklichkeit eine bloß subjektive Vorstellung bleiben.

Jedoch dank dieser Annahme kann der »empirische Idealismus« endgültig abgewehrt werden, wie die zitierte Passage von II, 447, 18 (Kap. VI, § 3) nachgewiesen hat. Damit erhält die neue Definition von »Existenz« im OP, die aus der (Pseudo-)Wolffschen Qualifizierung der Existenz als »omnimoda determinatio« herrührt, eine klare Rechtfertigung: »Die Existenz der Dinge im Raum und der Zeit ist nichts als *omnimoda determinatio* welche auch nur subjectiv d.i. in der Vorstellung ist und deren Möglichkeit in der Erfahrung auch blos auf Begriffen beruht, – blos das Formale *a priori* denkbare kōnen wir wissen« (II, 97,16).

Allerdings entstehen daraus einige paradoxe Konsequenzen, denn in diesem Fall tilgt die spätere Auffassung nicht etwa die frühere, sondern wird sogar zu ihrer Begründung herangezogen. Der empirische Zusammenhang mit der Empfindung, der uns nach dem 2. Postulat erlaubt, einem Gegenstand Dasein zuzuschreiben, hängt von einem »cogitabile« ab, das vom Verstande zusammengestellt wird. Die beiden Systeme befinden sich auf verschiedenen Ebenen, das erste gehört zur direkten, das zweite zur indirekten Erscheinung, und ihre Verbindung wird durch die Selbstsetzung des Subjekts garantiert, das denkt und sich gleichzeitig als empfindend setzt. Aber das endgültige Zusammenfallen beider Aspekte gilt nur für »das Gantze der Sinnengegenstände«, das als solches *nie gegeben ist*. Für jede *einzelne*, direkt erfahrene Erscheinung und für die entsprechende »E. einer E.« bleibt die Verknüpfung problematisch, solange eine spezifische Korrespondenz nicht festgestellt wird. Und die totale Korrespondenz als solche kann *nie* gegeben werden.

Dennoch besteht in eben dieser Korrespondenz der »Übergang«, der es Kant erlaubt, die spezifische Physik a priori zu begründen. Das Problem des »Fortschreitens von dem Ganzen zu den Teilen« (das alle Versuche des »Weltsystems« charakterisiert) und von den Teilen zum Ganzen taucht hier erneut auf. Auf der empirischen Ebene ist die Existenz zwar ein Zusammenhängen in *einzelnen* Wahrnehmungen, auf der Ebene der indirekten Erscheinung ist sie aber die *durchgängige* Bestimmung in einem globalen Zusammenhang sämtlicher denkbarer Objekte, der jedoch nie vollständig sein kann. Wie lassen sich beide Ebenen nun miteinander verbinden?

6. *Absolute Setzung und »omnimoda determinatio«*

Auf die Definition des Daseins als »absolute Position eines Dinges mit allen seinen Prädicaten« stoßen wir im OP wiederum in jenem Teil, den Kant von fremder Hand abschreiben ließ (I, 571,20 = II, 549,11), also in einer vermutlich »endgültigen« Redaktion. Es handelt sich um die »zweite Eintheilung, vom spezifischen Unterschiede der Materie zu Körpern überhaupt«, die einer »ersten Eintheilung Vom specifischen Unterschiede der Naturkörper« folgte (I, 565,16), die jedoch in die Abschrift nicht aufgenommen wurde. Unmittelbar nach der Definition des Daseins findet sich der Satz: »Es giebt daher nur Eine Erfahrung« (II, 549,13). Das »Daher« steht dort, weil die Einheit der Erfahrung die Verknüpfung des Daseins als Setzung mit dem Dasein als »durchgängige Bestimmung« rechtfertigt. In der Tat will der Kontext das Dasein als Setzung mit dem Dasein des *Äthers* in Verbindung bringen (II, 550,18). Nun ist der Äther der Grund der durchgängigen Bestimmung. Aber trotz dieser Rechtfertigung ist die absolute Setzung eines Dinges in der Erfahrung mit der durchgängigen Bestimmung der Erfahrung nicht *schlechthin* identisch. Die erste ist ein Datum, während die zweite nie »gegeben« werden kann, weil sie immer nur das Ziel einer fortschreitenden Annäherung darstellt: »Die durchgängige Bestim̄ung durch Warnehmungen als einem System derselben ist Erfahrung u. kan̄ nur Annäherung aber nicht apodictische Gewissheit gewähren« (II, 32,15).

»Existenz« hat also zwei verschiedene, sich scheinbar widersprechende Bedeutungen. Die erste verbindet sie mit der *Gegebenheit*, die zweite dagegen erklärt sie zu einem »asymptotischen«, nie zu Ende zu bringenden Prozeß. Daß dabei die zweite Definition zugleich die Bedingung der ersten sein soll, läßt sich nur infolge des »Zusammenhängens« verstehen. Aber dadurch wird das Nebeneinander beider Definitionen keineswegs weniger paradox. Es handelt sich vielmehr um eine übertragene Paradoxie, d.h. um den paradoxen *Status des Äthers*, der sich hier bemerkbar macht, weil die Art und Weise, in der Kant die beiden Begriffe des Existierens in der »Anmerkung I« des Ätherbeweises vergleicht, verdeutlicht, daß das *Verbindungsglied beider Auffassungen der Äther ist,* der die »Basis« für die durchgängige Bestimmung liefert:

»Existentia est omnimoda determinatio sagt Christian Wolf, und so auch umgekehrt omnimoda determinatio est existentia als ein Verhältnis gleichgeltender Begriffe. Aber diese gedachte durchgängige Bestim̄ung kan̄ nicht gegeben werden; den̄ sie geht ins unendliche empirischer Bestim̄ungen. Nur in dem Begriffe Eines Objects möglicher Erfahrung, welcher von keiner Erfahrung abgeleitet ist vielmehr sie selbst möglich macht, wird jenem objective Realität nicht synthetisch sondern analytisch nach dem Satz der Identitat diese omnimoda determinatio nothwendigerweise zugestanden« (I, 603,9).

Später tritt der Begriff der Existenz als Setzung immer mehr in den Hintergrund, er bleibt aber dennoch unumgänglich. Anstelle des 2. Postulats des empirischen Denkens ergibt sich nunmehr ein überraschendes Paradox. Das Dasein ist nämlich nach Kant nicht nur kein unmittelbares Erfahrungsdatum, sondern Erfahrung *kann überhaupt nicht zum Beweis der Existenz herangezogen werden*, weil sie selbst niemals »da« ist:

»Da nun die durchgängige Bestim̄ung eines Objects der Warnehmung vollständig aufzufassen und darzustellen eine bloße Idee (problematischer Begriff) ist die zwar zur Annäherung (approximatio) aber nicht der Totalität der Warnehmungen geeignet ist so kan̄ die Erfahrung niemals von der Existenz des Objects dieser oder jener Sin̄enobjekte als bewegender Kräfte der Materie einen gesicherten Beweis liefern Es sind gesam̄elte Bestim̄ungsgründe welche theilweise (sparsim) niemals aber völlig vereinigt (omnimode coniunctim) zur Beurkundung einer Erfahrung zureichen.« (II, 498,2)

Daß die Existenz als absolute Setzung trotzdem nicht verleugnet wird, kann uns kaum verwundern, denn sie hat ihren Ursprung im wechselseitigen Verhältnis der Modalkategorien »Möglichkeit und Wirklichkeit«. Man darf nämlich dem Wirklichen nicht mehr und nicht weniger Prädikate als der entsprechenden Möglichkeit zuschreiben, weil diese sonst nicht die Möglichkeit *jenes* Wirklichen sein würde; das wußte übrigens schon Leibniz, ohne daraus jedoch eine Widerlegung des »cartesianischen« Gottesbeweises abzuleiten. Existenz als absolute Setzung (in Anlehnung an eine aristotelische und islamische Tradition) und Existenz als »omnimoda determinatio« bestanden schon in der Leibnizschen Schule nebeneinander, ohne eigentlich problematisiert zu werden. Das OP wirft nun auf ihre Beziehung ein neues Licht. Es führt die *omnimoda determinatio* auf Wolff zurück, gibt ihr aber eine andere Begründung. Als Notwendigkeit, daß die Erfahrung einheitlich sei, um überhaupt da-sein zu können, ist die omnimoda determinatio (also die Existenz) keine »Tatsache«, sondern eine *Idee*, die nur gedacht werden kann und dabei doch den Grund ausmacht, auf dem die empirische Wirklichkeit beruht, denn nur unter jener Bedingung kann das »Gegebene« in seinem Zusammenhang »gesetzt« werden. Die »Tatsachen des Bewusstseins« sind nur ein »Datum für die Möglichkeit der Erfahrung«, die ausschließlich vom Verstand abhängt:

»Nicht die Empfindung als Bewustseyn der bewegenden Kräfte der Materie sondern die Erscheinungen dieser äußeren Siñenobjecte sind das erste was a priori vorher gedacht wird woriñ die bewegende Krafte gesetzt werden und was als die Form ihrer Verbindung angeschaut und aufgefasst wird. Anschauung der Warnehmung material. – Das Subject wird sich dadurch des Gegenstandes aber nur in der Erscheinung bewust als Datum für die Möglichkeit der Erfahrung welche eine Operation des Verstandes ist zur Erkentnis des Siñenobjects« (II, 323,22).

In dieser Argumentation tritt in Bezug auf »Existenz« eine »Amphibolie der Reflexionsbegriffe« nur dann auf, wenn die beiden Ebenen der direkten und der indirekten Erscheinung nicht unterschieden werden:

»Die Amphibolie der Begriffe von dem was uns empirisch zustoßt und blos Erscheinung ist einen Sprung zur Erfahrung zu machen da diese eine Erscheinung einer Erscheinung seyn würde und Erfahrung nicht als zustoßende Vorstellung empfangen werden kañ sondern gemacht werden muß.« (II, 322,26)

Es handelt sich dabei um jenes Mißverständnis bzw. um jenen »Sprung«, den die neue Wissenschaft des Übergangs dadurch beseitigen soll, daß sie das Unmittelbare der Wahrnehmung auf die vom Verstande ausgeführte Zusammensetzung der indirekten Erscheinung zurückführt:

»Die Amphibolie der Reflexionsbegriffe das Zusam̄engesetzte in der Erscheinung mit der Zusam̄ensetzung als einem Verstandesbegriffe (der Sache dem

Object an sich) zu verwechseln das Empirische der Anschauung (Warnehmung) mit dem Princip der Verbindung der Phänomene zur Möglichkeit der Erfahrung mit der Erfahrung selbst gleich als einem Princip der Aggregation zu einem System (dergleichen die Erfahrung überhaupt ist) zu verwechseln, und so die Transscendentalphilosophie deren Aufgabe die Frage ist: wie sind synthetische Sätze a priori möglich? In den Schatten zu stellen d.i. den Schematism der Verstandesbegriffe« (II, 331,5).

Zwar ist diese Textstelle auf Bogen »E« ziemlich unübersichtlich, aber die Aufgabe, die hier der Transzendentalphilosophie zugewiesen wird, ist klar herauszulesen: die Verwechslung des Empirischen mit dem *Prinzip der Verbindung* der Phänomene zu verhindern. Anstatt des Noumenon tritt hier ein Objekt auf, das zwar ein »ens rationis« ist, jedoch eines, das »zur Möglichkeit der Erfahrung« gedacht wird. Ihm kommt deshalb Existenz zu, die allerdings nicht mit derjenigen der direkten Erscheinung verwechselt werden darf. Es ist also eine »Topik« erforderlich, um eine neue Amphibolie des Existenzbegriffes zu vermeiden. Die »Topik der bewegenden Kräfte«, von der im OP häufig die Rede ist (II, 99,9; 308,6; 356,25 usw.) genügt allerdings nicht. Wir bedürfen nämlich keiner *horizontalen* Klassifikation der Kräfte, sondern einer *vertikalen* Unterscheidung verschiedener Niveaus. Nur so läßt sich die »Amphibolie der Reflexionsbegriffe in Ansehung der Physik da das was gemacht wird a priori synthetisch als Gegebenes gedacht ist« (II, 291,9) vermeiden.

Auf eine vertikale Unterscheidung der gesuchten Art weist die am Kap. VI, erwähnte Topik (II, 299,9) und auch jene *Topik der Principien* hin, die Kant auf der 3. Seite des Bogens »I« (»Einl. 1« des X. Konv.) vorlegt. Sie steht in einem gewissen Gegensatz zu dem viel häufiger verwendeten Ausdruck »Topik der Begriffe« (I, 631,16; II, 355,14 usw.):

»Die Gegenstände müßen insgesam̄t in die Topik der Principien passen ohne welche sie nicht Gegenstande der Erfahrung seyn kön̄ten e.g. Caput de finibus. So finden wir an unserem eigenen Körper und der Natur Beschaffenheiten derentwegen wir sie organisirt d.i. als zu Zwecken geformt ansehen müssen weil wir sie sonst selbst nicht als solche verstehen würden. Diese Begriffe gehen im̄er vorher ehe wir ihre Objecte durch Erfahrung belegen kön̄en sie sind principien a priori Erfahrungen zu machen.« (II, 291,12)

Wir werden später genauer sehen, daß Kant in der Tat das Objekt »Organismus« nicht an demselben transzendentalen Ort ansiedelt wie die Erfahrungsobjekte. »Organismus« ist ebenfalls ein *ens rationis*, dessen Existenz angenommen werden muß, um überhaupt »Erfahrung zu machen«, liegt aber nicht auf derselben Ebene wie die indirekte Erscheinung.

7. *Erfahrung als »asymptotischer Versuch«*

Sobald man mit der »Topik der Principien« verschiedene Ebenen unterscheidet, verliert das Nacheinander scheinbar unverträglicher Definitionen des Begriffs »Dasein« jeden paradoxen Charakter, denn beide Bedeutungen hängen nun von dem jeweiligen Niveau ab, auf dem wir die Wirklichkeit betrachten. Die Definition der KV operiert auf der Ebene der *direkten* Erscheinung, auf der die Gegenstände der Wahrnehmung »zerstreut« *(sparsim)* auftreten. Die des OP betrifft die Ebene der »E. einer E.«, mit der die Existenz sich auf das *Ganze* der Erfahrung bezieht. Die Wissenschaft des »Übergangs« zielt nun darauf ab, beide Ebenen zu vereinigen, indem sie zu zeigen versucht, daß die erste die Voraussetzung der zweiten ist.

Die Unterscheidung zwischen »sparsim« und »coniunctim« finden wir überall dort, wo von dieser zentralen Absicht des OP die Rede ist. So z.B. am Anfang des Bogens »T«, auf dem sich Kant noch einmal mit Nachdruck der Frage der Physik zuwendet:

»A

Was ist Physik?

B

Was ist ein Übergang von den metaph. A. Gr. der NW. zur Physik

a.

Wie ist Physik möglich

b.

Wie ist der Übergang von den metaph. A. Gr. der NW. zur Physik möglich

Diese vier Fragen fügen sich von selbst zu zwey Abteilungen 1mo Aggregation des Manigfaltigen der Warnehmungen im Subject für die Siñe (sparsim)

2do Die absolute Einheit der Synthesis möglicher Warnehmungen unter einem Princip ihrer Verknüpfung a priori ihrer Verbindung (coniunctim) für den Verstand zur Möglichkeit der Erfahrung« (II, 467–68).

Man kann die Analogie dieser Gegenüberstellung von »sparsim« und »coniunctim« mit der Entgegensetzung von *Leibnizscher* und *empirischer* Wirklichkeitslehre in der »Anmerkung zur Amphibolie« der KV nicht übersehen:

»Die Substanz im Raume kennen wir nur durch Kräfte, die in demselben wirksam sind (...) Allein was kann ich mir für innere Akzidentien denken, als diejenigen, so mein innerer Sinn mir darbietet? nämlich das, was entweder selbst ein Denken oder mit diesem analogisch ist. Daher machte Leibniz aus allen Substanzen, weil er sie sich als Noumena vorstellete, selbst aus den Bestandteile der Materie, nachdem er ihnen alles, was äußere Relation bedeuten mag, mithin auch die Zusammensetzung, in Gedanken genommen hatte, einfache Subjekte mit Vorstellungskräften begabt« (A 265, B 322).

Die von der Tätigkeit des Verstandes geleistete »Zusammensetzung«, eine Leistung, die Leibniz den Substanzen abgesprochen hatte, wird diesen jetzt von der Wissenschaft des Übergangs zurückerstattet. Eben darum (d.h. wegen der »Innerlichkeit der Substanzen«) konnte das Prinzip »der möglichen Gemeinschaft der Substanzen« bei Leibniz »kein physischer Einfluß sein«: »Denn weil alles nur innerlich, d.i. mit seinen Vorstellungen beschäftigt« war, so mußte »eine dritte und in alle insgesamt einfließende Ursache ihre Zustände (...) korrespondirend machen« (A 275, B 331). Diesem Leibnizschen »Principium der Gemeinschaft« muß ein neues Prinzip entgegengesetzt werden. Es ist offensichtlich, daß Kant den Gedanken der »Gemeinschaft« aus der Leibnizschen Schule übernimmt, aber hängt bei Leibniz die »omnimoda determinatio« von einer einzigen »Substantia noumenon« (Gott) ab, die unter unendlich vielen Perspektiven widergespiegelt wird, so ist sie bei Kant im Unterschied dazu der »Erscheinung der Erscheinung« verpflichtet, die als Totalität der indirekten Erfahrung zwar eine bloße Idee ist, aber den sachlichen Zusammenhang der einzelnen Wahrnehmungen *(sparsim)* und folglich deren *Wirklichkeit (coniunctim)* ermöglicht. Auf der Ebene des indirekten Gegenstandes ersetzt die »Gemeinschaft« der Kräfte jene »Gemeinschaft der

Substanzen«, die als Noumenon unannehmbar war. Erst jetzt kann die Materie »zusammenhängend« *(coniunctim)* betrachtet werden:

»Das Bewegliche im Raume also, die Materie, kan̄ nicht als ein Ganzes welches selbst beweglich wäre vorgestellt werden den̄ sonst wäre es als stellveränderend ein Erfahrungsobject: Aber dieses seine Theile müssen doch gegeneinander im Verhältnisse des wechselseitigen Einflusses stehen den̄ sonst würden sie nicht ein reales Ganzes ausmachen. – Dieser Einflus aber (und die darauf beruhende Gemeinschaft aller Theile der Materie) kan̄ nicht anders als Anziehung und zugleich gegenwirkende Abstoßung seyn« (II, 194,18; aus der »Einleitung« vom Frühling 1799).

Diese Auffassung bietet Kant den Vorteil, die Gesamtheit der Kräfte zur Begründung der Physik heranziehen zu können, während das Noumenon keinerlei empirische Anwendung zuließ.

Die Idee des *Ganzen* als Prinzip der Wirklichkeit wird in der letzten Phase des OP zum zentralen Thema. Dieses Prinzip umfaßt sowohl »das All der Wesen als ein Ganzes betrachtet« (II, 59,8) als auch den Organismus und das Ganze der »organisirten Geschöpfe« (II, 241,23), d.h. die »Organisation«, und endlich »das absolute Ganze der Ideen« (Gott, Welt, Mensch) (I, 97,12). Die ganze »Transc: Phil. ist der Inbegriff *(complexus)* der Ideen (Dichtungen) aller Principien der theoretisch speculativen und moralisch//practischen Vernunft in einem unbedingten (absoluten) Ganzen ursprünglich sich selbst zu setzen« (I, 89,21).

Wir müssen uns in diesem Kontext darauf beschränken, die paradoxen Folgen dieses Gedankens für den Begriff der Existenz lediglich zu erwähnen. Man vergegenwärtige sich die Situation: eine *Idee*, die allerdings nie gegeben sein kann, gibt den Grund ab, auf dem die Existenz beruht.

»Erfahrung als Princip der Erkentnisbestim̄ung ist selbst nur eine Idee und Formgebung eines Sin̄enobjects überhaupt und entspringt nicht aus einem Aggregat der Warnehmungen sondern ein Inbegriff (complexus) derselben in einem System« (I, 76,20).

»Erfahrung ist nicht empirisches Erkentnis sondern selbst nur eine Idee der Construction eines Begriffs. Diese ist im̄er nur asymptotisch der Annäherung zur Erfahrung (wie in der Hyperbel)« (I, 90,6).

Die Erfahrung als eine »Idee«? Wenn wir uns vor Augen führen, was Menschen alles anstellen, um *über die Wirklichkeit* eines beliebigen Gegenstandes *zu entscheiden*, dann müssen wir anerkennen, daß Kants Auffassung so paradox gar nicht ist. Ohne Zweifel geht eine solche Entscheidung immer vom sinnlichen Eindruck aus, weil das Problem ohne einen solchen Anstoß überhaupt nicht entstehen würde. Aber sobald wir uns fragen, *was* denn in der gegebenen Empfindung das Wirkliche ist, beginnt der Verstand eine Anzahl von Zusammenhängen durch Konstruktion zu problematisieren. Die Wahrnehmung eines Gegenstandes in der Ferne oder im Dämmerlicht führt nur dann zur Konkretion, wenn es gelingt, das »etwas« in einen wahrscheinlichen Kontext einzugliedern. Auch der Irrtum (bei einer »falschen« Wahrnehmung) liegt weder in der unmittelbaren Empfindung, noch in der Annahme, daß die Empfindung uns etwas »Wirkliches« vorgaukelt. Erst beim Versuch, den unmittelbaren Eindruck mit der ganzen Erfahrungswelt zu verknüpfen, kann sich der Irrtum (bzw. seine Korrektur) ergeben. Der Begründer des englischen Idealismus, T.H. Green, griff diese Bemerkung auf, um zu zeigen, daß die Wahrheit nur in der *Beziehung* des einzelnen Tatbestandes mit dem Ganzen der Erfahrung liegen kann. Sein Nachfolger F. H. Bradley fügte hinzu, daß aus diesen Gründen unser Denken die Wahrheit gar nicht erfassen könne, da wir das Ganze nur als Inbegriff von *Relationen* denken, deren Form bloß »Schein« sei und denen deshalb auch keine Realität zukomme. Ohne einen solchen »skeptischen Idealismus« vorauszuahnen, zieht auch Kant aus seiner Lehre der »omnimoda determinatio« die Folgerung, daß »die Erfahrung niemals von der Existenz des Objects dieser oder jener Sinenobjecte (...) einen gesicherten Beweis liefern« kann (II, 498,6). Eine Position, die für den Verfasser der KV ziemlich überraschend scheint, die jedoch aufgrund der neuen Auffassung unvermeidlich ist.

8. *Die neue Rolle der Ideen*

Der neue Begriff von »Existieren« spiegelt sich im ontologischen Status der *Idee* wieder, die noch in der KV als »ein Vernunftswesen«,

»ein Begriff aus Notionen, der die Möglichkeit der Erfahrung übersteigt«, definiert war (A 320, B 377). Da nun die »durchgängige Bestimmung« der Erfahrung mit der »Existenz ihrer Gegenstände identisch« ist (II, 81,13), wird im OP die Existenz selbst zu einer Idee: »Deñ *omnimoda determinatio est existentia* weñ gleich diese nur eine Idee ist« (II, 81,15).

Auch das tatsächliche, durch die Wahrnehmung attestierte Dasein wurzelt (wie wir gesehen haben) in dieser »Idee«. Das Objekt kann nur im Zusammenhang mit der ganzen Erfahrung wirklich sein, und »Erfahrung ist nicht empirisches Erkentnis sondern selbst nur eine Idee der Construction eines Begriffs« (I, 90,6). Obwohl also die Idee nicht »direkt«, sondern bloß »indirekt« existiert, ist die Existenz zumindest gewisser Ideen nicht weniger sinnvoll (eher sinnvoller) als diejenige der Dinge. Kant hält fest: »Erfahrung wovon haben ist ein Act des Gemüths (...) wo empirische Vorstellung eines Objects d.i. Warnehmung nach einem gewissen Princip aggregirt wird. – Man kan sie nicht h a b e n ohne sie vorher zu m a c h e n und die Form derselben wird a priori zur d u r c h g ä n g i g e n Bestim̄ung des Bewustseyns der Erscheinung gegeben, welche die W i r k l i c h k e i t des Objects« bedingt (II, 484,5). Diese Erfahrung als Idee geht durchaus dem gegebenen Sinnenobjekt voraus, ein Sachverhalt, der mit Nachdruck im I. Konv. erneut hervorgehoben wird und zwar dort, wo die Ideenlehre als Endzweck der Transzendentalphilosophie entwickelt wird, im Anschluß an die zitierte Passage (Kap. VI, § 9) über den endlichen Charakter unseres Geistes: »Erfahrung als Princip der Erkentnisbestim̄ung ist selbst nur eine Idee und Formgebung eines Siñenobjects überhaupt« (I, 76,20).

Infolge der angedeuteten Ausdehnung des Begriffs der bewegenden Kraft ist nun zu erwarten, daß auch die Ideen *bewegende Kräfte* haben bzw. *sind*; und das erfolgt in der Tat beim späten Kant vor allem in Hinsicht auf die moralisch-praktischen Ideen: »Auch Ideen der moralisch//practischen Vernunft haben bewegende Kräfte auf die Natur des Menschen« (II, 59,25). »D i e m o r a l. p r a c t i s c h e V e r n u n f t i s t e i n e v o n d e n b e w e g e n d e n K r ä f t e n d e r N a t u r und aller Siñenobjecte. Diese machen ein besonderes Feld aus: zu I d e e n« (II, 105,10). Wäre die Ideenlehre der KV unverändert geblieben, so könnte man nicht sagen, daß die Ideen ein besonderes Feld der bewegenden Kräfte »der Natur und aller Sinnenobjecten« ausmachten, sondern nur daß *wir* verpflichtet sind, die Welt gemäß dem ethischen Gesetze so weit wie möglich zu gestalten. Aber jetzt enthält das OP »regulative Principien die zugleich constitutiv sind« (II, 241,19; vgl. Kap. II, 3) und das ist, wie wir gesehen haben, insbesondere bei der *Einheit der Erfahrung* der Fall. Die Ideen haben, wie in der KV, »einen vortrefflichen und unentbehrlich-notwendigen regulativen Gebrauch« (A 644, B 672), aber »das regulative Princip der Naturforschung kañ aber nur durch das constitutive des Objects also nur nach dem Princip der Möglichkeit der Erfahrung diese Absicht (nämlich das »Ganze der empirischen Erkenntnis in ein System« zu bringen, V.M.) erreichen« (II, 311,5).

Obwohl also die Erfahrung eine bloße Idee ist (»die Idee des Ganzen aller möglichen Warnehmungen in einem System verbunden«; II, 92,14), muß man ihr die Wirklichkeit zusprechen, denn sie *wirkt*, wenn auch, wie jede Idee, nur indirekt. Man könnte sich versucht fühlen, diesen ganz neuen Idealismus des alten Kant mit einem platonischen Idealismus zu vermengen, aber das wäre ganz und gar falsch, denn die kantischen Ideen haben trotz allem einen *Urheber* und dieser Urheber sind wir selbst (»Wir machen alles selbst«). Zum Verständnis dieses neuen Sachverhalts ist es schlechthin bestimmend, daß sich die beiden Sätze: »x existiert« und »x ist ein von uns gemachter Vernunftbegriff« *nicht mehr widersprechen*. Hat die Lehre der indirekten Erscheinung dieses Ergebnis erstmals zustande gebracht, so beutet Kant diese Lage nun »rücksichtslos« aus. Das erste Objekt, dem er die neue Art der »Existenz« zuschreibt, ist der Organismus, und man muß hinzufügen, daß er dieser Chance sehr bedurfte (s. Kap. VIII). Schließlich aber werden auch die drei Grundideen der Transzendentalphilosophie (Gott, Welt, Mensch) dieselbe Behandlung erfahren. Die sprachlichen Widersprüche, die daraus entstehen und auf die man leicht verweisen kann, sind also keine Zufälle eines Autors, der seiner Feder ungehemmten Lauf läßt. Sie entstammen einer klaren Überzeugung, der wir schon im Falle des Äthers begegnet waren: zwischen einem von uns »zum Behuf der Erfahrung« erdichteten Wesen und einem als Bedingung der Erfahrung notwendig existierenden Wesen besteht prinzipiell kein Widerspruch.

VIII

DER ORGANISMUS

1. Eine sonderbare »Idee«

Kants Lehre vom Organismus im OP ist nicht so deutlich herausgearbeitet wie die Lehre vom Objekt der Physik überhaupt. Wenn auch die »als-ob«-Lösung der KU von Kant schließlich als unbefriedigend aufgegeben wird, so ist doch eine neue transzendentale Begründung nicht einfach zu finden. Denn das Lebendige als solches *existiert* ja unabhängig von unserem Verstand und nicht etwa zufolge einer »allgemein subjektiven Notwendigkeit« unserer Urteilskraft: »Die Möglichkeit eines organischen Körpers kan nicht bewiesen auch nicht postulirt werden aber dieser ist doch ein Factum« (II, 481,8).

Sobald aber das Zusammenhängen der organischen Körper als ein »Factum« akzeptiert wird, bricht der ganze Kritizismus in sich zusammen, weil man in diesem besonderen Falle nicht mehr daran festhalten kann, daß »die Bedingungen der Möglichkeit der Erkenntnis eines Objekts zugleich die Bedingungen seiner Existenz sind«.

Neben den bewegenden Kräften der Materie eine spezielle Lebenskraft anzunehmen, scheint sich jedoch zu verbieten, denn wir sind außerstande, sie auch nur problematisch zu *konstruieren*. Der Vitalismus ist also aus methodologischen Gründen zu verwerfen, selbst wenn er die Tatsachen ausreichend und befriedigend beschreibt. Er erfährt eher als *negative* Theorie eine Bedeutung und zwar als ständige Mahnung, daß es uns bisher *nicht gelungen ist*, und vielleicht nie gelingen wird, das Leben »zusammenzusetzen«. Eine Wissenschaft vom Leben macht dagegen nur dann wirkliche Fortschritte, wenn es mit ihrer Hilfe gelingt, bestimmte Lebensphänomene zu produzieren. Die Naturwissenschaft verfolgt also einen methodologischen Reduktionismus, ohne uns etwas über das Wesen des Lebens sagen zu dürfen, anderenfalls liefe sie Gefahr, ganz unrechtmäßig zu einer Metaphysik des Lebens zu werden.

Die erweiterte transzendentale Lehre des OP gestattet uns aber, eine bessere, wenn auch kompliziertere Beilegung dieses Streites zwischen dem Vorgehen der Wissenschaft (von den Teilen zum Ganzen) und dem philosophischen Verfahren (vom Ganzen zu den Teilen) in den Blick zu bekommen. Der Organismus als solcher ist zwar eine »Idee«, weil die Erfahrung ihm keine angemessene Anschauung bereitstellt; jedoch haben die Ideen im OP auch, wie wir gesehen haben, eine »konstitutive« Funktion übernommen, wenn das »cogitabile«, das auf einer indirekten Ebene gedacht werden *muß*, zu einem »dabile« wird. Anhand dieses Verfahrens kann (auf der Ebene der indirekten Erscheinung) nun auch eine Lebenskraft etabliert werden, die jedoch nicht den gleichen Regeln unterworfen ist, die die »Zusammensetzung« der übrigen bewegenden Kräfte der Materie beherrschen, denn der Organismus ist kein zusammengesetztes Objekt.

Da im Organismus die Idee des Ganzen der *Existenz* selbst der Teile vorangeht, ist die Frage des Organischen (so scheint es) nur im »Weltsystem« zu begreifen, da hier der Verstand eben »vom Ganzen zu den Teilen« schreitet. Die Idee des Ganzen ist aber in beiden Fällen ganz verschieden. Im Weltsystem ist die Idee des Ganzen der Äther, eine »a priori gegebene Materie«, und der ist, wie der Raum, absolut einzeln. Das organische Ganze dagegen ist nicht einzeln (jeder Organismus ist einer unter unzählbar vielen) und seine Materie ist keine a priori gegebene Materie, sondern die gewöhnliche Materie der Erfahrungswelt, die einem Stoffwechsel unterworfen ist. Kant hat diese Schwierigkeit deutlich vor Augen, wenn er zwei Arten von »Ganzheit« unterscheidet, die »nicht gegeben *(dari)* doch aber ohne Wiederspruch gedacht werden *(intelligi)*« können:

»(...) dergleichen sind 1) dem Formale nach die organische Körper deren Möglichkeit ohne von ihnen Erfahrung zu haben nicht angenom̄en werden kan̄; 2) Materie die für sich gar nicht körperbildend seyn kan̄ ob sie gleich zu aller Bildung der Körper nothwendig (es sey mittelbar oder unmittelbar) mitwirkend gedacht werden muß weil sie zu diesem Behuf als allverbreitet und alldurchdringend mithin als Elementarstoff angesehen werden muß« (II, 402,24).

Organismus und Äther laufen so als zwei »Systeme« parallel nebeneinander, ohne zusammenzufinden. Der Leib kann nur als *einzelner*

Körper leben, der Äther kann nur als einheitliche aber *nicht körperbildende* Materie gedacht werden. Beide sind freilich eine Einheit (und Bergson wird später betonen, daß ein Organismus eher mit dem Ganzen der Welt als mit einem einzelnen Stück der Materie verglichen werden kann), aber in dem einen Fall handelt es sich um ein unendlich Mannigfaltiges, das als *Materie* dienen kann, in dem anderen Fall um eine Vielzahl von organisierenden Prinzipien, die als *Form* eines empirischen Körpers gedacht werden. Dieser Unterschied erklärt, warum der Organismus nur allmählich und unter großen Schwierigkeiten einen Platz innerhalb der Physik des OP einnimmt.

2. *Rückfall in den Dogmatismus?*

Im ersten Entwurf des Übergangs (im »Oktaventwurf«) befindet sich eine Erklärung, der Kant offensichtlich auch mit Hilfe der graphischen Zusammenstellung eine besondere Bedeutung verleihen will. Die Stelle (am Anfang des Blättchens 15) lautet:

»Die Physik selber enthält nicht
noch einen besonderen Übergang von der blos mechanischen
zur organischen (auf den Begriff von Zwecken gegründeten)
Natur: welchen und nach welchen causalgesetzen sie
erklärt werden kön̄ten der menschl. Vernunft
Einsichten übersteigt

———

weil sie hier selbst einen Sprung macht nämlich zu einer Natur die nur
als durch Zweke möglich gedacht werden kañ.
da von einem Ufer zu dem andern hinüber
zu gelangen keine Brücke für
uns gelegt ist« (I, 388,11).

Im Bogen »No 3« vom September 1798 wird ebenfalls die Abteilung »3) von den zweckmäßig bildenden bewegenden Kräften der Materie theils organisch theils belebend« mit folgendem Kommentar eingeführt: »gehort zur Physik nicht zum Übergange« (II, 357, 3). Der Grund für diesen Verweis findet sich auf Bogen »c« (gleiches Datum):

die besonderen Systeme der »physica specialis« reichen nur soweit, »bis dan̄ das System der Natur nach ihren mechanischen Kräften einen Überschritt zu dem der organischen *(physica specialißima)* unternim̄t deren Form aber und Gesetz über die Grentze der bewegenden Kräfte der bloßen Materie hinaus liegt indem die bewegende Kraft in einer nach Zwecken wirkenden Ursache gesetzt werden muß« (I, 293,15). Die »nach Zwecken wirkende Ursache« ist für Kant zu dieser Zeit noch keine von uns gedachte bewegende Kraft, ein Begriff, der später zunehmend von ihm erweitert wird. Im Dezember 1798 ist zwar »die systematische Aufzählung der bewegenden Kräfte der Materie (...) der Schlüssel der Physik«, aber »als einem mechanischen (nicht organischen) System der Natur« (I, 507,24).

Es ist äußerst bemerkenswert, daß die gegenteilige Auffassung in der Serie »Übergang 1–14« (Mai 1799) vertreten wird, d.h. in *demselben Kontext*, in dem der Äther, der früher als »ein hypothetischer Stoff zur Erklärung gewisser Phänomene« galt, zu einer »kategorisch« (und zugleich problematisch) gegebenen Materie erklärt wird. Ein Anzeichen dieser Wende vermitteln schon einige Randbemerkungen des Bogens »A Elem. Syst. 1« (Februar 1799), die vermutlich ein wenig später hinzugefügt wurden, denn der Haupttext lautet: »Man sieht ein leicht aber daß selbst die Möglichkeit eines solchen ‹*scil.* organischen› Körpers nicht aus Begriffen a priori sondern blos aus der Erfahrung hervorgehen kön̄e mithin in die Physik eingreife mithin die unserer Abhandlung vorgezeichnete Grenze überschreite« (I, 189,8). Die auf dem linken Rande befindliche Bemerkung stellt dagegen fest: »Das Bewustseyn unserer eigenen Organisation als einer bewegenden Kraft der Materie macht uns den Begrif des organischen Stoffs und die Tendenz zur Physik als organischem System möglich« (I, 190,1). Die Wende fand also im Frühling 1799 statt. Auf der 2. Seite desselben Bogens hatte Kant den Begriff von »organisirten Wesen« in die »Eintheilung der Kräfte der Vollständigkeit des Systems nach« im Sinne einer bloß logischen Alternative (organisch-unorganisch) eingeführt, »ohne die a priori bestim̄te Grenzen des Überganges (...) zu überschreiten« (I, 184,5). Kant stellte fest, daß das Wort *Endursache* »einen Wiederspruch mit sich selbst zu enthalten scheint; den̄ das Eine kan̄ nicht der Anfang und in eben demselben Sinne auch das Ende von eben demselben Realverhältnisse seyn« (I, 185,1). Er setzte aber sogleich hinzu, daß wir vielleicht das System der organischen Kräfte »nicht anders begreiflich machen kön̄en als wen̄ wir einen von der Materie unabhängigen Verstand annehmen der in Ansehnung dieser Formen architectonisch ist und uns die bewegende Kräfte der Materie nach der Analogie desselben vorstellen welches nach Begriffen a priori geschehen kann ohne mit empirischen Urtheilen in die Physik überzuschweifen« (I, 185,6).

Später nimmt Kant nicht mehr die bloße *Analogie* (wie in der KU) zu Hilfe, sondern scheint ohne Zögern in die Ontologie »hinüberzuschweifen«, so daß Adickes – der Kants Kehre in Richtung auf den Organismus zu recht betont – in der neuen Denkweise eine »Entwicklung in die Richtung des Dogmatismus« beklagt (S. 222). In der Folge »Übergang 1–14« findet sich in der Tat eine Randbemerkung, die ganz im Sinne des Vitalismus verstanden werden könnte:

»Ein organischer (gegliederter) Korper ist derjenige in welchem jeder Theil mit seiner bewegenden Kraft auf das Ganze auf jeden Theil in seiner Zusam̄ensetzung nothwendig sich bezieht
Die productive Kraft dieser Einheit ist das Leben« (I, 211,1).

Auf dem Bogen »Übergang 10«, auf dem die erste ausführliche Behandlung der anstehenden Frage im Rahmen des Übergangs zum Weltsystem stattfindet (I, 568,2), ist von einem »einfachen, mithin immateriellen Wesen« die Rede (I, 569,12). Es bleibt jedoch unentschieden, »ob dieses Wesen (gleichsam als Weltseele) Verstand oder blos ein den Wirkungen nach dem Verstande analogisches Vermögen besitze: hierüber liegt das Urtheil ausser der Grenzen unserer Einsicht« (I, 570,3). Der Bogen »X« des XI. Konv. faßt dann die Lage wie folgt zusammen:

»*Materie* kan̄ nicht sich selbst durch eigene Kräfte *organisirend* sein, und organische Körper bilden. – Den̄ weil dazu eine Zusam̄ensetzung des Stoffs nach Zwecken erforderlich ist so müßte sie ein Princip der absoluten Einheit der wirkenden Ursache enthalten welches im Raume gegenwärtig ein Atom' seyn würde Nun ist alle Materie ins unendliche Theilbar und die Atomistik als Erklärungsgrund der Zusam̄ensetzung der Körper aus kleinesten Theilen ist falsch. Also kan̄ nur eine immaterielle Substanz den Grund der Möglichkeit organischer Körper enthalten d.i. die Materie organisirt sich nicht selbst sondern wird durchs Im̃aterielle organisirt. – Deshalb aber ist man nicht berechtigt diese wirkende Ursache als eine dem Körper einwohnende Seele anzunehmen oder zum Aggregat der Materie überhaupt gehörende Weltseele anzunehmen sondern es ist nur eine wirkende Ursache nach der Analogie einer Intelligenz d.i. eine Ursache die wir uns auf keine andere Art vorstellig machen köñen weil es ganz andere Arten der Kräfte und Gesetze nach denen sie wirken geben mag als die unsers Denkens sind.« (II, 506–507)

Fragt man sich, woher diese »immaterielle Substanz«, die keine Weltseele ist, kommt, dann scheint Adickes' Verdacht durchaus berechtigt. Und doch wird eine eingehendere Betrachtung uns überzeugen, daß die Lage so einfach nicht ist. Es wäre auch sehr schwer anzunehmen, daß Kant diesen dogmatischen Rückfall nicht bemerken würde zu einem Zeitpunkt (1799), als er beständig auf die kritische *Einschränkung* unseres Erkenntnisvermögens hinweist. Wäre Kant wirklich zu einem naiven Vitalisten geworden, dann würde er schwerlich beständig vom Organismus als von einer »Fiktion« sprechen:

»Man sieht leicht daß dies eine bloße Idee ist der a priori die Realität (d.i. daß es ein solches Ding geben köñe) nicht gesichert ist
Man kañ die Erklärung dieser Fiction auch anders stellen (...).
Weil aber in dieser Definition noch im̃er ein im̃aterielles Princip (nämlich ein Wollen der wirkenden Ursache) eingemischt ist folglich der Begrif nicht rein Physisch sein würde so kañ sie am besten so abgefaßt werden: organischer Körper ist der, dessen jeder Theil absolute Einheit des Princips der Existenz und Bewegung aller übrigen seines Ganzen ist.« (I, 210, 13–25).

Das Rätsel muß dadurch geklärt werden, daß man die neue Funktion der »Ideen« auf die wir am Ende des vorigen Kapitels hingewiesen haben, zur Lösung heranzieht.

3. *Mögliche und »unmögliche« Erfahrungsobjekte*

Die Einführung in die neue Theorie des Organischen läßt sich jeweils in einer »Eintheilung der Sinnengegenstände der Physik überhaupt« antreffen, die regelmäßig im X. und XI. Konv. das Thema »Organismus« einleitet:

»Die Sinnengegenstande in der Physik sind von zweyerley Art 1.) die in der Erfahrung gegeben werden kōnen 2. solche Gegenstände wie weñ es deren wirklich giebt n i c h t a n d e r s als vermittelst der Erfahrung gegeben werden kōnen d.i. man würde sie sogar nicht einmal als möglich annehmen kōnen weñ die Erfahrung nicht ihre Wirklichkeit bewiese und von dieser Art sind die organische Körper im Gegensatz der unorganischen: Sie sind der Species nach verschieden« (II, 457,13).

Die aufgestellte Entgegensetzung ist nicht unmittelbar einleuchtend, denn wie kann ein Gegenstand, der »nur vermittelst der Erfahrung gegeben werden kann«, den Gegenständen, die »in der Erfahrung gegeben sind«, entgegengesetzt werden? Die Antwort auf diese Frage lautet: Was den Unterschied begründet, ist die Möglichkeit, die Erfahrung *a priori zu antizipieren*. Ein Objekt, das »in der Erfahrung gegeben werden kann«, ist ein Objekt, dessen Möglichkeit nicht aus der Erfahrung entlehnt zu werden braucht. Da es »mit den formalen Bedingungen der Erfahrung (der Anschauung und der Begriffe nach) übereinkommt«, ist seine Möglichkeit a priori beweisbar. Die Möglichkeit eines Objekts dagegen, das »nicht anders als vermittelst der Erfahrung gegeben werden kann«, läßt sich nicht a priori erfassen. Erst wenn ein solches Objekt *da* ist, können wir gewissermaßen rückwirkend schließen, daß es *möglich* ist. Seine Möglichkeit kann nicht von uns konstruiert werden und bleibt uns daher unbekannt, denn nur das, was wir selbst machen, können wir in seiner Möglichkeit erkennen. Nun sind wir nicht imstande, die Möglichkeit eines Organismus zu konstruieren, wir entnehmen sie nur der Tatsache, daß die Organismen da-sind.

Diese »Tatsache« kann jedoch äußerst zweifelhaft erscheinen. Der Mechanismus z.B. lehnt sie ab und auch Kant trägt wenig zu ihrer Rechtfertigung bei, denn nach seiner Lehre gibt die Erfahrung nur das, was *von uns* in sie hineingelegt wurde, und wir sind nicht imstande, den Begriff des Organischen in die Erfahrung hineinzulegen. Darüber hinaus: Gäbe es eine »Erfahrung des Organischen«, dann würde diese Erfahrung, wie wir gesehen haben, keinen sicheren Beweis seiner Existenz erbringen, denn »die Erfahrung kann niemals von der Existenz des Objects dieser oder jener Siñenobjecte (...) einen gesicherten Beweis liefern« (II, 498,6). An diesem Punkt muß von

Kant die neue Rolle der Ideen ins Spiel gebracht werden. Zufolge dieser Auffassung werden ja auch die Ideen von uns selbst in die Erfahrung hineingelegt. Es ist also nicht mehr undenkbar, daß wir sie andererseits aus der Erfahrung entnehmen, nur muß der Prozeß *anders als vorher* gedacht werden. Im Falle von Objekten, die in der Erfahrung gegeben werden *können*, bleibt die Erkenntnislage dieselbe wie in der KV. Aber im Falle von Objekten, die *nur vermittelst der Erfahrung* gegeben sind (bei denen die Möglichkeit ganz in den Hintergrund tritt), hat sich die Lage grundlegend verändert.

1. Die Vernunft gestaltet nicht mehr (durch die Verstandestätigkeit) die bloße Form der Erscheinungen, sondern »die Form giebt der Sache selbst ihr Wesen«: »Diese Formen liegen *a priori* in der Vorstellungskraft und sind wirklich das Reale im Subject woraus das Erkeñtnis des Objects allein hervorgehen kañ *(Forma dat Eße rei)*« (II, 11,20). Nun erhält die bloße Idee (ohne entsprechenden Anschauungsgegenstand) eine konstitutive und nicht nur regulative Geltung. So ist Kant erstmals im Ätherbeweis verfahren, als eine bloße Idee (»ein Gedankending«) durch einen *identischen* Satz (also durch die bloße Form der Vernunft) in eine existierende Materie verwandelt wurde. Dasselbe geschieht nun unter gewissen Bedingungen auch in anderen Fällen.

2. Wenn die Anklage von Dogmatismus zurückgewiesen werden soll, ist die Art der Rechtfertigung ausschlaggebend. Kant spricht sowohl beim Äther als auch beim Organismus beständig von »Fiktionen« bzw. von »erdichteten Wesen«. Es ist kaum anzunehmen, daß er, wenn er solche Ausdrücke verwendet, die Notwendigkeit einer Rechtfertigung übersieht, die es ihm erlaubt, solche Gedankendinge als »kategorisch gegeben« ansehen zu dürfen. Im Falle des Äthers lag die Rechtfertigung in dem Satz, daß die Einheit der Erfahrung (= der Äther) gleichbedeutend mit ihrer Existenz ist. Auch für die übrigen Ideen ist es wahrscheinlich, daß, wenn auch unter veränderten Umständen, jeweils ein ähnlicher Satz gilt, denn eine völlig anders geartete Rechtfertigung wäre schwer vorzustellen. Dafür verfügt Kant aber dieses Mal nicht über einen ähnlich sicheren Beweisgang wie im Falle des Äthers und seine Unsicherheit tritt an nicht wenigen Stellen zutage, z.B. am Rande von Bogen »P«:

»Der Verstand ist entweder vermittelst der Einbildungskraft körperbildend in dem ihrer Möglichkeit Zweckbegriffe voraussetzt (organ) oder blos die mechanisch bewegende zur Warnehmung classifizirt. Wie ist es aber möglich Siñenobjecte für mögliche Warnehmungen a priori zu classifiziren? und nicht aus der Erfahrung zu schöpfen sondern in sie hineinzutragen und das müßte doch geschehen weñ wir Warnehmungen zum Behuf der Moglichkeit der Erfahrung zum Behuf der Physik a priori aufzählen wollten.« (II, 387,17)

Das Verfahren »via Verstand« ist unumgänglich, seine Möglichkeit bleibt jedoch bis zu diesem Zeitpunkt *unerforscht*.

4. *»Ursache ohne Ort«*

Der Faden, der diesmal den Ausweg weist, ist wahrscheinlich bei jenem Problem aufzunehmen, das wir zu Beginn der Serie »Übergang« vorgefunden haben. Jener Gedankengang ließ einen Zusammenhang zwischen der *Selbstsetzung* des Ichs und der *Einsetzung* desselben in einen lebendigen Körper vermuten. Einen Zusammenhang dieser Art in die Transzendentalphilosophie einzuführen, ist ohne Zweifel riskant und die Belege, die wir aus den kantischen Aussagen zusammentragen werden, sind nicht zureichend, um eine solche Theorie vollständig und definitiv zu dokumentieren. Vielleicht war Kant auch selbst noch unentschieden, denn vermutlich war er sich der Gefahr bewußt, daß damit die selbstgesteckte Grenze der Kritik überschritten wurde (wie ihm Adickes dann auch vorwirft). Doch trotz dieser angenommenen Unentschiedenheit ist die Rolle, die er dem *Körper* des erkennenden Subjekts zuweist, unverkennbar. Sie besteht nämlich darin, eine Verbindung zwischen der reinen Spontaneität des Verstandes und der *konkreten Tätigkeit des handelnden Subjekts* herzustellen. Die leibliche Hand wird gewissermaßen zum Werkzeug des Verstandes. An und für sich wäre dagegen nichts einzuwenden, hinge nicht die kritische Orthodoxie einer solchen Annahme davon ab, in welchem Maße diese körperliche Tätigkeit das »Machen« der Erfahrung *transzendental* (nicht bloß empirisch) bedingt. Der Ausgangspunkt liegt in der Unterscheidung zwischen direkter und indirekter Erscheinung:

»Die Idee von organischen Körpern ist indirect a priori in der Idee eines Zusam̄engesetzten aus bewegenden Kräften in welchem der Begriff von einem realen Ganzen dem seiner Theile nothwendig vorhergeht enthalten welches nur durch den Begrif einer Verbindung durch Zwecke gedacht werden kan̄. Direct betrachtet ist er ein blos empirisch erken̄barer Mechanism Den̄ wen̄ uns nicht Erfahrung dergleichen Körper darböte würden wir auch nur die Möglichkeit derselben anzunehmen nicht befugt seyn. – Wie kön̄en wir also in der allgemeinen Classification nach Principien a priori solche Körper mit dergleichen bewegenden Kräften zur Eintheilung ausstellen: – Weil der Mensch sich seiner als einer sich selbst bewegenden Maschine bewust ist ohne die Möglichkeit einer solchen weiter einsehen zu kön̄en so kan̄ er, und darf obgleich er hiezu den Begrif der Lebenskraft und der Erregbarkeit der Materie in ihm selbst durchs Begehrungsvermögen generalisiren und organisch/bewegende Kräfte der Körper in die Classeneintheilung der Körper überhaupt a priori hineinbringen muß obzwar nur indirect nach der Analogie mit der bewegenden Kraft eines Körpers als Maschine betrachtet werden« (I, 213,1).

Die lebendigen Körper werden von Kant nicht ausschließlich von außen her betrachtet, sondern in »Analogie« zu den Kräften des erkennenden Subjekts, das »sich seiner als einer sich selbst bewegenden Maschine bewußt ist« (s.a. das Zitat aus II, 388,1 im § 5). Unter dieser Rücksicht erfolgt die Schematisierung also nicht auf der Ebene der indirekten Erscheinung, sondern direkt *im Körper*, in einer Maschine, die aus physischem Stoff (nicht aus »denkbaren« Kräften) besteht. Daraus resultiert der schon erwähnte Unterschied gegenüber solchen Objekten, die in der Erfahrung »gegeben werden können«, deren Möglichkeit also a priori konstruiert wird. Diese sind ein *Denkbares*, das zu einem Spürbaren wird. Der Organismus dagegen ist eine bloße *Fiktion*, die trotzdem als Idee unserer eigenen Erfahrung (und indirekt auch der Erfahrung überhaupt) zugrunde liegt.

Die Konsequenz dieser Situation ist, daß der organische Körper *nirgendwo* (transzendental) lokalisiert werden kann. Weder im Empirischen, denn da treffen wir nur Maschinen, wenn auch »natürliche« Maschinen (s.u.) an, noch bei der indirekten Erscheinung, denn es ist unmöglich, einen Organismus als »cogitabile«, d.h. als eine denkbare Zusammensetzung von Kräften zu bilden. Und schließlich auch nicht in der Selbstsetzung des Subjekts als Selbstbewußtsein, denn hier finden wir die bloße Identität des »Ich denke = Ich bin« ohne jede Körperhaftigkeit. In der Selbstsetzung des empfindenden Subjekts sind nur die reinen Formen von Raum und Zeit gesetzt, und in ihnen findet kein Prinzip des Lebens Platz, weil dieses Prinzip *nicht ausgedehnt* ist.

In der »transzendentalen Topik« können wir also *keinen Ort* für den Organismus ausfindig machen. Ein solcher Begriff bleibt, wie Kant meisterhaft formuliert, eine »Ursache ohne Ort«:

»Ein organischer Körper ist ein solcher dessen hervorbringende Ursache in einem Wesen liegen muß welches durch Zwecke wirkt. Diese aber kōnen nur von einem einfachen Wesen ausgehen. Ob dieses Wesen im Körper anzutrefen sey oder gar nicht in der Sinenwelt sondern nur Ursache ohne Ort« (II, 291,4).

Dieser Gedankengang läßt sich noch durch einige Betrachtungen ergänzen. Der Organismus hat keinen eigenen Ort, weil er *sämtliche Schichten* der transzendentalen Topik durchzieht und für ihre Verbindung unentbehrlich ist. In der Tat ist der Verstand nie ein »reiner« Verstand, er wirkt nur als verkörperlichter Verstand. Einen körperlosen Verstand kennen wir nicht, und das ist wahrscheinlich kein Zufall. Nur weil das erkennende Subjekt zugleich ein Organismus ist, reicht die Einheit der Erfahrung vom ursprünglichen Niveau der reinen Apperzeption (wo sie Form ohne Inhalt ist) bis zum Niveau der empirischen Wahrnehmung. Zwischen beiden liegt das Niveau der reinen Anschauung und ihrer Realisierung als »hypostasierter Raum«, als Äther. Dank diesem Abstieg von der Apperzeption zur Wahrnehmung fällt das Produkt der Spontaneität des Verstandes mit dem Ergebnis der Rezeptivität zusammen. »Intussusception« und »extraposition« (II, 69,22), Selbstaffizierung und äußerliche Affektion werden zu ein und derselben Sache:

»Der Verstand fangt nicht vom Objekt sondern von seinem eigenen Subject an die Sinenanschauung ihrer Formen nach zu construiren (...) Die Extraposition ist mit der Intusposition des Manigfaltigen der Anschauung als Erscheinung durch ein Princip der synthetischen Einheit der Erkentnis a priori folglich durch transscendentale Principien verbunden Das Subject macht sich zum Object.

Die unbedingte Einheit des Manigfaltigen in der Anschauung ist nicht dem Subject von einem andern Gegenstande gegeben sondern durch dasselbe gedacht.« (II, 443, 15–30)

Aufgrund dieser Betrachtungen versucht Kant eine genaue Beschreibung des Prozesses zu geben, durch den die Spontaneität des Verstandes die äußerliche Affizierung *reizt*.

5. *Die Deduktion des Leibes*

Daß der Begriff der »Kraft«, auf dem die ganze Konstruktion des OP beruht, anthropomorphisch ist, wird von Kant nicht geleugnet, sondern ausdrücklich betont:

»Nur dadurch daß das Subject sich seiner bewegenden Kräfte (zu agiren) und da in dem Verhältnisse dieser Bewegung alles wechselseitig ist gleich stark auf sich Gegenwirkung warzunehmen welches Verhältnis a priori erkañt (nicht von der Erfahrung abhängig) ist werden die entgegenwirkende bewegenden Kräfte der Materie anticipirt und die Eigenschaften der Materie vestgesetzt.« (II, 506,14)

Der Sinn des Absatzes ist klar: »zu agiren« und »seiner Kräfte bewußt zu sein« ist dasselbe. »Wahrnehmen« und »die Gegenwirkung der Objekte zu empfinden« ist auch dasselbe, weil »alles in diesem Verhältnis wechselseitig ist«. (Die von Reicke vorgeschlagene Ergänzung »bewußt wird« macht den zitierten Satz verständlicher, allerdings sollte sie m.E. unmittelbar nach »warzunehmen« und nicht vor »werden« eingefügt werden.) Weitere Belege finden sich in II, 389,5 (schon zitiert) und *passim*, z.B.: »Warnehmung ist selbst Wirkung eines Acts der bewegenden Kraft des Subjects welches sich selbst *a priori* zu einer Vorstellung bestim̄end ist« (II, 439,14).

Die Struktur des Subjekts wäre also innerhalb der Struktur der äußerlich bewegenden Kräfte reflektiert, was die Gleichsetzung rechtfertigt: »Sich selbst afficirend äußerlich afficirt« (II, 401,30). Und nur weil es sich um einen organischen Körper handelt, agiert das Subjekt in Wechselwirkung mit den äußerlichen Kräften. Wäre das Subjekt nicht körperlich, dann könnte eine Wechselwirkung zwischen »seinen« Kräften und den äußerlichen Kräften nicht stattfinden. Genau diese Wechselwirkung ist eine Bedingung der Möglichkeit der Erfahrung überhaupt. Die Körperlichkeit stellt demnach eine *transzendentale* Bedingung dar. Man könnte bei diesem Gedankengang gewissermaßen von einer »Deduktion des Leibes« sprechen:

»Der Verstand hat das Vermögen sich von einem Siñengegenstande eine empirische Vorstellung zu machen und dadurch auch die Warnehmung eines Objects eben dadurch daß er a priori die bewegende Krafte des Objects auf den er agirt zur wechselwirkung erregt. – Nun kañ er a priori diese Actionen mit ihren Reactionen die lediglich nur zur Warnehmung gehören abzählen weil es bloße Verhältnisse von verschiedener qvalität sind« (II, 503,14).

Dank dieser Wechselwirkung mit der äußeren Welt kann der Verstand vom Ganzen (der Erfahrung) zu den Teilen (der bewegenden Kräfte) fortschreiten und auf diese Weise eine Wissenschaft vom »Übergang« a priori begründen. Diese Deduktion beseitigt jene »Befremdlichkeit« (II, 493,4) der neuen kritischen Aufgabe, die darin besteht, »das was auf Wahrnehmung beruht a priori darstellen zu wollen«:

»Weñ ich statt Materie (Stoff) bewegende Kräfte der Materie und statt des Objects welches beweglich ist das bewegende Subject nehme so wird das möglich was vorher unmöglich schien nämlich empirische Vorstellungen die das Subject selbst macht nach dem formalen Princip der Verbindung a priori als gegeben vorzustellen Das Subject hat keine Warnehmungen als blos empirische Vorstellungen die es der Erscheinung gemäs autonomisch in Einem Bewustseyn verbindet und wodurch es zugleich Princip der Mögl. d. Erfahr. ist« (II, 455,16).

»Auf diese Art werden empirische Vorstellungen die zur Physik gehörende Warnehmungen sind vom Subject selber als Object hervorgebracht und es wird moglich daß Erfahrungs Erkentnis synthetisch als im Übergange zur Physik a priori (durch den Einflus des Subjects auf sich selbst) hinüber schreiten, (μεταβασις 'εις αλλο γενος indirecta mittelbar Ursache zu seyn) und Gegenstände der Empfindung des Subjects (z.B. Druck oder Zug Zerreissen) a priori als bewegende Kräfte a priori in einem System aufgeführt werden, (z.B. Wärmestoff nicht blos Materie) sogar Gesundheit etc« (II, 465,20).

Nun können wir den Zusammenhang, den der Leib zwischen dem erkennenden Verstand und dem Ganzen der Erfahrung herstellt, besser verstehen. Einerseits ist das »Ganze der Erfahrung« ein Vernunftbegriff, kann also nur *gedacht* werden, andererseits wird er aber auch zufolge der durchgängigen Wechselwirkung als ein physisches »Commercium«, eine »Gemeinschaft«, die mehr als bloße »Communio« ist (A 213, B 260), verstanden. Sämtliche Erscheinungen sind in der Erfahrung nicht *nebeneinander* bestehende Substanzen, sondern in ein unendlich feines Netz von Wirkungen und Gegenwirkungen eingebunden. Das Schema dieser Gemeinschaft, die wir in der KV als »reinen Verstandesbegriff« kennengelernt haben, ist das »Zugleichsein« (A 143, B 183). Und die Analytik der Grundsätze erklärt uns, daß dieses Zugleichsein keine bloße (anschauliche) Gleichzeitigkeit ist, sondern eine Vernetzung von unterschiedlichen Kausalketten, »wodurch A dem B seine Stelle in der Zeit bestimmt, und umgekehrt auch wiederum B dem A, weil nur unter dieser Bedingung gedachte Substanzen, als zugleich existierend, empirisch vorgestellt werden können« (A 212, B 259). Die Paradoxie der Analytik der Grundsätze, daß die *objektiven* Zeitverhältnisse nur mittels reiner Begriffe möglich sind, fällt hier besonders ins Auge. Das Zugleichsein ist »ein Zusammenhängen in einer einzigen Erfahrung« und die Beziehungen, die eine solche Einheit ausmachen, müssen in einem wirklichen, wenn auch nur phänomenalen Einfluß jedes Teils der Erfahrung auf jeden anderen Teil derselben bestehen: »Also kann das Zugleichsein der Substanzen im Raume nicht anders in der Erfahrung erkannt werden, als unter Voraussetzung einer Wechselwirkung derselben untereinander; diese ist also auch die Bedingung der Möglichkeit der Dinge selbst als Gegenstände der Erfahrung« (B 258).

Eine *allgemeine Wechselwirkung* (also die »durchgängige Bestimmung«, bzw. physische »omnimoda determinatio«) der Erfahrung ist die transzendentale Bedingung ihrer Existenz. Das OP fügt dem lediglich hinzu, daß diese Wechselwirkung der Substanzen untereinander in der Erscheinung eine Wechselwirkung *mit dem Körper des Subjekts* voraussetzt. Dieser muß daher ein Körper unter anderen, das Subjekt muß ein *leibliches* Subjekt sein. Außerhalb dieser Bedingung wäre die Erfahrung überhaupt nicht möglich. »Nun ist aber alles dasjenige in Ansehung der Gegenstände der Erfahrung notwendig, ohne welches die Erfahrung von diesen Gegenständen selbst unmöglich sein würde« (A 212, B 259). Wir sehen: der Grundsatz, der den Leib im OP deduziert, unterscheidet sich keineswegs von dem Prinzip aus dem Jahre 1781, sondern ist nur in seiner Anwendung erweitert. Die Möglichkeit der Erfahrung, die mit der Einheit der Erfahrung zusammenfällt, impliziert nämlich nicht nur die horizontale (asymptotische) Verknüpfung *aller* Erscheinungen untereinander, sondern auch die durch die Selbstsetzung ermöglichte vertikale Identifizierung des Subjekts mit seinem eigenen Leib. Erst dadurch erreicht die Identifizierung auch den »Inbegriff der bewegenden Kräfte« und schließlich die (nie vollendbare) Gesamtheit der Erfahrungsgegenstände. Alle diese Schichten werden im Bogen »P« (S. 2) nacheinander vorgeführt:

»Das Subjective des Aggregats der Sin̄envorstellungen in der empirischen Anschauung (Erscheinung) wird vorausgesetzt. – Das durch empirische Anschauung afficirte Subject (Gegenstand in der Erscheinung) ist in so fern es sich nach Begriffen selbst afficirt ein organischer Körper nach den 5 Sin̄en anschauend (...) Dergleichen Product der Natur hat eine nach der Analogie mit einem Verstande bildende Ursache der Form und kan̄ nicht a priori sondern nur vermittelst der Erfahrung als Möglich vorgestellt oder gedacht werden.« (II, 388, 1)

Das Subjekt muß also innerhalb des realisierten Raums (Äther) als ein *Teil* eben desselben Raumes seinen Platz finden und zugleich ist es als rezeptives Subjekt mit dem *Ganzen* des Raums identisch – eine Paradoxie, auf die später Schopenhauer hingewiesen hat. Da nun diese Identität des Subjekts mit seinem eigenen Körper und gleichzeitig mit dem ganzen Raum, den die bewegenden Kräfte erfüllen, weder in der Anschauung noch in Gedanken konstruiert werden kann, muß sie als notwendige Bedingung der Erfahrung »schon nach dem Grundsatz der Identität im Begriffe selbst gegeben sein«. Die Verkörperlichung des Ichs ist also in der Selbstsetzung *identisch* enthalten. In der »Beylage VII« kann Kant diesen Gedankengang abschließen, indem er (mit größerer, lockerer Schrift) die folgenden Bemerkungen notiert (mitten in einen unbeschrieben gebliebenen Raum, 15 leere Zeilen nach oben und 4 nach unten):

»Selbst der Organism ist im Bewußtseyn seiner selbst enthalten Das Subject macht seine eigene Form nach Zwecken a priori« (II, 78,22).

Gemäß diesen Überlegungen ist es aber keineswegs gestattet, dieselben Wechselwirkungen, die die Erfahrung horizontal verbinden, auch auf die vertikale Richtung *zwischen dem Ich und dem Körper* auszudehnen und so z.B. eine »Gemeinschaft« zwischen Leib und Seele als verschiedenen Substanzen zu vermuten oder die äußerlich affizierenden Kräfte als »Ursache« der Vorstellungen einer Substantia Noumenon vorzustellen. Unter (noumenalen) Substantien dieser Art ist ein wirkliches Commercium entweder überhaupt nicht möglich, wie bei Leibniz (A 274, B 330), oder nur »schwärmerisch«, d.h. phantastisch, wie bei Swedenborg. Das wirkliche Commercium erfolgt nur auf der Ebene der äußerlichen Anschauung, also *im Raum*.

Der Raum ist der Ort der Wechselwirkung. Die Wechselwirkung, d.h. die wirkliche Gemeinschaft, macht die Einheit der Erfahrung aus und das transzendentale Subjekt ist das Prinzip dieser Einheit als »synthetische Einheit der reinen Apperzeption«. Das OP fügt dem hinzu, daß der »realisierte Raum« die Materie ist, mit der der Verstand die Einheit der Erfahrung (indirekt und asymptotisch) *macht*. Das transzendentale Subjekt, insofern es körperlich ist, fungiert zugleich als empirisches Subjekt, ohne Verletzung der Transzendentalität, denn die Möglichkeit einer Erfahrung überhaupt hängt davon ab, daß irgendein körperliches Subjekt da-ist, das sie macht.

Diese letzte Konsequenz wäre für die Denkweise der KV noch unvorstellbar gewesen, aber sie erklärt im OP die entscheidende Rolle des Raums, die auch in der *Wirklichkeitslehre* der KV schon auftauchte. In der Widerlegung des 4. Paralogismus der transzendentalen Psychologie (1. Auflage) erfahren wir nämlich, daß der Raum bloße Vorstellung ist, »mithin kann in ihm nur das als wirklich gelten, was in ihm vorgestellt wird, und umgekehrt, was in ihm gegeben, d.i. durch Wahrnehmung vorgestellt wird, ist in ihm auch wirklich (...) Alle äußere Wahrnehmung beweiset unmittelbar etwas Wirkliches im Raume« (A 374–375). Dieser Satz macht offensichtlich das »demonstrandum« der *Widerlegung des Idealismus* der 2. Auflage, in der die Wahrnehmung, d.h. »das empirisch bestimmte Bewußtsein (...), das Dasein der Gegenstände im Raum außer mir« beweist (B 275). Die Widerlegung wurde unmittelbar hinter die Postulate des empirischen Denkens *versetzt*, denn sie betrifft das Postulat der Wirklichkeit, und aus diesem Grund sagt Kant, daß sie »hier an der rechten Stelle ist« (B 274). Daß die Widerlegung des Idealismus trotz dieser Erklärung Kants wie ein »Einschub« aussieht (Lehmann, 1959, S. 171), der bekanntlich von der Garve-Federschen Rezension der KV veranlaßt wurde (S. 173), wird niemand ableugnen. Das impliziert jedoch nicht, daß sie eine Art »Gelegenheitsschrift« ist und dem Kern der Transzendentalphilosophie nicht zugehört. Ihre Gleichwertigkeit mit der Kritik des 4. Paralogismus der 1. Auflage (die in der zweiten auf wenige Zeilen beschränkt wurde) liegt auf der Hand. Das jedenfalls meinte Kant, als er die alte Fassung durch die neue Widerlegung ersetzte und ihr die »rechte Stelle« zuwies. In der ersten Fassung war allerdings die »nicht zu vermeidende Zweideutigkeit« des Ausdrucks »ausser uns« deutlicher hervorgehoben, so daß Kant sich genötigt fühlte, dahingehend zu präzisieren, daß die Objekte außer uns keine Dinge an sich sind, sondern »empirisch äußerliche Gegenstände (...) die im Raum anzutreffen sind« (A 373). Die Bevorzugung des Raums ist in *beiden* Parallelstellen (von A und B) ersichtlich, denn die »äussere Wahrnehmung (...) ist vielmehr das Wirkliche selbst im Raume«. Gleichzeitig »ist der Raum selbst, mit allen seinen Erscheinungen (...) nur in mir« (A 375), so daß der transzendentale Idealist (der mit dem empirischen Realisten zusammenfällt) die im Raum vorhandene »Materie (...) bloß für Erscheinung gelten läßt« (A 370). Die Widerlegung des Idealismus in der 2. Auflage ist also eine »eigentliche Vermehrung, aber doch nur in der Beweisart« (B XXXVII, Anm.).

Daß dieser Sachverhalt die Körperlichkeit des Subjekts impliziert, war aber in der KV nicht vorgesehen; erst das OP hebt diese Konsequenz nachdrücklich hervor (»das durch empirische Anschauung afficirte Subject (...) ist in so fern es sich nach Begriffen selbst afficirt ein organischer Körper nach den 5 Siñen anschauend«; II, 388,2), denn nur als lebendiger Körper kann sich das Subjekt in »Gemeinschaft« (Wechselwirkung) mit allen übrigen Körpern befinden.

Nun scheint der Begriff der Körperlichkeit des Subjekts die Grenze der Kritik zu überschreiten, weil das Subjekt als Organismus, gleichsam ein Ding-an-sich, die Verschiedenheit von äußerem und innerem Gegenstand (d.h. der »Extraposition und Intussuspection«) überwindet: »Das Correlatum des Dinges in der Erscheinung ist das

Ding an sich ist das Subject welches ich zum Object mache« (II, 412,17). Ich setze mich selbst »einerseits als Ding an sich *(ens per se)* zweytens als Gegenstand der Anschauung und zwar entweder objectiv als Erscheinung oder als mich selbst a priori zu einem Dinge constituirend d.i. als Sache an sich selbst« (II, 413,6). Solche Äußerungen haben Adickes veranlaßt, Kant des Dogmatismus zu beschuldigen. Gegen diesen Vorwurf lassen sich allerdings zwei Einwände vorbringen. Zum einen handelt es sich bei der Vorstellung des organischen Körpers, die das Subjekt bei sich selbst (am eigenen Leib) erlebt, nicht eigentlich um einen Begriff, den wir »konstruiren«, sondern um ein *Gedankending*. Zum anderen wird die Frage der »Gemeinschaft von Substantien (noumena)« eigentlich nicht berührt, weil die Körperlichkeit eine solche *Gemeinschaft zwischen Leib und Seele* ausschließt. Weil diese Gemeinschaft als Wechselwirkung ausgeschlossen ist, beruht die Körperlichkeit auf einer *Identität*. Die Identität des Subjekts mit seinem Leib ist keine Gemeinschaft, keine Konstruktion, kein Zusammenhang und keine wechselseitige Kausalverbindung, sondern eine *transzendentale Bedingung* der Möglichkeit der Erfahrung, d.h. der Möglichkeit, Wechselwirkungen überhaupt zu denken.

6. *Ein »Hirngespinst«*

Auf den ersten Blick jedoch scheint der Vorwurf des Dogmatismus zu Recht zu bestehen, weil Kant beim Organismus von »immateriellen Ursachen« spricht, denn »Organisirte Körper (...) zeigen ein im̄aterielles Princip an« (II, 504,8):

> »Also kañ nur eine immaterielle Substanz den Grund der Möglichkeit organischer Körper enthalten d.i. die Materie organisirt sich nicht selbst sondern wird durchs Im̄aterielle organisirt« (II, 507,1).

»Immateriell« ist aber nur als ein »modus tollens« anzusehen. Wenn ich gezwungen bin, das Subjekt als *lebendig* anzunehmen, um die Möglichkeit der Erfahrung zu denken, bleibt es ausgeschlossen, daß ich diesem Gedanken eine Materie als »das Bewegliche im Raume«

unterlege, weil jede überhaupt mit einer Materie durchgeführte Konstruktion dem Zweck unangemessen wäre. Aber auch kein *Begriff*, den ich denke, kann den Organismus rechtfertigen, da keine Kategorie (kein reiner Begriff) die Form des Organischen a priori darstellt. Das macht den erheblichen Unterschied gegenüber allen übrigen Ideen aus, die zwar keine ihnen entsprechende Anschauung vorfinden, aber nach einem Begriff gedacht werden und so zumindest einer gewissen symbolischen »Darstellung« fähig sind (so z.B. der Äther, die Welt, das Ganze der Erfahrung). Was die Vernunft bei solchen Begriffen verlangt und was keine Anschauung liefern kann, ist nur die »Totalität der Bedingungen« (A 324, B 381 und passim). Sie ist weder in einem »Unbedingten« noch in einem infiniten Regreß anzutreffen. Allerdings ist in diesen Fällen nicht jeder Re- oder Progreß ausgeschlossen. Anders dagegen verhält es sich im Fall des Organismus. Hier läßt sich kein *Fortschreiten* denken, bei dem man auf einen solchen Begriff stoßen könnte, der entweder da oder gar nicht da ist: »alles ist er, mit einem Male«. Das Prinzip des Lebens kann von uns nicht »gemacht« bzw. zusammengesetzt werden. Nur darum ist es auch als »immateriell« und »einfach« vorzustellen.

Äther und Organismus sind also beide »Gedankendinge«, jedoch in entgegengesetzten Bedeutungen. Der erste ist (wie die Welt) ein Gedankending als »absolute Vollständigkeit der Zusammensetzung des gegebenen Ganzen der Erscheinungen« (A 415, B 443). Der zweite ist »ein solcher der nicht anders als allein durch die Erfahrung denkbar ist« (II, 499,23). »Eine solche Naturbeschaffenheit kann nicht *a priori* zum Princip der Eintheilung gehören«, denn »selbst die Möglichkeit eines organisirten Körpers kann nicht eingesehen werden« (II, 373,18). Und weiter: »Von einem solchen kan̄ man sich nicht einmal die Moglichkeit denken und nur die Erfahrung kan̄ sie beweisen« (II, 501,20).

Es genügt also nicht, zwischen Objekten, die »in der Erfahrung gegeben sind«, und Objekten, die »nur vermittelst der Erfahrung gegeben werden können« zu unterscheiden. Innerhalb der zweiten Klasse stellt der Äther einen besonderen (dritten) Fall dar: »Über diese kan̄ drittens noch ein primitiv/bewegender und unbegrenzt den Raum in Substanz erfüllender Stoff« angenommen werden (II,

457, 20). Die Zweiteilung wird so zu einer Dreiteilung, wie der Bogen »I« ausdrücklich feststellt:

»Ein Siñenobject zu dessen Warnehmung ein Uberschritt zur Physik gemacht wird ist von zweyerlei Art. 1 Daß es durch Erfahrung erkañt werden kañ 2. Daß es nicht anders als durch Erfahrung erkant werden kan z.B. Organische Körper u. deren Möglichkeit problematisch ist. 3^{tens} was nicht unmittelbar Gegenstand der Erfahrung seyn kañ z.B. Materie deren Bewegung zuerst anhebt u. die darum auch ewig fortwährt« (II, 480,14).

Wie problematisch ein solches Objekt, das »nicht anders als durch Erfahrung erkennt werden kann«, ist (wie Kant an vielen Stellen behauptet: II, 362,21; 402,20; 408,23 und *passim*), ergibt sich aus einem Vergleich mit einer Passage der KV, wo gleichfalls von *Gedankendingen* die Rede ist. Das Stichwort liefert der Ausdruck »Hirngespinst«, der im OP auf den Organismus angewendet wird (II, 383,14 u. 20) und in der KV im Rahmen der Erläuterung des 1. Postulats (der Möglichkeit) auftaucht:

»Wenn man sich aber gar neue Begriffe von Substanzen, von Kräften, von Wechselwirkungen, aus dem Stoffe, den uns die Warnehmung darbietet, machen wollte, ohne von der Erfahrung selbst das Beispiel ihrer Verknüpfung zu entlehnen; so würde man in lauter Hirngespinste geraten, deren Möglichkeit ganz und gar kein Kennzeichen für sich hat (...). Dergleichen gedichtete Begriffe können den Charakter ihrer Möglichkeit nicht so, wie die Kategorien, a priori, als Bedingungen, von denen alle Erfahrung abhängt, sondern nur a posteriori, als solche, die durch Erfahrung selbst gegeben werden, bekommen, und ihre Möglichkeit muß entweder a posteriori und empirisch, oder sie kann gar nicht erkannt werden. Eine Substanz (...) wie dasjenige Mittelding zwischen Materie und denkenden Wesen (...) ein Vermögen (...), mit andern Menschen in Gemeinschaft der Gedanken zu stehen (...) das sind Begriffe, deren Möglichkeit ganz grundlos ist, weil sie nicht auf Erfahrung und deren bekannte Gesetze gegründet werden kann, und ohne sie eine willkürliche Gedankenverbindung ist, die (...) keinen Anspruch auf objektive Realität (...) machen kann« (A 222–23, B 270–71).

Die Beispiele der KV sind vorwiegend den Schriften Swedenborgs entnommen, dessen »Hirngespinste« augenscheinlich nicht der Erfahrung entlehnt werden. Der Organismus dagegen wird im OP als von der Erfahrung »bewiesen« vorgestellt und dennoch als *Hirngespinst* bezeichnet, als ob es sich um eine »besondere Grundkraft unseres Gemüts« handelte, die »keinen Anspruch auf objektive Realität machen kann«. Dieser Widerspruch ist keineswegs ein Versehen. Man muß sich darüber klar werden, daß die Dreiteilung der »Objekte überhaupt«, die sich in II, 480,14 und *passim* befindet (s. oben), auf jene zitierte Passage der KV rekurriert, die vom *Postulat der Möglichkeit* handelt. In ihr werden nämlich die »Hirngespinste« denjenigen Begriffen entgegengesetzt, deren »objektive Realität, d.i. ihre transzendentale Wahrheit, und zwar (...) unabhängig von der Erfahrung, aber doch nicht unabhängig von aller Beziehung auf die Form einer Erfahrung überhaupt« erkannt wird (A 221, B 269). Diese Begriffe entsprechen den Objekten »die in der Erfahrung gegeben werden können« (II, 457,14). Weiter ist dann von dem Hirngespinst die Rede, das »keinen Anspruch auf objektive Realität (...) machen kann«. Kant fährt nun fort: »Was Realität betrifft, so verbietet sich wohl von selbst, sich eine solche *in concreto* zu denken, ohne die Empfindung zu Hilfe zu nehmen; weil sie nur auf Empfindung, als Materie der Erfahrung, gehen kann, und nicht die Form des Verhältnisses betrifft, mit der man allenfalls in Erdichtungen spielen könnte« (A 223, B 270). Das entspricht aber genau den Gegenständen, die »nicht anders als vermittelst der Erfahrung gegeben werden kōnen« (II, 457,15). Der Äther stellt eine dritte Art dar, weil er »nicht unmittelbar Gegenstand der Erfahrung sein kann« (II, 480,18), sondern der »Form des Verhältnisses« entspricht, »mit der allenfalls in Erdichtungen« gespielt wird (A 224, B 270).

Die Paradoxie in der Klassifikation der Objekte im OP verfolgt also eine bestimmte Absicht. Sie soll zeigen, daß auch »dergleichen gedichtete Begriffe« wie der Organismus *eine transzendentale Funktion übernehmen können*, obwohl sie keine »a priori gegebene Möglichkeit« darstellen. Diese »bloße Idee der a priori die Realität (d.i. daß es ein solches Ding geben kōne) nicht gesichert ist« (I, 210,13), hört freilich nie auf, eine »Fiktion« zu sein (I, 210,16 u. passim), und zwar eine Fiktion, die nicht einmal den Charakter der Wahrscheinlichkeit hat. Es handelt sich um ein »Hirngespinst«, das »keine Gewährleistung für seine Möglichkeit hat«, und nichtsdestoweniger als transzendentale Bedingung der Erfahrung *für wirklich* gehalten werden muß:

»Physik hat zu ihrem Gegenstande Dinge deren Erkentnis nur durch Erfahrung moglich ist es sey um solche Objecte von denen selbst der Begriff die Idee oder auch Dichtung als ohne alle Realität (weñ gleich auch ohne inneren Wiederspruch) doch keine Gewährleistung für seine Möglichkeit hat sondern sie nur von der Erfahrung haben kañ. Der Begriff von einem dergleichen Gegenstande wäre etwa der von einem organisirten Körper, z.B. im Gewächs//oder Thierreich. Die Möglichkeit eines solchen müßte weñ die Erfahrung nicht Beispiele davon aufwiese als Hirngespinst des Fürsten von Palagonia von jedermann verworfen werden« (II, 383,6).

Der Sinn der letzten Anspielung leuchtet nicht unmittelbar ein und die Akademieausgabe gibt auch keine weitere Erläuterung. Ein *»Fürst von Palagonia«* erscheint nicht im Personenregister – auch nicht unter einem anderen seiner zahlreichen Namen (Ferdinando II Francesco Gravina Alliata, principe di Palagonia), denn es handelt sich um eine historische Gestalt und nicht etwa um eine Märchenfigur, wie die Herausgeber der Akademieausgabe wohl angenommen haben. Die Villa in Bagheria in der Nähe von Palermo, wo er seine »Hirngespinste« in Stein hauen ließ, war zur Zeit Kants in zahlreichen Reisebüchern beschrieben, nachdem Patrick Brydone *(A tour through Sicily and Malta*, 1773; dt. Übersetzung schon 1774) den Anfang damit gemacht hatte. Der Prinz von Palagonien wurde wegen seiner »Mißgeburten der Phantasie« geradezu zum »Feindbild« der deutschen Klassik, waren ihr doch die Stilprinzipien des »palagonischen Unsinns« (Travestie, Paralogismus, Asymetrie) diametral entgegengesetzt. »Palagonismus« wurde in Deutschland denn auch synonym mit »Absurdität« und »Willkür«.

Kant, der bekanntlich viel mehr Reisebücher als philosophische Texte las, hat die Grotesken des Prinzen möglicherweise in einem dieser Bücher erwähnt gefunden. Wahrscheinlicher ist jedoch eine andere Quelle, auf die Gerd Held hingewiesen hat. Kant hatte nämlich seine Abhandlung *Von den verschiedenen Rassen der Menschen* (ursprünglich die Ankündigung seiner Vorlesungen für das Sommersemester 1775) neu bearbeitet und Johann Jakob Engel für den zweiten

Teil seiner »popülärphilosophischen« Schrift *Der Philosoph für die Welt* (1777) zur Veröffentlichung überlassen. Es ist also anzunehmen, daß Kant diese Schrift in Händen hatte und auch einsah, zumal er später noch verschiedene Male auf die überarbeitete Fassung seines Aufsatzes Bezug nahm (vgl. X, 227 ff., 254 ff.). Damit erhielt Kant aber auch Nachricht vom »Fürsten von Palagonia«, der im »29. Stück« derselben Schrift (»Fragment eines Gastmahls«) ausführlich als abschreckendes Beispiel eines »unechten Genies« vorgeführt wird. Ausserdem darf nicht unerwähnt bleiben, daß Kant noch an anderer Stelle (im § 31 der *Anthropologie* von 1798, unter der Überschrift »Von dem sinnlichen Dichtungsvermögen der Bildung«) den »Prinzen Palagonia in Sizilien« angeführt hat – nämlich als Beleg für eine Einbildungskraft, die »durch Willkür regiert wird« (BA 80). – Wäre damals Goethes »Italienische Reise« schon veröffentlicht gewesen, Kant hätte im Bericht über den Besuch in Bagheria eine Bemerkung gefunden, die aus seiner eigenen Feder hätte geflossen sein können: »Denn bei der größten Wahrheitsliebe kommt derjenige, der vom Absurden Rechenschaft geben soll, immer ins Gedränge: er will einen Begriff davon überliefern, und so macht er es schon zu Etwas, da es eigentlich ein Nichts ist, welches für Etwas gehalten sein will« (Eintragung vom 9.4.1787).

Auch für Kants Begriff des Organismus könnte gesagt werden, er sei »ein Nichts, welches für Etwas gehalten sein will«. Sowohl in der inneren als auch in der äußeren Erfahrung finden wir zwar Vorstellungen, deren Zusammenhang wir der Tätigkeit eines organischen Prinzips zuschreiben, aber ihr »geistiges Band« entzieht sich unserer Kenntnis. Nur »dem Formalen nach« (II, 402,25) denken wir organische Körper als »ein Etwas, in dem das Ganze die Bedingung der Existenz der Teile ist«. Kant selbst hat es nie gewagt, diesen Gedanken, zu dem man nur »vermittelst der Erfahrung« gelangt, als »absurd« zu bezeichnen. Wir müssen uns aber fragen, von *welcher* Erfahrung er in diesem Zusammenhang spricht. Haben wir vielleicht irgendeine Erfahrung von diesem »immateriellen Princip«, von dieser »Ursache ohne Ort«, von diesem »einfachen, mithin immateriellen Wesen« (I, 569,12)? Keineswegs, wir haben keine besondere Erfahrung davon, es besteht nur eine absolute Notwendigkeit hinsichtlich der *Einheit der Erfahrung überhaupt*, ein solches »Hirngespinst« als *wirklich* anzusehen.

Obwohl also der Organismus nicht (wie der Äther) »bewiesen« werden kann, beruht seine Annahme ebenfalls auf dem transzendentalen Prinzip der Einheit der Erfahrung. Wir können das z.B. dem Bogen »B« entnehmen, wo wie im Haupttext der S. 2 gesagt wird: »... man kan nicht von Warnehmungen unmittelbar zur Erfahrung sondern muß vorher von der formalen Einheit des Gantzen der möglichen Erfahrung als einem Princip anhebend (...) zu dem Aggregat empirischer Vorstellungen (...) zurückschreiten« (II, 400,26). Auf dem linken Rand, schriftgleich mit dem Haupttext lesen wir:

»Alles gehört zur Physik was nicht anders als allein durch Erfahrung einen realen Begriff abgiebt z.B. ein organischer Körper dessen Moglichkeit wir nicht denken kōnten weñ nicht die Erfahrung dergleichen an die Hand gäbe. – Aber von einem solchen Object die Erfahrung zu machen setzt einen Verstand voraus welcher a priori ein Princip der Zusam̄ensetzung der bewegenden Kräfte der Materie die selbst auf das Warnehmungsvermögen Einflus haben enthält« (II, 401,12).

Die beständige Analogie zwischen Äther und Organismus, die sonst keinen Ansatzpunkt hätte, hängt wesentlich davon ab, daß in beiden Fällen die notwendige *Einheit der Erfahrung* beansprucht wird, einmal als Materie und das andere Mal als physische Wechselwirkung, die die Erfahrung konkret verbindet und die Körperlichkeit des Subjekts voraussetzt. Wenn ein solcher Parallelismus auch über die Grenzen der KV hinausgeht, so heißt das noch nicht, daß er die Grenzen des Kritizismus überhaupt hinter sich läßt, wie Adickes behauptet.

7. Organismus als transzendentaler Begriff

Wir haben festgestellt, daß Kant den Organismus aus erkenntnistheoretischen nicht aus vitalistischen Gründen in das OP einführt. Empirisch wird der organische Körper als eine »natürliche Maschine« behandelt, wobei »Maschine« ein Gerät bezeichnet, das hinsichtlich auf einen Zweck gebaut ist, und »natürlich« diese Ansicht in gewisser

Weise korrigiert, indem er hervorhebt, daß es *keinen Mechaniker gab*, der diese Maschine baute. »Organische Körper sind natürliche Maschinen und müßen in der Tendenz der metaph. A. Gr. der NW. gleich anderen bewegenden Kräfte der Materie ihren mechanischen Verhältnissen nach beurtheilt werden« (I, 186,7: »A Elem. Syst.«, Februar 1799). Kant führt weiter aus:

> »Alle Naturkörper sind entweder unorganisch oder organisch: Organische Körper sind solche welche aus eigenen Kräften als Maschinen wirken. Maschine aber ist ein Körper oder Zusam̄ensetzung von Körpern deren ein Theil den anderen innerhalb und dadurch auch äußerlich zweckmäßig zu bewegen geeignet ist und wen̄ er als Naturkörper die dazu dienliche Form besitzt ein organischer Körper (...) Weil nun Verstand etwas im̄aterielles ist und dessen bewegende Kraft an sich kein Gegenstand äußerer Erfahrung seyn kan̄ so muß Eintheilung der Körper in organische und unorganische Körper aus Begriffen a priori stattfinden ja sie kan̄ nicht übergangen oder dazwischen ein anderer Begriff von bewegenden in einem System verbundener Kraften eingeschoben werden; obschon dergleichen Körper Sin̄e und Vorstellungen haben oder nicht haben mogen« (I, 194, 10–27).

Derselbe Gedanke wird auf einem losen Blatt des X. Konv. wiederholt (II, 285,11), und auf dem Bogen »M« gibt Kant eine genaue Definition: »Natürliche Maschinen sind die so ohne Willkür doch zweckmässig wirken und müssen doch Einheit des Princips der Bewegung in ihnen selbst aber doch ohne Vorstellung der Form passiv wirken« (II, 369,8). – Ein späterer Zusatz fügt hinzu: »Thiere sind nicht bloße Maschinen aber doch belebt (animalische von vegetirenden unterschiedene Körper) Menschen sind Personen Thierseelen keine unmittelbare Sin̄enobjecte äußerlich« (II, 369,18). Damit wird die cartesianische Lehre, die das Leben mechanistisch interpretiert, durch eine transzendentale Betrachtung korrigiert, deren Protagonist nicht etwa das Leben selbst, sondern der *Verstand* ist. Ausgehend von einem Erlebnis, das nur in der erkenntnistheoretischen Natur des Menschen seine Wurzeln hat, wird erst darauf folgend die bloß *vegetative* Seite des Lebens durch eine Abstraktion erreicht:

»Wir erfahren die organische Kräfte an unserem eigenen Korper und gelangen vermittelst der Analogie derselben mit einem Theil dieses ihren Princips zu einem Begriff von der Vegetation derselben (...) indem wir jenes nämlich die Animalität weglassen.« (II, 373,20)

So wird der Organismus in das Ganze der Erfahrung nicht als ein Datum sondern als eine Voraussetzung der Möglichkeit der Erfahrung eingesetzt. Nicht als Ding-an-sich, sondern als »Gedankending«:

»Zur Physik werden aber auch Gedankenwesen (entia rationis) als problematisch für die Eintheilung möglicher bewegender Kräfte der Materie gezählt werden müssen die nämlich als so beschaffen gedacht werden daß sie nicht anders als durch Erfahrung denkbar sind. Dergleichen sind organische Körper deren ein jeder Theil um des anderen Willen da ist und deren Existenz nur in einem System der Zwecke (welches eine im̄aterielle Ursache haben muß) gedacht werden kan̄ wovon die Warnehmung des Menschen an seinen eigenen Organen das Beyspiel abgiebt.« (II, 406,28)

Wir haben schon anläßlich des Äthers die Verbindung zwischen »kategorisch« (nicht hypothetisch) gegeben und »problematisch« angesprochen. Nun bietet das Wort »Factum« einen Ausdruck für diese sonderbare Sachlage an und erklärt, warum ein Gedankending sowohl im Falle des Äthers als auch im Falle des Organismus als eine »Tatsache« angenommen werden muß:

»Die Möglichkeit eines organischen Körpers kan̄ nicht bewiesen auch nicht postulirt werden aber dieser ist doch ein Factum. – Sich selbst als organischen Körper in der Erfahrung zu erken̄en.« (II, 481,8)

Darüberhinaus erstreckt sich der Begriff der »Organisation« auf die wechselseitige Beziehung sämtlicher Organismen der Welt:

»Es kan̄ aber auch eine Organisation eines Systems organisirten Wesens namlich z.B. der Rehe für den Wolf, der Moose für den Baum der Dam̄erde für das Getrayde und selbst der Menschen für die verschiedene Racen nach den Climaten geben und so das Ganze des Erdglobs organisirt seyn
Die Natur organisirt die Materie nicht blos zu Körpern sondern auch diese wiederum zu Corporationen die nun auch ihrerseits ihre wechselseitige Zweckverhältnisse haben (Eines um des Andern willen da ist) das Moos fürs

Reñthier dieses für den Jäger dieser aber für den Landesbesitzer der jenen schützt und mit dem Bedürftigen unterhält. Nichts ist hier blos mechanisch sondern hat einen tertius interveniens. Alles ist organisch im Weltganzen und zum Behuf desselben« (II, 505–506).

Wie wir noch genauer sehen werden, ist die Weltanschauung des alten Kant von dieser Auffassung der Natur beherrscht. Eine Auffassung, die gegenüber der KU (§ 82) ganz neu ist und eher der überlieferten Lehre des Platonismus anzugehören scheint. Der Verdacht einer »dogmatischen Wende« bietet sich also an, ist aber dennoch unberechtigt, weil »ens rationis« und Wirklichkeit nunmehr nicht schlechthin entgegengesetzt sind (wie es noch im Mai 1799 (sporadisch) geschah, vgl. z.B. II, 613,17), sondern durch den Begriff der notwendigen Einheit der Erfahrung miteinander verbunden.

Wie weit die von Kant angeführte Notwendigkeit des Begriffs von Organismus und von Organisation allgemein gültig ist, bleibt vorerst offen. Der Beweis, der für die indirekte Erscheinung einwandfrei und einleuchtend schien, läßt im Falle eines »Begriffes ohne Inhalt«, wie der eines »immateriellen Prinzips des Lebens«, vom kritischen Standpunkt aus viele Fragen offen. Ungeachtet dieses Mangels ist aber meiner Meinung nach deutlich hervorzuheben, daß Kant nicht unbewußt in einen blinden Dogmatismus zurückfällt, sondern auf *demselben Weg*, der sich in der Konstruktion der indirekten Erscheinung als erfolgreich erwiesen hatte, im vollen Bewußtsein der aufgetretenen Schwierigkeiten weiterzugehen versucht. In der letzten Phase der Arbeit wird sich diese Tendenz noch verstärken. Die Ziele der »neuen« Transzendentalphilosophie mögen noch so »überschwenglich« aussehen, der begriffliche Apparat ist jedoch derselbe geblieben – also der, den wir schon zuvor in der mittleren Phase des OP kennengelernt haben.

Exkurs

Kritik der Urteilskraft und Opus postumum

1. Bei jeder Erörterung des Verhältnisses von KU und OP ist die Einbeziehung des Werkes von Gerhard Lehmann unumgänglich schon deshalb, weil er als Herausgeber des Nachlaßwerkes einer der wenigen Forscher ist, die sich durch den Berg der verschiedenen OP-Entwürfe wirklich durchgelesen haben. Alfred Baeumlers Buch über die KU (1923) hatte seine Aufmerksamkeit auf das OP gelenkt. 1936 und 1937 veröffentlichte Lehmann erste Aufsätze über das OP, die ihm später unbefriedigend erschienen. Erst mit seiner Dissertation von 1939, »Kants Nachlasswerk und die KU« (in Lehmann 1969, S. 295–373), widmet er sich dieser Fragestellung in ihrem ganzen Umfange. Er erwarb sich damit unzweifelbar große Verdienste, nur seine Meinung, »der ganze Plan des Nachlasswerkes« stehe »von vorneherein im Zeichen einer Anwendung der KU auf die physikalische Region« (S. 299) scheint sehr übertrieben, denn es handelt sich in Wirklichkeit um gar keine »Anwendung«. Wir sind schon im Kap. II (§ 3) zu dem Ergebnis gelangt, daß in der KU zwar sämtliche *Probleme* des OP potentiell enthalten sind, aber nicht ihre *Lösung*.

Auch Lehmann (1939) gesteht zu, daß »der Übergang eine neue Erscheinungsregion« konstituiert, eine »Erscheinung zweiter Ordnung (...); man könnte auch sagen: die reflektierende Erscheinung« (S. 341). Aber die Erscheinung zweiter Ordnung ist dem Gedankengang der KU nicht nur fremd, sondern geradezu entgegengesetzt. Die »doppelte Stufung« der Erscheinung ist eben dazu bestimmt, die Als-ob-Fassung zu beseitigen.

In seinem Aufsatz von 1963 *Zur Frage der Spätentwicklung Kants* (1969, S. 392–408) legt Lehmann auf die reflektierende Urteilskraft nicht mehr so starken Nachdruck. Im Mittelpunkt steht nun das »Korrespondenzprinzip«, von dem schon die Rede gewesen ist (Kap. VII, § 5). Der Leib des denkenden und zugleich wahrnehmenden Subjekts wird damit grundlegend; auch Kaulbach hebt das in seinem Beitrag (s.u.) hervor. In Reduktion seines Standpunktes von 1939

Lehman

schließt Lehmann nun: der »Einfluss der KU auf die Begriffsbildung des Nachlasswerkes (...) ist nicht so zu verstehen, als könne man die Probleme des Nachlasswerkes aus denen der KU ableiten; nur die in den beiden Einleitungen zur KU behandelte Gesetzlichkeit des Besonderen steht in eindeutiger Beziehung zur Eingangsproblematik des OP« (S. 404; vgl. Kap. II § 3).

Ich bin dagegen der Auffassung, daß Kant in seinem Nachdenken über die in der KU aufgetretenen Probleme auf die Notwendigkeit eines neuen Beitrages zur Transzendentalphilosophie gestoßen ist, den er nach einer langen »Inkubationszeit« schließlich abfaßte. Wie Lehmann (1939) bemerkt, war der Auftrag, eine neue Auflage der dritten Kritik vorzubereiten, zwar die *»causa occasionalis* für eine neue Beschäftigung Kants mit den Problemen der KU« (S. 371), aber die Lösungen des OP sind weder eine Fortsetzung noch eine Anwendung der Ansichten der KU. Vielmehr umgekehrt ist das neue Werk Kants eben deshalb so unentbehrlich, weil ihn die Antworten der KU unbefriedigt gelassen hatten.

2. Es gibt einen unabweisbaren Beleg dafür, daß die Behandlung der Probleme der KU Kant in argumentative Schwierigkeiten brachte, die er nur ungern an die Öffentlichkeit bringen wollte. Es geht dabei um jene Verlegenheit, in die Kant wegen der *1. Einleitung zur KU* geriet. Wie wir wissen, fühlte sich Kant, als das Werk schon vollständig (vermutlich durch Kiesewetter) abgeschrieben worden war, plötzlich genötigt, die gesamte Einleitung umzuschreiben – unter dem Vorwand, sie sei *zu lang* geraten (Brief an de La Garde, 21.1.1790; XI, 123). In Wahrheit machte die Länge des Manuskripts dem Verleger keine Sorge, es war vielmehr die *Zeit*, die drängte, denn das Buch sollte zur Michaelismesse erscheinen. Außerdem, hatte sich Kant nicht selbst auf Terrasson berufen: Manches Buch würde viel kürzer sein, »wenn es nicht so kurz wäre« (A XIX)? Diese Feststellung läßt sich auch ohne Einschränkung auf die beiden Einleitungen anwenden, von denen die erste länger ist aber leichter zu verstehen, während die zweite kürzer, aber auch »undurchsichtiger« geraten ist. Doch *genau das* lag in Kants Absicht.

Zwei Wochen hatte Kant für die zusätzliche Arbeit veranschlagt, als am 21.1. die ersten 40 von 84 Bogen dem Verleger zugestellt worden waren. Daß Kant die Zahl der Bögen so genau angeben konnte, ist ein weiterer Hinweis dafür, daß das Gesamtmanuskript schon fertig vorlag. Am 9.2. lieferte Kant 40 weitere Bögen an, behielt aber vier zurück, mit der Begründung, daß sie noch »durchzusehen« seien (XI, 132).

Nun bezog sich diese »Durchsicht« keineswegs auf orthographische oder stilistische Korrekturen des Textes, denn Kant schickte am 9.3. nicht vier sondern *neun* Bögen ab. Er hatte also sogar etwas hinzugefügt, obwohl er sich zuvor so sehr über die Länge der Einleitung besorgt gezeigt hatte und sie von 17 auf 12 Bögen kürzen wollte. Selbst das wäre eine zu unbedeutende Kürzung, um die erhebliche Verspätung zu rechtfertigen. In Wahrheit hatte Kant die neue Einleitung noch gar nicht fertiggestellt, was auch daraus ersichtlich wird, daß die endgültige Fassung erheblich kürzer ausfiel (statt 18.000 nur 8.000 Worte), als ursprünglich geplant war. Offensichtlich führte Kant den Verleger an der Nase herum, wenn er ihm am 9.3. versprach, sich zu beeilen, »wiewohl ungerne, (...) weil ich gerne den kurzen Begrif vom Inhalte des Werks bündig abfassen wollte, welches Mühe macht« (XI, 143).

Und nachdem am 25.3. endlich die neue Einleitung an den Verleger abgegangen ist, bewahrt Kant dennoch die erste Fassung sorgfältig (»aber verstohlen«) auf, weil er sich darüber klar ist, daß sich die beiden Fassungen überhaupt nicht decken. Drei Jahre später (30.4.1793) bittet ihn Beck anläßlich der Herausgabe seines »Erläuternden Auszugs aus den kritischen Schriften des Herrn Prof. Kant«, um die Erfüllung des »alten Versprechens«: ihm einige Manuskripte zu überlassen, darunter eines, das die KU beträfe (XI, 426). Kant zögert seine Antwort fast vier Monate hinaus. Erst am 18. August sendet er die 1. Einleitung ab, von der Beck im 2. Band seiner Ausgabe (1794) Auszüge druckt, ohne den grundsätzlichen Unterschied der beiden Schriften zu bemerken. Er richtet sich dabei offensichtlich nach jenen Ausführungen, die Kant der verspäteten Sendung beigefügt hatte, und in denen eher die Ähnlichkeit als die Unterschiede der beiden Einleitungen betont wurden.

Der Becksche Auszug wurde dann von F. Ch. Starke unter einem anderen Titel *(Über die Philosophie überhaupt und die KU insbesondere)* mit dem Datum 1794 nachgedruckt; der Hinweis auf die KU ist allerdings nur im Inhaltsverzeichnis enthalten, im Text dagegen nicht. Die späteren Ausgaben von Rosenkranz, Hartenstein, Erdmann folgen diesem Beispiel, so daß noch A. Stadler (*Kants Teleologie*, 1912) ganz naiv davon ausgeht, daß die »1794 verfasste« Abhandlung »Veränderungen und Verbesserungen« gegenüber der KU enthält, »so daß sie der Urtheilskraft gegenüber durchsichtiger und reifer erscheinen muss« (S. 35). »Durchsichtiger« war sie in der Tat, aber eben darum war sie von Kant durch eine neue »undurchsichtige« aber formal ausgefeiltere Einleitung ersetzt worden.

Erst 1922 veröffentlicht Otto Bueck im Rahmen der Cassirer-Ausgabe die vollständige 1. Einleitung. Dennoch kann Ernst Cassirer selbst ganz unbekümmert erklären, daß die Äußerungen über die Technik der Natur in der 2. Einleitung nicht mehr erscheinen, weil das Thema im Text ausführlicher behandelt werde (*Kants Leben*, 1921, S. 314). Sein Sohn leugnet sogar noch 1938 jede wesentliche Differenz zwischen den beiden Einleitungen (H.W. Cassirer, *A Commentary of Kant's Critique of Judgement*, S. 97). – Erst Lehmann (1938) und später P. Menzer (*Kants Ästhetik*, 1952) erkennen, daß es sich um zwei *sehr unterschiedliche* Texte handelt.

3. Was machte die 1. Einleitung für Kant so problematisch? Der Stein des Anstoßes lag vor allem im Begriff einer *»Technik der Natur«* – und genauer: daß dieser Begriff nicht nur als »heuristisches Prinzip« (Lehmanns Ausgabe der 1. Einleitung. 1970², 12,16), sondern auch als »notwendige Voraussetzung« (22,17) angesehen werden konnte. Solange nämlich die Technik der Natur nur ein heuristisches Prinzip darstellt, »ist die Urtheilskraft eigentlich technisch: die Natur wird nur als technisch vorgestellt, sofern sie zu jenem Verfahren derselben zusammenstimmt« (26,26). »Das teleologische Urteil dagegen setzt einen Begriff vom Objekte voraus und urteilt über die Möglichkeit desselben nach einem Gesetz der Ursachen und Wirkungen«. Diese Technik der Natur »könnte man daher *plastisch* nennen«, oder besser »die organische Technik derselben heißen, welcher Ausdruck denn auch den Begriff der Zweckmäßigkeit nicht bloß für die Vorstellungsart, sondern für die Möglichkeit der Dinge selbst bezeichnet« (41,26). Diese »Bedingung der Möglichkeit der Dinge selbst« erregt den Anstoß, auch wenn Kant sich beeilt zu betonen, daß die Urteilskraft »für sich selbst (nicht für die Natur) gesetzgebend ist« (42,11). Wie kann das aber geschehen, wenn der Ausdruck »organische Technik der Natur« einen Begriff »für die Möglichkeit der Dinge selbst bezeichnet«?

Kant erklärt: »Die Urteilskraft führt also notwendig a priori ein Prinzip der Technik der Natur bei sich, welche von der Nomothetik derselben, nach transzendentalen Verstandesgesetzen, darin unterschieden ist, daß diese ihr Prinzip als Gesetz, jene aber nur als notwendige Voraussetzung geltend machen kann« (22,13). Sobald aber die Technik der Urteilskraft in eine Technik *der Natur* umschlägt, die ihr Prinzip »als Gesetz geltend macht«, wird der Grundsatz der ganzen Transzendentalphilosophie gefährdet, weil damit eine *Verbindung in der Natur* vorausgesetzt wird, die der Spontaneität des Verstandes nicht unterliegt. Wir finden die Zweckmäßigkeit in der Natur als eine Verbindung vor, die wir nicht in sie selbst »hineingelegt« haben. Die 1. Einleitung, die noch vor der Analytik der teleologischen Urteilskraft geschrieben worden war, ist in dieser Hinsicht allerdings nicht vorsichtig genug, weil die Form der Darstellung die von Kant nicht erlaubte Interpretation der Technik der Natur als *reales* Verbindungsprinzip begünstigt hätte. Darum mußte Kant sie ersetzen.

Der Hinweis, auch im Text der KU sei von der Technik der Natur die Rede, widerspricht dieser Überlegung nicht. In der 2. Einleitung wird sie zwar nur flüchtig (in Analogie zur Kunst) erwähnt, die §§ 72–76 dagegen behandeln sie ganz ausführlich, allerdings im Rahmen einer *Dialektik* der teleologischen Urteilskraft, wo »keines der obigen Systeme leistet, was es vorgiebt« (§ 73), d.h. als eine Art und Weise, mit der Zweckmäßigkeit *dogmatisch* zu verfahren, was kritisch zweifellos untersagt ist. Einen (den einzigen) kritischen Standpunkt bezieht dagegen die Als-ob-Lehre, die dem Erfahrungsobjekt als solchem kein Gesetz vorschreibt.

Mit dieser Lösung war zwar der Transzendentalismus dem Buchstaben nach gerettet, aber die Grundfrage, die der Begriff einer »Technik der Natur« freigelegt hatte, blieb unbeantwortet. Das Verbindungsprinzip des Lebens ist in der Tat kein »Als-ob«. Das Lebendige (anders als eine schöne Vorstellung oder als die äußerliche Zweckmässigkeit) kann nicht derart begriffen werden, *als ob* es für die Lust unserer Vorstellungsart gebildet worden wäre, weil seine Existenz selbst von einem Ganzen abhängt, das den Teilen vorangeht. Die 1. Einleitung zeigt genau, wo die Schwierigkeit liegt: »Es ist (...) die Materie, sofern sie organisirt ist, welche den Begriff von ihr als einem Naturzwecke nothwendig bei sich führt, weil diese ihre specifische Form zugleich Product der Natur ist« (V, 378,35). Was also die KU nur »zum Behuf der Urtheilskraft« begründete, muß »zum Behuf der Natur, sofern sie ein Gegenstand unserer Erfahrung ist« erst noch geleistet werden. Das OP stellt eben diese Leistung dar. Folgerichtig wird die in der KU übliche Ausdrucksweise »zum Behuf der Urtheilskraft« im OP durch den (immer wiederkehrenden Ausdruck) »zum Behuf der Erfahrung« ersetzt. Auch in dieser Hinsicht ist die 1. Einleitung durchsichtiger als die veröffentlichte Fassung, weil sie, fast naiv, folgendes Eingeständnis macht: »Nun finden wir unter den Producten der Natur besondere und sehr ausgebreitete Gattungen, die eine solche Verbindung der wirkenden Ursachen in sich selbst enthalten, der wir den Begriff eines Zweckes zum Grunde legen müssen, wenn wir auch nur Erfahrung (...) anstellen wollen« (43,13). Es genügt, den Text des § 74 der KU (V, 396,7) mit dieser Äußerung zu vergleichen, um die Sorge Kants hinsichtlich der 1. Einleitung der KU zu begreifen.

4. Gründlichen Aufschluß über die Bedeutung des Leibesbewußtseins für die Entwicklung der Philosophie Kants (von den ersten Schriften bis zum OP) gibt ein Aufsatz von Friedrich Kaulbach (1963). Dort werden die *Träume eines Geistersehers* als die Schrift vorgestellt, in der die Erfahrung des eigenen Körpers den *Ort* des Ich bestimmt: »Dieser Körper ist mein Körper, und der Ort desselben ist zugleich mein Ort« (*Vorkr.* II, 324; zum Vergleich erinnere man sich nur an das Lebensprinzip als »Ursache ohne Ort« des OP). Denn in jenem Aufsatz von 1768 erklärte Kant, daß die Gegenstände im Raume »nur von je meinem leiblichen Standpunkt aus verstehbar sind« (S. 470). In der Dissertation von 1770 »findet sich das Subjekt in der Welt als leiblich bestimmte Existenz, und als solche vermag es den realen Weltraum in seiner vollen Bestimmtheit zur Erfahrung zu bringen« (S. 472).

Aber nach der »kopernikanischen Wende« Kants erscheint es unmöglich, »die Kluft zwischen der Unteilbarkeit (Einfachheit) des in Synthesen konstruierten Ich und der Teilbarkeit der Körper, zu denen auch je ›mein Körper‹ gehört, auszufüllen« (S. 476). Erst die »Selbstsetzung des OP weist einen Weg aus der Schwierigkeit«, denn »ich bin mir selbst ein Gegenstand«, zuerst »nach der Regel der Identität im Gegensatz der Anschauung« (II, 115,10), dann aber auch in der Anschauung selbst, indem »das Subject sich selbst setzt und zum Object der Sinne macht (...) und zwar nicht blos analytisch nach Begriffen sondern synthetisch durch Construction derselben in dem Complexus des Manigfaltigen der Anschauung als wahres Object (nicht als *ens rationis* ein bloßes Gedankending)« (II, 25,6), also »synthetisch *und* analytisch« (II, 88,29).

»Die Wahrnehmungen der Sinnenobjekte an seinem eigenen körperlichen Subjekt«, hebt Kaulbach hervor (S. 482), eröffnen den Übergang zu einem Ganzen außerhalb des Subjekts, »welches als E. einer E. (...) den ersten Ubergang von der Metaph. der Naturwissenschaft zur Physik (...) darstellt« (II, 357,16).

»Der Punkt, an dem vor allem die Überlegungen der KU ansetzen« (S. 483), ist »eine derartige Synthesis zur Einheit einer Gestalt zu begründen, wobei nicht der Charakter des Zusammengesetzten sondern des Einfachen, nicht der des Mechanischen sondern des Organischen resultiert«. Hier muß die Synthesis »nicht nur Zusammenhang, sondern ein Zusammenwachsenlassen ergeben« (S. 484). Die Als-ob-Lösung der KU ist dazu allerdings ungeeignet und ich kann Kaulbach nur zustimmen, wenn er betont: »Es sieht so aus, als ob Kant die Leistung der vollständigen Synthesis nicht erst in der reflektierenden Idee, sondern schon in dem bestimmenden Begriff, nicht erst im Bereich der reflektierenden Urteilskraft, sondern schon im Felde der Konstitution der Naturgegenstände am Werke sehen wollte« (S. 484).

Kaulbach fügt dem einige Betrachtungen hinzu, die er später (1965) wieder aufnahm und »als Quintessenz der Kantischen Synthesislehre« (S. 476) zu entwickeln versuchte. Dabei räumt er jedoch ein, daß Kant »die Konsequenzen seiner Bewegungslehre nicht gezogen habe« (S. 485, Anm.). Um das System des Leibes »in der transzendentalen Bewegung als äußerem Natursystem anzulegen« (S. 488), muß man auf jeden Fall die reife Phase des Nachlaßwerkes abwarten, in der »die Transzendentalphilosophie den Weltcharakter, der sich in je meiner Leiberfahrung unmittelbar geltend macht, vermittelt« (S. 489). Das ist systematisch und chronologisch richtig, denn erst die Lehre des Organismus trägt zur Einführung des »Systems der Ideen« bei; das System der bewegenden Kräfte jedoch hatte schon früher in der Lehre der indirekten Erscheinung seinen Platz gefunden.

IX

DAS HÖCHSTE NIVEAU DER TRANSZENDENTALPHILOSOPHIE

1. Der letzte Schritt

Rückblickend auf den bisher entwickelten Teil des OP können wir festhalten, daß die »Einheit der Erfahrung« in allen Phasen der Arbeit den grundlegenden transzendentalen Begriff bildet. Es ist also keineswegs verwunderlich, wenn in der letzten Phase derselbe Begriff eine erweiterte Bedeutung erhält, die wir zu Beginn der Arbeit nicht ahnen konnten, da sie uns weit von den anfänglichen Themen des Übergangs wegführt. Der Gedanke der Einheit der Erfahrung erlaubt nämlich ein »System der Ideen« zu errichten, in dem die absolute Spontaneität als Gott, die absolute Rezeptivität als Welt und der Geist des Menschen als beider Verbindungsmittel erscheint.

Diese Entwicklung muß dem Kantkenner nicht nur gewagt sondern geradezu tollkühn vorkommen. Aber wir brauchen uns nur jene Erweiterung ins Gedächtnis zu rufen, die ein Begriff, der schon die ganze KV zusammengehalten hatte, im OP erfährt: die für die Deduktion der Kategorien grundlegende »synthetische Einheit der Apperzeption«. Sie stellt auch im OP die Wurzel der Einheit der Erfahrung dar, und zwar nicht als psychologische Einheit des Bewußtseins (II, 60,23), sondern als formaler Bezugspunkt jeder möglichen Erfahrung. Dabei ist es nicht etwa so, daß diese synthetische Einheit das empfundene Material schon enthielte, jedoch außerhalb jener Beziehung kann sich dieses Material nicht konstituieren. Die KV warnt, daß diese Einheit »a priori vor allen Begriffen der Verbindung vorhergeht« und mit der Kategorie der Einheit nicht verwechselt werden darf, denn »die Kategorie setzt (...) schon Verbindung voraus. Also müssen wir diese Einheit (als qualitative) noch höher suchen nämlich in demjenigen, was selbst den Grund der Einheit verschiedener Begriffe in Urteilen, mithin die Möglichkeit des Verstandes, sogar in seinem logischen Gebrauche, enthält« (B 131).

Ein anderer Aspekt der Einheit der Erfahrung ergab sich in der KV in Bezug auf den Raum, denn man kann sich nur einen einzigen Raum vorstellen und »wenn man von vielen Räumen redet, so verstehet man darunter nur Teile eines und desselben alleinigen Raumes« (A 25, B 39). Die äußere Erfahrung ist zwar *im* Raum wie in einem Behälter enthalten, doch transzendentalphilosophisch ist dieses scheinbar statische »Enthaltensein« schon das Ergebnis einer fortgesetzten Tätigkeit des anschauenden Subjekts, welches das Material der Empfindung räumlich synthetisiert. Die Verbindung der formalen Einheit der Apperzeption mit der materialen Einheit des Raumes als empfindendes Subjekt wird im OP zur Selbstsetzung radikalisiert, die wie jede Einheit der Erfahrung in einem »analytischen Satz« ausgedrückt werden kann.

Mit der Zeit wächst Kants Ehrgeiz, diesen Weg vom Subjektiven zum Objektiven weiterzutreiben, so daß die Formel »forma dat esse rei« (»Die bloße Form macht hier das Seyn des Dinges aus«; I, 92,8) immer neue Anwendungen findet. Unter »Form« versteht Kant zunächst die kategoriale Struktur, dann jene Zusammensetzung, die dem Zusammengesetzten vorhergeht. Schließlich wird die Form zur bloßen »Idee« (wie z.B. der Organismus), die dann keinesfalls a priori erdacht werden kann.

Nun ist Kant an dem Punkt, einen letzten, äußersten Schritt zu wagen. Es gibt auch eine formale Idee, welche das »Sein« der Sache unbedingt erfordert, obwohl sie in der Erfahrung keine mögliche Darstellung findet. Es handelt sich um die Idee der *Pflicht*, das sittliche Gesetz, dem der Mensch unterworfen ist. Diese Verbindung von absoluter Spontaneität und totaler Rezeptivität im Menschen stellt eine letzte Realisierung der Einheit der Erfahrung (die gleichsam eine sittliche Erfahrung ist) dar. Der Umstand, daß die zu verbindenden Termini hier bloße »Ideen« sind, ist nun kein Hindernis mehr, um ihre Einheit als »Wirklichkeit« zu begreifen. Mit diesem letzten Schritt bezieht die Transzendentalphilosophie gewissermassen ihren vorgeschobensten Standort: »Der Transszendentalphilosophie höchster Standpunkt ist was Gott und die Welt unter Einem Princip synthetisch vereinigt« (I, 23,17; vgl. 35,1; 38,17; 44,1; 53,39 u. passim).

Bevor ich aber diesen Standpunkt eingehender erörtere, ist es erforderlich, zunächst auf die Beschaffenheit des Manuskriptteils, der die 12 Bögen des I. Konv. umfaßt, ausführlich einzugehen.

2. *Der Zustand des I. (letzten) Konvoluts*

Das Manuskript, einschließlich des Umschlags, ist über und über mit Anmerkungen und Notizen bedeckt, die die Akademie-Ausgabe nun nicht mehr vom Text unterscheidet. Dieses Manuskriptbündel lag Kant mindestens bis zum vorletzten Jahr seines Lebens jederzeit einsehbar vor Augen. So notiert er mit unsicherer Schrift auf dem Umschlag: »Im 80sichseschsten Jahr meines Alters Nach dem die 70 sechsicher und auch die 70 siebsicher verlaufen« (I, 3,19). Kant scheint jedoch noch genügend Lebensmut zu haben, um über seine eigenen körperlichen Beschwerden zu scherzen. So fragt er sich, ob »nach subjectiven Principien der Blähungen im Magenmunde (...) den Erscheinungen des Sternenhimmels zu unterwerfen (...) diese selbst blos Erscheinung oder Wirklichkeit sei«. Die »stete Schlaflosigkeit«, *coma vigil* genannt (I, 3,21) bietet ihm Anlaß zu einem humorvollen Wortspiel mit dem Namen seines Freundes, Regierungsrat Johan Friedrich Vigilantius: »Ein Vigilantius (vigilant = geweckt, V.M.) Aber nicht ein mit *coma vigil* behafteter« (I, 3,12). Ein weiterer Hinweis auf die späte Benutzung des Manuskripts findet sich im Memorienbüchlein (L.B. L 61). Dort erfahren wir, daß Regierungsrat Vigilantius am 17. Februar 1803 die Leiche eines gewissen Dransch untersucht hatte, und auf dem Rand der letzten Seite des OP lesen wir: »HE RegierungsR. Vigilantius und dessen schöne Zergliederung des Mörders Dransch«. Unmittelbar darunter: »Die lästige Blähung auf dem Magenmunde gleich einem Stein« (I, 158,13).

Streckenweise sind die Anmerkungen des I. Konv. bloße »Allotria« und »Senilia«, aber solche waren auch schon früher notiert, z.B. in Bezug auf den Diener Lampe (»Lampe hat auf seiner oberen Stube einen Bund Schlüssel und die Tochter hats auch«; II, 387,30 Anm.). Allerdings nehmen nun die Wiederholungen zu, aber die »gebundene Darstellung«, die mit dem X. und XI. Konv. eingestellt worden war, wird (besonders auf dem Bogen III) wiederaufgenommen. Dabei werden bis zu 9 Paragraphen (I, 31) aufgestellt und es findet sich sogar ein neues Titelblatt (I, 59; vgl. I, 32 u. passim). Selbst die »geometrische Methode« wird wieder hervorgeholt (I, 50), wobei es sich um keinen geringeren Gegenstand als die Definition Gottes handelt (I, 50,8). Anselms a priori Gottesbeweis wird sorgfältig und ohne jede Kritik (in diesem Kontext) dargestellt.

Manchmal hat es den Anschein, als ob Kant mit einer völlig neuen Abhandlung anfangen wolle, aber schon bald verfällt er wieder dem üblichen Plan des Nachlaßwerkes: Vorrede, Einleitung, Hinweis auf Newtons *Principia* usw. Das beweist einerseits, daß die Zwei-Werke-Hypothese nicht stichhaltig ist und andererseits, daß Kant nicht mehr imstande war, die verschiedenen Teile seines erweiterten Planes auch in eine systematische Ordnung zu bringen. Wie in den »codette« eines Symphoniefinales kehren alle Themen wieder und akkumulieren in raschem Wechsel. Die letzten sehr eng beschriebenen 100 Seiten entstanden vermutlich im Laufe der Jahre 1802–1803, als Kant seine Koordinationsfähigkeit fast gänzlich verloren hatte. Kant war sich seiner Lage vollkommen bewußt und fühlte sich »an einen Gedanken geheftet der blos starr zu keinem anderen fortzuschreiten und fortzuschieben und sich zu erweitern (weder vorwärts noch rückwärts zu gehen) fähig ist« (I, 3,15).

Diese Situation liefert allerdings keinen Grund, »den höchsten Standpunkt der Transzendentalphilosophie« als Altersstarrsinn abzutun. Zwar ist die Anwendung der neuen Ideenlehre gegenüber dem klassischen Kritizismus voller Überraschungen, aber nach den »Beylagen 1–8« kommt sie nicht unerwartet, wenn man bedenkt, daß die Selbstsetzung schon als Zusammensein von Spontaneität und Rezeptivität gefaßt wurde. Einerseits erinnert sich Kant im I. Konv. der Themen, die er früher behandelt hatte, andererseits antizipiert er schon in den vorwiegend transzendentalen Überlegungen der »Beylagen« die Themen des I. Konv., so daß die Kontinuität des Nachlaßwerks nicht bestritten werden kann.

Das Zusammenhängen des I. Konv. mit den »Beylagen« kann selbstverständlich nicht aufgrund der »Pseudo-Beylage V« des VII. Konv. (wo die Frage »Gott« durchgehend behandelt wird) bewiesen werden, denn diese gehört der Folge der »Beylagen« eigentlich nicht an. Sie wurde später von Kant auf das Blatt eines Briefes des Predigers Wasianski geschrieben, zu einem Zeitpunkt, als die echte »Beylage V« sich nicht mehr auffinden ließ, weil sie in das Bündel des X. Konv. hineingeraten war. Deswegen hat Kant der Signatur »Beylage VI« eine Notiz hinzugefügt: »NB sollte vielleicht V seyn« (II, 65,18). Diese Notiz bestätigt den Verlust der eigentlichen Beilage V.

Der mit »d. 19. Dec. 1800« datierte Brief Wasianskis (dessen erste Seite Kant durchstrich, nicht jedoch die zweite) betraf hauptsächlich das »Fensterstopfen« und den Gesundheitszustand des Predigers, bietet also keinen inhaltlichen Anlaß, ihn als Schreibmaterial zum Thema des OP zu benutzen. Die Reflexionen, die auf jedem freien Platz des Blattes notiert wurden, gehören alle dem Gedankenkreis des I. Konv. an. Dennoch hat Kant die Überschrift »Beylage V« auf das Blatt geschrieben und zusätzlich ein Quartblatt mit der Überschrift »Beylage V« eingelegt, nachdem die echte Beilage V nicht mehr auffindbar war. Vielleicht ein Indiz dafür, daß Kant die Gottesproblematik mit der der Beilage verbinden wollte.

Ganz anders steht es mit den Bögen, die von Kants Hand mit »IX« und »X« signiert worden sind. Obwohl Kant hier das Wort »Beylage« nicht ausdrücklich hinzufügt, gehören sie ohne Zweifel dem *VII. Konv.* an. Hier ist der Zusammenhang der Übergangswissenschaft mit einer Art neuer »Metaphysik der Sitten« (die mit dem Werk von 1797 nichts zu tun hat) unbestreitbar. Die 1. Seite von Bogen »X« beginnt mit der Raum-Zeit-Lehre, des weiteren ist von der »Apperception als Einheit der Zusam̄ensetzung« die Rede (II, 101,5–17) und der nächste Absatz lautet: »Aus dieser Definition geht nun auch das Axiom hervor: Es ist Ein Raum und Eine Zeit«. Es folgt ein Resümee der Lehre der Erfahrung und der asymptotischen »Zusam̄enstellung zum Behuf derselben« (102,15). Dann beschäftigt sich Kant mit der Selbstsetzung (102,20) und der Setzung des Objekts. Schließlich wird das Thema der »Erfahrung als das Gantze der Reihe des empirischen Bewußtseyns in beständiger Annäherung« auf der 2. Seite (II, 104,1) weitergeführt bis zu folgender Aussage:

»Die Phänomene aus den bewegenden Kräften der moralisch/practischen Vernunft in so fern sie a priori in Ansehung der Menschen im Verhältnis auf einander sind sind die Rechtsideen, moralisch practische Vernunft. Categorischer Imperativ den unsere Vernunft durch die göttliche ausspricht. Freyheit unter Gesetzen Pflichten als göttliche Gebote. Es ist ein Gott
Die Metaphysik hat es mit den Sin̄enobjecten und ihrem System zu thun in so fern es a priori analytisch erken̄bar (cogitabile, cognoscibile) ist. Aenesidemus in sich bestim̄end Von da geschieht der Überschritt zu den synthetischen Principien a priori durch Begriffe (nicht durch Anschauungsvorstellungen) welche a priori das Formale der Verknüpfung des Manigfaltigen (erweiternd) und nicht empirisch durch Erfahrung sondern nach rationalen Principien zum Behuf der Moglichkeit der Erfahrung ein Ganzes der Sin̄envorstellungen in Einem System zusam̄enfassen und subjectiv nur was die Vernunft gedacht werden kan̄ nämlich die Rechtsideen ausmacht enthalten und auf den Begrif eines hochsten moralischen Wesens unter welchem alle Weltwesen stehen enthalt – Gott – Was nicht das dabile (Anschauung) sondern nur das cogitabile (Denkbare) seyn kan̄ das moralisch/practische – Es ist ein Gott: den̄ es ist in der moralisch practischen Vernunft ein categ. Imperativ, der auf alle Vernunftige Weltweysen ausgebreitet und wodurch alle Weltwesen vereinigt werden. – Eleutherologie, welche Freyheit unter Gesetzen (moralisch/practische Vernunft) enthält nach Maximen« (II, 104–105).

Damit ist die ganze Problematik des I. Konv. umrissen. Die Sätze, die mit »Aenesidemus« und »Eleutherologie« beginnen, sind spätere Zusätze, ebenso der Satz »Begriff der Freyheit...« in II, 105,10. – Der Rest der Seite ist mit kurzen Wiederholungen *sämtlicher Grundlehren* des OP lückenlos ausgefüllt: »Ich bin«, »Amphibolie der Reflexionsbegriffe«, »Ich muß mir den Äther als das *primum mobile...*«, »sensibeler Raum«, »Planeten« usw. Man braucht nicht nach weiteren Belegen der Kontinuität zu suchen. Der Bogen »X« trägt als Überschrift »Ich bin« und verbindet mit dieser Formel die nunmehr zentrale Thematik von Gott, Pflicht und Freiheit. Dem Anfang der 2. Seite, »Übergang...« usw. folgt ein Absatz über das Selbstbewußtsein, einer über den kategorischen Imperativ und ein weiterer über Gott, ohne die mindeste Veränderung der Schrift.

All das räumt jeden Zweifel aus über Kants eindeutige Absicht, daß »der höchste Standpunkt der Transzendentalphilosophie« eine zusammenhängende Entwicklung der früheren Entwürfe wiedergeben sollte.

3. Das System der Ideen

Die im I. Konv. vorgestellte Einheit von praktischer und theoretischer Vernunft geht weit über jedes Vereinigungsprogramm hinaus, das wir bisher im OP angetroffen haben. Es handelt sich nämlich um nichts Geringeres als den Versuch, das Reich der Natur mit dem der Zwecke zu vereinigen, deren Spaltung ja begrifflich unüberwindbar schien, da kein reiner Begriff, keine der Natur angemessene Kategorie außerhalb der möglichen Erfahrung angewendet werden darf. Und dennoch gilt der Mensch sozusagen als *lebendiger Übergang* zwischen beiden Ufern, sofern er diese Verbindung liefern *soll*, selbst wenn er nicht weiß wie. Der Befehl des sittlichen Gesetzes lautet, *in der Erfahrungswelt* eine »Kausalität durch Freiheit« auszuüben. Die Spaltung in beide Welten, die theoretisch absolut ist, wird in praktischer Hinsicht vom kategorischen Imperativ verboten und verneint. Das veranlaßt Kant zu jenem Versuch, den methodologischen Riß zwischen der theoretischen und praktischen Vernunft zu überwinden.

Gegenüber dem »Übergang von der Metaphysik zur Physik« sieht freilich in diesem Fall die Lage ganz anders aus. Hier handelt es sich nicht mehr um zwei Gebiete, die durch eine Brücke verbunden werden sollen. Es gibt nur *ein Faktum*, das »Faktum der Vernunft«, wie Kant das sittliche Gesetz benennt, *aus dem* die drei Ideen von Gott, Welt und Mensch entwickelt werden. Da aber die Einheit der Erfahrung selbst die Verbindung der reinen Spontaneität mit der reinen Rezeptivität im Menschen erfordert, können die drei Ideen gewissermaßen als »wirklich« angesehen werden. So kann Kant mit Recht behaupten: »Es ist ein Gott, es ist eine Welt«. Die Wirkung, die diese Wirklichkeit attestiert, ist die des sittlichen Gesetzes. Da dieses Gesetz in uns unmittelbar wirkt, kann es als eine »Wirkung ohne Ursache« (I, 32,6) definiert werden, eine Bezeichnung, in der noch die des Organismus als »Ursache ohne Ort« nachklingt. Der Organismus kann nicht als Erfahrungsgegenstand seiner Möglichkeit nach konstruiert werden, wirkt jedoch in der Erfahrungswelt als Kausalität. Das sittliche Gesetz übt vermittels unseres Gewissens eine Wirkung in der Erfahrung aus, ohne selbst von irgendeiner »Ursache« verursacht zu sein. So ist auch dieses »Faktum der Vernunft« eine Erfahrung, die nicht konstruiert werden kann. Erst die Erfahrung des Sittengesetzes erlaubt es aber, Gott und die Welt überhaupt zu denken. Darum »machen« wir diese Ideen, die (wie auch der Mensch, insofern er eine Idee ist) bloße »entia rationis« darstellen, obwohl sie als »existierend« angenommen werden müssen. »So wird der Satz: es ist ein Gott ein Existenzialsatz« (I, 149,24). Wenn wir diese Sachlage im Auge behalten, können auch die schwankenden, scheinbar widersprüchlichen Äußerungen des I. Konv. miteinander in Einklang gebracht werden.

Kant hat beabsichtigt, die Gottesfrage innerhalb der Übergangswissenschaft zu behandeln. Das wird schon auf der 1. Seite des I. Konv. ersichtlich, die unter der Überschrift »Übergang zur Grenze alles Wissens – Gott und die Welt« folgende Fragestellung aufwirft:

»I

In der Ordnung des Systems der synthetischen Erkentnis auf Begriffen a priori d.i. in der Transscendentalphilosophie ist das Princip was den Übergang zur Vollendung desselben macht, das der transscendentalen Theologie in den zwey Fragen:

1.

Was ist Gott?

2

Ist ein Gott?« (I, 9,9)

Der Zusammenhang mit dem früheren Begriff der Einheit der Erfahrung stellt sich unmittelbar nach dem Paragraphenzeichen § (ohne Numerierung) aufgrund der Analogie mit der Einheit des Raumes und der Zeit her:

»Gott und die Welt werden als Glieder der Eintheilung existirender Wesen gedacht deren jedes numerische Einheit (Einzelnheit) in sich enthält: d.i. man kañ eben so wenig von Göttern und Welten als von Räumen und Zeiten sprechen: deñ alle diese sind nur Theile Eines Raumes und Einer Zeit.« (I, 10,8)

Dasselbe wird am Ende des Konvoluts wiederholt:

»Schlechthin zu sagen daß ein Gott sey oder daß ein All der Siñenwesen ausser uns d.i. daß eine Welt (ein Allgemeines Ganze in einem System der Siñenwesen) sey sind mit den Sätzen analog daß Ein Raum und Eine Zeit

Alle diese Gegenstände des Wissens sind blos Producte unserer selbst gemachten Vorstellungen (Ideen) unter denen die von Gott die oberste« (I, 153,1).

Die Vorstellung von Gott und Welt als »Glieder der Eintheilung existierender Wesen« muß aber als vorläufig und problematisch angesehen werden, denn sie geht von solchen Begriffen aus, die bisher keinen Ansatz für eine eventuelle Deduktion geboten haben. Unmittelbar neben der ersten Frage (I, 9,19) notiert Kant (*rechts*):

»Der Inbegriff aller Wesen als Substanzen ist Gott und die Welt Deren erstere nicht als Aggregat der andern beygeordnet sondern dieser im Daseyn untergeordnet und in einem System mit ihr verbunden ist, nicht blos technisch sondern moralisch/practisch verbunden welche erstere Beschaffenheit ihr die Qvalität einer Person zueignet.« (I, 12,5)

In einer anderen Notiz (unmittelbar *links*, also symmetrisch zum vorhergehenden Zitat) wird zweimal der Imperativ angeführt. Dann geht auf der 2. Seite das Thema in den Haupttext über, da Kant im Anschluß an die zweite Frage (»Ist ein Gott«? I, 13,16) im nächsten Absatz schreibt:

»Es existirt ein categorischer Imperativ im Gemüthe (mens) jedes Menschen in welchem (nicht der anima) ein strenges Gebot der Pflicht dem Übertreter die Verwerflichkeit (Unwürdigkeit glücklich zu seyn) und wen̄ von Sin̄enerscheinung abstrahirt wird nicht bloß diese Würdigkeit abgesprochen sondern der Übertreter selbst durch einen unablenkbaren Ausspruch (dictamen rationis) verdam̄t wird. – Nicht die technisch//practische sondern die moralisch//practische Vernunft spricht los oder Verdam̄t.
Die Natur verfährt mit dem Menschen despotisch. Menschen zerstöhren einander wie Wölfe Pflanzen und Thiere überwachsen und ersticken einander. Die Natur achtet nicht der Pflege und Vorsorge die sie bedürfen. Kriege zerstöhren was lange Kunsthandlungen errichtet u. gepflegt haben.
Ein Wesen das ursprünglich für Natur und Freyheit allgemein gesetzgebend ist ist Gott. – Nicht allein das hochste Wesen sondern auch der hochste Verstand Gut (der Heiligkeit nach) Ens sum̄um, sum̄a intelligentia, sum̄um bonum. – Die bloße Idee von ihm ist zugleich Beweis seiner Existenz« (I, 13,21).

Der ganze Inhalt des I. Konv. wird damit auf die ersten beiden Seiten dieses ersten Halbbogens zusammengedrängt. Die darauffolgenden, unzähligen Wiederholungen fügen zwar nichts Neues hinzu, sind aber geeignet, das richtige Verfahren der Argumentation innerhalb der Transzendentalphilosophie genauer zu bestimmen. Ohne diesen Vorbehalt, würden wir nämlich den Eindruck bekommen, daß die Behauptung Kants, »die bloße Idee von Gott sei zugleich ein Beweis seiner Existenz« (I, 14,6), uns über die Grenzen des Kritizismus hinausführe. Jedoch unmittelbar am linken Rand wird der der KpV entlehnte Satz wiederholt: »Man kañ die Existenz Gottes nicht beweisen aber man kañ nicht umhin nach dem Princip einer solchen Idee zu verfahren und Pflichten als göttliche Gebote anzunehmen« (I, 15,23). Mit weiteren Aussagen aus der KpV beginnt auch die auf dem II. Bogen besser gegliederte »Eintheilung« (I, 16,16).

Bemerkenswert ist vor allem die Analogie zwischen Freiheit und *Newtonscher Attraktion*, die Kant auf der 4. Seite des Bogens III aufstellt: »Die Newtonische Attraction durch den leeren Raum und die Freyheit des Menschen sind einander analoge Begriffe sie sind categorische Imperative Ideen« (I, 35,4). Die Newtonische Attraktion ist das Prinzip der *physischen Einheit* der Welt. Die auf die Einheit der Erfahrung gleichfalls begründete Notwendigkeit, selbst *Ideen* für »existierend« zu halten, verbindet nun zwei so entfernte Begriffe wie die Attraktion und den kategorischen Imperativ!

In Analogie zum Äther und zum Organismus ist der Status von »Idee« oder »ens rationis« auch für die Ideen des I. Konv. ausschlaggebend, um eine naive und dogmatische Interpretation Gottes zu vermeiden. Gott muß ein *ens rationis* sein (I, 27,16; 33,17 und *passim*), um als *existierend* angesehen werden zu dürfen. Und wie der Äther, der als physische Materie ein bloß hypothetischer Stoff wäre, als transzendentaler Stoff dagegen »a priori gegeben« ist, so ist Gott als »Subject des categorischen Imperativs der Pflichten« (I, 22,30) »keine Dichtung (willkührlich gemachter Begriff *conceptus factitius)* sondern ein der Vernunft nothwendig gegebener *(datus)*« (I, 63,10):

»Erstlich was sagt der Begriff von Gott problematisch? Zweytens Was der Glaube seiner Existenz assertorisch als ein Gattungsbegriff (als ein oder mehrere solcher Wesen)? Drittens was die Nothwendigkeit seines

Daseyns als Individuum a p o d i c t i s c h, d.i. in so fern sein Daseyn nicht als hypothetisches Wesen zur Erklärung gewisser Erscheinungen bedingt sondern als unbedingt gegeben statuirt wird, als ens sum̄um, sum̄a intelligentia, sum̄um bonum« (II, 63,19).

Die neue Ideenlehre, nach der den Ideen selbst eine spezifische Existenz zusteht, führt jedoch nicht zu einer Überwindung oder Ablehnung der Lehre der KV, daß dem »Ideal der reinen Vernunft« keine Existenz (theoretisch) zugesprochen werden darf. Das belegt folgende Wiederaufnahme des »orthodoxen« kritischen Standpunkts:

»Der Begriff von einem solchen Wesen ist nicht der von einer Substanz d.i. von einem Dinge das unabhängig von meinem Denken existire sondern die Idee (Selbstgeschöpf) Gedankending ens rationis einer sich selbst zu einem Gedankendinge constituirenden Vernunft welche nach Principien der Transsc. Philosophie synthetische Sätze a priori aufstellt und ein Ideal von dem ob ein solcher Gegenstand existire nicht die Frage ist noch seyn kan̄ weil der Begriff transscendent ist.« (I, 27,15)

Für Kant sind diese Aussagen mit der gleichzeitig wiederholten Behauptung »Es ist ein Gott« durchaus vereinbar.

4. *»Der Wald der Widersprüche«*

Das gestiegene Interesse Kants in seinen letzten Jahren an der Gottes-Problematik enthält sicherlich auch psychologische Beweggründe. Adickes (1920) erinnert (S. 827) an die von Hasse und Wasianski überlieferte biographische Nachricht, nach der das Verhalten der Schwalben, die in Zeiten der Hungersnot ihre Jungen aus dem Nest warfen, den alten Kant zu demselben Ausruf veranlaßte, den wir an so vielen Stellen im I. Konv. antreffen: »Es ist ein Gott«. Im Fall der Schwalben handelt es sich bei Kant wahrscheinlich um den Nachklang des physikotheologischen Gottesbeweises, in dessen Vergleich (so hieß es in der KV) »ist überall kein genugtuender Beweis aus bloß spekulativer Vernunft für das Dasein eines (höchsten, V.M.) Wesens« zu finden (A 620, B 648). Die theologische Beilage des VII. Konv. präzisiert, daß die technisch-praktische Vernunft das Prinzip Gottes nicht enthält: »Ebenso nicht die Natur in der Welt führt auf Gott z.B. durch ihre schöne Ordnung sondern umgekehrt« (II, 60,6). »Die Frage ob ein Gott sey muß blos aus Principien der moralisch practischen Vernunft abgeleitet werden« (II, 62,14). »Es ist ein Gott: deñ es ist in der moralisch practischen Vernunft ein categ. Imperativ, der auf alle Vernunftige Weltwesen ausgebreitet und wodurch alle Weltwesen vereinigt werden« (II, 104,31). Sonst wäre ein Gottesbeweis sogar gefährlich: »Weñ man Gott aus seinen Werken darthun wollte wie wird man ihn beurtheilen? *Homo homini Lupus*. Er beweist seinen unendlichen Verstand aber nicht moralisch« (II, 61,12). Erst nachdem wir das, »dessen Existenz *a priori* schon mit seinem Begriffe identisch verbunden ist« (I, 151,14) gedacht haben, können wir ihm alle seine Eigenschaften beilegen: *»Ens sum̄um sum̄a intelligentia, sum̄um bonum* – diese Ideen insgesam̄t gehen aus dem categorischen Imperativ hervor und das Practische ist in dem theoretisch//speculativen enthalten« (II, 112,8).

Die schon erwähnte Ähnlichkeit zwischen dem ontologischen Gottesbeweis und dem auf einen »identischen« Satz beruhenden Beweis der Existenz des Äthers darf uns nicht irreführen. Als Verkünder des sittlichen Gesetzes ist Gott die transzendentale Bedingung der Einheit der »praktischen« Erfahrung, also einer Einheit *secundum quid*, (d.i. der Pflicht gemäß), nicht *simpliciter*. Obwohl also der Typus des a priori Beweises der Existenz in den beiden Fällen derselbe ist, ist die transzendentale Notwendigkeit vom theoretischen Standpunkt aus nicht dieselbe. Der Ätherbeweis realisiert den Raum und führt die Möglichkeit ein, eine Menge von erdichteten Konstruktionen zusammenzusetzen. Gott ist für die Transzendentalphilosophie ebenfalls notwendig, erlaubt aber keine *Konstruktion* eines indirekten Objekts. Darum darf man ihm keine anderen Eigenschaften andichten als diejenigen, die schon aus den Postulaten der praktischen Vernunft hervorgingen.

»Es ist eine Allbegreifende Natur (in Raum u.Zeit) woriñ die Vernunft alle physische Verhältnisse in Einheit zusamenfaßt. – Es ist eine allgemeinherrschende wirkende Ursache mit Freyheit in Vernunftwesen und mit denselben ein categorischer diese alle verknüpfender Imperativ und mit demselben ein allbefassendes moralisch gebietendes Urwesen – Ein Gott« (II, 104,7).

»Wen̄ von Göttern geredet wird so sind das nur Götzen (idola) und wen̄ es um Welten gilt so sind das nur Massen, d.i. begrentzte Theile der ins unendliche Verbreiteten den Raum einnehmenden Materie (corpora)« (I, 35,19).

Die *Einmaligkeit* ist in beiden Fällen, bei Gott und bei Welt, dieselbe, aber die daraus resultierende Existenz bleibt im Falle »Gott« problematisch. In der Darlegung des V. Bogens des I. Konv. (auch anderswo) heißt es: »Wen̄ Gott *ist* so ist nur ein Einiger, eben so wohl als wen̄ die Welt *ist* (und nicht vielmehr alles Daseyn äußerer Sin̄engegenstände idealistisch bezweifelt und in den Egoism verwandelt wird) so ist auch nur Eine Welt« (I, 54,18). Das Wort »ist« wird beide Male von Kant mit Betonung verwendet und das »wen̄« drückt nicht ein hypothetisches sondern ein problematisches Urteil aus. Das Dasein äußerer Sinnengegenstände wird in der Tat nicht bezweifelt, ebensowenig die »Existenz« Gottes, denn beide sind »Einiger«, wenn auch nicht in demselben Sinne.

Auch der Status als Gedankending ist bei »Gott« von dem bei »Organismus« verschieden. Es gibt nur einen Gott, aber zahlreiche Organismen. Dieselbe Argumentation bringt Kant auch in Beziehung auf »Person« vor: »In der Welt giebt es Personen. Aber Gott als reine Intelligenz kan̄ nur Eine seyn«. Also: »Persönlichkeit kan̄ der Gottheit nicht beygelegt werden« (II, 48,26 u. 24). Zwar wird Gott im allgemeinen (der Analogie nach) als Person bezeichnet, aber auf dem Rande von Bogen »9« findet sich die kantische Warnung: »Der Autor (der mit Autorität spricht) des Pflichtgesetzes ist Gott (eine bloße Idee ist Gott) (...) – Eben so ist er nicht Person sondern Alles ist« (I, 113,9).

Die Ambivalenz jeder Analogie, infolge der ein beliebiger Satz gleichzeitig bejaht und verneint werden kann, führt dazu, daß fast zu jeder Aussage über Gott die entsprechende gegenteilige Auffassung im OP auch anzutreffen ist. Die Ähnlichkeit mit Raum und Zeit, veranlaßt Kant z.B. in der Behauptung, daß die Ideen »reine Anschauungen« seien:

»Ideen sind nicht Begriffe sondern reine Anschauungen nicht discursive sondern intuitive Vorstellungen den̄ es ist nur Ein solcher Gegenstand. (Ein

Gott, Eine Welt (vnivers) und in dem Freyheitsgesetz nur Ein Princip der Verehrung aller Menschenpflichten als göttlicher Gebote durch Menschen in der Welt). (Es ist hiebey nicht thunlich die Existenz einer Substanz von dieser Qvalität anzunehmen)« (I, 79,8).

Wie aber kann Gott eine »Anschauung« sein? »Gott der höchste ist nicht ein Gegenstand der Anschauung deñ die wäre empirische Vorstellung sondern nur des Denkens; aber doch der Nothwendigkeit des Denkens solchen Wesens obwohl ohne Realität« (I, 148,6).

Dieses Schwanken in der Terminologie wird oft auf die zunehmende Altersschwäche Kants zurückgeführt. Man darf jedoch nicht außer Acht lassen, daß die theologische Diskussion sich häufig gezwungen sieht, auf Gott bezogene Prädikate zugleich zu verneinen, um der mit der Übertragung vom Endlichen aufs Unendliche verbundenen Verfälschung der Begriffe zu begegnen. »Du bist der Wald der Widersprüche« sagt Rilke von Gott. Und auch das I. Konvolut ist ein Wald der Widersprüche. Das Beste, was in diesem Fall der Interpret leisten kann, ist, den Zusammenhang jeder einzelnen Aussage von der Grundhaltung des OP her zu erklären. Ein Unternehmen, das sicher manches Akrobatenstück erfordert.

5. *»Es ist ein Gott«*

Die kantische Argumentation geht immer aus von einer besonderen Einheit, die jedesmal eine spezifische Existenzweise begründet. Im Falle des Äthers war diese Einheit in der durchgängigen Bestimmung, die die Existenz den bewegenden Kräften liefert, zu suchen (II, 66,2). Im Falle der Selbstsetzung des Ichs als empfindendes Subjekt war es die Einheit des Raumes und der Zeit, die »blos das Formale des Verhältnisses der Dinge zum afficirenden Subject enthalten« (II, 116,2). Unmittelbar nach dieser zitierten Aussage wendet sich Kant dem Thema »Gott« zu:

»Es ist aber ausser der Siñenvorstellung noch ein Erkentnisvermögen welches nicht blos Receptivität sondern auch Spontaneität (als oberes Erkentnisvermögen) enthält nämlich Verstand, Urtheilskraft und Vernunft und diese kañ technisch//Anschauung construirende oder moralisch//practische Vernunft seyn beyde a priori, das Manigfaltige der Vorstellungen zu einem Erkentnis unter einem Princip verbindend. Die letztere wen̄ sie auf Pflichtgesetze dem categorischen Imperativ gemäße Verhaltnis Regeln enthalt führen auf den Begriff von Gott« (II, 116,3).

Die Grundannahme, die sich (auf »praktische« aber auch unbedingt notwendige Weise) als Ausgangspunkt anbietet, ist der kategorische Imperativ. Wie der Äther durch einen identischen Satz »zum Behuf der Erfahrung« bewiesen wurde, so wird Gott nun »zum Behuf der Pflicht« ebenfalls durch einen identischen Satz bewiesen: »Ein nothwendiges Wesen ist das von dem der Begriff zugleich ein hinreichender Beweisgrund seiner Existenz ist Ein solcher Satz muß auf der Identität beruhen« (II, 113,3).

Wenn aber Gott »zum Behuf der Pflicht« gedacht ist, so muß man fragen, worin sich diese Annahme von dem bekannten »Postulat der praktischen Vernunft« unterscheidet. Die Stelle, die diese frühere Auffassung mit größter Klarheit wiedergibt, befindet sich auf dem Bogen mit der Überschrift »Ich bin«:

»Die Existenz eines solchen Wesens aber kan̄ nur in practischer Rücksicht postulirt werden nämlich die Nothwendigkeit so zu handeln als ob ich unter dieser furchtbaren zugleich aber auch heilbringenden Leitung und zugleich Gewährleistung stände in der Erkentnis aller meiner Pflichten als göttlicher Gebote (tanquam non ceu), mithin wird in dieser Formel die Existenz eines solchen Wesens nicht postulirt welches auch in sich wiedersprechend seyn würde« (II, 116,20).

Doch erst jetzt, im I. Konv., wird ersichtlich, daß die ganze Frage von Gott mit jener neuen *Existenzart* der Idee verbunden ist, die nicht als Konstante, sondern als Variable verstanden werden muß. Die Behauptung, daß »Existenz« den Charakter einer Variablen annimmt bedeutet allerdings, daß ihr Sinn jeweils von dem Begriff abhängt, der den Grund einer solchen Existenz liefert. Von diesem Ausgangspunkt her findet ein »Fortschreiten« zur entsprechenden Idee statt, die dank des von Kant vorgestellten Verfahrens *kategorisch* behauptet werden kann, wie es in der Darstellung der »Cosmotheologie« (I, 19,17) auf der 2. Seite des II. Bogens geschieht:

»Des Fortschritts im System der reinen Vernunft höchste Stufe
Gott und die Welt
Der gantze übersinnliche und der gantze Siñen/Gegenstand im logischen u. realen Verhältnis auf einander vorgestellt
Diese Vorstellungen sind nicht blos Begriffe sondern zugleich Ideen die zu synthetischen Gesetzen a priori aus Begriffen den Stoff geben und so nicht blos aus der Metaphysik hervorgehen und die Transscendentalphilosophie begründen
Eine jede von beyden enthält ein Maximum und von jeder kan nur ein Einziges seyn. Es ist Ein Gott und Eine Welt« (I, 20,5).

Die Bedeutung des Existentialsatzes »es ist« fällt hier weder mit dem empirischen Dasein noch mit der »asymptotischen Annäherung« der *omnimoda determinatio* und auch nicht mit der Existenzweise von »Hirngespinsten« zusammen. Ebenso kann von »Welt« nicht im Sinne einer dieser drei Existenzformen gesprochen werden. »Welt« darf auch nicht mit der alltäglichen Erfahrung vermengt werden. Gott und die Welt sind zwei nur in ihrer *gegenseitigen Beziehung* bestehende Ideen, d.h. eine Beziehung, die eben nicht zwei unabhängige Substanzen miteinander verbindet: »beyde sind (...) unzertreñlich mit einander verbunden; obgleich nicht durch Raum und Zeit« (I, 143,6). Die »Copula« von Gott und Welt ist der Mensch, sofern er dem kategorischen Imperativ unterworfen ist.

»Dieses Gebietende Wesen ist nicht ausser dem Menschen als vom Menschen unterschiedene Substanz das Gegenstück von der Welt als Inbegrif aller Siñenwesen (das All derselben) als Gegenstück im Raum und der Zeit als absoluter Einheit a priori in der reinen Anschauung vorgestellt und die Welt als absolute Einheit so wie Gott als übersinnliches Princip welches die Mannigfaltigkeit derselben durch Vernunft verbindet a priori gedacht. – Diese zwey Ideale haben practische Realität« (I, 21,15).

Da nun beide Ideen erst zufolge ihrer gegenseitigen *Beziehung* bestehen, die wiederum wir selbst sind, läßt sich daraus die paradoxe Konsequenz ziehen: wir sind (gewissermaßen) die »Schöpfer Gottes«.

»Beyde aber zusam̃en und auf einander in Einem Princip bezogen in Einem System nicht Substanzen ausser meinen Gedanken sondern das Denken wodurch wir uns die Gegenstände selbst durch synthetische Erkentnisse a priori aus Begriffen selbst machen und der gedachten Gegenstände subjectiv Selbst-schöpfer sind« (I, 21,28).

Wenn wir nun diese Beziehung umkehren und behaupten, Gott sei unser Schöpfer, so laufen wir Gefahr, Gott in ein »Naturwesen« zu verwandeln, das lediglich als »Ursache« der Welt angenommen wird (so wie der Äther für die Erklärung gewisser physikalischer Phänomene fälschlich herangezogen wurde).

»Er ist kein hypothetischer Begriff um irgend andere Sätze zu unterstützen sondern er ist als für sich (absolut) bestehend gedacht wiewohl doch auch nicht ausgesprochen als ob dadurch ein solches Wesen existire. Der Begriff ist problematisch – Gantz etwas anderes wäre ein problematisches Wesen wie etwa der Wärmestoff der nur ein Lückenbüßer ist um sich und andere durch Hypothesen hinzuhalten dergleichen man sich nicht erlauben muß« (I, 36,6).

»Gott ist nicht ein Wesen außer Mir sondern blos ein Gedanke in Mir« (I, 145,3). Daraus folgt weiter: Da Gott und Welt keine selbständigen unabhängig aufeinander wirkenden Substanzen sind, müssen sie auch nicht als »koordiniert« vorgestellt werden: »Es findet kein Aktives Gegenverhältnis von Gott und der Welt statt« (I, 36,1); deswegen sind »Gott und Welt nicht einander coordinirte sondern diese jenem subordinirtes Wesen« (II, 117,20).

Gott ist also *direkt* nicht Ursache, *indirekt* aber der universelle Bestimmungsgrund, »ein zu oberst gebietendes durch den categorischen Imperativ alle Vernünftige Wesen in die Einheit der moralischen Verhältnisse setzendes hochstes Wesen« (II, 113,17), als »Urquelle alles dessen was unbedingt Zweck seyn mag« (I, 33,9). »Der Satz es ist Ein Gott ist nicht ein Dictamen für Weltwesen unter denen Eines das oberste sondern ohne den n i c h t s ist« (II, 113,20). – Damit wird zugleich der Begriff von Gott als »Weltseele« ausgeschlossen. Wohl zitiert Kant jene Verse Vergils, die einst Giordano Bruno so bezaubert hatten (»spiritus intus alit...«; II, 62,9), lehnt sie aber eindeutig ab: »Gott als Weltseele mithin als hypothetisches Wesen (wie etwa den Wärmestoff der Physiker) zu betrachten und die Einheit desselben auf empirische Principien zu gründen heißt den Begriff von Gott der ganz reiner Vernunftbegriff ist ganzlich verfehlen« (II, 62,10).

Gott ist keine Weltseele *(anima mundi)* kein »Weltgeist (*spiritus*, nicht *demiurgus*) als untergeordneter Weltbaumeister« (I, 33,15) oder gemäß freimauerischer Sprechweise «Architekt« (I, 33,12). Er ist kein »Weltbewohner sondern Inhaber« (I, 30,25).

Aussagen des religiösen Denkens, die über den philosophischen Begriff hinausgehen, erscheinen im System der Transzendentalphilosophie entweder überhaupt nicht oder nur allegorisch, auch wenn sie im Sinne von Nebenbetrachtungen häufig Eingang finden (so z.B. das Paulus-Zitat: »in eo vivimur agimus et sumus«, II, 55,13 u. 118,11; »Richter und Rächer« (II, 117,27), »vor dem sich alle Knie beugen« (I, 35,26 usw.)).

6. *Der Mensch als Idee*

Daß auch der Mensch eine *Idee* sein soll, klingt vielleicht noch befremdlicher, da wir doch ständig in unserer Erfahrung Menschen begegnen und uns auch selbst als wirkliche Person verstehen. Und doch vertritt Kant die Auffassung: »der Mensch mit seinem Freyheitsprincip ist selbst eine bloße Idee der reinen Vernunft der categorische Imperativ bewährt ihm seine Realität und er ist in so fern Noumenon« (I, 48–49). In diesem Sinne hängt die Existenzart des »Menschen« vom kategorischen Imperativ ab, der einer solchen Idee »seine Realität bewährt«. Gleichzeitig ist der Mensch Teil der Erfahrungswelt, »ein Weltwesen unter mechanischen Nat. Gesetzen« (I, 70,16). »Einzig« ist der Mensch nur als »Ideal Urbild Prototypon Eines der Pflicht adäqvaten Menschen« (I, 40,11).

Diese doppelte Stellung des Menschen im Kosmos entspricht jenem Bild des »roseau pensant« bei Pascal, das Kant infolge seiner Überlegungen über das Erhabene vertraut war. Was den Menschen zu einer »Idee« macht, ist nicht allein seine Fähigkeit, das Universum in seinem eigenen Geist (psychologisch) zu umfassen, sondern das sittliche Gesetz, das in ihm lebt und als »Idee Gott« wirkt: »Gott, die Welt, und was beyde zu einem System vereinigt das denkende einwohnende Princip des Menschen *(mens)* in der Welt« (I, 34,15), der »Cosmotheoros der die Elemente der Welterkenntnis a priori selbst schafft aus welchen er die Weltbeschauung als zugleich Weltbewohner zim̄ert in der Idee« (I, 31,23). Deshalb teilt der Mensch mit Gott die Bezeichnung »Weltinhaber« (I, 38,22 u. 45,25). »Aber der Mensch als *animal rationale* gehört doch mit zur Welt« (I, 45,19) als »Weltbürger« (I, 51,21) und »Weltbeobachter« (I, 43,31). Die griechische Bezeichnung »cosmotheoros« (Weltbeschauer) erscheint erstmals in der Folge »Übergang 1–14« (I, 553,7), und zwar in Bezug auf die Einzigkeit der Erfahrung als »Verbindung von äußerlich (...) agitirenden Kräften« (I, 552,25). Das können wir als Beleg dafür nehmen, daß Kant diese letzten Betrachtungen mit der früheren »Physiologie« des Übergangs in Verbindung brachte.

Ohne diese doppelte Natur des Menschen könnten wir weder die Idee der reinen Spontaneität (Gott) bilden noch eine durchgängige Bestimmung der Welt (Existenz) denken. Aus ihr rührt jene schöpferische Kraft des menschlichen Geistes, derzufolge Kant sagen konnte: »Daß noch etwas außer mir sey ist ein Product von mir selbst« (II, 82,17). Der Mensch ist sowohl Urheber als auch Inhaber seiner Vorstellungen (II, 477,24); aber es handelt sich selbstverständlich um den Menschen als Idee:

»Transsc: Phil. ist der Act des Bewußtseyns dadurch das Subject seiner selbst Urheber wird und dadurch auch von dem ganzen Gegenstande der technisch//practischen und moralisch//practischen Vernunft in Einem System in Gott alle Dinge als in Einem System zu ordnen. (Zoroaster): Analogie mit der Mathematik im Raum« (I, 78,9).

Die Vielschichtigkeit einer solchen Anthropologie, die in einer Lehre der menschlichen Persönlichkeit gipfelt, wird in der theologischen »Beylage V« recht konzis ausgedrückt: »Der Mensch: logisch, metaphysisch mathematisch ästhetisch, transscendental. Das Bewußtseyn seiner selbst bestim̄end enthält Spontaneität, endlich Persönlichkeit hat Rechte« (II, 57,7).

»Persönlichkeit« hält Kant in dieser letzten Phase seines Denkens für einen der Begriffe, die die theoretische und die praktische Seite der Philosophie verbinden können. Die Persönlichkeit wurzelt im Selbstbewußtsein, sie wird jedoch erst durch das sittliche Gewissen realisiert. »Daß der Mensch nicht allein denkt sondern auch zu sich selbst sagen kan̄ ich denke macht ihn zu einer Person« (I, 103,19). Auch »Persönlichkeit ist die Eigenschaft eines Wesens das Rechte mithin eine moralische Qvalität hat« (I, 12,15). Die immaterielle Wurzel der Persönlichkeit ist zwar schon im *Leben* zu suchen: »Das Princip des Lebens in ihm ist im̄ateriell (...) Ein lebend Wesen das sich seiner selbst bewust ist, enthält ein im̄aterielles Princip und ist Person« (I, 66,2); aber wir dürfen das nicht naturalistisch interpretieren, denn die »Person ist ein nach Freyheitsprincipien sich selbst bestim̄endes Wesen. Autonomie. Freyheit aber ist Eigenschaft eines Noumenon« (I, 62,17).

Gegenüber Gott ist »das Characteristische einer Person als Mensch, daß er der Rechte aber auch der Schuld fähig ist; nicht so Gott« (I, 44,25). Denn »Gott und Mensch sind beydes Personen« (I, 48,18), »Gott aber ein Wesen das Rechte aber keine Pflichten; der Mensch der beydes hat und ist zugleich ein Weltwesen aber nicht das vniversum selbst. Spinoza« (I, 48,7). »Gott ist die oberste Macht die allverpflichtend ein Wesen was allverpflichtend aber in keinem Verhältnis verpflichtet ist« (II, 59,1). Eine einzige Stelle versagt Gott das Prädikat der Persönlichkeit, aber nur um zu sagen, daß er »Alles« ist (I, 113,13).

Die Lehre von der Persönlichkeit war schon zu Ende der Folge »Beylage« entwickelt worden (Kap. VI, 9), und zwar auf dem Bogen »X« unter der Überschrift »Ich Bin«:

> »Zum categorischen Imperativ wird keineswegs erfordert daß eine Substanz existire deren Pflichten auch jener ihre Gebote sind, sondern nur die Heiligkeit und Unverletzlichkeit derselben verstanden Die Eigenschaft Person zu seyn ist die Personlichkeit
> Ein moralisch//practisches Vernünftige Wesen ist eine Person für die alle Menschenpflichten zugleich dieser (Person) ihre Gebote sind ist *Gott*.« (II, 119,16)

Danach verlagert sich der Schwerpunkt des I. Konv. auf den *rechtlichen* Aspekt und zwar findet Kant eine etymologische Verbindung des Begriffs der Rechtsperson mit dem der »Maske«: »Persona bedeutet auch Maske. *Eriptitur persona manet res*« (I, 142,13: aus Lukrez, III, 57). Wir erinnern uns, im theologischen Abschnitt der

»Beylagen« war die Persönlichkeit vorwiegend mit dem Begriff der »Existenz« verbunden:

»Das Daseyn und die Wirklichkeit (existentia u. actualitas von agere) Das Ding ist da weñ u. wo es wirkt. Die Substanz ist das Ding an sich; das Selbständige das cogitabile u. das dabile. Das Selbständige und Zufällige oder anhängende. Alles modi der Existenz. Ein Ding res; eine Substanz die so sich ihrer Freyheit bewußt ist ist Person, hat auch Rechte.« (II, 121,3)

Nun also kann die Person auch als »Ein Vernunftwesen *ens rationale*« definiert werden: »Ein Vernunftiges Wesen in so fern es sich zum Behuf eines Zweks personificirt ist eine moralische Person« (II, 122,17).

Keine Bedenken sollte auch die Bezeichnung des Menschen als »Noumenon« hervorrufen (I, 49,2; 61,7; 62,17), denn sie erfolgt ja ganz in Übereinstimmung mit der klassischen kritischen Philosophie: *Noumenon* wird auch dort als »intelligibler Charakter« verstanden. Schon im Losen Blatt 46 (also vor 1796) war von Noumenon hinsichtlich der »positiven Definition der Freyheit« die Rede (I, 471,7). Die Präsenz der Freiheit im Menschen kann jedenfalls nicht als das Resultat einer göttlichen Wirkung verstanden werden, denn dann wäre sie nicht Spontaneität. Zwar fragt sich Kant, »ob Gott auch einen guten Willen dem Menschen geben könne«, und die Antwort erfolgt ohne Zögern: »Nein, sondern der verlangt Freyheit« (I, 34,7). Ausführlicher wird dieser Standpunkt von Kant in I, 57,3 beschrieben:

»Wodurch wird die Wirklichkeit der freyen Willkühr bewiesen
Die Erörterung des Freyheits begrifs ist transscendent. Der Gegenstand wird nicht in der Erscheinung sondern als Object an sich betrachtet Causalität des Subjects als mit Freyheit handeln (nicht damit begabten Wesens wäre Wirkung ohne Ursache).
Daß der Mensch recht handle kañ zwar von Gott geboten aber von ihm nicht gemacht und gezwungen werden und er dazu bestim̃t werden. Es ist keine mechanisch//mogliche Wirkung eines andern Subject, sondern setzt Freyheit voraus – In Gott lauter Spontaneität keine Receptivität; auf Gott kañ nicht gewirkt werden Er ist Idee«.

Obwohl eine Erörterung des Freiheitsbegriffs in Bezug auf ihr Objekt »transcendent« ist, ist eine Philosophie, die das »System der

Ideen« von der Freiheit her erforscht, transzendental. Sie untersucht nämlich nicht den ursprünglichen metaphysischen Grund, der uns als freie Subjekte konstituiert: menschliche »Freyheit unter Gesetzen« (I, 55,26) ist vielmehr »der höchste Standpunkt der Trans. Philos.« Und Kant fügt einleuchtend hinzu: »Der Begrif der Freyheit macht das Verband des Übergangs« (I, 46,22). In seiner tiefsten Bedeutung besteht der Übergang in jener *copula* der Ideen, die der Mensch darstellt (I, 37,2): »Gott, die Welt u. Ich das denkende Wesen in der Welt welches sie verknüpft« (I, 36,27).

7. *Das Allumfassende der Transzendentalphilosophie*

Eine letzte Frage in Bezug auf das OP drängt sich hier auf: handelt es sich überhaupt noch um dieselbe Philosophie wie die, welche Kant im Sinne hatte, als er die KV abfaßte? Oder anders gefragt: findet die (unvollendete) Philosophie des Übergangs im Kritizismus noch ihren Platz? Ich will meine eigenen Antworten sofort vorlegen. Auf die erste Frage antworte ich mit »Nein«, aber auf die zweite mit »Ja«. Beide Antworten will ich nun rechtfertigen.

Zum Ausgangspunkt möchte ich jene Richtigstellung nehmen, die Kant im Intelligenzblatt der »Allgemeinen Literaturzeitung« des 7. August 1799 veröffentlichen ließ. In ihr beklagt er Fichtes »Anmassung, mir die Absicht unterzuschieben: ich habe bloß eine *Propädeutik* zur Transszendental-Philosophie, nicht das System dieser Philosophie selbst, liefern wollen« (XII, 370–71). Und doch hatte er in der Einleitung der KV ausdrücklich selbst behauptet, die Kritik sei »eine Wissenschaft der bloßen Beurteilung der reinen Vernunft, ihrer Quellen und Grenzen, als die Propädeutik zum System der reinen Vernunft« (A 11, B 25). Ähnliche Aussagen finden sich zudem im § 8 der Dissertation, im Brief an Lambert vom 2.IX.1770, in den MAN, 469–70 usw. Auch wenn Kant 1799 glaubte, den propädeutischen Charakter der KV verleugnen zu müssen, weil sie von ihm als abgeschlossenes Werk angesehen wurde, so bleibt immer noch die Tatsache bestehen, daß er sie selbst in der Architektonik als »Propädeu tik« bezeichnet hatte, ganz im Gegensatz zum »System der reinen

Vernunft«, das die »ganze philosophische Erkenntnis« umfassen sollte (A 841, B 869).

Fragt man sich nun, *worin* das System der reinen Vernunft besteht, so können unterschiedliche Antworten gegeben werden. In der angeführten Stelle war von »Metaphysik« die Rede, die Einleitung zieht dagegen den Terminus »Transzendentalphilosophie« vor, abweichend davon wiederum ist der Sprachgebrauch der MAN, wo die Transzendentalphilosophie als jene »propädeutische Begründung der Metaphysik« bezeichnet wird, die an anderen Stellen (IV, 541,32; 543,22 u. *passim*), im Gegensatz zur »speziellen«, »allgemeine Metaphysik« genannt wird. Aber es ist die Definition der KV, die im OP lebendig ist: Transzendentalphilosophie als »System aller Prinzipien der reinen Vernunft« (B 27), freilich als ein »System solcher Begriffe, die sich nicht sowohl mit Gegenständen sondern mit unserer Erkenntnisart von Gegenständen so fern diese a priori möglich ist, überhaupt beschäftigt« (A 11, B 25).

Den »höchsten Standpunkt« dieser Wissenschaft zu bestimmen, nimmt sich Kant nun (1801) vor. Inzwischen hat sich für ihn allerdings die »Beziehung der Gegenstände mit unserer Erkenntnisart« entscheidend geändert. Die Ideen sind nunmehr (zwar problematisch) zu eigentlichen Objekten geworden, die »als mögliche das vernünftige Subject afficirende Kräfte gedacht werden müssen« (I, 86,24). Sie »sind a priori durch reine Vernunft geschaffene Bilder (Anschauungen) welche vor der Erkentnis der Dinge vorher blos subjective Gedankendinge und die Elemente der letzteren vorhergehen« (I, 51,12). Wie immer im OP sind auch hier die Redeweisen schwankend. Bald erscheinen die Ideen »mit dem All der Wesen verknüpft« (I, 116,6), bald liefern sie objektiv gar nichts zur Erkenntnis: »Als Ideen kōnen sie nichts zur Materie der Erkentnis d.i. zur Bewährung der Existenz des Objects beytragen« (I, 86,27). Und doch lösen sich scheinbare Widersprüche auf, wenn man die notwendige Objektivierung der transzendentalen Strukturen beachtet, die auf jeder Stufe der Erfahrung stattfindet. Das wird aus dem folgenden Zitat ersichtlich, das ich vollständig wiedergebe, weil es die vielleicht beste Gesamtdarstellung des neuen Begriffs der Transzendentalphilosophie darstellt:

»Transsc: Phil. ist das System des reinen Idealismus der Selbstbestim̄ung des denkenden Subjects durch synthetische Grundsätze a priori aus Begriffen vermittelt deren dieses sich selbst zu einem Object constituirt und die Form macht hier den ganzen Gegenstand selbst aus.
Die Gegenstände der Tr. Ph. sind nicht Objecte der Warnehmung d.i. dieses philosophische Princip ist nicht empirisch und selbst das Princip der Möglichkeit der Erfahrung (als etwas Subjectives) deren es nicht mehrere (nicht Erfahrungen) geben kañ gehört zur Tr. Phil. Die Transs. Phil. enthält ein in seinen Grenzen eingeschlossenes System aber nur dem Formalen ihres Objects nach (die Mathematik obgleich synthetisches Erkentnis a priori ist nur Instrument der Tr. Ph.)
Sie ist die von allem Inhalt (d.i. allen Gegenständen) abstrahirende synthetische Erkentnis a priori aus Begriffen also blos das Formale des theoretisch speculativen und moralisch practischen sich selbst bestimmenden Subjects. (Die Autonomie der Ideen nicht aus der Erfahrung sondern für die Erfahrung nicht als einem Aggregat der Warnehmungen sondern als Princip sie als Einheit a priori zu begründen)
Tr. Phil. ist das Bewustseyn des Vermögens vom System seiner Ideen in theoretischer so wohl als practischer Hinsicht Urheber zu seyn. Ideen sind nicht bloße Begriffe sondern Gesetze des Denkens die das subject ihm selbst vorschreibt. Avtonomie.
[Sie ist die Wissenschaft über Philosophie als einem System synthetischer Grundsätze a priori aus Begriffen zu philosophiren] Trans. Phil. subjectiv oder objectiv betrachtet. Im ersteren Fall ist sie das System synthetischer Erkentnis aus Begriffen a priori. Im zweyten ist sie Autonomie der Ideen und das Princip der Formen denen die Systeme in theoretisch//practischer u. moralisch/practischer Absicht gemäs seyn müssen
Sie ist nicht ein Inbegriff aggregat von Philosophemen sondern das Princip eines allbefassenden Systems der Ideen welche die Philosophie als absolutes (nicht relatives) Ganze der Principien des Philosophirens ausmachen.« (I, 92,17–93,15)

Daß die Transzendentalphilosophie, obwohl sie reinen Begriffen entspringt, dennoch *erkenntniserweiternd* (und zwar »indirect«; II, 41,27) ist, darf nunmehr nicht länger bezweifelt werden:

»Unter der Transsc. Phil. wird das synthetische Erkentnis a priori aus Begriffen vestanden. – Sie unterscheidet sich dariñ von der Metaphysik daß sie nicht analytisch nach Principien verfährt der Regel der Identität gemas sondern erweiternde Grundsätze erhält. Wäre sie eine Philosophie welche nicht durch Begriffe sondern durch Anschauung (construction der Begriffe) enthielt so würde sie transscendent seyn und mit sich selbst im Widerspruch stehen.« (I, 60,16) »Philosophisch ist das Erkentnis a priori aus Begriffen der Inbegrif der synthetischen Erkentnis derselben ist Transsc. Philosophie.« (I, 76,31)

Aus anderen Stellen geht hervor, daß Kant den »transzendenten« Charakter der Spekulation dadurch umgehen will, daß er die Ideenlehre wie ein selbstgemachtes Objekt behandelt (I, 141,14; 77,8 u. *passim*). Dadurch entsteht jene *selbstreflexive* Beschaffenheit der Transzendentalphilosophie, die zwar auch schon in der KV vorhanden war (»weil eben derselbe Begriff, der uns in den Stand setzt zu fragen, durchaus uns auch tüchtig machen muß, auf diese Frage zu antworten«; A 477, B 505), aber erst im »System der Ideen« des OP ihre volle Ausformung erhält: »Transsc: Phil. ist nicht diejenige Phil. die über Sinnenobjecte obgleich nach Principien *a priori* philosophirt (deñ das ist Metaphysik) sondern sich selbst zum Object des Philosophirens macht« (I, 85,20). Es ist bekanntlich diese Haltung Kants, die die von der KV beeinflußten Romantiker den Parallelbegriff einer »Transzendentalpoesie« bilden ließ, eine Dichtung, die sich selbst produziert, indem sie sich bei dieser Produktion selbst zuschaut.

Abschließend muß noch ein weiterer Aspekt erwähnt werden, unter dem im I. Konv. von Kant ein neuer Zugang zur Philosophie gesucht wird. Es handelt sich dabei um die Deutung des Wortes »Weltweisheit«, mit dem im 18. Jahrhundert der Versuch unternommen worden war, das griechische Wort φιλοσοφία einzudeutschen. Kant selbst hatte diesen Ausdruck in seiner Schrift über die negativen Größen (1763) übernommen. Jene Beschränkung des menschlichen Vermögens, die sich im Formalismus der kritischen Philosophie widerspiegelt, erhält nämlich im OP einen wahrhaft *existentiellen* Ausdruck, gewissermaßen als Erörterung der Endlichkeit des Menschen im Gegensatz zur Unendlichkeit Gottes: »Der Titel Weltweiser ist genau genom̃en ein Spott. Deñ es wäre ein Weltwesen der *Weise* aber ist niemand anders als Gott« (I, 157,10; vgl. I, 120–121). In diesen Worten tritt eine sokratische Einstellung Kants zutage (*»nosce te ipsum«*; I, 121,6), die zwar in den kritischen Werken stets im Hintergrund blieb, aber z.B. schon in der *Anthropologie* sichtbar wurde. Die »Bescheidenheit« des Ausdrucks »Philosophie«, die Fichte in seiner Schrift von 1794 »Über die Wissenschaftslehre oder die sogenannte Philosophie« schon nicht mehr für angemessen hält, so daß er ihn durch das Wort »Wissenschaft« ersetzt, wird von Kant befürwortet, weil ihm das eine Verknüpfung mit dem Kritizismus erlaubt:

»Der Mensch ist nicht im Besitz der Weisheit die allein bey Gott ist sondern schätzt sie allenfalls ohne sonderlich nach ihrem Besitz zu streben weil sie für ihn unerreichbar ist Dafür ist Weltweisheit das System der Siñengegenstände (die Welt) das womit er zu thun hat, deren Erstes er selbst ist« (I, 124,16).

Eben weil der Mensch keine Wissenschaft des Absoluten besitzt, kann eine qualitativ beschränkte *mathematische* Wissenschaft innerhalb des menschlichen Strebens nach der Weisheit entstehen, in dem die technisch-spekulative Seite des Wissens eine untergeordnete Rolle spielt. Das ist der Boden, auf dem das I. Konv. die Lehre von »mathematischen Principien«, welche die philosophischen voraussetzen, diskutiert:

»Wissenschaft und Weisheit sind ganz verschiedene Principien des Denkens. Die Bestrebung zu beyden macht zwey Verschiedene Operationen aus: die erstere des Subjects blos in sich die zweyte ausser sich beyde nach Principien a priori.
Der Philosophie wird aber auch die Mathematik entgegengesetzt Die letztere enthält nicht absolute sondern blos bedingte Zwecke nämlich der Geschicklichkeit zu Erreichung gewisser Verrichtungen
Die Lehre der Mittel zu Zwecken dergleichen die Mathematik das großte Instrument der reinen Vernunft. Organische Wesen« (I, 104–105).

Diese Ansicht hat einen deutlichen Bezug auf die in den X. und XI. Konv. enthaltene Lehre der Physik, erweitert sie jedoch zu einer allgemeinen Philosophie des Menschen wie schon im Bogen »M« des X. Konv. (vgl. II, 370,14 u. *passim*). Die Verbindung zwischen Wissenschaft und Weisheit wird auch im Bogen »U« (XI. Konv.) ersichtlich, wo Kant folgendermaßen argumentiert:

»Auch weñ man wie billig im Worte Philosophie auf den Begriff derselben als Weisheits//lehre (d.i. der Wissenschaft von dem Endzwecke der menschli-

chen Vernunft) Rücksicht nim̄t die nicht blos das Technisch//practische sondern zuletzt das was den Schlusstein des Gebäudes ausmacht das Moralisch//practische sieht so wird Philosophie mit ihren Principien im̄er noch die Angelegenheit der Menschlichen Vernunft fühlen selbst in scholastischer Absicht (des bloßen Willens) und die Metaphysische Anfangsgründe den mathematischen (obgleich beyde a priori gegeben sind) vor setzen müssen weil jene den unbedingten Gebrauch also das Object an sich diese aber nur den bedingten zu einem gewissen Zwecke als Werkzeug vor Augen hat.
Den̄ Mathematik ist das herrlichste Instrument für die Physik und alle darin̄ einschlagende Ken̄tnisse (für die Sin̄esart) aber im̄er doch nur Instrument zu einer andern Absicht« (II, 489,22).

Die Sinnverschiebung des I. Konv. betrifft weniger den Inhalt der Gedanken als die Stimmung und die Intention Kants. Die Frage nach den »letzten Zwecken« tritt in den Vordergrund, ohne die kritische Beschränkung zu verwischen. Eine solche Entwicklung muß allerdings vom Standpunkt der KV her unerwartet erscheinen und tatsächlich wurde sie von Kant weder zu Ende gebracht, noch auch nur unmißverständlich gerechtfertigt. Dennoch steht sie nicht im Widerspruch zum Formalismus der Kritik. Im Gegenteil: bezieht man nämlich den »höchsten Standpunkt« der Transzendentalphilosophie, dann erscheint der Formalismus der Kritik als die Vorbereitung einer »Weltweisheit« die Kant auch sonst in seinen kritischen Schriften nie aus den Augen verloren hatte.

X

ABSCHLIESSENDE ERÖRTERUNG

Nach einer sorgfältigen und vergleichenden Untersuchung des OP ist es m.E. unmöglich daran zu zweifeln, daß das Nachlaßwerk zur kritischen Philosophie gehört. Daß Kant in die dogmatische Philosophie zurückgefallen sein oder daß er versucht haben soll, ein Werk in Konkurrenz mit den Philosophen der Frühromantik zu schreiben, kann nicht länger aufrecht erhalten werden. Dennoch bleiben einige Fragen offen:

1. In welchem Maße ist das »nicht verfaßte« Werk dem Problem, das es veranlaßte, gerecht geworden?
2. Welchen Fortschritt stellt es gegenüber der bisherigen Transzendentalphilosophie dar?
3. Welche Fragen an den Kritizismus bleiben auch weiterhin offen?
4. Haben die späten Spekulationen Kants eine Bedeutung auch außerhalb der kritischen Philosophie?
5. Gibt es Parallelen in der heutigen Naturforschung (die sich selbstverständlich in voller Unabhängigkeit vom kantischen Nachlaßwerk entwickelt hat) zu den im OP enthaltenen Lehren?
6. Welchen Nutzen hat die Beschäftigung mit dem höchst komplexen Denken des alten Kant für Philosophen, die keine Kantspezialisten sind?

Andere Fragen, wie z.B. warum das Werk nie zu Ende gebracht wurde usw., sind zumeist in der Darstellung schon implizit beantwortet worden.

1. Die Hauptfrage des OP (»Wie ist Physik nicht als allgemeine Naturlehre, sondern als Wissenschaft unserer so und so beschaffenen Welt möglich?«) erhält in der Tat durch die Lehre von der »indirekten Erscheinung« eine befriedigende Antwort. Das Kriterium ist dasselbe wie das der Kritik: *direkt* (»durch die Erfahrung«) kann keine Wissenschaft zustande gebracht werden, aber *indirekt* (»zum Behuf der Erfahrung«) bedingt der Verstand die Möglichkeit der Erfahrung und folglich die Existenz des Erfahrungsgegenstandes selbst. Wie das aber für *alle* von der Naturwissenschaft untersuchten Eigenschaften des Objekts geschehen sollte, konnte die KV keineswegs erklären. Der »Schematismus der reinen Verstandesbegriffe« bedingt, wenngleich indirekt (d.h. durch die reine Form der inneren Anschauung, die Zeit), nur das Entstehen des direkten Gegenstandes, denn von einer indirekten, »zum Behuf der Erfahrung« erdichteten »E. einer E.« war in der KV noch keine Rede. Deswegen bestimmt der Schematismus der KV nur diejenigen Eigenschaften des Objekts, die von den Bedingungen einer phänomenalen Natur *überhaupt* abhängen. Der neue »Schematism« des OP dagegen erzeugt eine indirekte Erscheinung als eine von uns durchgängig gemachte Zusammensetzung, die dem Zusammengesetzten (dem Konkreten) vorausgeht und die Erfahrung in allen ihren Aspekten bestimmt.

Das geschieht zwar auch in unserem (scheinbar) unmittelbaren »Schauen in die Welt«, wird aber von Kant erst im Verfahren der wissenschaftlichen Naturforschung explizit hervorgehoben. Beide (das naive Schauen und die wissenschaftliche Erfahrung), sind »theoriegeladen« *(theory loaden)*. Allerdings bleibt die Theorie im Falle der Alltagserfahrung unausgesprochen, rückt dagegen im Falle der Naturwissenschaft als eine bewußte *künstliche* Konstruktion in den Vordergrund (Erfahrung ist »künstliche Aggregation der Warnehmungen«; II, 498,20). Auffallend ist die Tatsache (und das OP erklärt diesen Sachverhalt völlig), daß der Naturwissenschaftler nämlich infolge einer »Amphibolie« die indirekte Erfahrung, die als »Ursache« unserer empirischen Wahrnehmungen den Grund der subjektiven Welt abgibt, für *die Sache selbst* hält. Die Transzendentalphilosophie des OP löst diesen Schein auf, indem sie zugleich die Unausweichlichkeit des Scheines erklärt: »Die indirecte Erscheinung in der Amphibolie der Reflexionsbegriffe ist die Apparentz d.i. der Schein« (II, 343,3).

Da nun die indirekte Erscheinung »reine Dichtung« ist, hat ihre Rechtfertigung mit der Deduktion der Kategorien nichts zu tun. Ihre sachliche Geltung kann nur der Notwendigkeit entspringen, daß die Erfahrung, um überhaupt gemacht werden zu können, *einheitlich* sein muß. Aber eine einheitliche, d.h. durchgängig bestimmte Erfahrung zu machen, ist eine unendliche Aufgabe, zu der wir nicht imstande sind.

Folglich wird auch die Existenz des Erfahrungsgegenstandes nie empirisch angetroffen, sondern nur asymptotisch *konstruiert*. Der Grund dieser Existenz (im OP »Äther« oder »Wärmestoff« genannt) ist zwar notwendig, aber nur als eine »a priori gegebene Materie«, die »nicht in die Sinne fällt, sondern in die Vernunft«. Verlöre man diese Bedeutung von »Wärmestoff« aus den Augen, dann geriete das ganze Nachlaßwerk zu einem wahren Galimathias. Glücklicherweise aber sind die Äußerungen Kants in diesem Punkt unmißverständlich. – Schließlich wird Kants Ehrgeiz größer und er überträgt denselben Wirklichkeitsgrund zuerst auf das »Hirngespinst« des Organismus und schließlich auch auf die »Ideen« (des I. Konvoluts).

2. Der Fortschritt, den diese Auffassung für die gesamte Transzendentalphilosophie darstellt, läßt sich am Verschwinden solch widersprüchlicher Termini wie »empirische Begriffe« oder »empirische Gesetze« messen, die in der KU noch häufig auftreten.

»Die Begriffe von dem was wir Siñenobject neñen gehen vor der Warnehmung vorher und machen jene möglich« (I, 57,14). Sie sind also ihrem Ursprung nach nie »empirisch«. Auch die KV lehrt, daß die Erfahrung keine Allgemeinheit liefert und daß die sogenannten empirischen Begriffe nicht den Wahrnehmungen entnommen werden. Und dennoch muß der Leser angesichts solcher Formulierungen verblüfft sein, solange er nicht das komplizierte »Räsonnement« in Erwägung zieht, das jene Ungereimtheit teilweise auflöst. Die in der 2. Auflage der KV hinzugefügte II. Anmerkung zur Ästhetik erklärt, daß »alles, was in unserem Erkenntnis zur Anschauung gehört (...), nichts als bloße Verhältnisse« enthält (B 66). Das überrascht, denn die Anschauung stellt genau jenes Erkenntnisniveau dar, auf dem wir das *Materiale* der Erkenntnis antreffen. (Die Form dagegen ist »dasjenige, welches macht, daß das Mannigfaltige der Erscheinung in gewissen Verhältnissen geordnet werden kann«; A 19, B 34). Was aber jene »II. Anmerkung« eigentlich besagt, ist, daß die Materie der Erfahrung sich nach und nach in bloße Verhältnisse *auflöst*, sofern sie objektiviert wird. Und das geschieht in jedem wissenschaftlichen Verfahren. Gegenstand der Wissenschaft sind deswegen auch nur »Örter (Bewegung)« und bewegende Kräfte als Gesetze dieser Bewegungen d.h. »bloße Verhältnisse« (B 67). Dieser Sachverhalt dient Kant »zur Bestätigung dieser Theorie von der Idealität (...) aller Objekte der Sinne« (B 66); denn sind die Dinge »nur sinnliche Anschauungen, in denen wir alle Gegenstände lediglich als Erscheinungen bestimmen, so geht die Form der Anschauung (...) vor allen Erscheinungen und allen *datis* der Erfahrung vorher« (A 267, B 323). Unsere Anschauung besteht also nur in Verhältnissen, weil das Objekt (selbst im Falle der »empirischen Begriffe«) nicht von der Erfahrung herrührt, sondern von uns in die Erfahrung hineingelegt wird. Darum hätte schon die KV zu Recht erklären können: »forma dat esse rei«. Doch erst das OP erklärt den *Prozeß*, durch den die Form »die Sache selbst« ergibt.

Ein weiterer wesentlicher Fortschritt besteht darin, daß die Funktion der *dichterischen Einbildungskraft* in der wissenschaftlichen Forschung erst im OP eine ihr angemessene Rechtfertigung findet. Bei der KV konnte man sich schwerlich des Eindrucks erwehren, daß uns jedes Apriori als ein »Faktum« (entweder der Vernunft oder des Verstandes oder der Anschauung) gegeben ist, und daß sich unsere Tätigkeit lediglich darauf beschränkt, diese formale Struktur »anzuwenden«. Auch in den MAN ist in der Tat oft von »Anwendung« die Rede. Selbst die »Prädikabilien« der KV (A 82, B 108) sind gegenüber den »Stammesbegriffen des reinen Verstandes« nur »abgeleitete Begriffe«. Freilich entfaltet sich die Mathematik als »Konstruktion von Begriffen«, aber die Dimension der Freiheit scheint auch dieser Konstruktion zu fehlen. Was die Einbildungskraft betrifft, war auch sie in der KV nur verhältnismäßig »produktiv«, und zwar im Gegensatz zu derjenigen psychischen Tätigkeit, »deren Synthesis lediglich empirischen Gesetzen, nämlich denen der Assoziation, unterworfen ist« (B 152). Im OP ist es nicht mehr so. Zwar bleibt die Anzahl der Kategorien unverändert, die notwendige Struktur von Raum und Zeit vorausgesetzt und die Kräfte nach der Tafel der Kategorien geordnet, aber der Verstand wird *erfinderisch*. Die Erdichtung von problematischen und trotzdem apodiktischen Formen hat die »Anwendung« ersetzt, denn die Einbildungskraft bildet *(fingit)* und »thut sie dieses a priori nach einem Princip so heißt es sie dichtet« (II, 476,25). Nun ist die Mathematik »reine Dichtung« (II, 490,20) und jedem Zusammengesetzten geht eine von uns gemachte Zusammensetzung *(compositio)* voraus.

Das steht mit dem Verfahren der Wissenschaften in vollem Einklang und ist darüber hinaus für die transzendentale Erklärung des Erkenntnisprozesses wesentlich. Anders könnte persönlich die Erfahrung von uns nicht *gemacht* werden und zugleich a posteriori gegeben sein. Im OP ist das Apriori kein Netz, um die Fische des Aposteriori zu fangen. Die Fische sind nicht unabhängig vom Netz. Das genau verlangte die transzendentale Deduktion, als sie den Verstand zum »Gesetzgeber der Natur« erklärte; aber erst im OP wird diese Forderung auch im Falle der spezifischen, in der Erfahrung tatsächlich gegebenen Natur erfüllt. Jetzt erst darf Kant mit gutem Grund und in aller Klarheit wiederholen, was auch schon die KV gelehrt hatte:

»Man soll niemals sagen: das lehrt die Erfahrung sondern das ist erforderlich zur Möglichkeit der Erfahrung; deñ die Zusam̄enstim̄ung noch so vieler Warnehmungen in Einem Begriffe als Princip ist im̄er nur ein Aggregat welches Ausnahmen verstattet. Nicht die Menge der Fülle worin die Warnehmungen unter einer und derselben Regel subsumiert werden köñen sondern die durchgängige Bestim̄ung des Objects nach einem Princip kañ zu einem solchen Satze berechtigen. Erfahrung ist die Idee welche diese durchgängige Zusam̄enstim̄ung präsumirt« (II, 92,18).

Die Kantische Kritik des Induktionsbegriffes (die später auch bei Lachelier, Popper und anderen wiederkehrt) war schon in der KV enthalten. Der Fortschritt des OP demgegenüber lautet, daß man nun *das eigentliche Verfahren begreifen* kann, das die Induktion ersetzt: die fortschreitende asymptotische, durchgängige Bestimmung der Erfahrung.

3. Daß nunmehr ein »erdichtetes Wesen« existieren kann, nutzt Kant zum Vorteil der »Ideen« aus, die wie die des Organismus, der reinen Spontaneität (Gott) usw. sonst keinen anschaulichen Inhalt vorstellen würden. Es besteht aber zwischen dem Organismus und der indirekten Erscheinung des X. Konv. ein wesentlicher Unterschied. Letztere ist eine Zusammensetzung, die die Erfahrung nach und nach verknüpft, während der erstere »nicht anders als vermittelst der Erfahrung gegeben werden« kann (II, 457,16). Die Lehre des Organismus im OP liefert zwar manche scharfsinnige Einsicht und wird besser als die Als-ob-Lösung der KU dem Problem des Lebendigen gerecht, aber m.E. ist eine transzendentale Philosophie des Organischen überhaupt nicht möglich. Deswegen bleibt die Philosophie des Organischen auch im OP unbefriedigend. Eine ausführliche Diskussion dieser Problematik würde jedoch die Absichten dieses Buches überschreiten.

Auch die Anwendung des neuen Existenzbegriffs auf die Ideen, wodurch die Verknüpfung der praktischen und der theoretischen Philosophie ermöglicht wird, weist (trotz Kants »Altersschwäche«) ausserordentlichen Scharfsinn auf. Man kann jedoch zweifeln, ob sie gegenüber der KpV und der *Religion innerhalb der Grenzen der bloßen Vernunft* einen wesentlichen Fortschritt darstellt. Ein wirklicher »Übergang« ist in diesem Fall nur Fichte gelungen, der jedoch die transzendentalen Ufer Kants für immer hinter sich gelassen hatte.

Der Versuch Kants einer allgemeinen »Wissenschaft des Übergangs«, welche die ganze Philosophie systematisieren sollte, scheitert nicht nur infolge einer nunmehr spürbaren Altersschwäche, sondern vermutlich auch aus ganz unpersönlichen Gründen, wie man folgender Passage des I. Konv. entnehmen kann:

»Einleitung

1) Übergang von den metaphys. A. Gr. der N. W. zur Transsc. Phil.

2) Von jener zur allgemeinen Erfahrungslehre Physik überhaupt ihren formalen Bedingungen nach.

3) Von der Natur zur Freyheitslehre Die Freyheit des Menschen setzt den Begriff der Pflicht voraus, categ. imperat.

4) Fortschritt zur Physik als einem System Gott, die Welt u. der dem Pflichtgebot unterworfene Mensch« (I, 61,14).

Die Wissenschaft eines *solchen* Übergangs ist kaum möglich, abgesehen davon, daß Kant zwischen jenen Zeilen »Intermittirender Puls« notiert (I, 62,2). Auch früher, als Kants geistige Kraft völlig unbeeinträchtigt war, konnte seine »Philosophie der Philosophie« kaum verstanden werden. Eine Brücke zwischen theoretischer und praktischer Philosophie wäre vielleicht der kantischen Philosophie der Geschichte zu entnehmen gewesen, aber darüber verliert das OP kein Wort.

4. Selbstverständlich ist es Angelegenheit jedes einzelnen Philosophen, dem OP andere »Früchte« zu entnehmen. Mein Hinweis beschränkt sich darum auf einen Sachverhalt, der in der KV gar nicht oder nur schwer erkennbar war: die Definition der Existenz als *omnimoda determinatio* bzw. als durchgängige Bestimmung der Erfahrung. Diese scheinbar sehr traditionelle Formel wirft im OP eine Frage auf, die auch in der heutigen Philosophie unterschiedliche Antworten erhält: »Was heißt existieren?« Eine Frage, die mit der Frage nach der Wahrheit zusammenfällt, denn man nimmt gewöhnlich an, daß ein Satz »wahr« ist, wenn er als »wirklich« bezeichnet, was wirklich ist. Da keine Existenz als *omnimoda determinatio* durch einen endlichen Prozeß verifiziert werden kann, sind wir nie imstande, über die Wirklichkeit eines Objekts zu entscheiden. So scheint der Begriff der Wahrheit selbst bedroht.

Die KV hatte eine ähnliche Frage (»Was ist Wahrheit«) formuliert, aber den Anspruch, ein allgemeines Kennzeichen oder Kriterium der Wahrheit zu geben, abgelehnt (A 58, B 83). »Die allgemeine Logik« verfährt in dieser Hinsicht ganz formal, »so kann sich niemand bloß mit der Logik wagen, über Gegenstände zu urteilen, und irgend etwas zu behaupten, ohne von ihnen vorher gegründete Erkundigung außer der Logik eingezogen zu haben« (A 61, B 85). Wo aber können wir uns erkundigen? Der Erfahrung können wir keine Existenz entnehmen, nur den Bedingungen, die »zur Möglichkeit der Erfahrung erforderlich sind«. Aber, was diese Bedingung anbelangt, stoßen wir im VII. Konv. auf eine überraschende Behauptung: »Es ist wiedersprechend Principien a priori zu Begründung moglicher Erfahrung aufzustellen: eine solche Erkentnis müßte die durchgangige Bestim̄ung des Objects enthalten und darauf das Erkentnis der Wahrheit gegründet werden was nicht möglich ist« (II, 24,11). Und dennoch, was hatte Kant 30 Jahre lang anderes getan, wenn nicht »Prinzipien a priori zur Begründung möglicher Erfahrung aufzustellen«? Der Eindruck von Schrulligkeit, der sich aufdrängt, wird vom darauffolgenden Absatz gemildert:

»Gäbe es keine synthetische Sätze a priori sondern lauter Warnehmungen so würde es auch keine Erfahrung geben deñ sie ist ein bloßes Aggregat von Warnehmungen die keine durchgängige Bestim̄ung (als die zum Princip moglicher Erfahrung erforderlich ist) geben« (II, 24,15).

Diese Passage will offensichtlich der »Thesis: wie sind synthetische Sätze a priori möglich?« (II, 24,10) entsprechen. Die Handschrift zeigt, daß beide Absätze unabhängig vom sonstigen Text der Seite sind. Die Frage nach der Wahrheit fällt in der Tat mit dem Problem der »synthetischen Sätze a priori« zusammen. Da »die Namenerklärung der Wahrheit, daß sie nämlich die Übereinstimmung der Erkenntnis mit ihrem Gegenstand sei, (...) geschenkt, und vorausgesetzt« wird (A 57, B 82), kann dieselbe Frage auch folgendermaßen formuliert werden: Wie kann man feststellen, ob ein gewisser Satz dem Sachverhalt, auf den er sich bezieht, entspricht oder nicht? A priori ist eine Antwort unmöglich, aber auch die Erfahrung kann uns darüber keine Auskunft geben. Denn »Erfahrung zu machen« ist eben das Problem: »Die Erfahrung ist nicht das Mittel sondern der Zweck der Erkenntnis der Sin̄enobjecte« (II, 493,15).

Meine Antwort (in Anlehnung an Kant) lautet: von einem *einzelnen* Satz kann man überhaupt nicht sagen, ob er einem bestimmten Sachverhalt entspricht oder nicht. Erst wenn der Satz in einem Satzsystem seinen Ort hat, das geeignet ist, die ganze Erfahrung zu umfassen und durchgängig zu bestimmen, wird es möglich zu sagen, ob der Satz »wahr« oder »falsch« ist. Da aber ein solches System nie abgeschlossen werden kann, ist auch keine endgültige Wahrheit möglich. Eine »Falsifizierung« dagegen (die annäherungsweise Gewißheit wird) kann leicht aus der Unmöglichkeit abgeleitet werden, bestimmte Sätze im Gesamtsystem der Erfahrung zusammenzusetzen. Der Satz z.B. »die Erde bleibt in der Mitte des Kosmos unbeweglich und alle Himmelskörper drehen sich um sie« entspricht vollkommen den Wahrnehmungen und kann auch mit dem ptolemäischen System zu einer kinematischen Bestimmung der Erfahrung eingesetzt werden, wird er aber mit andern (dynamischen) Eigenschaften derselben Erfahrung nicht in Einklang gebracht, dann muß er als »falsifiziert« angesehen werden. Der Vorteil des Falsifikationsverfahrens liegt auf der Hand: Es ist leichter zu sehen, daß *einige* Sätze nicht zusammenpassen. Um dagegen einen Satz zu verifizieren (»bewahrheiten« in Kants Sprache) müßte die Erfahrung vollständig und durchgängig bestimmt werden, und das ist eine schlechthin unlösbare Aufgabe. Das Zitat (II, 24,13) schließt in der Tat die Möglichkeit aus, einen Satz direkt zu »bewahrheiten«. Und die allgemeine Einleitung des OP bietet für dieses Problem ein außerordentlich wichtiges Prinzip an: Kein einzelner Satz kann für sich isoliert als wahr oder falsch angesehen werden und keine Wahrnehmung kann eine Korrespondenz zwischen einem Satz und dem Sachverhalt beweisen. Nur das Verfahren, Erfahrung zusammenhängend zu konstruieren, kann eine Antwort liefern, die sich der Gewißheit annähert.

Daß die Wahrheit »das Ganze« sei, ist ein Grundsatz des spekulativen Idealismus, der sich nicht nur bei Hegel sondern auch z.B. bei Bradley findet. Aber in einem anderen Sinne verstanden, gilt derselbe Grundsatz ebenso für den transzendentalen Idealismus wie für jenen »kritischen Realismus«, nach dem manche Wissenschaftler streben.

5. Für das heutige Verständnis der Physik ist das OP besonders aufschlußreich. Die Objekte, mit denen die moderne Physik vorwiegend umgeht, sind der »indirekten Erscheinung« des Nachlaßwerks viel näher als den sinnlichen Gegenständen unserer Alltagserfahrung. Was Kant rein transzendentalen Betrachtungen entnahm, hat sich Ende des 19. Jahrhunderts aus dem Verfahren der Wissenschaft selbst herausgeschält, so daß das Bewußtsein entstand, das Auseinanderlaufen von »Objekten der Physik« einerseits und »physischen (sinnlichen) Gegenständen« andererseits sei unvermeidlich und zwar nicht nur aus faktischen sondern aus prinzipiellen Gründen. Der moderne Naturforscher sieht sich gezwungen, solche Objekte (z.B. Elektronen) »zum Behuf der Erfahrung« zu bilden, die direkt gar nicht erscheinen können. Diese Unmöglichkeit hängt nicht nur von augenblicklich unzureichendem Auflösungsvermögen der Instrumente ab, sondern von notwendigen Annahmen (insbesondere von einem unteilbaren Wirkungsquant), die eine unendliche Teilbarkeit der Energie prinzipiell ausschließen.

Die Idee einer indirekten Erscheinung scheint also unabweislich. Selbst die Wirklichkeit des Atoms konnte bis zum Beginn unseres Jahrhunderts nur indirekt erschlossen werden, zuerst aus Daltons Gesetz der »einfachen Proportionen«, später dann durch eine große Anzahl kluger Experimente, in denen sich J. Perrin und seine Schule besonders hervortaten. Diese Entwicklung erreicht ihren Höhepunkt im Jahre

1926 mit dem Buch eines Physikers, der sich als »Empirist« ausgab, dessen Lehre aber mit Kants »Rationalism der Zusammensetzung des Mannigfaltigen empirischer Vorstellungen zur Möglichkeit der Erfahrung« (II, 399,2) merkwürdig übereinstimmt. In *The logic of Modern Physics* bemerkt Percy William Bridgman, daß der Hauptteil der physikalischen Begriffe in »Konstrukten« besteht, in denen »das erfinderische Element eine mehr oder weniger wichtige Rolle spielt« (S. 63). Das gilt nicht nur für die kleinsten Teile der Materie, sondern auch z.B. für »das Innere eines undurchsichtigen Körpers«, das nicht wahrgenommen werden kann. Bridgman wußte vom OP natürlich gar nichts, und dennoch entspricht sein Terminus *construct* Kants Wort »Zusammensetzung« *(compositio)* vollkommen. Noch merkwürdiger ist das Zusammenfallen der Begründung, mit der die Annahme solcher Konstrukte gerechtfertigt wird. Der Grund ist die Fähigkeit des Konstruktes, eine mehr oder weniger verbreitete Korrelation zwischen unabhängigen Erscheinungen zu etablieren. Folglich stellt man sich den Wirklichkeits*grad* solcher Konstruktionen als Variable vor (wie es zu erwarten war, wenn die Erfahrung, wie bei Kant, ein »asymptotischer Versuch« ist). Das elektromagnetische Feld z.B. spielt bei der Beschreibung gewisser Phänomene eine wichtige Rolle, man darf jedoch diesem »Gedankending«, wie Kant es nennen würde, nicht denselben Existenzgrad wie einem Atom zurechnen, von dessen Existenz wir ebenso überzeugt sind, »wie von der Existenz unserer Hände und Füsse« (S. 67).

Mit dem »Operationalismus«, den Bridgman aus diesen Gründen ableitet (nämlich daß der *Begriff* eines physikalischen Objekts mit den Operationen identisch ist, durch die es gemessen wird), sind nicht alle Wissenschaftler einverstanden. Dennoch ist Bridgmans »construct« zu einem allgemeinen Terminus der Forschung geworden, wenn auch kaum jemand dabei an die Kantische »Zusammensetzung zum Behuf der Erfahrung« denkt.

Bei dieser Frage kommt der *ontologische Status* der Objekte der Physik ins Spiel – ein Problem, das in der modernen Physik infolge der sonderbaren Annahme dieser »ätherischen« Materie (durch Fresnel) entstanden war. Kant löste dieses Problem im Jahre 1799, als er entdeckte, daß der sogenannte Äther bzw. Wärmestoff nicht als ein »hypothetischer Stoff, um gewisse Phänomene zu erklären« angenommen werden muß, sondern als eine transzendentale Bedingung, die mit der Einheit der Erfahrung zusammenfällt. Später entwickelte sich die Theorie des Elektromagnetismus, ohne die Betrachtungen Kants auch nur im geringsten zu kennen. In ihr galt der Äther nicht mehr als eine physische Materie, um die Lichtphänomene mechanisch zu erklären, sondern als ein Bezugssystem, das die *allgemeine Geltung* physischer Gesetze absichert. Es gab eine mathematische Größe, die periodisch variierte, d.h. »schwang«, so daß der Äther von Lorentz treffend als »das (grammatikalische) Subjekt des Verbums *schwingen*« bezeichnet wurde. Schon Kants Nachlaßwerk hatte die empiristische Auffassung des Äthers abgelehnt und ihn als Inbegriff von »ursprünglich dynamischen« (nicht »mechanischen«) Kräften bezeichnet – Kräften, die nur der Einheit der Erfahrung wegen angenommen werden, d.h. als Grund der durchgängigen Bestimmung der Erfahrung bzw. der *allgemeinen Geltung* physikalischer Gesetze. Der Name dieses Stoffes (»er mag nun Wärmestoff oder sonst wie heissen«; II, 331,2) ist vollkommen gleichgültig. Da nun dieser Stoff »unwägbar, unsperrbar« usw. ist, kann natürlich kein »Experiment von Michelson und Morley« den »Wind des Äthers« erscheinen lassen!

Die Relativitätstheorie und die Quantenmechanik haben dann ähnliche Ergebnisse mit anderer Begründung erzielt. Gleichzeitig bestätigen sie auffallenderweise, daß Kant Recht hatte, als er eine Unterscheidung der »transzendentalen Örter« für physikalische Begriffe verlangte. Einerseits setzt nämlich die verallgemeinerte Relativitätstheorie ein »realisirtes« raumzeitliches Kontinuum als Grundlage der Gravitation und anderer Phänomene voraus, ein Kontinuum jedoch, das keine direkt spürbare Materie ist. Andererseits interpretiert die Quantenmechanik die »Oszillationen« nicht mehr als das Schwingen eines *Stoffes*, sondern als eine mathematische Funktion, die die Probabilität ausdrückt, ein »Teilchen« in einem bestimmten Punkt anzutreffen. Das Komplementaritätsprinzip verbindet nun den Korpuskularaspekt der Energie mit der mathematischen Wellentheorie, eine Lösung, die jedoch nicht alle Forscher zufriedenstellt, weil sie die Verneinung entweder eines logischen Prinzips oder eines wichtigen Postulats des klassischen Wahrscheinlichkeitskalküls impliziert.

Ein solches Dilemma hätte schon aus rein transzendentalen Gründen vorausgesehen werden können, nämlich aufgrund einer *Amphibolie*, die Kant mit der Metapher »gryphes iungere equis« (II, 486,1) ausdrückt. Der Komplementaritätssatz verknüpft nämlich den Greif »Korpuskel« mit der Stute »Welle«, die sich auf zwei transzendental verschiedenen Ebenen befinden. Auf diese prinzipielle Verschiedenheit deutet das OP hin, indem es die »Schwankungen« (*oscillatio undulatio* usw.) einer transzendentalen Materie, die überhaupt *nicht körperbildend* ist (»Stoff zu einem Körper, aber ohne diese Verbindung zu einem solchen auch in den erdenklich kleinsten Theilen (...) als ein Continuum d.i. ohne zwischen jene befindliche leere Räume betrachtet...«; I, 215, 19 u. *passim*), von der *korpuskularen* Materie der direkten Erscheinung abgrenzt. Dank dieser Unterscheidung kann der Amphibolie begegnet werden, »da das was gemacht wird a priori synthetisch als Gegebenes gedacht ist« (II, 291,9). Die mathematische Konstruktion der Wellen ist nämlich der Aspekt der Erfahrung, der von uns *gemacht* wird, die »Teilchen« dagegen sind *das Gegebene*. Der Naturwissenschaftler aber fällt der Amphibolie unausweichlich zum Opfer, sobald er eine physische *Gesamtwirkung* annimmt, in der die transzendentalen Bedingungen mit den bedingten Objekten verschmelzen.

In diesem Kontext möchte ich den scharfsinnigen Einfall eines italienischen Physikers erwähnen, der eine (ganz unbewußte) Anwendung der »Erscheinungsstufen« des OP vornimmt. Louis de Broglie hatte in seiner Wellen-Mechanik angenommen, daß die Energie einer Strahlung *fast nur* im Korpuskel konzentriert sei, während die begleitende Welle einen so winzigen Teil dieser Energie besäße, daß sie keine spürbare Wirkung ausüben könne. Gino Selleri hat nun diese quantitative Verteilung in eine *prinzipielle* Unterscheidung umgewandelt. Nach ihm besitzt die Welle überhaupt *keine* der klassischen Eigenschaften eines physischen Objekts, d.h. weder Masse, noch Energie, noch Impuls, und trotzdem muß sie aufgrund von gewissen »Relationseigenschaften« »als wirklich angesehen werden«. Ein Unterschied, der bei de Broglie nur quantitativ war, wird also bei Selleri zu einer *ontologischen* Differenz, die die Art der Wirkung und folglich die *Wirklichkeit* der Welle betrifft. Da diese Welle keine Energie besitzt, wirkt sie auf unsere Instrumente gar nicht. Ihre Wirklichkeit besteht in der Fähigkeit, gewisse Verhältnisse im System zu bestimmen. Gino Tarozzi, der diese Ideen seines Freundes Selleri in einem Buch über die italienische Epistemologie des XX. Jahrhunderts darstellt (ed. E. Agazzi, Mailand 1986, S. 367) bemerkt dazu, daß die so verstandenen Quantenwellen »einem schwächeren Realitätsniveau zugehören«, auf dem die Objekte (in der Sprache der Quantentheorie) »blosse Träger von relationalen Prädikaten sind«.

Diese Abstufung des Realitätsbegriffs erinnert (ganz absichtslos) an die »Zweistufung der Erscheinung« im OP, löst aber die Amphibolie nicht völlig auf, wie man der folgenden Geschichte entnehmen kann. Im Jahre 1984 hat Selleri einen Apparat ersonnen, um die Welle von ihrem entsprechenden Korpuskel zu *scheiden*. Er wollte dadurch beweisen, daß die Welle, wenngleich *indirekt*, »wahrnehmbare Phänomene verursachen kann«, z.B. indem »die Umwandlungsprobabilität des Systems, mit dem die Welle eine Interaktion ausübt, verändert erscheint« (S. 364). Nach Meinung fast aller Physiker kann der Apparat prinzipiell nicht funktionieren. Darüber hinaus müssen wir uns fragen: Darf man überhaupt »Interaktion« zwischen einer Welle und dem physischen System annehmen, wenn beide nicht auf derselben ontologischen Ebene angesiedelt sind? Eine ähnliche Aporie betraf schon die »Stöße«, »Klopfungen«, »Erschütterungen« *(concussiones)* usw. des Äthers in der ersten Phase des OP. Auch Kant hatte in diesem Fall eine »Interaktion« mit dem physischen System vorausgesetzt, die aus prinzipiellen Gründen ganz undenkbar war und erst durch die Auffassungen des X. und XI. Konv. überwunden werden konnte.

6. Da im OP die *Mathematik* als »reine Dichtung« mit der Poesie, wenngleich nur in subjektiver Hinsicht, verglichen wird, ist es da erlaubt anzunehmen, der alte Kant habe eine Theorie der Mathematik als *erfinderisches Instrument* der Naturforschung entworfen? Von der Mathematik als »Instrument« ist in der Tat im OP oft die Rede. Mit den im Kap. IX, 7 angeführten Passagen (I, 92,26; I, 105,5; II, 490,5) kann man folgende »Anmerkung« vergleichen:

»3te Anmerkung. Weñ es nun also gleich keine mathematische Principien der Philosophie im Fache der Naturwissenschaft geben kañ so kañ es doch einen philosophischen *Gebrauch* von der Mathematik geben in so fern diese zum bloßen Instrument der Physik als Philosophie dient mithin ein indirectes Princip der N. W. ist: zwar nicht in Objectiver sondern subjectiver Hinsicht aber doch auf eine nicht empirische sondern apodictische Gewisheit die der in der Mathematik analog ist Anspruch machen kañ.« (II, 515,3)

Diese »dritte Anmerkung« gehört zur neuen Einleitung des Übergangs, die Kant im X. und XI. Konv. skizziert. Zuvor gab es eine Reihe von Bemerkungen, die wie eine Polemik gegen D'Alembert (oder gegen Kästner) aussahen (I, 231; 555; II, 544 usw.). Das »Talent« des Mathematikers wird im OP (II, 489,10; I, 52,11 u. *passim*) nicht mehr so scharf dem »Genie« entgegengesetzt wie im § 47 der KU, dessen erster Absatz Newton implizit das Genie absprach. Aber das XI. Konv. erklärt: »Durch Philosophie also nicht durch Mathematik hat Newton die wichtigste Eroberung gemacht« (II, 513,24). Kants durchgängige Absicht bleibt, die Funktion der Mathematik zu reduzieren. Einige Passagen weisen jedoch auf die Möglichkeit hin, eben in der Mathematik jene dichterische Kraft aufzufinden, die den Übergang zur speziellen Physik eröffnet: »Daß der Ubergang von den metaph. A.G. der N.W. zur Physik durch die Mathematik geschehe wird vorausgesetzt als Postulat u. ist *parentas*« (II, 520,3; letztes Wort unlesbar: »parenter«?; vgl. II, 484,1).

Ein Beispiel des »indirecten philosophischen Gebrauchs« der Mathematik ist in einem in den »Beylagen« enthaltenen Fragment des Weltsystems zu finden:

»Mathematische Principien der Philosophie sind ein Wiederspruch in dem Beysatz des Urtheils. Es kañ aber ein philosophischer Gebrauch der Mathematik indirect gemacht werden weñ das qualitative Verhaltnis mit dem quantitativen das dynamische mit dem mechanischen vereinigt wird z.B. Centralkräfte durch Kreisbewegung (die aber doch Anziehung des Fadens erfordern) ursprüngliche anziehende Kräfte postuliren die der Materie im Raume beywohnen und nur durch Bewegung in Thätigkeit gesetzt werden« (II, 85,1).

Hätte Kant die mathematische Physik unserer Zeit gekannt, so würden solche Intuitionen viel treffender erscheinen. Doch er konnte keineswegs das Verfahren vorausahnen, durch welches ein Teilchen wie das positive Elektron zuerst dem Geiste eines Diracs als bloße Interpretation einer mathematischen Formel entspringt, dann durch Experiment (wenn auch indirekt) an den Tag gebracht wird. Ein *cogitabile* wird in diesem Beispiel zu einem *dabile*, d.h. zu einem gegebenen Objekt, weil es notwendig ist, um die Erfahrung zusammenhängend zu »machen«.

Was sowohl im OP als auch in der KV auffällt, ist Kants Fähigkeit, durch eine Interpretation der Physik seiner Zeit zum Kern des Problems zu gelangen und dadurch spätere Gedankengänge zu antizipieren. Ein weiteres Beispiel dafür ist jenes Argument, mit dem Albert Einstein seine Theorie der speziellen Relativität (1905) rechtfertigt: Es ist *prinzipiell* unmöglich, ein Experiment durchzuführen, das darüber entscheidet, ob zwei entlegene Ereignisse unabhängig vom Bewegungszustand des Beobachters *gleichzeitig* sind oder nicht. Eine so definierte Gleichzeitigkeit sei ein bloßes Unding, dem keine Existenz zugesprochen werden dürfe. Dieses Argument ist buchstäblich die Anwendung des Grundprinzips des Kritizismus: »Die Bedingungen der *Möglichkeit der Erfahrung* überhaupt sind zugleich Bedingungen der Möglichkeit der Gegenstände der Erfahrung« (B 197). Einstein brauchte natürlich nicht explizit den Bezug auf Kant zu nehmen, denn das Prinzip war in der modernen Naturphilosophie schon immer verankert. So macht z.B. Leibniz einen ähnlichen Einwand gegen die Möglichkeit, eine Bewegung in Descartes »res extensa« anzunehmen. Die KV fügt dem Prinzip aber hinzu, daß die angegebene Unmöglichkeit der Erfahrung von *transzendentalen* (nicht bloß empirischen) Gründen abhängen muß. Im Falle der Relativitätstheorie ist zwar die angeführte Unmöglichkeit nicht »transzendental« im kantischen Sinne, sie ist aber *prinzipiell*, denn sie hängt von der Unmöglichkeit ab, ein Signal mit unendlicher Geschwindigkeit zu senden.

Die tiefere Auslegung dieses Prinzips im OP setzt jedoch den Begriff der Existenz selbst aufs Spiel. Erstens sind die Bedingungen, die uns berechtigen, etwas als *real*möglich anzusehen, nicht nur die allgemeinen in der KV angeführten transzendentalen Bedingungen, sondern auch diejenigen Vorrichtungen, die ein konkretes Experiment der physischen Eigenschaft ermöglichen. So ist z.B. die Annahme einer wägbaren Materie nur dann berechtigt, wenn man das Experiment des *Wiegens* unter bestimmten Bedingungen (Starrheit des Balkens der Waage usw.) a priori denkt. Eine weitere und wichtige Bedingung ist die Feststellung, daß kein *einzelnes* Experiment das Dasein irgendeines Objekts beweisen kann, da nur die durchgängige Bestimmung der Erfahrung diesen Beweis zu liefern vermag. Das Experiment attestiert die Wahrheit eines Existentialsatzes also nur, insofern es (wenigstens implizit) in ein System eingefügt ist, das die ganze Erfahrungswelt umfaßt. Diese Einsicht erhellt den charakteristischen Zug der heutigen Naturforschung, demzufolge keine wissenschaftliche Wahrheit *endgültig* ist, auch dann nicht, wenn alle übrigen Alternativen nach und nach falsifiziert werden.

Daß die Theorie der Erfahrung im OP unvergleichlich reicher und tiefer ist als in der KV, steht außer Zweifel. Auch wenn mit dieser Feststellung die offensichtlichen Unklarheiten des Nachlaßwerkes natürlich nicht beseitigt werden, so erlaubt sie jedoch, in diesem Bündel von Manuskripten ein wertvolles Instrument zu sehen, mit dem sowohl die implizite Ontologie der modernen Naturwissenschaft als auch das explizite Verfahren der Physik unserer Zeit von einem transzendentalen Standpunkt aus angegangen und verstanden werden können.

LITERATURANGABEN

Kants Werke werden nach der Ausgabe der Preußischen Akademie der Wissenschaften (*Kant's gesammelte Schriften*, Berlin, 1910 ff.) mit Band, Seiten und (wo nötig) Zeilenzahl zitiert. Auf die beiden Bände des *Opus postumum* (XXI u. XXII) wird abgekürzt mit I bzw. II verwiesen. Um Mißverständnisse auszuschließen, werden die Bände I und II der Akademie, die die vorkritischen Schriften umfassen, durch die Signatur *»Vorkr.«* unterschieden.

Die Passagen aus der KV werden dagegen mit der Seitenzahl der 1. und 2. Auflage (A, B) zitiert. Fehlt *einer* der beiden Buchstaben, so ist die Passage in der entsprechenden Auflage nicht enthalten.

Abkürzungen

KV = Kritik der reinen Vernunft
KpV = Kritik der praktischen Vernunft
KU = Kritik der Urteilskraft
MAN = Metaphysische Anfangsgründe der Naturwissenschaft
OP = Opus postumum
»K.St.« = »Kantstudien«

Adickes, E. (1920), *Kants Opus postumum dargestellt und beurteilt*. Berlin. (»Ergänzungsheft der »K.St.«, 885 S)

–, (1925), *Kant als Naturforscher*. Berlin 1924–25, 2 Bde.

Albrecht, W. (1954), *Die sogenannte neue Deduktion in Kants OP.* »Archiv für Philos.« 5, S. 57–65

Bauch, B. (1938), *Kants OP.* »Deutsche Literaturzeitung« 59 (Heft 21)

Bayerer, W.G. (1967), *Ein verschollenes Loses Blatt aus Kants OP.* »K.St.« 58, S. 277–284

Borowski, L.E. (1804), *Darstellung des Lebens und Charakters I. Kants*. Königsberg. Auch in: Schwarz 1907

Buchholz, F. (1805), *Über Kants letztes Werk*. »Der Freimüthige« vom 11.4.1805, S. 286 ff.

Daval, R. (1951), *La métaphysique de Kant*. Paris. (Insbes. die S. 267–396).

Drews, A. (1894), *Kants Naturphilosophie.* Berlin. (S. 442–495).

Duque, F. (1974), *Física y filosofía en el último Kant.* »Anales del seminario de matafisica«, Madrid, S. 61–74

–, (1974²), *Experiencia como sistema.* Una investigacion sobre el OP de Kant, Universidad Complutense, Madrid. Auszug (32 S.) aus einer Dissertation (ca. 700 S.)

–, (1975), *El problema del éter en la física del siglo XVIII y en el OP de Kant* »Rev. de. Filos.« 2.1., S. 529–545

–, (1984), *Teleologie und Leiblichkeit beim späten Kant.* »K.St.« 75, S. 381–397

Cortina, A. (1984), *Die Auflösung des religiösen Gottesbegriffs in Kants OP.* »K.St.« 75, S. 280–293

Fischer, K. (1860), *Geschichte der neueren Philosophie.* Bd. III, Heidelberg (s.F. 83)

–, (1884), *Das Streber- und Gründertum in der Literatur: Vademecum für Herrn Pastor Krause.* Vgl. Krause 1884

Hasse, J.G. (1804), *Merkwürdige Äußerungen Kants von einem seiner Tischgenossen.* Königsberg. (Insbes. S. 19)

Haym, R. (Anonym), *Ein ungedrucktes Werk von Kant.* »Preuss. Jahrb.« 1858, I, S. 80–84

Heimsoeth, H. (1941), *Kants Philosophie des Organischen in den letzten Systementwürfen.* »Blätter f. deutsche Philos.« 14, 81–108

Hemann, F. (1904), *I. Kants philosophisches Vermächtnis.* »K.St.« (1904), S. 155–195, (betr. das I. u. VII. Konv.)

Henning, H. (1912), *Kants Nachlaßwerk.* (Eine kurze Übersicht der Naturphilosophie des OP)

Heyse, H. (1927), *Der Begriff der Ganzheit und die Kantische Philosophie.* München. (Insbes. S. 68 ff.)

Hoppe, H.G. (1969), *Kants Theorie der Physik.* Eine Untersuchung über das OP von Kant. Frankfurt.

Hübner, K. (1951), *Das transzendentale Subjekt als Teil der Natur.* Eine Untersuchung über das OP Kants (Dissertation). Kiel.

–, (1953) *Leib und Erfahrung in Kants OP.* »Zeitschr. f. philos. Forschung« 7, S. 204-219

Jachmann, R.B. (1804), *I. Kant geschildert in Briefen an einen Freund.* Königsberg. Auch in: Schwarz 1907.

Kaulbach, F. (1963), *Leibbewußtsein und Welterfahrung beim frühen und späten Kant.* »K.St.« 54, S. 464–490

–, (1965), *Der philosophische Begriff der Bewegung.* Studien zu Aristoteles, Leibniz und Kant. Köln-Graz

Keferstein, H. (1892), *Die philosophischen Grundlagen der Physik nach Kant.* Hamburg (folgt Krause 1888)

Kosack, M. (1884), *Das ungedruckte Kantische Werk: »Der Übergang...« vom Standpunkt der modernen Naturwissenschaft aus betrachtet.* Göttingen

Krause, A. (1884), *Immanuel Kant gegen Kuno Fischer* zum ersten Male mit Hilfe des verloren gewesenen Kantischen Hauptwerkes: »Vom Übergang...« verteidigt. Lahr, S. IX–128 (S. Fischer 1884).

–, (1888), *Das nachgelassene Werk I. Kants (...) mit Belegen populär-wissenschaftlich dargestellt.*

–, (1908), *Die letzten Gedanken I. Kants.* Lahr. (Über das I. Konv.)

Krönig, G. (1927), *Das Problem der Selbstsetzung in seiner Entwicklung von Kant bis Fichte mit besonderer Berücksichtigung von J.S. Beck.* (Diss.)

Lachièze-Rey, P. (1931), *L'idéalism kantien.* Paris. (Neue Ausgabe 1950, nach der Ak.-Ausgabe nicht umgearbeitet)

Lamacchia, A. (1962), *»Dio Persona« nell' OP di Kant.* »Annali della Facoltà di Lettere«, Bari, 7.

Lehmann, G. (1936), *Ganzheitsbegriff und Weltidee in Kants OP.* »K.St.« 41, S. 307–330

–, (1937), *Das philosophische Grundproblem in Kants Nachlaßwerk.* »Blätter für deutsche Philosophie« 11, S. 57–70

–, (1938), *Die Technik der Natur.* »Forsch. u. Fortschritte« 14, S. 212–214

–, (1939), *Kants Nachlaßwerk und die KU.* (Habilitationsschrift Greifswald), Berlin

–, (1954), *Erscheinungsstufung und Realitätsproblem in Kants OP.* »K.St.« 45, S. 140–154

–, (1958), *System und Geschichte in Kants Philosophie.* »Il pensiero« 3, S. 14–34

–, (1959), *Kants Widerlegung des Idealismus.* »K.St.« 50, S. 348–362

–, (1961), *Anwendung und Übergang als Systemprobleme der Kantischen Philosophie.* »Atti del XII Congresso internazionale di Filosofia«, Firenze, Bd. XII

–, (1969), *Beiträge zur Geschichte und Interpretation der Philosophie Kants.* Berlin. (Mit der Seitenzahl dieses Gesamtwerkes werden auch die oben angeführten Schriften zitiert).

Leinhard, F. (1923), *Die Gottesidee in Kants OP.* Bern

Lüspen, F. (1925), *Das systematische Grundproblem in Kants OP.* »Die Akademie« 2.

Mathieu, V. (1958), *La filosofia transcendentale e l'OP di Kant.* Turin, S. XVIII–482

–, (1965), *»Construtto« in Bridgman e »fenomeno del fenomeno« in Kant.* »De Homine« 31–32, S. 189–206

–, (1967), *Äther und Organismus in Kants OP.* In: *Studien zu Kants philosophischer Entwicklung.* Hildesheim, S. 184–191

Mende, G. (1963), *Kants OP und seine Bedeutung für die Beziehung zwischen Philosophie und Naturwissenschaft.* »Wissensch. Zeitschr. der Schiller Universität Jena« 12, Jena, S. 271–273

Paton, H.J. (1951), *Kant's Metaphysics of Experience.* 2 Bde. London

Pellegrino, U. (1957), *L'ultimo Kant.* Milano, S. 264

–, (1961), *Conoscenza dalla natura e della realtà di sé nell'OP di Kant.* »Atti del XII Congresso internazionale di Filosofia«. Firenze, Bd. XII

von Pflugk-Harttung, J. (1891), *Paläographische Bemerkungen zu Kants nachgelassener Handschrift.* »Arch. f. Gesch. der Philos.« 2, S. 31–54

Pinski, F. (1911), *Der höchste Standpunkt der Transzendentalphilosophie.* Halle. (folgt Herman 1904)

Reicke, R. (1884), *Ein ungedrucktes Werk von Kant aus seinen letzten Lebensjahren.* »Altpreuss. Monatsschrift« 19–21, 1882–1884 (erste, unbrauchbare Ausgabe des OP)

Reinhardt, W. (1927), *Über das Verhältnis von Sittlichkeit und Religion bei Kant unter besonderer Berücksichtigung des OP.* Bern

Ritzel, W. (1977), *Kants OP.* In: K. Vorländer, *I. Kant.* Erweiterte Auflage. Hamburg

Sakabe, M. (1974), *OP I. Konvolut no sekai.* (Die Welt im I. Konv. des OP). »Riso« (das Ideal) 498 (Sondernummer über Kant), S. 63–80

Schubert, F.W. (1858), *Die Auffindung des letzten grösseren Manuscript von I. Kant.* »Neue preuss. Provinzialblätter« 1858, I, S. 58–61

Schwarz, H. (1907), *I. Kant. Ein Lebensbild.* Halle. (Enthält: Borowski 1804; Jachmann 1804, Wasianski 1804)

Sullivan, W.J. (1971), *Kant on the Existence of God in the OP.* »The Modern Schoolman« 48, S. 117–133.

Tocco, F. (1898), *Dell'opera postuma di E. Kant sul passaggio dalla metafisica della natura alla fisica.* »K.St.« 1898, S. 69–89 u. 277–289

Tuschling, B. (1971), *Metaphysische und transzendentale Dynamik in Kants OP.* Berlin u. New York, S. 224

Vaihinger, H. (1884), *Zu Kants Widerlegung des Idealismus.* »Strassb. Abhandlungen zur Philos.«, S. 85–164. (Erwähnt das OP als Beleg für die Theorie der »Doppelaffektion«)

–, (1888), *Rezension von Krause 1888*, in »Arch. f. Gesch. d. Philos.« (Schlägt die Zwei-Werke-Hypothese vor)

–, (1911), *Die Philosophie des Als-Ob*. Berlin. (Insbes. S. 721–733)

de Vleeschauwer, H.J. (1937), *La déduction transcendentale dans l'oeuvre de Kant*. Paris u. Antwerpen. (3 Bde: insbes. S. 552–667)

–, (1939), *L'évolution de la pensée kantienne*. Paris. (Zusammenfassung des vorigen Werkes; insbes. S. 195–217)

–, (1963), *Etudes kantiennes contemporaines*. »K.St.« 54. (Insbes. S. 102–105)

Wasianski, E.A. Ch. (1804), *Kant in seinen letzten Lebensjahren*. Königsberg 1804. (Auch in: Schwarz 1907)

Weinhandl, F. (1924), *Der letzte Kant*. »Reichls Philosophischer Almanach«. Darmstadt, S. 87–122.

VERZEICHNIS DER ZITATE AUS DEM OP

Band XXI

Band XXII

PERSONENREGISTER

DM 58.-112914